공주 왕촌 살구쟁이
민간인 희생사건 발굴 백서

작은 전쟁

(사)한국전쟁민간인희생자 공주유족회

| 추모시 |

금강, 끊이지 않는 흐름으로

김 홍 정 (공주여고교사, 공주민주단체협의회)

계룡의 골길을 타고
수천의 함성이 솟아나던 청벽의 푸름이거나
미호천 너른 들판을 가르는
넘실대는 황톳물이었거나
가슴속까지 시린 퍼런 칼날이 되어
고맛나루 아우성으로 이어졌거나
이 땅의 온통 주인이었을 것이기에
어느 한 편이라 여기지 말고
어느 한 쪽에 서 있다 하지도 말고
그냥 그대로 누운 그대로
더 이상은 춥고 축축한 음울을 벗고
바른 햇살 머무는 자리에
어머니 품처럼 포근한 풀밭에 누워
부릅떴던 눈도
쥐었던 손도
벌렁거리던 가슴도

사납게 달리던 발도
이젠 모두 거두어 주더이다

한때는 적이었고
한대는 모두 구천의 원수였을지언정
한 하늘을 함께 머리에 이고 살았으니
이 골에서 저 골로 소리쳐 부르던
강 이쪽에서 강 저쪽으로 손을 잡고 건너던
소싯적 추억으로만 그리워한다면
아, 차라리 슬픔뿐이어라
아, 공연한 아픔일지어라
아, 독한 세월일러라

이곳 대대로 이가들의 양지바른 터, 왕촌에
어느 느닷없는 소음으로 몰려든 살구쟁이 옛 자리
그대들 모두 닫힌 호흡으로 아파했으니
그리하여 우리는 지금 그대들의 아픔으로 힘들어하니
그대들의 흔적으로 오늘을 되새김질하여
금강, 그 끊이지 않는 흐름으로 온전히 기억하니
이제 가슴이라도 펴고
굽혔던 다리라도 펴시고
영면의 곳으로 편하소서

사진. 이징호 작가

| 발간사 |

진실 밝히는 여정 담은 유일한 기록물, 평화의 땅 만드는 데 기여하길

곽 정 근(공주유족회장)

    정신없이 내달렸습니다. 전쟁 전후 민간인 희생자들의 진실을 밝히는 일에 매달렸습니다. 억울한 희생자와 수십 년간 입도 뻥긋 못 한 유가족의 아픔을 달래는 일에 몰두했습니다. 60대 말에 시작한 일이 훌쩍 70대를 넘어 80대 중반을 넘어섰습니다.

    공주유족회장을 맡은 지도 꼽아보니 12년이 흘렀습니다. 참 많은 일이 있었습니다. 13번의 위령제가 있었고, 왕촌 살구쟁이에서 대규모 유해발굴이 두 차례나 있었습니다. 그 덕에 진실화해위원회가 공주 민간인학살 사건에 대해 '진실' 결정을 했고, 법원은 보상 판결을 내렸습니다.

    꼼짝하지 않던 공주시는 '민간인희생자 지원조례'를 제정했습니다. 서너 명으로 시작한 유족회는 해마다 늘어나 사단법인으로 전환해 일상 업무를 잘 챙기고 있습니다. 유족회원들과 내 일처럼 나서 준 공주지역시민사회의 관심과 지원이 있었기에 가능한 일이었습니다. 지면을 빌어 다시 한 번 감사의 인사를 드립니다.

    이 백서는 그 어느 책보다 특별합니다. 공주유족회의 탄생에서부터 우리 사건의 진실이 밝혀지기까지 전 과정에 대한 유일한 기록물이기 때문입니다. 특히 '공주지역의 한국전쟁과 민간인학살 사건 개요'를 세밀히 정리한 지수걸 공주대 교수님의 글은 사건의 실체를 밝히고 지역사를 체계적으로 정리한 역사적인 일이라고 생각합니다. 지 교수님은 또 백서에 수록한 글을 통해 왕촌 살구쟁이 학살의 가해 주체와 기존에 알려진 CIC외에 국군 17연대(연대장 백인엽)를 추가 지목했습니다. 또 공주형무소 재소자 학살사건이 일어난 날을 기존 7월 9일이 아닌 7월 10일이었을 가능성도 제기하고 있습니다. 길지만 꼭 읽어 주실 것을 요청합니다.

공주유족회 활동사는 보기 드물게 매번 일이 있을 때마다 언론 보도가 뒤따랐습니다. 백서 중간에 '언론이 본 공주희생사건과 유족회 활동'을 수록한 연유입니다. 이 밖에도 이해를 돕기 위해 진화위 결정문과 대법원 판결문, 공주유족회 발자취를 함께 실었습니다.

아쉬운 점은 이 백서에 '위령비(탑)건립기'를 담지 못한 점입니다.

'왕촌에 있는 민간인희생자 위령탑은 우금티와 함께 공주시민의 인권과 역사 교육의 현장이다'는 한 구절을 마침표처럼 백서 말미에 꼭 싣고 싶었습니다. 진실화해법이 제정되지 않아 진실규명 신청조차 하지 못하고 있는 미신고 유가족들의 해원사를 담아 내지 못한 점도 못내 아쉽습니다. 하지만 못 다한 과제들은 회원들과 지역 사회의 노력으로 머지않아 이루어질 것이라 확신합니다.

백서가 나오기까지 많은 도움을 주신 여러분께 다시 한 번 심심한 감사를 드립니다. 앞의 지수걸 교수, 매년 위령제에 힘을 쏟아준 공주시민단체 관계자들, 바쁘신 때에 과분한 추천사를 써주신 김정섭 공주시장님과 김동춘 성공회대 교수님, 그리고 백서가 나오기를 묵묵히 기다려주신 회원 여러분께도 감사드립니다. 좀 더 읽기 편한 책이 되도록 조언과 수고를 아끼지 않은 '뮤화의힘' 축파사의 노고에도 감사드립니다.

심규상 오마이뉴스 기자가 아니었다면 이 기록물은 아직 세상에 나오지 못했을 겁니다. 우리 모임 이사로, 기자로, 편집기획으로 백서발간에 함께해 준 심기자께 특별한 인사를 드립니다.

이 백서가 이 땅에서 전쟁으로 인한 아픈 비극을 끝내고 평화와 상생의 삶터를 만드는 일에 작게나마 기여하기를 염원합니다.

| 추천사 |

모두가 직시해야 하는 역사의 기록

김 정 섭(공주시장)

"유해 대부분이 구덩이 양쪽 벽을 향해 두 줄로 무릎을 꿇은 상태에서 발굴됐다. 손은 뒤로 묶여 있거나 일부는 목 뒤로 깍지를 낀 자세였다. 이는 희생자들이 살아있는 상태에서 구덩이 속으로 들어갔고 이후 총격이 가해진 것을 의미한다."

이 끔찍한 이야기는 다른 지역이 아닌 바로 우리가 사는 이 곳 공주에서 벌어진 일에 관한 이야기입니다.

일제로부터 해방되었다는 광복의 기쁨도 잠시, 극한 이념의 대립으로 인해 남과 북에서 각각 정부가 수립되었습니다. 이후 6·25전쟁을 거치면서 우리 민족은 동족상잔의 비극을 겪었고 이 혼란 속에서 반인륜적인 학살이 공권력에 의해 자행되었습니다.

1950년 7월 9일 공주지역 국민보도연맹원 200여 명과 공주형무소에 수감 중이던 재소자 300여 명을 상왕동 살구쟁이에서 적법한 절차 없이 집단으로 학살한 사건입니다.

2005년, 정부는 진실화해위원회 설치를 통해 6·25전쟁 중 일어난 민간인 학살에 관한 진실을 밝히기 위해 노력했고 마침내 2009년 학살지 발굴 작업이 진행되면서 오랫동안 감춰졌던 진실이 드러났습니다. 2009년과 2013년 2회에 걸친 살구쟁이 지역 발굴 작업에서 397구의 유해가 발견되었습니다.

이번에 발간하는 한국전쟁전후민간인희생자 공주유족회의 백서는 진실 규명을 위한 공주유족회의 노력과 유해 발굴 과정 그리고 그 이후에 일어난 이야기들을 담은 아픔의 기록입니다. 또한 우리 공주 시민들, 나아가 대한민국 국민들이 직시해야 하는 역사의 기록들이기도 합니다.

공주시는 희생자들의 넋을 위로하고 추모하기 위한 조례를 제정하였고 유가족들이 위령제를 지낼 수 있도록 지원하고 있습니다. 반세기가 넘게 지속된 유족들의 마음의 상처가 치유될 수 있도록, 그리고 이 사건의 진실을 많은 사람들이 알 수 있도록 앞으로도 노력해 나갈 것입니다.

오랫동안 진실을 밝히기 위해 애써 오신 공주유족회 곽정근 회장님과 유가족 여러분 그리고 시민단체 여러분께 감사의 인사를 드리며, 이번 백서 발간이 계기가 되어 화해와 치유의 길로 함께 나아갈 수 있기를 기원합니다.

고맙습니다.

| 추천사 |

우리 선조들의
고난에 찬 투쟁사이자 희생의 역사

김 동 춘(성공회대학교 교수, 전 진실화해위원회 상임위원)

『작은 전쟁』(공주 왕촌 민간인 학살 사건 백서)의 출간을 크게 기뻐하고 축하합니다. 그 동안 공주 유족회를 이끌어 오시고, 오늘 이번의 책 출간에 이르기까지 공주 왕촌 학살사전의 진상규명과 피해 유족의 명예 회복을 위해 불철주야 애쓰신 곽정근 회장님의 노고가 아니었으면 아마도 오늘 이런 성과는 상상할 수도 없었을 것입니다.

금강변에서 발생한 공주 왕촌 학살사건은 외국 기자의 사진을 통해 일부 사람들에게는 오래 전부터 알려져 왔으나 공주 지역사회에서는 금기 사항이었습니다. 금강변의 아름답고 유서 깊은 도시 공주에서 한국전쟁 초기에 이런 비극적인 학살 사건이 발생했다는 것을 대한민국 사람 아무도 알지 못했고, 아마 이 책이 출간되는 지금 시점에도 그러한 사정은 달라지지 않았을 것입니다. 그 만큼 6·25 한국전쟁시기 군·경이 저지른 학살사건은 대한민국에서는 건드리기가 어려운 주제이고, 정말로 부담스러운 주제가 아닐 수 없습니다.

저는 진실화해위원회 상임위원으로 일하면서 공주 왕촌 학살사건의 진상규명을 관장했으며, 2007년의 유해발굴 현장에도 여러 번 입회하였습니다. 그리고 왕촌 형무소 재소자 학살 사건을 포함하여 한국전쟁기 공주지역 전역에서 발생한 학살의 전수 조사를 지수걸 교수님 팀에게 의뢰하기도 했습니다. 그리고 진상규명 후에는 위령제에도 참석했던 기억이 납니다.

특히 왕촌의 학살지 발굴 현장, 학살 당시의 자세를 그대로 드러냈던 수많은 유골과 유해들은 머릿속에 가장 충격적인 일로 남아 있습니다. 당시 발굴 단장이던 박선주 교수님과 그 현장을 그대로 재현하여 평화교육의 현장으로 남길 수 없을지 상의한 적도 있었습니다만, 같은 하늘 아래 숨을 쉬고 사는 국민으로서 정말 부끄럽고 참담한 기분을 가졌습니다. 당시 우리는 발굴 후 현장을 다시 흙으로 덮을 수밖에 없었지만, 찍어 놓은 현장 사진을 기초로 언젠가 그곳을 평화공원으로 다시 세울 날이 오기를 기대했었습니다.

진실화해위원회는 신청자들의 민원에 답하기 위해 개개인의 희생사실 여부를 규명하는데 급급했기 때문에 학살사건의 배경, 전후의 맥락, 그 이후 지역사회에 미친 영향 등에 대해 조사할 여유는 없었습니다. 신청하지 않았던 사람들에 대한 체계적인 조사도 후일의 일로 미루어 둘 수밖에 없었습니다. 그러나 이 책자에 실린 지수걸 교수님의 '공주의 전쟁과 학살'은 위원회 조사의 한계를 뛰어넘어 지역사의 관점에서 이 학살을 보여주고 있습니다. 이 글을 읽으면서 우리는 왕촌에서 학살당한 사람들이 어떤 사람들이었는지, 그리고 공주의 다른 지역의, 그리고 인민군 치하의 우익인사들에 대한 학살과, 수복과정에서의 부역자 대상 학살 사건들과 어떻게 연관되어 있는지 전체 상을 그릴 수 있게 되었습니다.

희생자 유족들에게는 이 책이 70여 년 묵은 한을 푸는 해원(解冤) 사업의 일환이 되겠지만, 제3자들에게는 매우 소중한 현대사 교과서일 것입니다. 지역사, 전쟁사, 그리고 학살사는 공주라는 충청도 한 지역을 다루고 있지만, 이것은 대한민국 거의 모든 지역에서 일어난 사건의 일부이자, 일제가 물러간 뒤 혼돈에 쌓였다가 내전과 국제전으로 돌입한 한반도 전체를 보여주는 현미경이기도 합니다. 그리고 그것은 일제 강점기와 독립운동, 해방 후 미군의 진주와 정부수립운동, 좌우대립 등, 외세의 영향 하에서 독립과 민주주의 국가를 수립하려 했던 우리 선조들의 고난에 찬 투쟁사이자 희생의 역사이기도 합니다. 이러한 지역사를 기초로 해서 우리는 6·25 한국전쟁의 역사도 완전히 새롭게 구성해야 할 것입니다. 학살의 역사는 지역사회의 매우 어두운 과거사이지만, 후대 사람이 잊어서는 안 되는 매우 중요한 역사이기도 합니다. 돌아보고 싶지 않다고 외면을 하고 덮어버리면, 그 역사는 후대 사람들에게 다른 형태로 보복을 할 수도 있습니다. 그래서 전국 여러 지역에서 이러한 역사를 들추어내서 기록해온 애쓴 많은 분들의 노고를 잊어서는 안 될 것입니다.

이 책이 세상에 나오게 되기까지는 역시 곽정근 회장님의 노고가 절대적이었다고 생각됩니다. 2000년 한국전쟁민간인학살진상규명과 명예회복을 위한 범국민위원회라는 단체를 만들어 수많은 한국전쟁 피학살 유족, 유족회의 힘겨운 활동을 지켜본 저로서는 전국의 거의 모든 지역에서 처음에는 한 두 사람이 시작해서 조직이 결성되고 활동이 시작된 것을 잘 알고 있습니다. 대부분의 유족들은 이런 모임에 나오는 것 자체를 꺼렸기 때문입니다. 아마 곽정근 회장님도 그런 온갖 어려움에도 불구하고 꿋꿋하게 유족회를 만들고 지켜 오셨기 때문에 이런 좋은 결실을 거둔 것이 아닌가 생각됩니다.

왕촌의 학살 현장이 복원되어 평화 공원으로 다시 태어나기를 기원합니다. 공주의 풍광을 즐기려 온 여행객들도 반드시 들려야 하는 학습 현장으로 만들어 지기를 기대합니다.

모쪼록 이 책이 공주, 충정도 지역사회의 학생, 청년들에게는 물론 전국의 많은 사람들이 읽어서 우리 현대사의 비극을 되새기고 이런 일이 다시는 발생하지 않도록 애쓰는 일에 앞장서도록 하는데 기여하게 되기를 빕니다. 다시 한 번 책 출간을 축하합니다.

| 차례 |

- 추모시 | 김홍정(공주여고 교사) ·· 2
- 발간사 | 곽정근(유족회장) ·· 4
- 추천사 | 김정섭(공주시장) ·· 7
   　　　　김동춘(성공회대학교 교수, 전 진실화해위원회 상임위원) ········ 9
- 사진자료 ·· 14

공주지역의 한국전쟁과 민간인 학살사건 개요
　　사건개요 ·· 32
　　〈요약〉 간추린 '공주지역의 한국전쟁과 민간인 학살사건' ············· 33
　　머릿말 ··· 41
　　1. 한국전쟁 직전 시기 공주의 정치상황 ································· 45
　　2. 공주지역 한국전쟁의 전개양상 ······································· 62
　　3. 공주지역 민간인 학살사건의 진상 ···································· 80
　　4. 왕촌 살구쟁이 학살사건의 진상 ····································· 119
　　5. 학살사건이 지역사회에 미친 영향 ··································· 132
　　맺음말 ·· 139

진실화해위원회 결정문 & 대법원판결문
　　5진실화해위원회 결정문 ··· 148
　　대법원판결문 ·· 152

언론이 본 공주 민간인 희생사건 ·· 182

살구쟁이에 얽힌 기억

    곽정근 유족회장 인터뷰 · 334

    어느 날 '오형제'에게 닥친 비극 · 339

    깃발 없는 기수 역할 한 아버지, 높이 평가합니다 · · · · · · · · · · · · · · · 342

    밥해 줬다는 이유로 잡혀간 아버지 · 345

    호적에서조차 아버지 어머니 이름이 없었어요 · · · · · · · · · · · · · · · · 348

    살구쟁이 유가족 최황삼 할머니 이야기 · · · · · · · · · · · · · · · · · · 351

    왕촌 현장 사진의 주인공, 그는 누구일까 · · · · · · · · · · · · · · · · · · 354

    희생자들의 살과 뼈 · 357

    왕촌학살 보도 그 이후 · 359

공주유족회

    희생자명단 · 364

    공주유족회 발자취 · 366

    위령제 · 383

    정관 · 452

    회원명단 · 456

    공주시조례 · 458

■ 편집후기 · 460

사건 당시 자료

왕촌 살해 현장으로 실려가는 수형자들(1950년 7월 9일 추정) 금강과 멀리 연미산이 보인다.

'忠南官用'이란 글씨가 선명하다.

금강교 폭파(1950. 7)

파괴된 금강교

해방 직후 마곡사를 방문한 백범 김구(1946. 4)

공주형무소(일제강점기)

1차 유해발굴(2009. 6. 12)

1차 유해발굴 개토제 첫삽을 뜨는 곽정근 회장, 박선주 발굴단장, 김동춘 진실화해위원회 상임위원 외 회원들

1차 유해발굴 개토제에서 희생자들을 추모하는 종교의식

1차 유해발굴(2009. 6. 12)

1차 유해발굴 현장을 찾은 공주 시민들이 추모의식을 갖고 설명을 듣고 있다.

발굴에 앞서 서장리박물관 앞마당에서 공시행사 거행

1차 유해발굴

2차 유해발굴

1왕촌 살구쟁이(상왕동) 암매장지 현장에서 유가족과 시민사회단체 관계자 등 50여명이 개토제를 하고 있다.

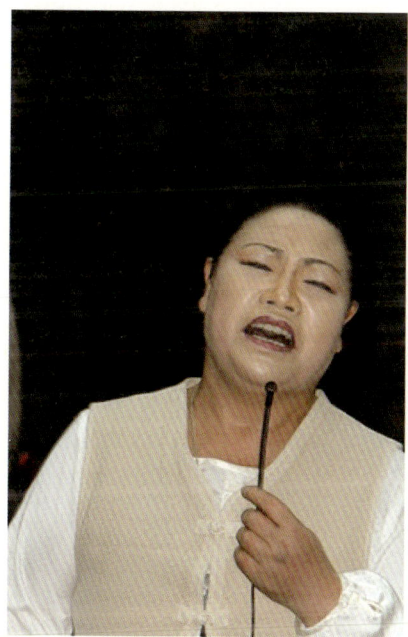
희생자의 넋을 달래는 추모곡을 부르고 있다.

2차 유해발굴 조사단

왕촌 살구쟁이 5번째 구덩이에서 발굴된 희생자 유해

공주유족회 활동

진실화해위원회 1주년 기념 사진전(2008. 11. 21)

유해 매장 추정지 안내판 설치 기념(2009. 1. 16)

한국전쟁 민간인 희생자 추모관 개관식(2009. 3. 31)

공주유족회 법인창립총회(2014. 7. 11)

안희정 충남지사와 대전·충남 7개 시군 지역 6·25 한국전쟁 민간인희생자 유족회장들과의 만남(2014. 12)

김정섭 공주시장과 곽정근 공주유족회장 등 유족회 임원들과의 만남(2018. 10)

위령제 이모저모

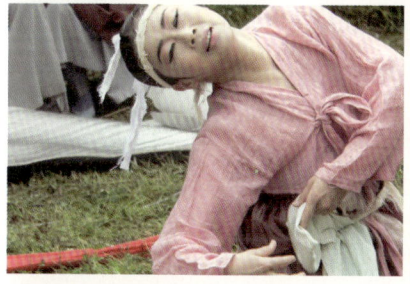 

위령제 이모저모

위령제 이모저모

| 공주신문 보도(2008.07.16) |

58년 전 '왕촌 집단학살' 현장을 가다

2008년 7월 16일 수요일 제 868호 　　　　　　　　　　　　　　종합·해설

왕촌 한국전쟁 희생자 추모제
12일 작은살구쟁이서 희생자 넋 위로

"진실규명과 유족 명예회복시켜야"

곽정근 공주유족회장

"유해발굴을 통해 유족들의 아픔을 달래주고 진실규명과 명예회복에 대한 정부와 국회, 그리고 지역민들의 관심을 촉구합니다. 또 이제까지 묵묵히 살아온 진실의 역사를 찾아 이름과 한이 없는 상생으로 거듭나는 디딤돌이 되길 간절히 바랍니다."

곽정근(72) 공주유족회장은 많은 진실을 밝히는 공주 유족회의 작지만 의미있는 '촛불'로 누구보다 반겼다.

"오늘 새롭게 따라 신분은 여섯인가 바꾸고 그에 어린 자식이었던 우리들은 노인이 됐습니다. 그럼에도 불구하고 유족들은 여전히 아들이 왜 죽어야 했는지 어느 날 끌려나간 아버지가 왜 그렇게 되었는지 소리 없는 통곡의 세월을 살아오고 있습니다."

곽정근 회장은 특히 "아직 공주지역 유족들에게는 아직도 돌리지 않은 미안한 숙제들이 많다"면서 "내가 그동안 위원장님이 안부의 그동안 나이가 우리 유족 자신들이 부족했기 때문"이라고 말했다.

"과거 전 이곳 공주형무소에서 수감 중에, 또는 어느 야산이 모든 세 물이...

/이영주 기자 j2u@hanmail.net

"진실규명, 화해실현 소명 다할 것"

김동춘 진실화해위 상임위원

"진실규명과 화해실현이라는 시대적 소명을 다할 수 있도록 노력하겠습니다."

진실화해를위한과거사정리위원회 상임위원 김동춘(솔향회수·50)씨는 공주지역 민간인 집단학살 사건의 진실규명하기 위해 노력할 것을 약속했다.

진실화해위원회는 2007년과 2008년 한국 각처소의 집단희생자에 대한 유해발굴을 실시해 유해 약 1000여구의 2500명 이상의 유해 뭐기 및 유품을 발굴한 바 있다. 또한 유해 3월에는 공주 왕촌살구쟁이 발굴현장을 방문해 임시 위치상을 둘러본 바 있어 현장까지도 다녀온 바 있다.

"하지만 아직까지 많은 일들이 산적해 있는 게 사실입니다. 한국에 아름답게 있는 짧은 민간인 잘못에도 알려지지 않은 지원 위한 것으로 광복 70주년 기념 사업의 대한 집단학살의 대한 사건에 대한 진상조사 대응 위한 집단학살이 있고 이러한 산적한 과제들을 풀기 위해 최선을 다하겠습니다."

김동춘 상임위원은 "오는 7월20일부터 거기서 희생된 분들이 누구인지, 어떻게 희생됐는지, 또한 몇 분이 희생되자 발굴됐는지에 대해 다양한 방법을 통해 실증할 것"이라며 "이렇게 드러나는 한 사건의 진실을 통해 한 더 실체적인 진실을 밝혀 놓을 때 그 방식을 모색하겠다"고 말했다.

/이영주 기자 j2u@hanmail.net

"전쟁 통한 삶의 교훈, 지혜 찾아야"

지수걸 공주대 역사교육과 교수

"난순이 불평등한 구조를 반추하는 게 아니라 과거의 불행했던 역사를 통해 공동체적인 삶의 교훈과 지혜를 찾아야 합니다."

지수걸(경남함양·59) 공주대 사범대학 역사교육과 교수는 2007년 이후, 공주지역 민간인 과거사진실규명 민간인의 피해 실태를 조사, 집안된 '공주 한국전쟁과 민간인피해 보고서'를 작성했다. 그는 주십 년이 지난 지금 가족의 잊혀진 한국전쟁과 양민학살 문제를 마을주민, 행정기관의 동을 통해 하나씩 끄집어내 유족들의 떠맡겨 있음을 토로하했다.

또 공주시 참여문화연구소에 있는 가해자(Team 카페) 사람들과 함께 '광촌살구쟁이' 이야기 프로젝트를 실시, 유족들의 학살사건을 기리고 새로운 대화합의 도전하는 김용은선생과 새로운 공간을 만들어가고 있다.

지수걸 교수는 "유족의 경계사와 함께 진실화해위원회의 서로 상의 하는 문제 남긴 화려한 우리 사회에 공주유족들의 아픔 위해야 한다"고 강조했다.

"공주는 문화유산현장은 충남 대표하는 전쟁 교회가 유행공원이나 상징적해외의 입지에 높은 환경이다. 지수걸 교수는 주말공원에 들어서자면 공주 유족지역 공주는 유족나도록, 과거의 아픔과 민권교육의 활용을 수 있는 훌륭한 역사문화 자원을 하나 더 보유할 수 있을 것"이라고 말했다.

/이영주 기자 j2u@hanmail.net

| 공주신문 보도(2015.11.06) |

공주신문

1989년 창간 2015년 11월 6일 금요일 제 1160호

공주시의회 '민간인 희생자 위령사업 조례' 제정

충남도 포함 5곳 제정....유족회장 "환영"

'공주지역에서 6·25전쟁 당시 희생된 무고한 민간인 희생자를 추모하기 위한 위령사업 지원 조례안이 제정됐다.

공주시의회는 10월27일 오전 본회의를 열고 '공주시 6.25전쟁 민간인 희생자 위령사업 지원에 관한 조례안'을 통과시켰다. 조례안에는 지원사업으로 진상조사와 법적 판단을 통해 확인된 희생자에 대한 △위령사업 △자료의 발굴 및 수집, 간행물 발간 △평화인권을 위한 교육사업 △바른 역사교육 사업 등을 담고 있다.

조례안을 대표 발의한 배찬식 의원은 "조례제정으로 우리 지역에서 발생한 무고한 민간인 희생자를 추모하고, 평화와 인권회복에 기여할 것을 기대한다"고 말했다.

곽정근 한국전쟁민간인희생자 공주유족회장은 "매년 유족들이 십시일반 돈을 모아 위령제를 지내왔고 사건이 일어난 지 65년 동안 위령비마저 마련돼 있지 않다"며 "늦었지만 조례제정을 환영한다"고 말했다.

공주시의회의 조례제정에 따라 민간인 희생자를 추모 지원조례가 제정된 곳은 충남도를 포함해 홍성, 서산, 아산 등 5곳으로 늘어났다.

한편 공주 왕촌 살구쟁이 등에서는 1950년 7월 9일 군경에 의해 공주형무소에 수감된 보도연맹원과 수감 정치범 등 500~600여 명이 살해됐다. 현장에서는 4개의 구덩이에서 모두 396구의 유해가 발굴됐다.

/충남지역언론연합=심규상 기자

공주지역의 한국전쟁과
민간인 학살사건 개요

| 사건개요 |

공주지역의 한국전쟁과 민간인 학살사건 개요

지 수 걸 (공주대학교 교수)

※ 아래의 글은 다음과 같은 보고서나 논문 등에 기초하여 작성된 것이다. 문헌사료에 의거한 서술은 가급적 출전을 구체적으로 밝히고자 노력했으나, 구술 증언에 의거한 경우는 구술자나 인터뷰 진행자 등을 구체적으로 밝히지 않았다. 구술의 경우 부정확하거나 더러 오류가 있을 수 있다. 하지만 사건의 진상이나 개요를 이해하는 데는 큰 무리가 없을 것이라 여겨진다.

- 진실·화해를 위한 과거사정리위원회/ 동아대학교 석당학술원 편, 『한국전쟁 전후 민간인 집단희생 관련 피해자 현황조사 용역사업결과 보고서』(2007.12) 1~943쪽[「공주시 편」(224~295쪽)
- 지수걸, 「충남 공주의 한국전쟁과 전쟁 피해」, 『제노사이드연구』 제4호(2008), 139~206쪽[홍순권 외, 『전쟁과 국가폭력』(선인, 2012), 247~320쪽 재수록]
- 진실·화해를 위한 과거사정리위원회, 충북대학교 박물관 편, 『한국전쟁 전후 민간인 집단희생 관련 2009년 유해발굴 보고서(제2권) —인문사회조사(상)』(2009), 1~477쪽[충남 공주 상왕동 조사」, 7~210쪽]
- 지수걸, 「한국전쟁과 군 단위 지방정치」, 부경역사연구소, 『지역과 역사』 제27호(2010.10), 5~40쪽
- 「충남 공주지역의 '지방정치'와 '지방유지'」, 『내일을 여는 역사』 11호(2003.2), 16~29쪽.
- 지수걸, daum 까페 「이야기가게」(http://cafe.daum.net/iyggg)의 〈살구쟁이 이야기마당〉 탑재 자료와 엣세이

※ 실명을 밝히기가 어려운 경우, 정 모, 박 모, 이 모 등으로 표기하거나 ㅁㅁㅁ 등으로 복자 처리를 했다. 실명을 확인하고자 할 경우 진실화해위원회에 제출한 앞의 보고서들을 참조하면 좋을 듯하다. 조사 보고서에는 피해자나 증언자의 실명과 더불어 인터뷰 진행자, 인터뷰 날짜와 장소 등을 구체적으로 적시하였다.

〈요약〉

간추린 '공주 지역의 한국전쟁과 민간인 학살사건'

전쟁 직전, 무슨 일이 있었나?

1945년 8월 15일, 일본의 지배에서 벗어났지만 기쁨도 잠깐, 남녘은 좌파와 우파의 대립으로 혼란과 폭력이 끊이지 않았다. 좌파(좌익)는 모두 평등한 민주주의 세상을 만들어야 한다는 신념을 가진 사람들이었다. 우파(우익)는 평등한 사회를 만들려고 하면 여러 부작용이 생겨 나라가 발전하지 못한다고 생각했다. 좌파는 사회주의자·공산주의자로 불렸고, 우파는 자유주의자·자본주의자로 불렸다.

이승만과 일제강점기 동안 일본의 통치에 협력한 '친일파'들이 주축이 돼 만든 독립촉성국민회의와 이후 만든 한국민주당(한민당)은 우파였다.

충남 공주에서는 일제강점기 때 군·면에서 관료와 유지를 했던 사람들이 대거 공직에 진출했다. 이들은 우익 정치 활동을 벌였으며 독립촉성국민회의 충남지부와 충남도지사직 등 공직을 독점했다.

일제강점기 때 청년운동, 신간회 운동, 농민운동을 하던 혁신 청년집단은 해방 후 인민위원회 운동을 주도했다. 하지만 좌익은 경찰서에 요시찰인물로 등록됐고, 따라서 정치 활동은 부진했다.

1948년 5월 10일, 남한만의 단독선거가 치러졌다. 같은 해 9월 9일 북한은 조선민주주의인민공화국을 수립했다. 여운형과 김구는 분단을 막기 위해 이승만 정권에 협력하지 않았다는 이유로 암살됐다. 반민특위(반민족행위에 관한 특별조사위원회)가 일제강점기 때 노골적으로 일본의 앞잡이 노릇을 한 핵심 친일파 300명을 검거했다. 하지만 이승만 대통령은 반민특위마저 강제로 해체했다. 친일파에 대한 처벌의 기회는 그렇게 사라졌다. 사회주의 정당도 불법화됐다.

1948년 10월 여순사건이 일어나자 이승만 정부는 치안유지법을 모방해 국가보안법을 발포했다. 이듬해 4월에는 좌익 활동에 연루된 사람들을 중심으로 국민보도연맹을 꾸리기 시작했다. 국민보도연맹은 이승만 정권이 조직한 좌익전향자 단체로 '좌익 세력을 교화·보호'가 목적이라고 홍보했다. 실제로는 좌익 세력을 통제하고 단속하는 데 치중했다. 보도연맹 가입자들은 '반공투사가 될 것'을 맹세했다. 1949년 11월 30일 당시 신문 보도에 따르면 보도연맹에 가입한 공주 지역민은 278명이다. 전쟁 직전에는 최소 약 300여 명, 최대 약 500여 명으로 추정된다.

이승만 정부는 또 1949년 8월, 요즘의 민방위대나 향토예비군과 유사한 청년방위대를 조직했다. 공주에도 청년방위대 제38연대가 조직됐다.

전쟁 직후 공주에서는

38선 근방에서는 대한민국과 조선민주주의인민공화국 간 크고 작은 무력 충돌이 끊이지 않았다. 남한은 북진통일을 외쳤고 북한은 남한을 해방시키겠다고 맞섰다. 1950년 6월 25일, 북한은 38선을 넘어 사흘 만에 서울을 점령했다. 그러자 미국이 개입했다. 미군을 주축으로 한 16개국의 유엔군이 총을 들고 한반도에 들어섰다. 이승만은 미국의 맥아더에게 한국군의 군사작전 지휘권을 넘겼다.

전쟁이 터지자 제일 먼저 공주로 밀려든 외지인은 정부 요직자와 그 가족, 후퇴하는 군인과 경찰들이었다. 국회의원이나 중앙의 고급 관료들이 식솔을 거느리고 떼 지어 몰려와 대접을 요구했다. 군인들도 식량과 숙소를 요구했다. 어떤 군경은 군수를 쏴 죽이겠다고 위협하며 가진 것 다 내놓으라고 협박하기도 했다.

7월 들어 미군 사령관의 명령으로 공주 전역에 야간 통행금지가 실시됐다. 위반자는 무조건 총살한다는 명령이 하달됐다. 미 제34연대가 공주읍에 전방지휘본부를 설치한 것은 대략 7월 9일 10시 무렵이었다. 공주 읍내 봉황초등학교에 전방지휘소를 설치한 미34연대는 지역주민과 청년방위대원을 모아 금강 야산에 방어진지를 만들었다. 10일경에는 공주를 포함, 금강 이남으로 가는 모든 도로와 다리를 파괴했다.

공주에 주둔하던 17연대 병력은 미군 34연대의 지휘 아래 있었다. 7월 8일, 17연대 소속 군인들은 세종시(연기군 수명재, 은고개, 비성골 등지) 지역에서 보도연맹원을 집단 학살했다.

특히 7월 10일부터 16일쯤까지 미군과 인민군 사이에서 벌어진 치열한 '금강전투'로 많은 주민이 피해를 당하였다. 계룡면 봉명리에서는 미군의 폭격으로 한 가족이 모두 죽었고, 여러 지역에서 미군의 기총소사와 오인사격으로 사망했다. 하지만 왕촌 살구쟁이 등에서 군인과 경찰에 의해 학살된 사람 숫자에 비하면 그 야말로 조족지혈이었다.

7월 9일 또는 10일 살구쟁이에서는

1950년 7월 9일 또는 10일 아침.

공주형무소 감방 문이 활짝 열렸다. 형무관(지금의 교도관)들이 수번을 부르며 밖으로 나올 것을 채근했다. 재소자들이 영문도 모른 채 나왔다. 대부분 형량을 채워 출소를 앞둔 정치범이거나 전쟁이 일어난 직후 공주를 비롯해 충남 각지에서 끌려온 보도연맹원이었다.

"왜 그런대유?"

"대전형무소로 이감이다. 얼른얼른 도라꾸(트럭)에 타! 더는 묻지 마라."

형무소 앞마당에는 '忠南官用(충남 관용)'이라고 새겨진 트럭과 형무소 트럭이 있고 특경대원과 군 헌병, 경찰들이 무장을 하고 서 있었다. 이들은 총구 끝으로 재소자들을 마구 찌르고 머뭇거리는 재소자의 얼굴을 향해 개머리판을 휘둘렀다, 지체 장애인도 예외는 아니었다. 왼쪽 다리를 잃어 의족을 착용한 한 재소자도 구겨지듯 트럭에 태워졌다. 트럭에 타자마자 쪼그려 앉은 자세에서 고개를 바닥에 숙이게 했다. 짐칸이 꽉 차자 트럭이 움직이기 시작했다. 대략 한 대에 30~40명의 재소자가 실렸다.

트럭은 공주읍내를 지나 대전으로 가는 국도로 접어들었다. 하지만 얼마 후 트럭이 멈춰 섰다. 누구도 고개를 들 수 없었지만 대전형무소가 아닌 것은 분명했다. 재소자들은 앞사람의 허리춤을 잡고 일렬로 늘어선 채 산으로 향했다. 공주군 계룡면 왕촌 작은살구쟁이였다. 이들을 내려놓은 빈 트럭은 또 다른 재소자들을 실어 나르기 위해 공주형무소로 향했다. 숲속을 향하던 이들은 엄습해 오는 공포감에 온몸이 떨리고 오금이 저렸다. 얼굴은 하얗게 질렸다. 죽음을 직감한 일부 재소자들이 울부짖기 시작했다.

이들을 기다린 건 긴 구덩이였다. 1미터 깊이에 가로 약 14미터, 세로 2.5미터 크기의 구덩이였다. 구덩이를 파는 일에는 청년방위대원이 동원됐다. 구덩이에 70~80명이 두 줄로 늘어서 등을 맞댄 채 무릎을 꿇었다. 의족을 착용한 재소자는 맨 바깥 줄에 자리 잡았다. 이들을 향하고 있던 M1 소총이 일제히 불을 뿜었다. 카빈총도 불을 뿜었다. 구덩이 안 사람들이 외마디 소리와 함께 그대로 고개를 땅에 떨어트렸다. 머리뼈를 관통한 총알도 많았다. 화약 냄새와 피비린내가 골짜기 전체에서 피어올랐다.

어디에선가 노랫소리가 울려 퍼졌다. 울먹이며 부르는 '울 밑에선 봉선화야'이었다. 공주여사범에 다니던 여학생(유림)이 부른 노래였다. 그의 아버지와 오빠도 함께 살구쟁이로 끌려왔다. 노랫말이 끝나기 전도 전에 그마저 총소리와 함께 고개를 떨궜다.

곧이어 숨진 희생자들의 몸 위로 돌덩이가 채워지기 시작했다. 땅에 머리를 박고 숨이 채 끊어지지 않은 재소자들의 뒷머리 위로, 등 위로 쉴 새 없이 큼직한 돌덩이가 날아들었다. 시신을 쉽게 매장하기 위해 흙 대신 돌을 채워 넣었다. 대충 시신이 가려지자 이들은 총을 들고 부근에 있는 비슷한 크기의 다음 구덩이로 향했다. 이날 총소리는 저녁이 돼서야 그쳤다.

공주 각지의 골짜기나 천변에서도 수십 명 단위의 보도연맹원 학살이 이어졌다. 의당 철룡리 여차니, 유구 석남리 수촌다리. 장기 송원리 송계동(욕골), 탄천면 화정리 등이었다. 면 단위의 보도연맹원 학살은 공주경찰이 직접 담당했던 것으로 보인다. 2009년과 2013년 두 차례에 걸쳐 벌인 유해발굴 조사 결과 공주 왕촌 살구쟁이에서 살해된 사람은 450명 내외로 추정된다. 보도연맹으로 학살된 공주 주민들은 왕촌 살구쟁이를 포함, 최소 200명, 최대 300~400여 명으로 추정된다.

누가 왜 죽였나

살구쟁이 왕촌 학살은 금강방어전에 참여했던 국군 제17연대 병력에 의해 자행된 것으로 여겨진다. 특무대 상사로 알려진 일단의 군인과 경찰(특경대)도 학살을 주도했다. 앞서 7월 5일 육군형무소 헌병대가 공주에 도착했다. 이때 이들이 학살 대상자를 분류했던 것으로 추정된다. 학살 이유는 정치범과 보도연맹원들이 인민군 편에 설 가능성이 높다는 것이었다. 학살 지휘는 이른바 특무대(CIC, SIS; 육군정보국 소속의 방첩대원) 소속의 군인들이다.

정부 산하 '진실화해를 위한 과거사 정리위원회'(아래 진실화해위)는 '직접적인 가해기관은 각 지역에 주둔한 CIC와 헌병대 및 각 지역 경찰'이라고 밝혔다. 또 CIC와 헌병대는 재소자와 보도연맹원의 살해 과정을 지휘하고 주도했고, 경찰은 보도연맹원과 예비검속자들을 형무소에 구금하였고, 재소자와 보도연맹원의 살해 과정에 직접 개입했다고 덧붙였다. 진실화해위는 특히 CIC는 1950년 7월 9일 공주형무소의 여순사건 관련 재소자와 정치·사상범, 그리고 보도연맹원들의 인도를 요구하였고, 청년방위대를 동원하여 왕촌 총살 현장의 구덩이를 파게 하는 등 공주형무소 재소자와 예비 검속되어 공주형무소에 수감된 보도연맹원 등의 총살을 지휘·통제하였다고 강조했다. 진실화해위는 '최종적 책임은 지휘·명령계통 상 최고결정권자인 대통령과 국가에 귀속된다'며 '국민의 생명과 재산을 보호해야 하는 국가가 좌익 전력이 있거나 의심된다는 이유만으로 법적인 절차 없이 집단 살해한 것은 명백한 불법행위'임을 분명히 했다.

미군의 경우 왕촌 학살에 직접 가담하지는 않았지만, 집단 학살 사실을 알고 있었을 것으로 짐작된다. 미군 헌병들이 공주-대전 간 도로를 통제하고 외신기자 보호 등 역할을 담당했기 때문이다.

인공 시기 우익인사 학살사건

공주 지역에서도 인공 시기나 수복 이후 시기 좌우익 간에 서로 죽고 죽이는 보복 학살이 일어났다. 공주에서 보복 학살이 가장 심했던 곳은 탄천 화정리(우익 청년단원 14명 사망)와 유구 입석리(공동묘지=농기, 뚝방;우익인사 13명), 장기 봉안리(다파리고개; 어린이 포함 6명) 등이다.

최대 학살사건은 추석 바로 전날이자 미군인 공주로 진입하기 이틀 전(9월 27일) 옥룡동 대추골이다. 인민군은 퇴각을 앞두고 검속한 우익인사 들을 대추골에서 집단 학살했다. 증언에 의하면 대추골에서 사망한 사람은 33명에서 80여 명으로 다양하다. 자유총연맹 공주지부가 작성한 우익 희생자는 대략 170여 명 정도다.

수복 후 부역 혐의자 학살사건

공주 경찰 측의 조사보고에 따르면 공주 지역 부역 혐의자는 당시 약 3천여 명 정도였다. 이들 중 상당수는 수복 직후 아무런 재판 절차 없이 경찰이나 우익청년단의 사적인 보복으로 살해됐다. 예를 들면 유구면 입석리의 경우 대부분 우익청년들이 재판 절차 없이 직접 부역 혐의자를 마음대로 잡아들여 살해했다. 살해 도구로는 주로 죽창이 사용됐다. 살해된 사람 중에는 세 살짜리 아이와 임산부도 있었다. 신원사 말사인 소림원의 한 스님은 태극기 두건을 머리에 두르고 총과 일본 칼을 찬 우익청년들에 의해 살해됐다.

전쟁의 고통은 남성보다는 여성에게 더 혹독하고 가혹했다. 상당수 여성들은 홀로 어린 자식을 키우거나, 강간을 당한 뒤 강제로 첩살이를 하거나, 몸 파는 직업에 종사해야 했다. 당시 '빨갱이 마누라와 딸내미'는 인간대접을 받지 못했다.

1951년 1·4후퇴 시기 공주형무소 부역 혐의자 학살사건

공주형무소에서는 왕촌 살구쟁이 학살사건 외에도 1·4후퇴 시기 부역 혐의자 학살사건이 벌어졌다.

공주형무소는 미군의 폭격으로 옥사가 파괴돼 수복 이후 작업장을 개조해 부역 혐의자를 수용했는데 상당수가 고문과 질병(장티푸스)으로 사망했다. 이송 도중 혹은 이송 전에 병약한 죄수들을 선별해 집단 학살했을 가능성도 있다. 실제 유엔 민사처 보고서를 보면 대전형무소에서는 1·4후퇴 때 일부 병약한 죄수들을 이감하지 않은 채 형무소에서 직접 처리했다고 기록하고 있다.

전쟁으로 죽거나 다친 남한 사람은 130만 명으로 추정된다. 대부분은 민간인이었다. 피난 가다 미군의 오인 사격과 폭격에 맞아 죽고, 북한군에게 보복 살해됐다. 겨우 살아남은 사람들은 다시 북한군을 도왔다는 혐의로 국군에게 살해당했다. 억울하고 원통한 죽음이었다.

남은 과제는

 대한민국이 국가다운 국가로 거듭나려면 과거의 잘못을 성찰하는 노력을 게을리 해서는 안 된다. 다행히 진실화해위원회는 공주민간인학살 사건과 관련 정부에 국가의 공식 사과, 위령사업 지원, 평화·인권교육 강화를 권고했다.
 정부는 왕촌 살구쟁이를 포함한 여러 학살터를 국가 사적지로 지정, 후손에게 물려주는 것이 필요하다. 특히 왕촌 살구쟁이는 피해자 위령공원이나 상징조형물이 입지하기 좋은 장소다. 만약 살구쟁이에 추모위령공원이 들어선다면 공주는 우금티 사적지와 함께 평화와 인권교육을 위한 역사문화 자원을 하나 더 보유할 수 있게 된다. 우리 고장의 살구쟁이와 우금티가 평화와 인권교육의 장으로 거듭날 수 있도록 '한국전쟁 민간인 희생자 공주유족회'와 함께 힘을 모아 나가야 한다.(발췌 정리: 심규상 오마이뉴스 기자)

| 사건개요 |

머리말

　한국전쟁 시기 밀고 밀리는 전투 과정에서 한반도는 남과 북, 도시와 농촌 가릴 것 없이 거의 모든 곳이 전쟁터화 되었다. 서울은 전쟁기간 동안 주인이 무려 네 번이나 바뀌는 우여곡절을 겪었다. 이런 까닭에 한국전쟁은 전투에 직접 참여한 군인들보다 민간인들의 피해가 더욱 극심했다. 한국전쟁 과정에서 희생된 유엔군과 한국군은 8만 4천여 명이었으나 민간인 희생자는 남쪽 지역에서만 100만 이상이었던 것으로 추정된다. 여기에 월북 혹은 납치 피해자 약 30만 명, 그리고 민족 이산과 지역공동체 및 가족 해체, 성폭력이나 정신적 피해까지 포함하면 한국전쟁은 민족사 최대의 재앙이라 말해도 과언이 아닐 정도이다. 이 같은 전쟁 피해는 공주지역도 예외가 아니었다.

　초기 시기의 한국전쟁 연구는 '전쟁 책임 문제' 등 현실 정치나 이데올로기 문제를 중심으로 진행되었다. 하지만 브루스 커밍스 등에 의해, △전통주의적 해석과 수정주의적 해석을 둘러싼 논쟁 △전쟁의 발발 배경과 원인에 대한 논쟁 △국제전인가 아니면 내전(civil war)인가를 둘러싼 논쟁이 촉발되면서, 한국전쟁에 대한 구체적이고 사실적인 이해가 어느 정도 가능하게 되었다. 특히 2000년 9월 '한국전쟁 전후 민간인학살 진상규명 범국민위원회', 제노사이드학회 등이 결성되고, 또 2005년 5월 '진실·화해를 위한 과거사 정리 기본법'이 공포(12월 시행)되면서 전쟁 피해나 학살 문제에 대한 학문적 연구성과가 많이 산출되기 시작했다.

　최근 한국전쟁기 지방사회의 정치사회적 동향, 특히 '마을'(특히 班村 동족마을; ㅁㅁ군의 '모스크바') 단위의 사례연구들이 많이 산출되었는데, 주요한 성과는 전쟁 시기 마을 내부에서 발생한 다양한 정치사회적 갈등, 또는 학살사건의 배경이나 원인 문제 등을 구체적으로 해명한 점이다. 이런 연구들은 공통적으로 전쟁기의 마을 단위에서 벌어진 다양한 사건의 배경이나 원인이 결코 '단순하지 않다'는 점, 즉 토지문제나 친일파문제 등 통일민족국가 수립과 관련한 견해 차이는 물론이고, 지주-소작인 간 갈등, 동족마을 혹은 집안 간 갈등, 심지어는 대단히 사적인 원한관계 등이 복잡하게 얽혀 있었다는 점 등을 강조하고 있다.

그동안 해방공간이나 한국전쟁기의 민중 동향을 설명할 때, '구조사적인 관점' 특히 '계급적 혁명적인 관점'('변혁주체론적인 관점')을 기계적으로 적용한 감이 없지 않았다. 이런 견지에서 볼 때 위 연구들의 문제제기는, 수긍할 만한 대목이 적지 않다. 하지만 위의 연구들은 공통적으로 마을을 고립된 '소우주'로 간주함으로써, 해당 마을에서 발생한 사건이나 특정 현상이 어떠한 정치경제적 갈등구조 속에서 연유된 것인지를 해명하는 데 실패한 감이 없지 않다. 가령 대부분의 연구들은 마을 내부의 갈등 사례를 다루면서 분석지표로서 신분 및 친족관계 이외에, "마을 내에서 피해자·가해자가 차지하는 사회경제적 위치", "총동원체제하에서 형성된 지배·피지배관계", "피해자·가해자의 종교와 이주시기" 등을 중시했는데, 위의 지표들은 마을 단위의 분석을 통해서는 그 실상이나 의미를 제대로 파악하기가 어려운 것들이다. 요컨대, 마을 단위의 사례연구가 갖는 강점이 없는 것은 아니나 지나치게 협소한 수준에서 마을 사례를 분석하는 경우, 모든 갈등과 학살이 사적이고 개인적인 수준의 문제로 환원될 가능성이 크다.

한국전쟁 시기 특정 마을이나 시군면 단위의 지역사회에서 발행한 민간인 '집단학살' 사건의 지역사적, 혹은 역사사회학적 의미를 구명하려면 특정 가문이나 마을 단위를 넘어 최소한 군면 단위의 통치시스템이나 지방정치구조 등을 주목해야 한다. 왜냐하면 시군 단위로 진행된 보도연맹원이나 부역자들에 대한 집단학살사건은 해당 지역의 △관료(경찰서장, 군수, 법원장, 지청장, 읍장) △유지(대지주, 상공업자, 혹은 각종 공직 수행자) △우익청년단 간부(청년방위대 포함) 등으로 구성된 이른바 군 단위 '관료-유지(끄나풀) 지배체제'와 그 작동 메카니즘, 그리고 일제시기부터 이에 대응하여(저항하며) 군면 단위로 형성 발전된

청년과 농민(민중)들의 '지역사회운동(전국 및 국제적 네트워크 존재)'과 밀접한 관련성을 가지고 있었기 때문이다.

한국전쟁 시기 공주지역의 민간인 학살, 특히 해방공간의 정치 과정에서 발생한 다양한 학살사건의 성격이나 의미를 구체적으로 이해하려면 근대이행기 공주지역의 사회변동사나 사회이동사는 물론이고 지방정치구조나 정치적 힘 관계 등 지방정치사에 대한 구체적인 이해가 선행되어야 한다. 왜냐하면 전쟁 전후 시기의 집단학살은 주로 외부의 충격 때문에 발생한 것이기는 하나 지역 내의 정치, 경제, 사회, 문화적 갈등을 매개로 전개되었기 때문이다. 이 같은 문제의식 가운데서 아래에서는 다음과 같은 지역사 관련 주제들을 탐구하고자 노력했다.

전쟁 전후 시기 공주지역에서는, △전쟁 초기 군경의 보도연맹원 및 형무소 좌익수 학살사건 △'북한군 점령 시기(1950년 7월 14일부터 그 해의 추석 무렵까지)' 북한군(인민군)이나 지방 좌익(지방 빨갱이)에 의한 우익인사들을 학살한 사건 △수복 후의 부역자 학살사건 △휴전 이후의 남파간첩 사건이나 피해 유족의 연좌제 관련 사건 등이 발생했다.

이 글의 핵심 주제는 한국전쟁 전후 시기 공주지역에서 자행된 '민간인 집단학살' 사건이다. 이런 목적을 달성하기 위해 중시해야할 연구 주제는, △무슨 일이 일어났는가 △누가, 왜 죽였는가 △어떤 사람들이 왜 죽었는가 등일 수밖에 없다. 하지만 이 글에서는 이런 문제 이외에 민간인 학살의 정치사회적 배경으로서 다음과 같은 점들을 특별히 주목하고자 했다.

첫째는 일제시기 군면 단위 '관료-유지 지배체제'와 더불어 형성된 공주지역 '유지 집단'의 구성과 활동이다. 3·1운동 이후 일종의 '지방자치제도'가 실시되면서 공주지역의 지주나 상공업자 출신의 청년(신사 청년)들이 대거 지방자치기구(면협의회, 학교평의회)나 공직기구(금융조합, 수리조합, 농회)에 진출했다. 이런 과정에서 형성된 공주지역의 유지 집단은 해방 후 통일민족국가 수립운동 과정에서도 우익 정치세력의 정치적 기반 역할을 수행했다. 일제 시기 동네 구장이나 중견청년 등의 계보를 잇는 이들도 해방 후 우익청년운동의 골간이었다. 이런 현상은 공주지역의 경우의 더욱 극심했다. 특히 공주읍내의 경우는 유력한 대지주나 상인들과 더불어 이른바 '영명학교 인맥(미국 선교사, 그리고 교회와 학교 공동체 구성원)'이 존재했던 까닭에 우익적인 정치활동이 더욱 활발했다.

둘째는 일제시기 지역사회운동의 발전과 더불어 형성된 이른바 혁신청년집단의 구성과 활동이다. 일제시기 공주지역의 경우는 인근의 논산이나 부여 등지에 비해 좌익적인 정치·사회운동은 부진한 편이었다. 하지만 공주에도 1920년대 초반부터 청년운동이나 신간회운동, 농민운동이나 야학운동 등이 활발했고, 이를 통해 이른바 '혁신청년집단'이 형성되었다. 후술하겠으나 해방 이후 공주지역의 인민위원회운동을 주도한 것도 이들이었다. 이들은 일제하에서 축적한 정치적 도덕적 권위를 바탕으로 해방 이후 공주지역의 정치·사회운동을 주도하였다.

셋째는 한국전쟁 시기의 주민 동향이다. 공주군 주민들은 근현대 역사 과정에서 두 번의 큰 난리를 몸으로 체험했다. 흔히 '작은 난리'라 불리는 1894년의 갑오동란과 '큰 난리'라 불리던 1950년의 6·25동란이 그것이다. 특히 '난리통의 주민동향을 살피는 작업은 지역사나 역사사회학적으로 볼 때도 매우 중요한 의미가 있다. 이런 문제의식 가운데 이 글에서는, ① 인민군 진입 직전 시기(주민들의 전쟁 인지 시기와 매체, 전쟁 추이에 대한 예상, 피난 은닉 등 생존 전략) ② 진입 직후(인민군을 대하는 태도, 우익인사에 대한 보복 실태, 전황에 대한 주민들의 전망), ③ '인공 시기'(농지개혁과 현물세에 대한 반응, 각종 개혁정책에 대한 태도, 북한정권에 대한 일반 주민들의 태도, 우익인사들의 은거 및 도피 실태, 우익 청년들의 암약 실태, 전쟁 추이에 대한 전망) ④ 수복 직전 시기(부역자 혹은 그 친인척들의 태도, 도피 우인인사들의 동향) ⑤ 수복 직후 시기(수복 이후 피난민들의 귀향 실태, 도피 및 귀향 우익인사들의 보복 활동, 휴전 시기까지의 전쟁 동원과 주민 동향) 등으로 나누어 공주지역 주민들의 동향을 살펴보고자 노력했다.

넷째는 한국전쟁 시기 민간인 학살이 전후 지방정치에 미친 영향을 규명하는 것이다. 한국전쟁을 경과하면서 지방사회에는 좌익이건 우익이건 많은 지역 엘리트들이 죽거나 고향을 떠났다. 대부분의 구술자들은 전쟁, 특히 '톱질'을 거치면서, 지역에는 오로지 "쭉정이만 남았다"고 말한다. 이는 공주만이 아니라 모든 지역의 공통적인 현상이다. 대부분의 지역이 그러했듯이, 전쟁 와중인 1952년 지방선거의 경우 대부분의 당선자들은 전쟁 시기 등장한 우익청년단의 간부로 활동하던 이들이었다. 이들은 1950년대에 자유당 정권의 기반이 되었을 뿐만 아니라 1960년대의 국민재건운동이나 1970년대 새마을운동 과정에서 이른바 끄나풀(agent) 역할을 수행했다. 이런 문제의식 가운데, 한국전쟁 전후 시기의 각종 학살사건들이 공주지역의 지방정치 구조나 정치문화에 미친 영향을 증명 가능한 수준, 특히 문헌자료 등을 통해 구체적으로 구명해 보고자 노력했다.

1. 한국전쟁 직전 시기 공주의 정치상황

1) 해방 직후 시기 좌우익 정치활동

일제하의 조선은 조선총독부의 지방관료와 지역유지 집단이 주도하는 이른바 군 단위 '관료-유지 지배체제'에 기초하여 지배되었다. 하지만 해방과 더불어 군 단위의 관료-유지 지배체제가 해체되면서 공주지역에서도 두어 달 가량의 정치적 공백상태가 형성되었다. 1945년 10월초 미군정이 본격적으로 실시되기 전까지 그 자리를 대신한 것은 군면 단위로 조직된 인민위원회(건국준비위원회)였다. 해방 직후 군면 단위의 인민위원회를 이끌어간 것은 일제하에서 지속적으로 민족·민중운동을 주도해온 이들이었다. 이들은 명망성이 있는 지역유지들을 끌어들여 인민위원회라는 군면 단위 자치조직을 결성한 뒤 통일민족국가 수립운

〈그림 1〉 1930년대 초반 공주 시가지 사진이다. 동그라미 표시가 된 곳이 충남도청(현재 공주사대부고)이고, 그 뒷산이 공주의 주산인 봉황산이다. 맨 좌측 하단의 2층 큰 건물이 공주고등보통학교이고, 맨 우측의 중단의 큰 건물이 공주형무소이다.

동을 주도하였다. 이는 공주지역의 경우도 마찬가지였다.

해방과 더불어 일제 시기 군청이나 면사무소의 '유지(공직자) 명부'에 이름이 올라 있었던 사람들은 정치적 위세가 급속히 약화되었다. 이에 반해 경찰서나 면지서의 '요주의·요시찰인 명부'에 올라 있던 사람들의 정치적 위세는 군면 단위 인민위원회의 결성과 더불어 급격히 확대되기 시작했다. 요컨대, 일제하에서 지방유지 집단이 축적한 이른바 당국신용(當局信用)은 해방과 더불어 친일행위로 비판된 반면, 요주의·요시찰인이니 불령선인(不逞鮮人)이니 하는 '낙인'은 거꾸로 정치적·도덕적 권위를 상징하는 일종의 '신임장'이 되었다. 1945년 9월 6일 서울에서 열린 이른바 '전국인민대표자대회'를 전후하여 전국 각지에는 군면을 단위 '인민위원회'가 조직되었다. 공주군의 경우도 위의 대회에 대표를 파견하였다.

1946년 3월 현재 공주의 정치사정은 신익희(1894~1956; 당시 이승만이 이끌던 대한독립촉성국민회 부회장)의 지시로 '정치공작대' 요원들이 실지조사를 통해 작성한 『충남지방실정조사보고』에 자세하다. 위 보고서는 1946년 3월 초순 두 명의 '공작 요원'이 공주를 비롯한 충남 각지를 답사하며 작성한 일종의 복명서이다. 이를 근거로 공주지역 정치단체의 현황을 도표로 정리하면 다음과 같다.

〈표 1〉 해방 직후 공주군내의 사회운동 단체 현황

(1946년 3월 현재)

단체명	임원 현황	회원 현황
공주군 독립촉성협의회 (독촉)	회장 문홍범(文洪範, 45세) 소학교, 농업 부회장 염우량(廉友良, 42세) 한학, 상업 총무 노수일(盧秀一, 38세) 소학교, 상업	300여명, 청년 다수
공주군 공주읍 광복회	회장 오경달(吳慶達, 36세) 일본대 전문부, 무직 부회장 양천손(梁千孫, 27세) 중학교, 무직	200여명, 전부 청년
공주군 인민위원회	회장 정상윤(鄭相允, 45세) 소학교, 농업 부회장 안병두(安秉斗, 41세) 소학교, 농업 부회장 조국원(趙國元, 46세) 소학교, 상업	11명, 대다수 中老
공주군 농민조합	조합장 이창주(李昌柱, 42세) 소학교, 농업 부조합장 정현(鄭鉉, 필명 鄭龍山, 45세) 한학, 농업	11명, 대다수 中老 各面 조합 가입
공주군 합동노동조합	조합장 고호석(高好石, 41세) 소학교, 상업 부조합장 오재원(吳再元, 39세) 소학교, 무직	

위의 표에서도 확인되는 바와 같이 해방 후 '독촉 지부'나 '광복회'와 같은 우익 단체 대표자들은 대부분 일제시기의 '유지'급 인물(특히 영명학교 출신자 등 공주지역 감리회 공동체 구성원)들이었음에 반해 좌익단체의 인물들은 한결같이 경찰서에 '요주의·요시찰인물'로 등록된 이들이었다. 이런 사실은 다른 지역과 마찬가지로 공주에서도 일제시기 '유지집단' 계통을 잇는 정치세력과 '혁신청년 집단(요주의·요시찰인물)' 계통을 잇는 정치세력이 정치적으로 서로 경합하고 있었음을 보여준다. 일제 경찰에 의해 관리되던 공주지역 '요주의·요시찰인'은 현재 남아 있는 자료(경무국 관리 명부)에 따르면, 정용산, 이창주, 심수석 등을 포함하여 모두 34명이다. 하지만 군 경찰서나 면지서에도 동일한 종류의 명부(신상카드)가 존재하였다. 영명학교 출신인 염우량은 전쟁 직전 공주에 소재한 호

국군 제102연대 대대장을 역임한 뒤 전쟁 이후 각종 선거에 출마했고, 누수일도 1955년 지방선거에서 공주읍회 의원으로 당선되는 등 활발한 정치활동을 전개하였다.

해방후 공주군 인민위원회 위원장은 정상윤(鄭相允)이었다. 그는 일제시기 1930년 평북 철산지역의 신간지회 사건(〈昭和五年刑上第69號 判決〉 참조, 당시 일본 明治大 學生)으로 실형을 선고받은 인물로 1930년대 중반경 친구인 정현(鄭鉉, 필명 정룡산, 정우진)의 소개로 정현의 고향인 계룡면 금대리로 내려온 인물이다. 정상윤의 동지인 정현은 공주보통학교와 공주고보를 다닌 뒤 동경 일본대학을 중퇴한 공주지역의 대표적인 좌익청년으로, 1934년 유명한 경성제국대학 미야게(三宅) 교수 사건(이재유 등의 〈적색노동조합 및 적색농민조합 준비공작 위원회 사건〉)에 연루되어 실형을 선고받기도 했다. 위 사건의 판결문에 따르면 정용산은 이재유, 정태식 등과 함께 1933년 6월경 경성공립농업학교 내의 독서반을 지도하여 반제동맹 조직으로 전환하는 사업, 8월경 경성여자고등학교의 동맹휴교투쟁을 배후 지도하는 사업 등을 전개하다 경찰에 체포되었다고 한다. 정현은 해방 후 정상윤, 안병두 등과 함께 인민위원회 활동을 전개하다가 1948년 정부수립 이전에 서울로 이사를 하여 홍익대학교에서 교원(직원?) 생활을 하다가 한국전쟁 직후 가족을 모두 대동하고 월북했다고 한다. 그는 1930년대 초반 《신계단》, 《대중의 벗》 등 좌익잡지에 다수의 시와 논설을 발표하기도 했다.

해방 직후 공주군 인민위원회 부회장이었던 안병두는 1932년 봄에 발생한 이른바 '공주적색비사사건'의 주모자로서 해방 이후 공주지역의 좌익운동을 주도했던 청년이었다. 당시 사건의 복심법원 판결문에 따르면, 안병두(주외면 옥룡리 364번지)와 함께 재판을 받은 이영근(李英根, 공주보통학교 6학년 중퇴), 박명열(朴明烈, 공주읍 욱정 9번지), 이도원(李道元, 본정 132번지, 주거지 산성정 131번지) 등은 모두 20대 초반의 공주보통학교(현재의 중동초등학교)의 동기 동창생이었다. 후손들의 증언에 따르면, 정상윤은 전쟁 발발과 동시에 대전형무소에서 처형되었고, 안병두는 해방 전쟁 직전 시기 서대문형무소에 수감되어 있다가 인민군에 의해 풀려나 귀향하다가 신탄진 인근에서 미군의 폭격으로 사망하였다.

공주군 농민조합 위원장이었던 이창주(李昌柱, 李昌周)는 의당면 송학리 출신으로 보통학교를 중퇴한 뒤 함남질소비료공장에 취업하여 노동에 종사하다가, 중국공산당(동만특위)의 지도하에 국내에서 조선공산당 재건운동을 전개하던 한전종(韓典鍾)과 연계되어 조선질소비료 공장 등을 무대로 혁명적 노동조합운동을 전개했던 인물인데, 1932년경에 한전종 등과 함께 체포되어 치안유지법 위반 혐의로(한전종 등 조선공산당 공작위원회 혹은 공작대 사건) 예심과 1심에서 징역 3년을 선고받았다. 합동심리로 열린 1심 공판에서 한전종이 "오랫동안 못 보았으니 악수나 하게 해달라" 요청했으나, 재판장이 거절하자 이창주는 재판장을 향해, "무리하게 청하는 것은 아니나 허락하는 것이 좋지 않겠냐"고 당당히 발언했다고 한다(〈동아일보〉 1934년 9월 29일). 1932년 체포 당시 이창주는 경기도 고양군 용강면 수철리에서 셋방살이를 하고 있었고 나이는 22살이었다. 이창주는 징역살이를 마친 뒤 귀향하여 해방 직후시기까지 고향에서 농사를 짓고 있었던 듯하다. 수원고등농림학교를 퇴학당한 한전종은 만주로 망명하여 공산주의 활동을 하다가 1931경부터 중국공산당 만주성위원회 동만특위의 지도하에 당 재건운동을 전개한 인물이다. 그는 당 재건을 위해 1932년 1월부터 노동부·농민부·반제부(反帝部)·적색구원부(赤色救援部)·세포지도부로 구성된 당 재건 준비조직을 결성한 뒤 함경도와 경성과 인근 지역의 공장지대를 중심으로 혁명적 노동조합을 조직하는 활동과 더불어 각급 학교의 적색독서회를 지도하는 활동을 전개하였다. 한전종과 이창주는 1934년 10월 경성지법에서 치안유지법 위반으로 징역 4년을 선고받았다. 당시 1심 재판을 받은 사람은 13명에 불과했으나 동일사건으로 검찰에 송치된 사람은 무려 78명이었다.

미군정 시기 공주와 충남지역의 우익정치 활동을 주도한 것은 공주 영명학교 출신들이었다. 이들 집단은 이승만이 주도했던 독립촉성국민회의 충남지부 간부진과 더불어 충남 도지사(황인식, 박종만, 서덕순)직 등을 독점했는데, 그 이유는 미군정기 하지 장군의 정치비서 역할을 담당하던 윌리암즈 중령 덕분이었다. 윌리암즈 중령은 구한말 공주지역에 파견되어 1906년부터 일제 말기까지 공주 영명학교를 운영한 윌리암즈 목사의 장남으로 태어나 14살이 될 때까지 공주에서 성장한 인물이다. 공주 광복회 활동을 주도한 오경달과 양천손은 공주읍내에서 정미소나 양조장을 운영하면서 공주읍회 의원 등을 역임했던 공주지역의 대표적인 유지들이었다. (일제시기 공주지역 지역사회운동의 전개양상, 특히 주요 활동가에 대해서는 지수걸, 『한국의 근대와 공주사람들』 공주문화원, 1999 참조).

1932년까지 충남도청이 소재했던 공주군은 군세(郡勢)나 인구 규모에 비해 논산군이나 부여군 등보다도 일제시기 좌익적인 사회운동이나 민중운동이 부진한 편이었다. 1929년 1월 3일자 〈동아일보〉의 「지방일람」에 보이는 공주지역의 사회운동 단체를 도표로 정리하면 아래와 같다.

〈표 2〉 공주지역 사회운동단체 현황

(1929년 1월 현재)

단체명칭	창립일	창립회원	현재회원	대표	중요사업
新幹公州支會	1927.9	48명	86명	柳靖鉉	농촌계발
公州靑年會	1920.7	140명	70명	閔泳龍	노동야학
銅大靑年會	1928.8	54명	54명	金容弼	부업장려
公州少年同盟	1927.3	38명	75명	尹相甲	소년야학·아동문고
합계		280명	285명		

<표 3> 일제시기 충남지방 사상(思想)사건 관련자 군별 분포현황

(1935. 5월 현재까지)

	치안유지법	보안법	폭력행위처벌법	기타사상범죄	동맹휴교	기타주의자	합계
대전	12	21	66	10	11	16	66
조치원	1	29	11	2	0	15	58
공주	15	80	11	16	7	9	138
강경	20	34	13	17	2	29	115
부여	4	37	23	24	4	46	138
서천	3	22	12	0	2	49	88
보령	7	14	4	0	0	17	42
청양	7	114	27	1	1	16	166
홍성	10	22	21	17	8	16	94
서산	6	70	7	3	0	17	103
당진	10	8	8	3	5	20	54
예산	8	137	3	1	2	24	175
온양	12	6	0	0	3	23	46
천안	2	38	0	4	0	26	70
합계	117	632	146	98	37	323	1353

☞ 朝鮮總督府高等法院檢事局思想部 編, 「忠淸南道下の思想槪況竝同道論山·夫餘·靑陽·禮山及唐津郡各思想善導機關の活動狀況」『思想彙報』第9號, 1936.12

　일제시기 내내 상대적으로 좌익세가 약했던 까닭에 공주군의 경우는 해방 이후에도 다른 지역에 비해 좌우익간의 정치 갈등이 그다지 심하지 않았다. 위의 조사보고서에 따르면, 공주군의 치안상황은 "일정시대(日政時代)보다는 충분하지 않으나 현재의 치안은 다른 지방보다 좀 나은 상태"였으며, 또 "군민 전체도 사상 태도가 온순 상식적이고 합법적"인 상황이었다고 한다. 위의『충남지방실정조사보고』에 보이는 공주군청과 공주경찰서에 대한 조사보고를 소개하면 아래와 같다.

〈공주군청〉 본군 행정은 군민 전체로 思想 態度가 恩(溫?)順 常識的 態度이고, 合法的이나 數分子의 惡行動은 不遠(?)이며 郡民 協力은 不協을 初頃이나 (처음에는 비협조적이었으나) 現時는 多少이 開心하나 그래도 日政時代보다는 어렵다고 함. 現 郡守(申求永, 43세, 前保寧 內務課長) 이하 數人의 行政과 思想이 不良이며, 郡內 多少人과 數面이(에서) 不編이 發言이라고(불만의 소리가 있다고) 傳함. (이하 생략)

〈공주경찰서〉 本署 管內 狀況은 別로 事件이 他方같이(과 달리) 無함이고, 管內 十一駐在所가 自力(으로) 犯防(범죄방지)에 全力을 내고, 建國事業에 遺憾이 無함으로 노력을 하고 있음이 보임. 新署長(徐謙淳, 46세, 無官職)은 本邑內 自治會 靑年部長이고 靑年思想 恩順導(善導)에 努力을 하고 郡內 治安을 봄은(에) 日政時代의 보다는 不足이나 現時의 治安은 좀 他地方보다 善指의 治安이라고 보임. 警察署員 思想은 別로 自己 思想을 표면치 않고 恩順한 점이고, 不言實行이 보임.

회고에 따르면, 해방 직후 공주군 인민위원회의 활동가는 대부분 정상윤이나 안병두처럼 일제시기부터 좌익활동에 적극 참여했던 인물들이었다. △1945년 11월 20일부터 25일까지 서울에서 개최된 전국인민위원회대표자대회에는 정상윤, 안병두, 이창주(공주군 농민조합 조합장) △같은 해 12월에 열린 전국농민조합총연맹 결성대회(1945. 12. 8~10)에는 윤영무(尹泳武)와 이한구(李漢九) △또 그 다음해 2월에 개최된 민주주의민족전선 결성대회(1946년 2월 15일)에는 정상윤 등이 공주군 대표로 참가하였다.

회고에 따르면, 공주여자사범학교 교원이었던 윤영무(의당 월곡 출신?)의 영향으로 공주여자사범학교 출신자 가운데는 공산주의를 선호하는 학생들이 제법 많았다고 한다. 공주여사범 재학생이었던 유림은 1950년 7월 9일 또는 10일경,

'울밑에 선 봉선화야'를 부르며 아버지와 오빠(유혁, 공주고보 출신)와 함께 왕촌 살구쟁이에서 학살되었고, 초등학교 교사시절부터 좌익활동을 했던 공주여사범 출신의 엄주분(嚴柱粉)은 남파 간첩으로 활동하다가 체포되어 1959년 사형에 처해졌다. 1940년 3월 26일자 〈동아일보〉에는 그해에 공주시내 각급 학교를 우등으로 졸업한 학생명단이 실려 있는데, 이 가운데 영명소학교를 우등으로 졸업한 엄주분이라는 학생의 이름이 보인다. 한국전쟁 직후 시기 대둔산지역의 빨치산 활동을 그린 장환의 실화소설 『불꽃(전3권)』(좋은사람들, 2001)에도 공주여사범 출신의 빨치산 이야기가 등장한다.

1946년 초부터 신탁통치 문제를 둘러싸고 혼미를 거듭했던 정국은 1946년 중반부터 가속화된 미군정의 좌익탄압 정책으로 말미암아 군면 단위의 지방정치는 우익(청년단)을 중심으로 재편되기 시작하였다. 이는 공주군의 경우도 마찬가지였는데, 공주군의 경우는 특별히 좌익세력의 힘이 약했던 곳이었으므로 매우 이른 시기에 우익 헤게모니가 확립되었던 것으로 보인다. 참고삼아 소개하면 해방 직후부터 한국전쟁 시기까지 △공주군수를 지낸 사람은 신구영, 이상규, 손영도, 가정노, 이남선 △공주읍장을 지낸 사람은 이만영, 장문용, 지헌정, 이동호 △공주경찰서장을 지낸 사람은 서겸순(서덕순의 친동생), 박명진, 윤해병, 이헌구, 정성봉 등이었다.

2) 해방공간의 선거 양상

1945년 12월 모스크바 삼상회의 결정에 따라 1946년, 1947년 각각 두 차례나 소집된 미소공동위원회는 아무런 성과가 없이 1947년 말 결렬되고 말았다. 그러자 미국은 1947년 11월 한국문제를 UN에 상정하여 결국 '남한(가능한 지역)만의 단독선거안'을 이끌어 냈다. 1948년 5월 10일에 열린 제헌국회의원 선거는 그런 이유 때문에 반쪽만의 선거가 되고 말았다. 게다가 김구 등 상해임시정부

세력도 대부분 선거에 불참을 선언하였으므로 선거는 단촐하게 진행될 수밖에 없었다.

하지만 공주의 제헌의원 선거에는 어느 지역보다 많은 후보들이 난립하였다. 당시 공주의 선거구는 금강 이남(공주읍, 이인, 탄천, 계룡, 반포면; 1개 읍 4개 면)의 갑구와 금강 이북(장기, 의당, 정안, 우성, 사곡, 신풍, 유구 등 8개 면)의 을구로 나뉘어 있었는데, 갑구의 당선자는 김명동, 을구의 당선자는 신방현이었다. 김명동은 홍주의병의 중심인물 김복한의 아들로서 민족청년단 공주지부 창립준비위원장(〈동아일보〉 1946. 11. 26), 그리고 정부수립 이후에는 제헌국회의원으로 '반민특위' 위원 등을 역임했다. 한국민족문화대백과사전에 정리되어 있는 김명동의 이력을 소개하면 아래와 같다.

〈김명동〉
충청남도 공주 출신. 1919년 3·1운동에 참가하였다. 1927년 신간회(新幹會)가 결성될 때 발기인 34명 가운데 한 사람으로 창립에 간여하였으며, 그 뒤 중앙집행위원으로 활약하였다. 1945년 광복 후 민족통일총본부 사무국장으로 있다가, 1948년 공주에서 무소속으로 제헌국회의원선거에 출마하여 당선되었다. 1950년 제2대 국회의원 선거에 국민당으로 입후보하여 당선되었으나 임기 중에 죽었다.

〈제헌의원 선거 득표 상황〉
* 「공주 갑구」 김명동(10,676표), 염우량(5,207표), 박충식(4,991표, 일제시기 화신백화점 간부), 권태훈(3,881표, 소설 『丹』의 주인공으로 저명함), 정인각(3,650표, 현 국회의원 정진석의 조부)
* 「공주 을구」 신방현(8,415표), 김평중(7,330표), 이종백(6,843표), 이건철(3,954표), 이규원(2,618표), 한보순(2,007표: 마곡사 승려), 홍순량(1,865표).

이승만 정권은 성립 초기 반민특위 활동 방해, 국회프락치 사건, 김구 암살, 농지개혁 지연 등 여러 가지 실정으로 말미암아 대중적 지지도가 급격히 하락하였다. 그 결과 1950년 5월 30일에 치러진 선거에서 이승만 정권은 형편없는 성적을 거둘 수밖에 없었다. 이승만을 지지하는 세력은 전체 210개 의석 중 30여 석을 차지한 데 그친 반면 무소속 출마자는 무려 126명이나 당선되었다.

　공주지역의 5·30 선거는 한마디로 말하면 혼전이었다. 공주 선거는, 공주 갑부 김갑순(일제시기 중추원 참의 및 도평의원 등 역임)이 자신의 장남(김종석)과 장손(김승태)을 공주 갑·을 선거구에 동반 출마시켰다는 점, 그리고 입후보자인 서울 문리대 교수였던 유응호와 한독당 출마자 이덕배가 선거 직전 경찰에 구금되었다는 점(〈동아일보〉 1950. 5. 9) 때문에 여러모로 세인의 입방아에 올랐다. 선거 결과는 김갑순가의 사람들에게는 매우 실망스러운 것이었다. 당시 공주 갑구의 당선자는 일제시기 화신백화점 간부였던 박충식이었으며, 을구의 당선자는 제헌국회의원이었던 김명동(반민특위 위원 활동)이었다. 당시 공주 갑구의 출마자는 염우량, 진상구, 정경모, 김제원, 신현상, 서상빈, 김종석, 그리고 을구 출마자는 정인각, 이종백, 원종국, 문홍범, 유응호, 신방현, 이은봉, 김승태, 정종열 등이었다.

　위의 후보자 가운데 흥미로운 인물은 정경모이다. 정경모는 제헌의원 선거에 출마한 정인각의 아들이며, 박정희 정권 시기 공주 국회의원과 내무부장관 등을 역임한 정석모의 이복형인데, 현재 자유한국당 의원인 정진석은 정석모의 아들이다. 회고에 따르면 전쟁 말기 계룡면에는 징용이나 징병을 피하고자 일본 유학생 출신인데다 정씨 성을 가진 면서기가 많았다고 한다. '반민특위 특별검찰관'으로 활동한 신현상(申鉉商, 〈동아일보〉 1949년 2월 13일자 기사 참조)은 당시 반민특위 위원이었던 김명동과 친분이 두터웠던 인물로 보인다. 『민족문화대백과사전』에 따르면 신현상(일명 申鉉鼎)은 충남 예산 출신으로 1929년 3월 대한민국임시정부 민당요원(民黨要員)으로 임시정부 군자금 조달의 지령을 받고 국내로 잠입하여 호서은행(湖西銀行) 지점에서 5만 8천 원을 빼앗은 뒤, 그 해 5월 북경으로 돌아가 상해·텐진 등 중국내 주요지점을 순회하면서 독립운동가에게 군자금을 나누어주는 활동을 전개했다고 한다. 신현상은 1930년 3월 5일 유기석(劉基錫)과 함께 텐진 일본영사관을 습격하기 위하여 무기를 구입하려다가 미행하던 일본경찰에 체포되어 징역 5년을 언도받고 공주형무소에서 옥고를 치렀다.

공주의 5·30 선거에서 주목되는 점은 제헌의원 선거 때와는 달리 염우량(대한청년단 공주지부 단장) 등 해방공간에서 우익청년 활동을 했던 이들의 약진이 두드러져 보인다는 사실이다. 이런 현상은 전쟁 이후 이승만 독재체제하에서 더욱 심화되었다. 이는 한국전쟁을 거치면서 일제하의 관료-유지 지배체제가 다시 재건되기 시작했음을 보여준다. 하지만 이때의 우익청년세력은 일제하의 지방유지집단과는 달리 자기 스스로 정치적 자원을 보유하지 못한채 오로지 국가권력에 의존하여 정치활동을 전개하는 일종의 끄나풀(agent)에 불과하였다. 해방공간에서 형성되기 시작한 군면 단위의 '관료(경찰)-끄나풀(우익청년단) 지배체제'는 전쟁 이후 더욱 강화되는 양상을 보였다. 예를 들면, 공주지역의 우익청년단(대한청년단) 활동을 이끈 김영옥도 전쟁 이후 각종 선거(1952년 충남 도의원 당선, 1953년 자유당 감찰위원장)에 출마하였다. 김영옥은 공주문화원(1954년 미공보원 분원)의 설립과 운영에도 지대한 영향을 미쳤다.

3) 해방 공간의 사건·사고

해방 직후 공주지역의 독촉, 광복회 등 우익단체를 이끈 인물들은 영명학교 인맥과 더불어 오경달(일제시기 읍회의원 역임, 정미소 운영), 양천손(정미소 운영) 등 공주지역의 유지급 인물이었다. 이들은 1946년 4월 김구의 공주 강연을 계기로 더욱 기세를 돋우었다. 해방 후 '임시정부 봉대론(臨時政府 奉戴論)'을 주

〈그림 2〉 1946년 4월 이시영과 함께 마곡사를 찾은 김구. 사진속 인물들은 함께 내방한 내빈과 공주 유력자들로 추정된다. 당시 김구는 마곡사 대광보전의 주련(柱聯) 글씨, 즉 "却來觀世間(물러나 속세의 일을 돌아보니), 猶如夢中事(마치 꿈속의 일만 같다) 라는 글귀를 보고 옛일을 회상하며 향나무 한 그루를 심었다고 한다. 그 향나무는 백범당 앞뜰에 아직도 남아있다.

장하며, 고집스럽게 반탁운동(反託運動)을 주도한 김구는 일종의 '정치 투어(유세 활동)'를 겸해서 1946년 4월 공주를 방문했는데, 그때 그가 한 일은 첫째, 공주 시민들에게 건국과 관련한 자기 소신을 알리고 지역의 반탁운동 주체(광복청년회)들을 격려한 것, 둘째, 공주시민들의 건의에 따라 데라우찌 총독이 정자를 짓고 작명한 웅심각(雄心閣)을 광복루(光復樓)라 개명한 것, 셋째, 최익현의 사당인 모덕사에서 일종의 '고유제(귀국 보고 의례)'를 올린 것, 넷째, 자신이 출가하여 수행했던 마곡사를 다시 찾은 것 등이었다.

김구의 공주 방문을 전후하여 공주지역에도 반탁운동이 더욱 활기를 띄었다. 예를 들면 1946년 6월 20일 서울에서 열린 독립촉성애국부인회 전국대회(박신

덕 사회, 김구 주석 인사말)에 "좌익에서 전향하여 (애국부인회 —필자)대표의 일인으로 출석한 충남 공주 문경자가 참여하여 '반성하여 손을 잡고 자주 독립을 찾자'라는 혈서를 공개하여 일반에게 큰 감동을 주었"다는 기사(〈동아일보〉 1946년 6월 21일), 또는 "1947년 6월 군중이 동원된 반탁시위가 있었으며, 삐라가 살포되기도 했다"(〈동아일보〉 1947년 6월 25일; 6월 26일)는 기사 등은 이를 보여주는 대표적인 사례들이다. 김구는 1946년 4월 이시영과 함께 마곡사를 방문했을 뿐만 아니라 1947년 추석 무렵부터 시작된 마곡사 5층 석탑의 중창불사에 참여하는 등 1949년 이승만 정권에 의해 암살될 때까지 마곡사와 긴밀한 관계를 유지하였다. 아래의 신문 기사들은 공주지역의 반탁운동이나 좌익청년운동 상황을 보여주는 증거들이다.

* 「공주 독촉 대회 성황」, 〈동아일보〉 1947년 1월 14일(중앙에서 정해준, 황연숙 내방; 충남지역의 독촉 활동은 대부분 영명학교 출신자들이 주도했다)
* 「고 이창복군(서북청년단원) 단체장 테러의 습격으로 희생」, 〈동아일보〉 1947년 5월 25일(대전에서 서북청년회 단체장 거행, 공주지국에서 타전한 기사이기는 하나 공주지역에서 발생한 사건인지는 알 수 없다)
* 「공주에도 반탁시위, 1만 명 동원」, 〈동아일보〉 1947년 6월 27일('공주반탁학생맹호단원' 800여 명, 독촉애국부인회, 공주청년회, 서북청년회가 주도한 반탁시위운동이었다).

해방 이후 미군정과 민중들이 격돌한 가장 큰 사건은 1946년 10월에 폭발한 이른바 '추수폭동'(대구 또는 영남폭동, 또는 10월인민항쟁)이었다. 하지만 당시 공주에서는 별다른 사건이 발생하지 않은 것으로 보인다. 당시 신문에는 1946년 10월말 현재 천안에서 43명, 조치원에서 22명, 예산에서 13명, 청양에서 20명이 검거되었다는 기사가 보이나 공주 사람이 검거되었다는 기사는 확인할 수 없다.

〈그림 3〉 단기 4279년 7월에 촬영된 공주형무소 직원들의 단체 사진이다. 정복에 칼을 착용한 모습이 이채롭다.

    1948년 8월 정부수립 이전 시기 공주에서 어떠한 사건 사고가 발생했는지를 보여주는 자료는 거의 없다. 다만 1947년 8월 말 공주형무소에 수감 중인 좌익수들이 주동이 되어 200여 명 죄수들이 집단 탈옥한 사건, 그리고 영명학교에 주둔하고 있었던 국방경비대원과 공주 경찰이 도심에서 서로 총격전을 벌인 사건 등이 주목될 뿐이다. 당시 공주형무소 좌익수들은 형무소 간수들의 장총과 탄약을 탈취한 뒤 인근 야산 등지로 도주했으나, 인근 야산에서 대부분 체포되었다(「200여 죄수 탈옥, 공주 형무소의 불상사」, 〈동아일보〉 1947년 8월 31일).

4) 정부수립 전후 시기의 좌익사건과 보도연맹 조직

    1947년 11월 유엔의 결의에 따라 단독정부수립 방침이 결정되고, 1949년 5월

10일 이에 따라 제헌선거가 실시되자 전국 각지에서는 단독정부수립 반대투쟁이 격렬하게 전개되었다. 공주지역에서도 1948년 5월 1일 메이데이를 즈음하여 공주산성공원에서 군중집회가 열렸을 뿐만 아니라 계룡면 금대리, 반포면 공암리 등지에서는 산상거화(山上擧火) 투쟁까지 벌어졌다. 공주에서는 1919년 3·1운동 시기에도 4월 초순(4월 1일 읍내와 광정 장터 시위 이후) 거의 모든 면(30여 군데 이상)에서 산상거화 투쟁이 벌어졌는데, 이는 19세기 '민란(민회)의 시대'부터 경기 충청지역에서 유행한 민중투쟁의 한 방법이었다. 1919년 3월말부터 4월초까지 산상거화투쟁이 벌어진 지역은 공주를 포함하여 연기, 천안, 전의, 아산, 예산, 논산 등이었다. 예산지역의 경우는 4월 5일 예산읍 주변의 동서남북 거의 모든 산상에서 조직적인 거화투쟁이 벌어졌다.

1948년 7월경 공주에서도 이른바 '해주인민대표자대회'에 공주지역 대의원을 파견하기 위한 '지하선거(이른바 연판장 선거)'가 실시되었다. 그러나 당시 어떤 인물이 선출되어 해주대회에 파견되었는지는 알 수 없다. 1948년 이른바 '연판장 선거'에 의해 선출된 1,080명의 남조선 대표는 1948년 8월 해주에 모여 '조선최고인민회의 대의원 선거를 위한 남조선 인민대표자대회 본회의'를 개최하여 360명의 대의원을 선출하였고, 9월 9일 이들이 참여한 가운데 평양에서 조선민주주의인민공화국 수립이 선포되었다. 여러 증언에 따르면, 이때를 전후하여 월북한 공주 출신 좌익활동가들은 전쟁이 터지자 인민군과 함께 남하하여 공주 군당조직이나 치안대조직의 핵심으로 활동했다고 한다.

1948년 10월 이른바 '여순사건'이 발발하자 이승만 정부는 그 해 12월 일제하의 치안유지법을 모방하여 국가보안법을 발포하였다. 뒤이어 1949년 4월 이승만 정부는 국민보도연맹(國民保導聯盟)의 중앙조직을 결성 이후 그 해 11월경부터 좌익활동에 연루된 사람들을 중심으로 지부조직을 확대하기 시작했다. 국민보도연맹은 일제 말기 조선인 정치사상범들을 통제하기 위해 조직한 사상보국연맹, 대화숙, 교회교호보도(校外敎護保導聯盟)연맹 등을 모방하여, 이승만 정권이 조직한 일종의 좌익전향자 단체였는바, 당시 정부가 표방한 보도연맹의 강령은 아래와 같다.

    1. 오등(吾等)은 대한민국 정부를 절대지지 육성을 기함.
    1. 오등은 북한 괴뢰정부를 절대 반대 타도를 기함.
    1. 오등은 인류의 자유와 민족성을 무시하는 공산주의 사상을 배격 분쇄를 기함.
    1. 오등은 이론 무장을 강화하여 남북로당의 멸족파괴 정책을 폭로 분쇄를 기함.

보도(保導)란 본디, "보호하여 지도한다"는 뜻이나 이승만 정권은 좌익 세력을 '교화'하고 '보호'하는 활동보다는 이들을 통제하고 단속하는 활동에 더 큰 관심을 기울였다. 이승만 정부는 보도연맹의 지방지부를 확대하기 위해 10월 25일부터 남로당원 자수기간을 선포한 뒤 자수한 이들에게 '공포의 충성 서약'을 강요하였다. '결성선포대회'를 기준으로 결성시기를 정리하면 경기도연맹은 1949년 11월 4일, 경북도연맹은 11월 6일, 강원도연맹은 11월 14일, 경남도연맹은 11월 20일, 전남도연맹은 12월 13일, 전북도연맹은 12월 15일, 충남도연맹은 12월 27일이다. 도연맹 결성을 전후하여 각 지방에는 시군지부와 읍면지부가 조직되었는데 그 구성원은 대부분 과거에 남로당 활동 등 좌익 대중단체의 구성원들이었다. 보도연맹원은 대부분 자수자 가입, 할당식 가입, 단체 가입 형태로 이루어졌으며 조직사업은 전쟁 직전까지 계속되었다. 정확한 집계는 아니나 여러 회고에 따르면 그 규모는 전국적으로 30만 명 이상이었다고 한다.

보도연맹에 가입한 공주사람들은 일제시기부터 공주에서 활동한 좌익 활동가들을 비롯하여 해방 이후 각종 집회와 시위(봉화사건)에 참여한 사람들, 특히 1948년 초 단선·단정 반대투쟁 과정이나 연판장사건 등과 관련하여 체포 구금되었던 농민이나 청년·학생들이었다. 〈동방신문〉의 보도에 따르면 1949년 11월 30일 현재 보도연맹 가입을 자청한 자수자 숫자는 대전 65명, 대덕 278명(이상 대덕군), 태안 29명, 서산 75명(이상 서산군), 당진 36명, 예산 56명, 홍성 1,380명, 온양 396명, 천안 181명, 조치원 58명, 보령 216명, 청양 234명, 공주 278명, 서천 163명, 부여 91명, 강경 429명 등 총 3,092명이었다고 한다. 하지만 보도연맹 가입은 전쟁 직전 시기까지 계속되었으므로 공주지역의 보도연맹원 수는 대략 300여 명 이상이었을 것으로 추정된다.

다른 한편, 이승만 정부는 1949년 8월 6일 국민개병제를 근간으로 하는 병역법을 공포했는데, 위 법률에 따라 기존의 호국군과 대한청년단을 해체하고, 요즘의 민방위대나 향토예비군과 유사한 이른바 '청년방위대'를 조직하였다. 공주에 청년방위대 제38연대(공주·청양 관할)가 조직된 것도 이 무렵이었다. 회고에 의하면 이승만 정부는 기존의 호국군과 청년단 간부를 온양방위사관학교에 입교시켜 한 달가량 군사훈련을 실시한 뒤 청년방위대 소위로 임명했다고 한다. 당시 제38연대의 군기대장을 역임한 한 피조사자의 증언에 따르면, 정안면에는 중대병력이 160명가량 존재했으며, 반강제로 대원을 모집했다고 한다. 제38연대의 규모는 3개 대대 1800여 명 정도였으며, 연대장은 일제시기 지원병 제1기생이었던 강계주(일제 말기 오장으로 제대한 인물이었다고 함)였다.

2. 공주지역 한국전쟁의 전개양상

해방 이후 한반도가 미국과 소련에 의해 분할 점령되면서 북위 38도선을 경계로 이른바 '삼팔선'이 그어졌다. 삼팔선은 한반도의 허리를 관통하며 12개의 강, 75개 이상의 샛강을 단절시키고 수많은 산과 마을을 가로질렀을 뿐만 아니라 수많은 도로들, 특히 15개의 지방도로와 8개의 국도, 6개의 남북 간 철도를 끊어 놓았다. 해방 이후 삼팔선 철폐에 대한 한민족의 열망은 도저하였다. 그러나 미국과 소련의 방해, 그리고 민족 내부의 분열 등으로 여러 가지 통일 노력들이 실패하면서 결국 1948년 8월 15일과 9월 9일 남과 북에는 대한민국(ROK)과 조선민주주의인민공화국(DPRK)이라는 두 개의 '분단정부'가 수립되고 말았다. 이런 과정에서 김구, 김규식 등 일부 정치지도자들은 민족통일이나 전쟁방지를 위해 '남북정치협상(1948년 4월)'을 시도하는 등 여러 가지 노력을 기울였으나, 이 또한 실패하고 말았다.

남북한 정부는 미국과 소련의 지지와 후원 아래 출범 초기부터 이른바 '북진통일론'과 '국토완정론'을 표방하며 군비 확충에 앞장섰다. 그 결과 많은 정치인이나 지식인들의 우려처럼 1950년 6월 25일 새벽 드디어 역사상 유래가 없는 '동족상잔의 비극'이 연출되었다. 전쟁의 첫 번째 단계는 인민군의 총공세로 서울이 함락되고 부산 일원을 제외한 전국토가 인민군의 수중에 들어간 시기(1950년 6월~9월)이다. 전쟁이 시작되자 미군은 스미스 특수임무부대(Task Force Smith)를 파견하여 전쟁 개입 사실을 국제사회에 선포함과 동시에 금강 등지에서 인민군의 남진을 지연하는 작전을 펼쳤다. 하지만 곧이어 금강이 돌파되고(7월 14일) 대전이 함락되자(7월 20일) 급기야는 낙동강 전선을 경계로 인민군의 공세를 막아내면서 인천상륙작전 등 전황을 역전시키기 위한 노력을 계속했다. 공주지역에서 인민군 편에 설 가능성이 있다는 이유로 공주지역 보도연맹원 등 대규모의 민간인 학살이 이루어진 것은 개전 초기인 7월 9일부터 12일경이었다.

두 번째 단계는 유엔군이 1950년 9월 15일 인천상륙작전을 감행한 뒤, 38선 돌파(9월 30일)와 평양 점령(10월 26일)에 뒤이어 인민군을 압록강까지 밀어붙였던 1950년 10월 말까지의 시기이다. 입술이 없으면 이가 시리다(脣亡齒寒)는 논리를 앞세우며 1950년 10월 25일 중공군이 전쟁에 개입하자 한국전쟁은 국제전의 양상을 보이기 시작했다. 이때부터 한국전쟁은 미군 등 16개 나라 군대로 구성된 UN군과 북한·중공군(소련군)으로 구성된 '국제공산군'이 맞붙는 대규모의 국제전에 다름 아니었다. 금강방어선을 뚫고 인민군이 공주에 진입한 것은 1950년 7월 14일이었으며, 다시 미군이 공주를 수복한 것은 그해 추석(9월 26일)

다음날이었다. 3천여 명(당시 공주경찰서 추산)에 달하는 부역자들 가운데 상당수가 아무런 법적 절차 없이 군경에 의해 학살되거나 감옥에 갇힌 것도 이 무렵이었다.

세 번째 단계는 중공군의 동계 공세에 밀려 미군과 국군이 이른바 '1·4후퇴'(중공군의 동계 대공세에 밀려 평택 선까지 후퇴함)를 감행했다가, 다시 전열을 정비한 뒤 북한군과 중공군을 휴전선 부근까지 밀어낸 시기이다. 1951년 6월경부터 전선은 지금의 휴전선 부근에서 교착상태에 빠졌는데, 소련의 제안으로 휴전회담이 진행되기 시작된 것도 이 무렵(6월 23일)이었다. 당시 중공군이 공주까지 진출한 것은 아니었으나 공주군청과 경찰서, 법원과 형무소 등 각종 기관들은 남쪽으로 소개하였고, 이런 과정에서 또다시 공주형무소에 수감 중인 부역자들이 집단 학살되었다.

전쟁의 마지막 단계는 1951년 6월부터 2년여 동안 지리한 휴전(정전) 회담이 진행되던 시기였다. 당시 휴전회담의 주요 이슈는 군사 경계선 설정문제, 휴전 감시기관 설치 문제, 전쟁포로 교환 문제 등이었는데, 휴전이 성사된 것은 1953년 7월 27일이었다. 휴전회담이 진행되는 가운데에도 휴전선 부근에서는 여전히 치열한 땅뺏기 싸움이 진행되었고, 또 후방지역에서는 빨치산 토벌이 한창이었다. 이른바 '인공시기' 공주군 내의 각급 기관이나 인민위원회, 각종 대중단체에서 주도적으로 활동한 이들은 대개 월북을 선택하거나 대둔산에 입산하여 빨치산 활동을 벌였으나 휴전이 성사되는 시기쯤에는 군경에 의해 거의 토벌된 상태였다.

전쟁을 한 편의 연극이라 비유한다면 한국전쟁은 4막으로 구성된 '비극'이었다. 3년 1개월 동안 진행된 전쟁 과정에서, 150만 명의 사망자와 360만 명의 부상자가 발생하였다.(남한지역 사상자(死傷者) 150만) 뿐만 아니라 수많은 고아와 과부와 이산가족이 발생하고 기아와 질병으로 많은 숫자의 전쟁 피해자가 발생했다. 도시 및 산업시설 파괴 등 재산상의 손실은 더더욱 엄청났다.

비극은 여기에서 그치지 않았다. 한국전쟁 시기 전국 각지에서는 △전쟁 초기 형무소 좌익수 학살사건 △여러 차례에 걸친 보도연맹원 학살사건 △미군에 의한 주민 학살(폭격, 총살)사건 △소위 '인공 시기'의 인민군(빨치산)이나 지방좌익(지방빨갱이)에 의한 우익인사 학살사건 △수복 후의 부역자 학살사건 △수복 이후 휴전 시기까지 빨치산 관련 학살사건 등 다양한 민간인 학살사건이 발생했다. 흔히 '톱질'이라 불리는 좌우익 간의 동족상잔은 공주지역에서도 벌어졌다.

1) 개전 초기의 전투(지연전과 금강방어전) 상황

한국전쟁 초기 공주는 이른바 '금강방어전'이 벌어졌던 중요한 전투지 가운데 하나였다. 당시 공주지역의 전투상황은 국방부 군사연구소가 편찬한 『(한국전쟁 전투사) 오산-대전 전투(서부지역 지연전)』(1993), 그리고 국방부 전사편찬연구소가 편찬한 『6·25전쟁사 (3) 한강선 방어와 초기 지연작전』(2006) 등에 자세하다.

1950년 6월 25일 새벽 삼팔선을 돌파한 북한군(인민군)은 불과 3일 만인 28일에 서울을 점령했다. 이후 서울에서 잠시 지체하다가 인민군이 남진을 시작한 것은 7월 3일경부터였다. 미국은 인민군의 남진 속도를 지연시키기 위해 미 제24사단 선발대인 일명 스미스부대와 함께 미군 제24사단 소속의 병력(34연대, 21연대)을 수원선 이남에 급파하였다. 하지만 7월 5일경부터 시작된 오산·평택 전투, 그리고 7월 7일과 8일경에 벌어진 천안·전의전투 등에서 패배를 거듭했다. 사정이 이러하자 미군은 7월 8일 밤 「미 제24사단 작전명령 제3호」를 하급부대에 하달했다.

① 사단은 어떠한 손실을 무릅쓰고라도 금강선을 고수하려 한다. ② 제21연대는 조치원 정면에서 적의 침공을 저지하라. ③ 제34연대는 공주로 축차 철수하

면서 적의 침공을 지연하라. ④ 제11포병대대 A포대(155mm 곡사포)는 제21연대를 직접 지원하라. ⑤ 제63포병대대는 제34연대를 직접 지원하라. ⑥ 제78전차 대대 A중대는 제21연대를 지원하고 1개 소대는 제34연대를 지원하라. ⑦ 사단 수색중대(경전차 1개 소대)는 제21연대를 지원하라. ⑧ 제3공병대대는 대대로 제34연대의 철수에 따른 도로 차단과 금강에 가설된 모든 교량에 대한 폭파 준비를 하고, 1개 중대로 제21연대를 지원하라.(국방부군사연구소 편, 『(한국전쟁전투사) 오산-대전 전투(서부지역 지연전)』, 1993, 131-193쪽, 참조)

위의 작전명령에 따라 미 제34연대가 공주읍에 전방지휘본부를 설치한 것은 대략 7월 9일 10시 무렵이었다. 공주 읍내 봉황초등학교에 전방지휘소를 설치한 당시 미 제34연대는 당일부터 지역주민과 청년방위대원을 동원하여 금강 남측 야산에 방어진지를 구축하기 시작했다. 그리고 10일경에는 공주를 포함하여 금강 이남으로 향하는 모든 도로와 교량을 파괴하였다.

왕촌 살구쟁이에서 벌어진 민간인 집단 학살사건을 언급할 때 반드시 주목해야 하는 국군 부대가 바로 국군 17연대(연대장 백인엽)이다. 이른바 '옹진부대'라고도 불리던 국군 17연대는 인민군의 기습공격을 받고 전쟁 발발 당일부터 서해안을 통해 인천, 당진, 군산으로 흩어져 후퇴했다. 이들 가운데 일부가 임시수도로 지정된 대전에 모여 전열을 재정비한 것은 6월 30일 경이었다. 이들은 부대를 재정비한 이후 미군 부대와 함께 전방에 전진 배치되었으나 인민군의 공세로 전선이 붕괴되자 미군과 함께 금강선 이남으로 후퇴하여 공주 등지에서 금강방어전을 수행하였다. 연대장 백인엽은 7월 3일 아군 공군의 평택역 폭격 때 부상을 당했으므로 금강방어전에 동원된 17연대는 당시 김희준 중령이 지휘하고 있었다.

뒤에 좀더 자세히 설명하겠으나 왕촌 살구쟁이 학살은 국군 17연대(일명 옹진부대) 소속의 군인들, 특정하자면 제17연대 제2대대(송호림 소령) 소속의 군인

〈그림 4〉 대평리 다리 파괴하는 미군 『픽쳐 포스트』 사진

들이 집행한 것으로 보인다. 당시 공주에 주둔하던 17연대 병력은 미군 34연대의 지휘 하에 있었으므로, 왕촌학살은 미군의 방조와 묵인하에 진행된 것임이 분명하다. 7월 8일 17연대 소속의 군인들은 세종시(연기군 수명재, 은고개, 비성골 등지) 지역에서 보도연맹원에 대한 집단학살을 자행하기도 했다. 스미스부대와 미34연대가 오산, 평택전투를 치르고 있던 7월 5일 이후 오산, 안성, 평택 등지에서 광범위하게 민간인 집단학살이 진행되었다.

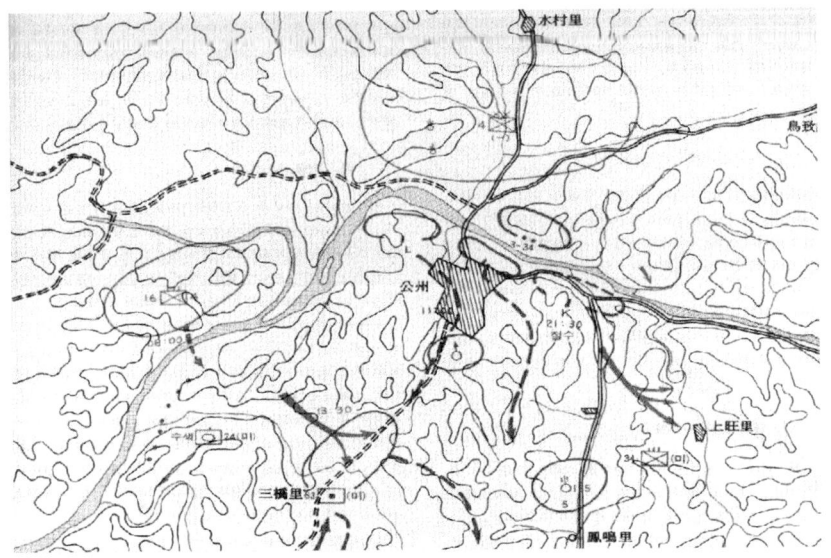

〈그림 5〉 개전 초 공주지역 전투지형도

　인민군이 차령산맥을 넘어 공주군 정안면지역으로 진입한 것은 7월 10일경이었다. 7월 10일 오전 10시경 미군 정찰기는 이동 중인 인민군 제4보병 사단 예하 부대를 발견한 뒤, 폭격기를 동원하여 전차와 차량을 파괴했다. 하지만 역부족이었다.

　금강방어전과 관련한 작전 명령이 떨어지자 1950년 7월 9일과 10일까지 미군과 인민군 주력부대는 특별한 전투 없이 공주 북방지역에서 대치했다. 미군과 인민군 주력부대가 최초로 지상전을 벌인 것은 7월 11일 17시경 의당면 수촌리에서였다. 당시 미군들은 인민군의 기습공격으로 막대한 피해를 입고 금강 남쪽 지역으로 퇴각했다고 한다. 7월 12일 새벽 무렵부터 인민군의 공세가 강화되자, 미군은 12일 밤 11시경 금강다리를 폭파하고, 모든 병력을 금강 남안지역으로 철수시켰다. 이로써 13일경 금강 이북의 모든 지역은 인민군 치하에 들어갔다. 얼마전 공주 주공6단지 아파트를 공사하면서 길게 이어진 정체불명의 토루와 교통로가 발굴되었는데, 이는 금강전투를 위해 인민군이 만든 군사시설이었다.

　미군과 인민군은 7월 12, 13일경부터 금강을 사이에 두고 서로 대치했는데, 공주—논산선(금강교)은 미 제34연대가, 그리고 연기—대전선(대평리 금성교)은 미 제19연대가 방어했다. 당시 미군은 병력을 공산성과 정지산 등 금강 남안의 요지에 배치하고, 우금티 너머 주미리에 포대를 설치하는 등 나름대로 방어를 위해 노력했다. 그러나 7월 14일 아침 검상동(현재의 농공단지) 지역으로 침투한 인민군 제4보병사단 병력에 의해 금강방어선은 붕괴되고 말았다. 미군은 14일 낮에 있었던 주미·태봉지역 전투로 말미암아 막대한 무기(중화기)와 군인(포로)들을 잃는 피해를 입었다.

　회고에 따르면 우금티 너머 오송쟁이에서 붙잡힌 미군 포로는 정확히 96명이었는데, 인민군은 공주읍내로 들어올 때 이들을 굴비 엮듯이 한 줄로 엮어 영화의 한 장면처럼 끌고 들어왔을 뿐만 아니라 이들을 군청 옥상 등 잘 보이는 곳에 묶어 놓고 미군 폭격을 막기 위한 일종의 방패막이로 활용했다고 한다. 공주 전역이 인민군에 의해 완전히 장악된 것은 대략 7월 16일경이었다. 미 제34연대 잔여병력은 15일경부터 논산방면으로 퇴각하여 19일경부터는 대전방어전을 수행하였다. 7월 16일 새벽 미 제19연대가 방어하던 대평리 전선도 인민군 제3사단 병력에 의해 돌파되었다. 이후 미군은 7월 20일경 대전 시가전을 치른 뒤, 사단장의 행방도 모른 채 21일경 급하게 퇴각을 서둘렀다. 미 제24사단장이었던 딘 소장은 얼마 뒤 전북 진안에서 체포되어 포로가 되었다.

　공주사람들은 1950년 7월 10일경부터 16일경까지 미군(제24사단 제34연대)과 인민군(제4사단, 제109전차연대) 사이에서 벌어진 전투 때문에 상당한 인명 손실과 재산 피해를 입었다. 당시 큰 피해를 입은 곳은, △천안에서 차령고개를 넘어 공주로 진입하는 길목인 정안면 사현리, 광정리, 석송리, 운궁리 일대 △7월 11일 수촌 전투가 벌어진 의당면 수촌리 일대 △7월 12일부터 14일까지 금강 철교를 사이에 두고 양군이 대치했던 금강 북쪽의 전막과 관골(현재의 신관동)

일대 △대평리 지역을 밝어했던 미 제19여대의 경계 지접인 반포면 두남리·봉안리, 계룡면 봉명리 일대 등이었다. 그러나 공주읍의 경우 미군의 주민 소개로 인명 피해는 그다지 크지 않았다고 한다.

전쟁 발발 이후 금강 이북지역은 7월 13일 이전, 그리고 금강 남쪽 지역은 7월 16일경 인민군의 수중에 들어갔다. 두 달 열흘 정도의 이른바 '인민공화국 시기(인공 시기)'가 시작된 것은 이 무렵이었다. 인민군의 공주 장악과 더불어 공주에는 군과 면리 단위로 조선노동당 군당 조직과 인민위원회 조직이 부활하고, 내무서와 분주서, 치안대 등과 더불어 각종 대중조직들이 결성되기 시작했다. 이때부터 그해 추석(9월 26일) 무렵 수복될 때까지 공주는 '인민공화국'의 치하에 있었다. 이른바 지방좌익(바닥빨갱이, 정부측 공식용어는 적대세력)의 보복학살과 인민재판, 그리고 인민군의 퇴각에 즈음한 우익인사 학살사건이 벌어졌다.

인민군 퇴각시기 북한의 전선사령부나 중앙당의 지시에 따라 충남지역 당이나 인민위원회 일꾼들은 모두 월북을 하거나 대둔산에 입산했다. 하지만 공주지역의 경우 조직적인 입산에는 실패한 것으로 보인다. 수복 후 계룡산에 일부 부역 혐의자가 은신해 있었으나 대둔산 빨치산과의 연계투쟁은 불가능했던 것 같다. 수복 후에 벌어진 경천분소나 탄천지서 습격 사건 주체는 공주사람들이 아니라 대둔산에서 활동하던 논산(성동면)지역 빨치산이었다. 경천분소를 습격한 빨치산들은 10여 명의 동네 사람들을 차출하여 식량 등을 운반하게 했는데, 그 과정에서 일부 주민이 도망을 치다 목숨을 잃는 피해가 발생했다.

2) 개전 초기의 공주지역 상황-기관 소개와 피난

1950년 6월 25일 전쟁이 터지고, 7월 8일 인민군이 천안을 점령하자 공주사람들은 우왕좌왕하며 각자도생을 도모하지 않으면 안 되었다. 전쟁 직후 '가장 다급하게' 피난길에 나선 사람들은 역시 경찰(가족)이나 대한청년단 간부, 그리고 일제시기 친일경력을 가졌거나 해방 후 지방 관료나 유지 역할을 수행한 사람들이었다.

미군정 시기 충남도지사를 역임했던 서덕순의 『피난실기』에 따르면 대부분의 공주사람들은 1950년 6월 25일(일요일) 신문이나 라디오를 통해 북한 '괴뢰군'의 남침소식을 들었다고 한다. 하지만 개전 초기 대부분의 공주사람들은 당시 흔히 있었던 '삼팔선 침범행동' 정도로 사태를 이해했던 듯하다. 하지만 국도변에 위치한 조치원이나 대전 사람들은 전쟁 다음날부터 남쪽으로 향하는 각종 자동차나 피난민 행렬을 보면서 '큰 일(事變)이 터졌다', 즉 '난리(動亂)가 났다'는 사실을 감지할 수 있었다.

제일 처음 공주로 밀려든 외지 사람들은 정부 요직자와 그 가족, 그리고 후퇴 군인과 경찰들이었다. 가끔씩 국회의원이나 중앙의 고급 관료들이 식솔을 거느리고 몇십 명씩 떼 지어 몰려와 대접을 요구했을 뿐만 아니라, '옹진부대(甕津部隊)'다 뭐다 해서 백수십 명씩 몰려와 '식량과 숙소'를 요구하기 시작했다. 무장을 한 어떤 '군경'은 심지어 군수를 쏴죽이겠다고 위협하면서 '가진 것, 다 내 놓으라'고 협박하기도 했다. 서덕순의 회고에 따르면, 당시 공주의 관료와 유지들은 '훗날을 위해' 식산은행과 금융조합 공주지점에서 연대보증 형식으로 막대한 현금과 식량을 차입하여 '특별한 피난민'들에게 '특별한 편의'를 제공하였다고 한다.

7월 7일, 8일 천안 전의전투가 벌어지면서 차령산맥 너머로 가끔씩 포성이 들리고 섬광이 번득이기 시작하자 공주사람들 사이에서도 차츰 공포 분위기가 감돌았다. 그러자 공주 비상시국대책위원회 위원장이자 계엄사령관이었던 공주경찰서장은 차량과 청년방위대원을 동원하여 경거망동하지 말 것을 경고했으나 일부 주민들은 가재도구를 챙겨 피난행렬에 끼어들기 시작했다. 당시는 미군사령관의 명령으로 야간 통행금지가 실시되고 위반자는 무조건 총살한다는 명령이 하달된 상태였다. 7월 9일경(일요일) 공주 읍내는 밤이나 낮이나 적막강산이

〈그림 6〉 1969년에 항공 촬영된 공주 읍내 사진이다. 우측상단의 정사각형 건물이 교동에 입지해 있었던 공주형무소였다. 공주형무소는 1978년 금강 북쪽의 외곽(금흥동)으로 이전되었다.

었으며, 가끔씩 짚차와 군경의 군화소리만 요란하였다. 7월 9일 혹은 10일경 왕촌 살구쟁이에서는 국군 제17연대 병력과 공주 경찰에 의해 4백 50여 명에 달하는 형무소 좌익수와 보도연맹원이 집단 학살되는 비극이 벌어졌다. 이 무렵부터, "골로 간다"는 말이 한때 유행했듯이, 공주 각지의 골짜기나 천변에서 수십 명 단위의 보도연맹원 학살이 이어졌다.

미군 제34연대가 읍내에 지휘본부를 설치한 7월 9일경부터 미군 정찰기가 공주 상공을 배회하며 금강 북편 지역에 포탄을 투하하는 모습이 관찰되었다. 7월 12일경에는 '주둔 국군'의 명령이라 하면서 주민들을 동원하여 장깃대나루, 공산성, 곰나루 등지에 참호를 파게 하였다. 미군은 이때를 전후하여 나룻배 등 모든 도하장비를 몰수하여 소각했을 뿐만 아니라 13일 새벽쯤에는 덜 파괴된 금강철교를 공중 폭격하여 완전히 파괴하였다. 당시 공주에는, "미군과 국군이 금강 방어선에서 인민군을 격퇴할 계획이니 안심해도 좋다"느니, "본토의 미군이 이미 공주까지 와서 각 요소에 포대를 설치하고 방비하고 있다"느니 하는, 온갖 뜬소문들이 횡횡하였다. 하지만 공주의 각급 공공기관들은 비상시국대책위원회의 결정대로 12일경 전주방면으로 모두 철수하였다.

공주를 정면으로 공격해온 인민군 제3사단의 포격은 13일부터 본격화되었다. 밤이 되자 포성이 방벽을 흔들 정도로 커졌으며, 새벽녘에는 아예 집 전체가 들썩일 정도였다. 1933년 도청 이전(道廳移轉)의 대가로 만들어진 '금강철교'가 미군의 폭격으로 파괴된 것도 그날 새벽 4시경이었다. 13일 아침 총성과 포성이 요란한 가운데 붉은 해가 월성산 너머로 떠올랐다. 그날 밤 이후 공주에서 무슨 일이 벌어졌는지를 구체적으로 확인하는 것은 쉽지 않다. 하지만 "꿈속에만 나타나도 벌떡 일어나 식은땀을 흘릴 만큼" 큰일들이 연이어 벌어진 것은 분명한 듯 싶다. 서덕순의 회고에 따르면, 서덕순이 읍내를 떠나던 날(13일) 완장을 차고 시내 곳곳을 누비고 다녔던 '청년방위대원'도 전혀 보이지 않았다고 한다.

서덕순의 『피난실기』에 따르면 전쟁 발발 직후 정부의 지시에 따라, 공주에도

〈그림 7〉 6·25 당시 북한군이 한강 이남까지 남침하자 적군의 저지 일환책으로 금강교를 폭파시켰다.

군수(위원장), 경찰서장(계엄사령관), 지법 판사와 지청 검사, 형무소 소장, 공주 읍장 등을 위원으로 하는 이른바 '공주 시국대책위원회'가 조직되었다고 한다. 위 자료에 따르면 당시 시국대책위원회의 업무는 '시국 관련 업무', 즉 피난민 구호, 주민 동원 및 소개(疏開) 등이었던 듯하다. 하지만 시국대책위원회의 기본 책무는 '지역 주민의 생명과 안전 보호'였다. 그럼에도 불구하고 7월 9일 내지 10일 경 공주군 계룡면 왕촌 작은살구쟁이에서는 공주 출신 보도연맹원과 형무소 좌익수들을 학살하는 사건이 벌어졌다. 학살사건은 이것만이 아니었다. 1950년 7월 9일부터 7월 12일 사이, 의당 청룡리 여차니, 유구 석남리 수촌다리, 장기 송원리 송계동(욕골), 탄천면 화정리 등지에서 크고 작은 학살사건이 연이어 벌어졌다.

3) 『경찰연혁사』(1951)에 보이는 지역 상황

2009년 왕촌 살구쟁이 학살사건에 대한 인문사회 조사과정에서 『경찰연혁사-공주경찰서』(단기 4284년 6월 20일, 公警第256號, 국가기록원 문서관리번호: BA0411773)라는 자료를 발굴했다. 그 가운데 가장 주목되는 부분이 개전 초기 공주경찰의 활동상을 정리한 대목이다. 문서상의 내용을 다 소개하는 것은 불필요할 듯하여 연표식으로 개전 초기 공주경찰의 활동상을 정리하면 아래와 같다. * 표시를 한 대목은 경찰연혁사의 원문이고, ☞ 표시를 한 것은 필자의 설명주이다.

   * 7월 9일 천안을 거쳐 유구지서 관내로 적군 약 70여 명이 침투하여 유구지서를 습격 점거하였다. 이에 공주경찰 30명과 경기도 청단 경찰서원 120명은 공주경찰서 수사주임 윤모 경위(이후 전북 전주에서 '피살'됨)의 지휘로 당일 오후 4시부터 밤 9시까지 교전하여 적 1명을 사살하는 등 많은 전과를 거두었다.

☞ 7월 8일 밤 미 제34연대에 배속된 기갑연대(연대장 유흥수) 기병대대는 트럭을 타고 9일 아침 연대본부가 있었던 공주고등학교에 도착했다고 한다. 배속신고 때 기병 제6중대는 와링턴 중령(연대장)으로부터 예산-청양 일대의 적정 탐색 임무를 부여받고 10일 아침 예산방면으로 진출했다는 것이다. 국방군사연구소 편, 『한국전쟁전투사 -오산대전전투(서부지역 지연전)』(1993)에 따르면 7월 11일 07시 중대장의 명령으로 나머지 기병소대(소대장 조돈철)가 예산으로 향하던 중 12시경 유구에서 인민군(인민군 제6사단 유격부대 2개 중대)과 조우하여 전투를 벌였다. 위 자료에 따르면, 11일 12시경 유구초등학교에서는 이른바 '인민군 환영식'이 벌어지고 있었다는 것이다(106-108쪽). 국군 기병 제6중대는 이후 적이 유구까지 진출한 것을 알고 12일 아침 예산을 출발하여 23시경 금강 북안에 도착했으나 다리가 폭파되어 말을 타고 도강을 감행한 뒤, 13일 새벽 미 제34연대의 통제하에 들어갔다는 것이다. 하지만 이때 사살된 사람은 인민군이 아니라 유구지역의 보도연맹원들이었을 가능성도 있다(후술 참조).

* 7월 9일 야간부터 임시 주둔 국군 제17연대 8중대와 공동작전이 시작되었다.

☞ 7월 9일이나 10일경 살구쟁이 학살에 제17연대 병력이 동원되었다는 것은 앞서 언급했다. 7월 8일 21시 45분에 하달된 미 제24단의 작전명령 3호(금강방어전 관련 명령)에 따라 미 제34연대 연대지휘본부가 공주고등학교에 설치된 것은 9일 아침 무렵이었다.

* 7월 12일 공주경찰 30명과 후퇴한 경기도 경찰 100명은 천안 광덕 방면에서 광정지서를 거쳐 의당면 덕학리로 200여 명이 적군이 침투했다는 정보를 입수하고 교전하고자 했으나 병기 부족과 미군부대장(34연대장 - 필자)의 철수명령 때문에 부득이 접전도 못하고 퇴각하였다.

☞ 7월 11일 17시경 수촌리를 방어하던 미군과 인민군 사이에 전투가 벌어졌다. 이날 밤 미군은 금강 북쪽 500미터 지점까지 후퇴하였다가 다음날 06시에 금강 남안으로 철수했다. 12일 21시 40분경 금강 북쪽에 남아 있던 미군은 모두

남쪽으로 퇴각했다. 금강교가 폭파된 것은 그날 23시경이었다. 하지만 완전히 절단되지는 않아 13일 새벽 다시 폭파했다.

* 7월 12일 밤 금강 불티(火峙)나루 부근에서 강을 건너던 적 척후소대장 육군 소위 1명과 전사(병졸) 1명을 생포하여 미군 연대에 인계하였다.
☞ 불티나루는 현재 산림박물관 인근(불티교) 나루이다. 앞의 『한국전쟁전투사―오산·대전 전투(서부지역 지연전)』에 따르면 인민군 제4사단 제16연대 소속 정찰대원(배준팔 소위)을 심문한 결과, 인민군 제4사단이 정안 방면, 인민군 제3사단이 대평리 방면에 진출해 있었다는 사실, 양 사단이 보유하고 있었던 탱크 수가 약 50여 대라는 사실, 양 사단의 편제인원이 오산전투부터 천안·전의전투 등을 치르는 과정에서 60~80%의 병력이 손실되었다는 사실 등을 확인할 수 있었다고 한다(앞의 책, 134쪽).

* 7월 13일 오전 12시경 읍 주변에 접근한 적군이 중화기를 동원한 포격을 개시하여 읍내에 화재가 발생하자 읍민들이 극도로 동요하는 모습을 보였다. 그러자 미군의 지시에 따라 공주경찰은 경천지서에 임시경찰서를 설치하고, 결사대 약 30여명을 선발하여 기동대를 조직하고, 읍내 치안을 유지하고자 했으나 미군의 강경한 제지로 7월 13일 오후 10시경 강경서로 이동했다. 이후 전세가 불리해지자 다시 전북 춘포, 전주 등지로 이동하다가 이리, 완주 등지에서 전투를 치른뒤, 7월 25일 경 '충남경찰 집결지'인 대구에 도착했다.
☞ 공주경찰은 1950년 7월 13일 공주를 떠나 10월 7일에 돌아왔다. 구술에 따르면, 미군 선발대가 논산을 거쳐 계룡면 지역으로 들어온 것은 추석(9월 26일) 다음날 정도였다고 한다.

4) 김사량의 「종군기」에 보이는 지역상황

신경득의 『종군실화로 본 민간인 학살』(살림터, 2002)에는 공주가 인민군에게 점령된 직후 공주를 찾았던 김사량의 종군기가 실려 있다. 1930년초 광주학생운동 시기 학생시위를 주도하다 퇴학당한 후 동경대학 독문학과를 졸업한 김사량(金史良, 1914~1950)은 졸업 이후 프로문학의 대표적인 작가로 활동했으며, 1945년 봄 연안으로 간 뒤에는 '조선의용군' 종군기자를 지내기도 했다. 해방후 김사량은 북한에서『칠현금』,『대오는 태양을 향하여』등을 집필하는 등 활발한 작품 활동을 하다가 전쟁이 발발하자 종군기자로 활약했다.

북한에서 출판된『김사량 작품집』에는 그가 종군시절 집필한「종군기」가 실려 있는데, 4개 장, 즉 〈서울서 수원으로〉, 〈우리는 이렇게 이겼다〉, 〈락동강반의 전호 속에서〉, 〈바다가 보인다〉 등으로 구성되어 있다.「종군기」에 따르면 당시 김사량은 인민군을 따라 수원 → 오산 → 평택 → 천안 → 전의 → 종촌(국도 1호선) → 장기 → 공주 → 마티고개 → 유성 → 대전 방면으로 이동하면서 취재활동을 한 것으로 보인다. 김사량은 장기지역에서 폭격과 기총소사를 피하며 하루이틀 밤을 지낸 것으로 보이나 공주읍내에서는 그리 오래 머물지는 않았던 것으로 보인다.『김사량 작품집』에 실려 있는「종군기」의 공주 관련 내용을 정리하면 아래와 같다.

* 7월 5일 수원을 지나 남으로 향할 때 미군 비행기의 기총소사가 있어 일행은 모두 주변 웅덩이와 나무그늘 밑에 숨었다. 그때 아래위 검은 복색을 한 17,8세가량의 소년을 만났는데, 성은 잊었고 이름은 상훈이라 했다. 그 소년은 공주군 당부의 연락원으로 활동하다가 서대문형무소에서 1년 반가량 감금되었다가 인민군의 서울 점령 때 풀려나 고향을 찾아가던 중이었다. 그 소년은 수원에서 경찰의 검문에 걸려 수원경찰서 감방에 갇혔는데, 7월 4일 함께 구금되었던 애국청년 18명이 퇴각하던 수원경찰에 의해 학살될 때 엉덩이에 경상만 입은 채 구사일생으로 살아났다. 미군기가 사라지자 소년은 "어서 공주로 가서…"라고 말하며 공주로 출발했다.[앞의「종군기」, 250-251쪽 요약]

☞ 공주 옥룡동 출신의 안병두도 위의 소년과 마찬가지로 서대문형무소에서

풀려나 귀향하다가 신탄진 인근에서 미군의 폭격으로 사망했다.

* "앞으로!", "그럼 공주는 해방되었소" "되었습니다. 00구분대가 벌써 도하하여 해방하고 적군을 추격하여 자기네 련합부대의 도하를 엄호중이랍니다". "공주에서는 어떻게 되었소. 애국자들이?". "6백 명 학살됐대요." 이제 겨우 17, 8세의 소년전사인 운전사 동무가 옆에서 입을 연다. "정찰 갔던 동무가 돌아왔는데 대전으로 옮긴다고 감옥에 있던 애국자와 검속자들을 산속으로 끌고 가서 모두 참살했다고 합니다." 갈수록 거듭되는 놈들의 극악무도한 인민학살에 모골이 송연해진다. 공서 또 600! 어떻게 이 살인귀들을 처치해야 옳단 말인가?[앞의 「종군기」, 256-257쪽]

☞ 위의 자료(정찰병 보고)에 근거해 보면, 왕촌 학살에 참여한 형무소 간수와 경찰들은 '애국자'(좌익수)와 '검속자'(보도연맹원)들을 트럭에 태우며, '대전으로 옮긴다'고 거짓말을 했던 것으로 보인다. 왕촌 살구쟁이는 공주에서 대전으로 가는 금강 남안(석장리 박물관 건너편)의 구도로에 인접한 작은 골짜기이다.

* 강변 어떤 텅빈 마을에서였다. 개 한 마리 얼씬하지 않았다. 빈집 속에서 한 령감이 뛰쳐나오더니 그의 복색과 기관단총을 유심히 바라보며 인민군이 아니냐고 소리쳐 물었다. 그러더니 갑자기 그를 부여잡고 목을 놓아 울면서 원쑤를 갚아달라고 애원하는 것이었다. 영감은 바로 며칠 전에 아들 두 형제를 모두 빨갱이라는 이름 밑에 대전 감옥에서 빼앗겼다. 조치원서도 100여 명을 구뎅이 속에 생매장했다고 하니 대전에선들 어찌 무사하겠느냐 하면서 "강물이요? 얕소 얕소!" 하더니 옷을 입은 채 후더덕 물속으로 뛰어들었다. 그러고는 "자 보소, 이렇게 얕소" 하며 허리동이를 넘는 중턱까지 시글거리며 달려가다가 엎드려서 풍덩거리기 시작하였다. 소대장 동무가 놀래여 뛰어들어가 구원해내올 때도 령감은 헛소리마냥 "얕소 얕소! 어서 건너가 원쑤를 갚아 주소!" 하며 이렇게 웅얼거렸다. 소대장 동무는 이야기를 하며 잠시 목이 메여한다…… 공주 가까이에 이르자 여기 도하지점으로 땅크때(떼)와 각종 화포며 각종 화물차, 마차, 견인차,

보병부대들이 구름때(떼)처럼 밀리고 있었다. 여기서도 땅크떼(떼)가 잎길을 재촉하기 때문에 잠시 행군은 정체되었다.…… 지금 금강 라인에서는 정면 도하부대(대평리 방면 부대 -필자)와 공주길 도하부대 사이에 긴밀한 협동작전이 전개되고 있는 것이다.[앞의 「종군기」 257-258쪽]

☞ 공주 북방 관골과 대평리 건너편 나성에 거점을 마련한 인민군 부대들은 금강을 돌파하기 위해 서로 합동작전을 벌였음을 알 수 있다. 금강 방어선이 가장 먼저 뚫린 곳은 공주 검상나루 인근의 강폭이 좁은 지점이었다.

* 내가 우리 부대들을 따라 스쳐온 도상에서만도 애국자들의 무참한 학살이 수원에서 1,000, 안양에서 400, 평택에서 600, 안성에서 500, 조치원에서 100 그리고 공주에서 또 600 - 공주에서는 놈들이 합장까지 하였다. 군경놈들은 애국자들을 산속에 몰아넣고 기관총을 퍼부었으며, 우에서는 미군항공대가 급강하며 폭탄을 던지고 기총소사를 하여 살육하였다는 것이다. 온양 온천서는 불과 15분 동안에 휘발유까지 퍼부어 놓은 류치장 속의 수백 명 애국자들이 구출되었고, 천안에서는 놈들이 미처 손쓸 경황이 없게 우리 군이 돌입하여 또 수백 인명이 구출되었다.[앞의 〈종군기〉, 262쪽]

☞ 과장이 섞인 서술이기는 하나 전혀 없었던 일은 아니었다. 공주에서 '합장까지 했다'는 말은 남녀를 섞어서 묻었다는 말, 혹은 떼로 한꺼번에 묻었다는 뜻으로 보인다. 발굴 결과에 따르면, 같은 골짜기이기는 하나 4개의 긴 구덩이에 남자들을 묻고 여성은 따로 작은 구덩이를 파 매장했다.

3. 공주지역 민간인 학살사건의 진상

2007년 공주지역 조사팀(지수걸, 정선원, 송성영, 황건하 등)은 진실화해위원회의 요청으로 2개월간 전쟁 피해자 전수조사(全數調査)를 실시하였다. 조사팀은 구술조사 과정에서 후손 39명, 목격자 8명, 전문자(傳聞者) 199명을 면담하여, 보도연맹 피해자 135명, 부역혐의 피해자 117명, 우익인사 피해자 98명 등 모두 365명의 신원을 확인할 수 있었다. 하지만 한국전쟁 시기 왕촌 살구쟁이, 유구 석남리 수촌다리와 농기, 의당 청룡리 등 공주지역에서 학살된 민간인 희생자의 규모는 확인할 수 없었다. 2007년의 조사결과만을 근거로 공주지역의 민간인 피해실태를 정리하면 아래 표와 같다.

〈표 4〉 2007년도 공주시 민간인 피해자 현황 총괄표

지역별	피조사자 현황(명)				사건 유형별 피해자 현황(명)													비고(진행율)
	계	후손	목격자	전문자	계	보도연맹	부역혐의	군경토벌	형무소	미군사건	여순사건	대구사건	인민군	지방좌익	빨치산	개별사건	기타	
총계	246	39	8	199	365	132	117		8	10			26	68			3	
공주읍	29	3		26	12	2	4			2			4					
유구	20	6		14	49	7	18						2	21			1	
이인	11			11	7	1	3	1		2								
탄천	17	5	1	11	39	13	13	3						11				
계룡	36	9	3	24	44	26	10	1		2			5					
반포	24	3	1	20	27	13	7	1		1			4	1				
장기	19	8		11	50	13	16							20			1	
의당	18	1		17	60	42	8	1					2	7				
정안	19	1		18	20	9	4			2			4	1				
우성	17	1	1	15	27	7	13	1					1	4			1	
사곡	22	2	2	18	18	1	14				1		2					
신풍	14			14	12		7						2	3				
미상					1	1												

1) 전쟁 피해자 일반 현황

(1) 사망 시기별 피해 현황

〈표 5〉 공주시 피해자 사망 시기별 현황

구분	계	공주	유구	이인	탄천	계룡	반포	장기	의당	정안	우성	사곡	신풍	미상
계	367	12	49	7	40	44	27	50	60	20	27	18	12	1
개전 초기	146	2	7	2	16	29	13	13	43	10	9	1		1
인공 시기	90	5	23	2	12	4	5	17	7	6	3	2	4	
수복 직후	110	1	17	3	12	10	7	16	9	3	10	14	8	
1·4후퇴 이후	7	3				1		1		1		1		
미상	14	1	2				2	3	1		5			

공주지역의 경우 학살 시기나 장소, 학살 방법이나 규모 등을 문헌자료를 통해서 구체적으로 확인하기는 어렵다. 대단히 부정확한 기억, 또는 제삿날 등을 근거로 유추해볼 도리 밖에 없다. 하지만 사건 유형별로 보면 사망 시기에 대한 대체적인 추정이 불가능한 것은 아니다. 개전 초기, 인공 시기, 수복 직후, 1·4후퇴 이후 등 네 개의 시기로 나누어 희생자의 추이를 정리하면 위 표와 같다.

공주에서 가장 많은 피해자가 발생한 것은 다름 아니라, 개전 초기였다. 이후 인공시기와 수복 직후부터 1·4후퇴 시기까지도 학살사건이 빈번히 발생했으나 그 규모는 개전 초기보다 훨씬 적었다. 빨치산 사건과 관련한 희생자가 별로 없는 지역의 경우 시기별 희생자 추이는 대체로 공주와 유사하다. 공주지역 조사팀은 면담 과정에서 "개전 초기의 대량 학살(144명; 특히 보도연맹원 학살)이 이후의 보복학살을 결과했다"거나, "원인을 제공했다", "인과응보다"라는 회고를 여러 건 접할 수 있었다.

(2) 가해자별 피해 현황

공주지역의 경우, 민간인 학살의 주요 가해자는 다른 지역과 마찬가지로 군경과 인민군, 그리고 우익청년(청년방위대)과 좌익청년(지방좌익)들이었다. 특히 왕촌 살구쟁이 학살사건은 금강방어전에 참여했던 국군 제17연대 병력에 의해 집행된 것이 분명하다 여겨진다. 하지만 면 단위에서 진행된 보도연맹원 학살은 공주경찰이 직접 담당했던 것으로 보인다.

전쟁 시기 좌우익 청년들의 보복학살은 어느 지역에서나 확인되는 일반적인 현상이었다. 하지만 일제시기부터 정치적 도덕적 권위를 쌓아 온 거물 좌익 활동가가 존재했던 마을이나 여러 가지 자선봉사활동 등을 통해 지역사회에서 명망성을 가진 유지급 인사들이 존재한 마을은 상대적으로 볼 때 보복학살이 적었던 것으로 보인다.

(3) 성별·연령별 현황

학살 피해자의 성별 현황을 볼 때 주목되는 점은 대부분 피해자가 남성들이었다는 사실이다. 전체 365명 가운데 여성은 20명에 불과했는데, 이는 조사가 부정확했기 때문이 아니라 실제로 사정이 그러했기 때문이라 짐작된다. 여성 피해자는 대부분 보도연맹원 사건 관련자들이거나 부역 혐의자들이었다. 여성 피해는 각종 보복학살 과정에서 빈번히 발생했다. 예를 들면 보도연맹원이나 부역혐의자 가족의 여성, 또는 인공 시기 우익인사 가족의 여성들은 보복학살 과정에서 성폭력 등 여러 가지 피해를 감수해야 했다.

전쟁의 고통은 남성보다는 여성들에게 더 혹독하고 가혹했다. 목숨을 잃는 피해를 본 여성들은 그다지 많지 않았으나, 상당수의 여성들은 미망인이 되어 홀로 어린 자식들을 키우거나, 강간을 당한 뒤 강제로 첩살이를 하거나, '몸 파는' 직업에 종사하는 등 여러 가지 고통을 감내해야 했다. 당시 '빨갱이 마누라와 딸내미'는 국민대접은 고시히고 인간대접도 받지 못했다.

(4) 직업별 현황

한국전쟁 시기 공주시는 읍내지역을 제외하면, 대부분 농사꾼이 많이 거주했던 농업지대였다. 따라서 평범한 농사꾼들이 많이 희생된 것은 당연한 일이었다. 하지만 1932년까지 충남도청 소재지였던 공주읍은 제법 번잡한 도시였던 까닭에 공무원이나 자영업자(상인), 인텔리 출신이나 학생 등도 상당히 많았다. 읍지역의 경우 인구이동이 심해 구체적인 조사가 불가능했으나, 충분한 조사가 이루어졌다면, 더 많은 희생자가 확인되었을 것이다. 농업자 이외의 희생자는 상당수가 읍내의 보도연맹원들이거나, 아니면 지방좌익이나 인민군에 의해 학살된 우익인사들이었다. 1983년부터 1987년까지 공주경찰서의 협조 가운데 작성된 우익인사(애국지사) 피학살자 명부(『被禍愛國志士名單』)에 따르면, 전쟁 시기 희생된 우익인사는 군청 등에 근무했던 공무원, 청년방위대 등 우익단체 간부, 경찰 및 형무소 간수, 상인 등이었다.

2) 시기별(사건 유형별) 피해 현황

(1) 개전 초기의 전쟁 피해

공주사람들은 1950년 7월 10일경부터 16일경까지 미군(제24사단 제34연대)과 인민군(제4사단, 제109전차연대) 사이에서 벌어진 치열한 전투(이른바 '금강방어전') 때문에 많은 인명 손실과 재산 피해를 감수해야 했다. 금강방어전의 진행과정에서 집중적인 피해를 입은 지역은 △천안에서 차령고개를 넘어 공주로 진입하는 길목인 정안면 사현리, 광정리, 석송리, 운궁리 일대 △7월 11일 수촌전투가 벌어진 의당면 수촌리와 장기면 관골 일대 △7월 12일부터 14일까지 금강철교를 사이에 두고 양군이 대치했던 금강 북쪽의 전막과 관골(현재의 신관동)지역 △공주를 방어했던 미 제34연대와 대평리지역을 방어했던 미 제19연대의 경계 지점인 반포면 도남리·봉암리 일대 등이었다. 금강방어전이 한창일 때 반포면 봉암리와 연기군 금남면 용담리 사이에 위치한 계룡천 인근에서 인민군과 미군 사이에 치열한 전투가 벌어졌는데, 미군들은 전투가 일어나기 2, 3일 전에 봉암리에 들어와 동네사람들을 피신시켰다고 한다. 마찬가지로 공주 읍내의 경우도 미군이나 경찰의 주민 소개로 인하여 인명 피해가 상대적으로 적었다고 한다.

하지만 계룡면 봉명리지역의 경우 인민군이 하룻밤을 봉명리 앞산에 머물러 있었는데 밤중에 미군 비행기가 날아와 엄청난 폭격을 감행했다는 것이다. 마을 주민들은 그때 대부분 인근 골짜기로 피난을 떠나 있었는데 산기슭 외딴집에 살던 '이 서방네'는 피난을 안 가고 버티다가 아들 하나만 살아남고(중화상) 온 가족이 몰살되는 피해를 입었다고 한다. 이 외에도 △정안면 사현리 박모씨(당시 약 40세)가 미군의 오인사격으로 사망했다는 증언 △이인면 태봉리 강모씨(주사)가 태봉동 전투시 폭탄 파편에 맞아 사망했다는 증언 △인공시절 장기면 도계리 다리가 미군기에 의해 폭파될 때 1명의 노인이 사망했다는 증언 △7월 25일경 정안면 평정리 마을에서 주민들이 피운 모깃불을 보고 미군 폭격기가 기총소사를 하는 통에 손씨네 집 할머니(60대 초반)가 즉사하고 며느리 현씨(40대 초반)가 팔에 부상을 당했다는 증언 등이 주목된다. 하지만 이런 과정에서 사망한 공주사람들의 숫자는 왕촌 살구쟁이 등지에서 군인과 경찰에 의해 학살된 사람 숫자에 비하면 그야말로 '조족지혈'에 불과했다.

(2) 공주형무소 좌익수 학살사건(1950년 7월 9일 혹은 10일)

공주는 1932년 10월까지 충남 도청소재지였던 까닭에 전쟁 무렵 지방 법원과 지청은 물론이고 형무소까지 소재했다. 문헌자료에 따르면, 전쟁 직전 시기 공주형무소(소장 윤구병)의 최대 수용인원은 대략 700여 명쯤 되었는데 전쟁 발발과 동시에 공주와 충남 각지의 보도연맹원들이 대거 수용(예비검속)되어 그야말로 초만원 상태였다고 한다. 당시 산수였던 이들의 증언에 따르면 당시 공주형무소에는 대략 1,000여 명 정도의 죄수와 보도연맹인이 수용되어 있었던 것으로 보인다. 법무부의 공식통계에 따르면 당시 공주형무소 수형자는 975명이었다.

공주형무소 좌익수 학살사건은 1950년 7월 5일 밤 육군형무소 헌병대가 공주에 도착하면서부터 시작되었다. 간수들의 증언에 따르면 7월 5일밤 헌병 3~4명 정도가 형무소 2층 강당에서 자고 다음날 오전 대전으로 출발했는데, '학살 대상자'를 분류하는 작업은 이때 이루어진 것으로 보인다. 하지만 학살 자체를 지휘한 것은 이른바 '특무대(CIC, SIS; 육군정보국 소속의 방첩대원)' 소속의 군인들이었다고 한다. 당시 왕촌 살구쟁이에서 땅 파는 일을 했다는 한 청년방위대원의 회고에 따르면, 피난 가기 1주일 전부터 부대 표시나 계급장이 없는 정체불명의 군인들이 20여 명 정도 공주읍내에서 활동하고 있었다는 것이다. 당시 공주형무소 간수들의 회고에 따르면, '특무대 상사'로 알려진 인물이 일단의 군인과 경찰(특경대), 그리고 형무소 간수와 청년방위대원 등을 이끌고 학살을 진두지휘했다고 한다.

1951년 6월 20일자로 공주경찰서가 충남도경에 작성해 올린『경찰연혁사―공주경찰서(1951년 6월 20일 작성)』(공문명: 公警警第256號, 국가기록원 문서관리번호: BA0411773)는 왕촌 살구쟁이 학살사건 등과 관련한 거의 유일한 문헌자료이다. 그 내용을 소개하면 아래와 같다.

〈6·25사변 중 중요 경찰사항〉 단기4283년 6월 25일 불의에 북한 괴뢰군이 불법 남침하여 수도 서울이 후퇴하게 되며 연일 연야 피난민이 복박(覆迫) 남하케 되자 일시에 민심이 동요되어 수습키 난(難)하여 급속 비상시국대책위원회를 조직하여 피난민 수용과 각방(各方)으로 선전 보도(報導)를 실시하는 일방(一方) 당시 당지 파견 헌병대와 협의하에 형무소 수인(囚人)의 처치(處置)와 보도연맹원의 조치(措置) 등 민심 수습에 노력을 경주하였으나 부득이 남하하여 당서원(당署員)의 전투사 전술(前述)과 여(如)하거니와 감격의 수복(收復)으로 학수고 대하던 자양(子羊)과 같은 군민(郡民)의 인명 피해 또는 일시 가산을 피탈당하고 보복(報復) 신청이 쇄도하여 지방인사와 휴수(携手)하여 부역(附逆) 악질분자 무량(無量) 삼천여 명을 검거 의법처분(依法處分)하고 난마(亂麻)와 갖치 혼잡된 약탈 물품을 회수하여 사,오차(四,五次)에 긍(亘)하여(걸쳐 -필자) 공개 환부(公開 還付)하여 다대(多大)한 군민(郡民)의 기대에 기여한바 유(有)하며…

위 인용자료는 우리들에게 첫째, 개전 초기 공주 경찰의 주도로 비상시국대책위원회가 조직되었다는 사실, 둘째, 공주 파견 헌병대와 '협의'하에 '형무소 수인의 처치'와 '보도연맹원에 대한 조치'를 단행했다는 점, 셋째, 공주 경찰 주도로 수복 후 부역 악질분자 삼천여 명에 대한 의법처분이 주도되었다는 사실 등을 전해준다.

하지만 왕촌학살 사건이 언제 발생했는지를 정확히 확인할 수 있는 문헌자료는 없으므로 학살 일자는 유족들의 제삿날이나 여러 가지 증언에 의존할 수밖에 없다. 예를 들면, 우성면 동대리 출신 박모씨의 유족들은 음력 5월 24일경(9일)부터 사식을 받지 않았다는 사실을 근거로 음력 5월 24일에 학살된 것으로 믿고 있음에 반해, 계룡면 중장리 출신의 소모씨 유족들은 5월 25일(10일), 같은 면 구왕리 출신의 김모씨 유족들은 음력 26일(11일)에 학살된 것으로 인지하고 있었다. 2007년 조사과정에서는 공주 조사팀은 음력 5월 23일에 제사를 지낸다는 증언에 의거하여 학살일을 그 다음날인 음력 24일, 즉 양력 7월 9일로 추정하였다. 그러나 이후 2009년 발굴조사 시기 추가로 피해자들을 조사하는 과정에서 음력 5월 25일경에 학살되었다는 유족들의 증언을 여럿 확보할 수 있었다. 왕촌 살구쟁이 학살사건은 공주지역에서 발생한 최대의 사건이었을 뿐만 아니라 발굴조사까지 진행된 사안이므로 이에 대한 설명은 따로 장을 설정하여 자세히 언급하고자 한다.

(3) 공주 보도연맹원 학살사건(1950년 7월 0일 ~ 7일 12일)

　전쟁 직전 시기 공주지역의 보도연맹원 숫자는 1949년 11월 1일부터 30일까지 진행된 충남지역의 자수자 상황을 종합하면 최소 3백 명 최대로 잡으면 5백여 명은 족히 되었을 것으로 추정된다. 당시 〈동방신문〉에 보도된 충남 각군의 '자수 전향자' 집계에 따르면, 11월 30일 현재, 공주의 보도연맹원 수는 278명이었다. 하지만 전쟁 직전 시기까지 보도연맹원을 모집하였으므로 공주지역의 보도연맹원은 이후 꾸준히 늘어난 것으로 보아야 옳다. 전쟁 당시 사곡지서 의경이었던 피조사자는 사곡면의 보도연맹원 숫자를 대략 150여 명 정도라 증언한바 있는데, 이를 감안하면 공주지역의 전체 보도연맹원 숫자는 대략 5백명 이상이었을 것으로 추정된다.

　공주지역 보도연맹원에 대한 예비검속은 중앙정부에 연이어 내려보낸 각종 지시, 예를 들면 6월 25일자 「전국 요시찰인 단속 및 전국 형무소 경비의 건」, 6월 29일자 「불순분자 구속의 건」 등에 따라 7월 초순경부터 시작되었다. 당시 공주경찰은 의경과 청년방위대원을 대동하고, 직접 집을 방문하여 보도연맹원을 검속한 뒤, 중심 인물은 공주형무소에 감금하고, 주변 인물들은 각 면 주재소나 면사무소 창고 등지에 구금했던 것으로 보인다. 회고에 따르면 대부분의 검속자는 집에서 밥을 날라다 먹었으며 일부 면의 경우는 어느 정도 출입도 자유로웠다고 한다.

　공주지역의 보도연맹원 학살은 7월 9일 또는 10일 경에 진행된 것으로 보이는 왕촌 살구쟁이 학살을 시발로 약간의 시차를 두고 여러 면 지역에서 분산적으로 진행되었다. 피해자 유족들의 증언에 따르면 보도연맹원들을 검속한 것은 경찰, 의경, 소방대원들이었으나, 학살은 군인(제17연대 소속 군인)과 경찰(특경대)에 주도된 것으로 보인다. 의당면 보도연맹들은 10일경 의당면 여찬니 골짜기에서, 장기면 보도연맹원들도 비슷한 시기 장기면 송원리 송계동에서 수십 명 단위로 집단 학살되었다. 유구면지역의 경우도 유구천변에서 집단학살이 진행되었다고 하나 자세한 내용은 확인할 수 없었다.

회고에 따르면 공주읍장 지헌정 등은 당시 시국대책위원 '연줄(빽)'을 활용하여 김모씨(광창당 약국집 아들, 해방 이후 군청 위생과장, 인공 시기 인민재판관 등 역임) 등 여러 명의 보도연맹원, 특히 공주지역 유지가(대서방을 하던 백모씨, 백제양복점 주인 이모씨 등등)의 자제들을 학살에서 제외시켰다고 한다. 이런 사실은 공주의 시국대책위원들도 학살대상자 선별에 직·간접적인 영향력을 행사하고 있었음을 시사한다. 공주여사범에 재학중인 한 여학생(유림)은 '서덕순 지사의 호의'도 거부한 채, 아버지와 오빠(공주고보 출신의 유혁), 그리고 동지들과 함께 '울밑에 선 봉선화야'를 부르다 살구쟁이에서 학살되었다고 한다. 전쟁 시기 공주읍장 지헌정의 차남이었던 지모씨는 전쟁 시기 반포면 상신리 인근에서 피난생활을 했는데, 그의 부친은 개전 초기 체포되어 인민군이 퇴각할 때 대전형무소에서 학살되었다.

다른 한편, 청년방위대원들은 보도연맹원에 대한 예비검속은 물론이고 학살현장에도 동원되었다. 전쟁 직전 시기 공주에는 청년방위대 제38연대(공주·청양 관할)가 주둔하고 있었는데 당시 제38연대의 군기대장을 역임한 한 구술자의 증언에 따르면 정안면에는 중대병력이 160명가량 존재했으며 반강제로 대원을 모집했다는 것이다. 제38연대의 규모는 3개 대대 1800여 명 정도였으며 연대장은 일제시기 지원병 제1기생이었던 강계주(오장으로 제대함)였다. 한편 전쟁 직전 시기 대한청년단 공주지부는 염우량(공주군 독립촉성중앙협의회 부회장, 제헌국회의원 선거 및 제2대 국회의원 선거 등 출마)과 김영옥(충남 도의원, 공주문화원장 역임) 등에 의해 지도되었다고 한다. 이승만 정권은 기존의 호국군과 대한청년단 간부를 온양방위사관학교에 입교시켜 1달 가량 군사훈련을 실시한 뒤 청년방위대 소위로 임명했다.

그러면 보도연맹원 사건으로 학살된 공주사람은 대체 몇 명쯤이었을까? 2007년의 마을 전수조사를 통해 신상을 구체적으로 확인한 사람은 135명(개인카드

작성 피해자)에 불과하나 실제로는 최소 200명 이상, 최대도는 300~400여 명 정도는 되었을 것으로 추정된다. 7월 9일 또는 10일경 왕촌 살구쟁이에서 학살된 공주 보도연맹원은 200명 전후로 추정되는데, 이들은 읍내와 각 면에서 미리 끌려와 공주형무소에 수감되었던 이들, 그리고 살구쟁이 학살 당일 반포, 계룡, 의당 등지에서 트럭에 실려 온 이들이었다. 7월 9일부터 12일경 여러 면에서 산발적으로 진행된 집단학살은 대체로 수십 명 단위였을 것으로 추정된다. 회고에 따르면 여찬니에서 학살된 의당면 보도연맹원들은 대략 트럭 2대분이었다고 한다. 7월 11일경 장기면(현재는 연기군 남면) 송원리 송계동 등지에서 학살된 장기면 보도연맹원의 숫자는 대략 15명에서 20여 명 어간이었다.

지모씨의 회고에 따르면, 당시 공주 시국대책위원회는 비상시에 대비하여 공주경찰서 등 중요기관의 문서들을 당시 공주읍장이었던 지헌정 소유의 정미소(경천)에 임시로 보관하고 있었는데, 급하게 기관 소개를 진행하는 과정에서 중요 문서들을 그대로 방치할 수밖에 없었다고 한다. 게다가 당시 정미소에는 도정을 기다리던 다량의 정부양곡이 적재되어 있었으므로 시국대책위원회는 미군 측에 연락하여 비행기로 정미소를 폭격해 줄 것을 요청했다는 것이다. 이런 사실을 증언하면서 구술자는 미 공군기가 정확하게 정미소 건물만을 정밀 폭격하는 것을 보고 크게 놀랐다는 회고도 덧붙였다. 이런 사실은 공주 시국대책위원회와 미군(제34연대)이 어느 정도 협조·연락관계를 유지하고 있었음을 간접적으로 시사한다. 미군이 살구쟁이 학살에 직접 가담한 것은 아니나, 국군 17연대 병력을 포함한 한국 군경이 좌익수나 보도연맹원을 집단학살하였다는 사실은 미군도 이미 알고 있었을 것이라 짐작된다. 살구쟁이에서 집단학살이 진행될 때 미군 헌병(MP)들은 공주-대전 간 구도로의 통제, 외신기자 보호 등의 역할을 담당했다.

(4) '인공 시기' 우익인사 학살사건(1950년 7월 14일~1950년 9월 27일)

'인민 시기'에 자행된 민간인 학살은 첫째, 보도연맹원 학살에 대한 보복학살, 둘째, 인민재판에 의거한 학살, 셋째, 퇴각 시기 내무서나 형무소에 구금되었던 사람들에 대한 집단학살 등이었다. 공주지역에서도 '인공 시기'나 '수복 이후 시기' 좌우익(마을, 씨족) 간에 서로 죽고 죽이는 보복학살이 일부 진행되었으나, 다른 지역에 비해서 그 규모는 상대적으로 적은 편이었다. 예를 들면, 의당면 율정리의 경우는 한 마을에서 20여 명 이상이 보도연맹원으로 학살되었음에도 불구하고 우익인사들에 대한 보복학살은 거의 발생하지 않았다고 한다. 공주에서 보복학살이 가장 심했던 곳은 △탄천 화정리(꽃방머랭이; 우익 청년단원 14명 사망) △유구 입석리(공동묘지=농기, 뚝방; 8월 7일 우익인사 13명 사망) △장기 봉안리(다파리고개; 9월 25일 추석날 부녀 어린이 포함 6명 사망) 등이었다.

'인공 시기' 공주지역에서 발생한 최대 학살사건은 추석(9월 25일) 바로 전날, 달리 말하면 미군이 공주로 진입하기 이틀 전(9월 27일) 옥룡동 대추골에서 집행된 집단학살 사건이다. 전쟁 시기 공주는 관리나 공직자가 많았을 뿐만 아니라 다른 지역에 비해 우익헤게모니기가 강력한 지역이었던 까닭에 '인공 시기' 많은 우익인사들이 내무서나 성당 등지에 검속되어 있었는데, 인민군은 퇴각을 코앞에 두고 이들을 읍 외각의 대추골(영명학교 너머 골짜기)에서 집단 학살했다는 것이다. 인공 시기 군농회 직원으로 농협창고를 관리했던 한 구술자의 증언에 따르면 대추골에서 사망한 사람은 정확히 33명(35명이 끌려갔으나 박모씨와 조모씨가 극적으로 살아났다고 한다)이었다고 증언한 바 있으나, 구사일생으로 살아남은 박모씨는 80여 명 정도가 사망했다고 회고한 바 있다.

2007년 조사 과정에서 조사팀은 대추골 학살과 관련하여 △갑사 스님 노모씨가 총살당하기 일보 직전 구사일생으로 살아났다는 증언 △이인면 용성리에서 밤에 담배를 피우다, 무슨 신호를 하려 한 게 아니냐는 오해를 받고 치안대에 잡혀가 취조를 당했는데 고문 취소 과정에서 그가 이랫집에 살던 김모씨를 스파이로 지목하여 그가 억울하게 대추골에 끌려가 죽었다는 증언 △고등리 이모씨(40대 후반에서 50대 초, 혹은 60대)가 인천상륙작전에 대해 이러쿵저러쿵 논평을 하다 체포되어 대추골에서 학살되었다는 증언 △일본군 출신인 박모씨(당시 공주여고 교사)가 학살 직전 대추골 학살현장을 탈출했다는 증언(이후 정산고등학교 교장을 역임했다고 함) △조모씨가 대추골 학살현장에서 다리에 관통상까지 입었으나 다행히 죽지 않아 마을사람들에 의해 구조되었다는 증언 등을 채록할 수 있었다.

  진실화해위원회의 공식명칭인 이른바 '적대세력 사건', 즉 한국전쟁 시기 희생된 우익인사, 또는 좌익에 의해 희생된 일반주민들에 대한 조사는 한국전쟁 직후 시기부터 정부 주도로 광범위하게 진행되었다. 당시 공보처 통계국의 조사결과는 1993년 '월간조선사'가 다시 『최초공개 6·25 피살자 59,994명 6·25사변 피살자명부 1』이라는 제목으로 다시 복간되었는데, 자유총연맹 공주지부(공주경찰서의 협조)는 이를 토대로 1983년부터 1987년까지 인공 시기 학살된 우익인사 명부(『被禍愛國志士名單』, 전체 20쪽, 필사본)라는 문서를 생산한 바 있다. 위 자료에 따르면 '적대세력 사건' 피해자는 대략 170여 명 정도이다. 증언에 따르면, 1980년대 초반까지 공주경찰서에는 '특이신분자' 명부가 존재했으나 연좌제가 폐지되면서 폐기되었다고 한다. 전두환 정권 초기 전국의 시군 경찰서는 상부의 지시에 따라 일명 '옐로카드(「개인별 분류 심사표」; 일종의 블랙리스트)'라는 것을 작성했는데, 이 또한 모두 폐기했다고 한다. 자유총연맹 공주시 지부는 2003년 공주시 웅진동 하고개에 400여 평 규모로 '적대세력 사건' 희생자들에 대한 추모시설(추모비)을 건립하고 매년 10월 30일 추모제를 지내고 있다.

  '인공 시기' 공주지역의 경우 폭격에 의한 인명피해도 상당했다. 회고에 따르면, 미군기의 폭격으로 공주고등학교부터 봉황초등학교 일대가 잿더미가 되었으며 공주시장에는 '소이탄(월남전에서 미군이 광범위하게 활용한 네이팜탄)'이 떨어져 많은 사람들이 불타 죽었다는 것이다(시장통에 불타 죽은 시체를 모아

놓은 것을 보았다는 증언도 있음). 하지만 시내 중심가의 경우 상당수 주민이 피난을 떠나 인명 피해는 그다지 크지 않았던 것으로 보인다. 미군 폭격과 관련한 흥미로운 회고는 △"공주에서 백여 명에 달하는 포로가 발생했기 때문에 미군들이 거리에 사람만 보이면 폭격을 해댄다"는 소문 △"미군기에 일본인들이 탑승하여 폭격 위치를 일일이 일러주고 있다"는 소문 △"미군들은 다른 것은 몰라도 교회나 성당은 절대 폭격하지 않는다는 믿음 때문에 인공 시절 공주 시내의 주요 기관들이 가급적 성당이나 교회 근처에 입지했다"는 등의 소문들이다. 이런 소문들은 당시 공주사람들이 미군의 폭격에 얼마나 큰 공포심을 느끼고 있었는가를 잘 보여준다. 회고에 따르면 실제로 미군기의 폭격을 피하기 위해 인민위원회가 소재한 '충남차부(시내 농협 인근)' 2층 옥상에 미군 포로를 묶어 놓기도 했다고 한다.

(5) 수복 후의 부역 혐의자 학살사건(1950년 9월 27일 이후)

'인공 시기' 부역 혐의자는 대부분 면리 단위의 인민위원회나 치안대 조직 또는 민청, 여청, 농맹 등 각종 대중조직의 간부들이었다. 공주군의 경우 당시 12개 읍면, 6개의 동, 207개의 리가 존재했으므로, 모든 면과 동리에 각종 조직들이 만들어졌다고 한다면 부역 혐의자의 숫자는 우리가 상상하는 것 이상으로 많았다고 보아야 한다. 공주경찰 측의 조사보고(앞의 『경찰연혁사』)에 따르면 공주 지역의 부역 혐의자는 대략 3천여 명 정도였다고 한다. 이들 중에 상당수는 수복 직후 아무런 재판절차도 거치지 않은 채 경찰이나 우익청년단에 의해 집단적, 혹은 개별적으로 각종 사형(私刑: 살해, 재산 탈취, 능욕)이 부과되었다. 하지만 어떤 동리의 경우는 형식상의 조직만 있었지 별다른 활동이 없었던 까닭에 부역 혐의자로 처벌된 사람이 아예 없는 경우도 있었고, 또 수복과 동시에 월북을 하거나 도피를 한 사람들도 많았다고 한다.

수복 후 공주경찰서나 형무소가 제 기능을 회복한 것은 1950년 10월 초순경이었다. 하지만 부역 혐의자들에 대한 사적인 보복은 지후부터 벌이졌다. 공주형무소 간수의 회고에 따르면, 자신은 1950년 10월 초순 몇몇 형무소 간수들과 함께 공주로 돌아왔는데 경찰서를 접수한 우익청년(자치대원)들이 부역 혐의자들을 마음대로 잡아들이는 등 횡포가 이만저만이 아니었다고 한다. 중학동의 한 구술자는 수복 후 중학동 자치대가 인근 어망공장에 30여 명의 부역자들을 체포, 구금, 고문하는 것을 직접 목격했다는 것이다. 부역 혐의자들은 1948년 12월에 제정된 「국가보안법」, 그리고 전쟁 발발과 동시에 발포된 「비상사태 하의 범죄처벌에 관한 특별조치령(1950. 6. 25)」 등에 의해 처벌되었다. 일부 부역 혐의자들은 1950년 12월에 공포된 「감형령」(대통령령 제426호, 1950. 12. 28)'에 의거해(마을주민 및 유력자들의 탄원이나 신원보증) 석방되기도 했다.

신풍면의 경우 수복 직후 대룡초등학교에 30여 명 정도의 부역 혐의자를 수용했는데 이들에 대한 심사는 해당 지역의 경찰과 우익청년들의 몫이었던 듯하다. 각 면 지서는 수용시설이 없어 부역 혐의자가 끌려오는 대로 읍내로 이송했다고 한다. 하지만 정부에 의한 공적 처벌보다 더 무섭고 끔찍했던 것은 마을 단위에서 이루어진 사적인 폭력이었다. 예를 들면, 유구면 입석리의 경우 십수 명에 달했던 부역 혐의자 가운데 재판 절차를 거친 사람은 별로 없었고, 대부분은 우익청년들에 의해 직접 처단되었다고 한다. 주변 마을에 전해지는 이야기로는 학살 과정에서 주로 죽창이 사용되었다는 것이다. 이 외에도 공주에서는 △첫째, 우성면 동대리에 거주하다가 전쟁 전 장기면 은용리로 이사 간 이영근(일제 때 좌익 비밀결사 조직혐의로 옥고를 치름)의 7형제가 이러저러한 사건으로 6명이 타살된 사건 △둘째, 인공 시절 자신의 가족을 포함한 일가 청년 5명이 학살되었다는 당시 현역 육군상사였던 노ㅁㅁ이 동네(우성면 귀산리) 인민위원장을 역임했던 박모씨의 두 아들과 3명의 며느리를 전막(금강철교 인근)으로 끌고 가 총살한 사건 △셋째, 보도연맹 사건 피해자들이 인민군에 자신들의 억울함을 호소했기 때문에 자기 남편들이 학살되었다고, 반포면 공암리 우익청년단 간부의 부인과

가족들이 보도연맹원이나 부역 혐의자 가족들을 집단적으로 구타하고 모욕한 사건 등이 벌어졌다. 증언에 따르면 두 번째 사건의 경우 당시 막내며느리가 임신 중이었고, 또 가족을 따라 나선 박씨네 개까지 죽였으므로 합하여 일곱을 죽였다는 이야기가 아직까지도 동네에 전해지고 있다. 회고에 따르면 이런 이유로 양쪽 집안의 가족들은 모두 동네를 떠나야만 했다는 것이다. 세 번째 사건의 경우 보복사건 당사자는 수복 후 부역혐의로 감옥에 갔으나, 그의 장남은 서울에서 철도청에 근무하고 있었기 때문에 무사했다 한다.

수복 이후 부역혐의로 형무소에 수감된 사람들은 그래도 운이 좋은 편이었다. 일부 부역 혐의자들은 경찰과 우익 청년단원에게 체포되어 지서 등지에서 즉결처형을 당하기도 했다. 예를 들면, 계룡면 하대리 출신으로 일제 때 강제 징용을 다녀온 변모씨는 인공 치하에서는 동생이 국군이라는 이유로 구금을 당했고, 또 수복 후에는 짐 나르는 단순 부역에 참가한 죄로 우익청년들에게 체포되어 총살당했는데, 당시 변모씨에게는 세 살짜리 아들과 임신한 아내가 있었다고 한다(제삿날은 음력 9월 6일). 이 외에 △인공 시절 계룡면 인민위원회 간부(선전부장?)를 했다는 혐의로 신원사 말사인 소림원의 정모 스님이 "태극기 두건을 머리에 두르고 총과 일본 칼을 찬" 일단의 우익청년(토벌대)들에 의해 살해된 사건이 발생하기도 했다. 회고에 따르면 후자의 사건과 관련하여 훗날 스님의 아들이 가해자 전모씨를 상대로 소송을 제기하는 사건이 벌어지기도 했다고 한다.

(6) 1951년 1·4후퇴 시기 공주형무소 부역 혐의자 학살사건(1951년 1월)

한국전쟁 시기 공주형무소에서는 두 번의 집단학살 사건이 벌어졌다. 그 첫 번째는 왕촌 살구쟁이 학살사건이고 두 번째는 1·4후퇴 시기의 부역 혐의자 학살사건이다. 공주형무소는 미군의 폭격으로 옥사가 파괴되어 수복 이후 작업장(창고)을 개조하여 200~300여 명의 부역 혐의자들을 수용했는데 이들 가운데 상당수가 고문과 질병(상티프스) 등으로 사망했다. 증언에 따르면 장기면 봉안리

장모씨, 의당면 용암리 출신의 이모씨, 탄천면 안영리 출신이 정모씨, 계룡면 죽곡리 출신의 정모씨 등등이 공주 형무소에서 병사하거나 동사했다는 것이다. 이들 외에도 계룡면 구왕리 김모씨, 사곡면 고당리 정모씨, 의당면 월곡리 홍모씨와 박모씨 등이 "형무소로 끌려가 죽었다"는 증언을 접할 수 있었는데, 이들은 대부분 형무소에서 사망했거나(학살되었거나) 아니면 1·4후퇴 시기 호송 도중 사망한 것으로 보인다.

해방 직후 공주군 인민위원회 위원장을 역임했던 정상윤의 딸 정모씨는 그의 어머니(인공 시기 여맹위원장)가 이송된다는 소식을 듣고 읍내로 나왔다가 부역자들이 7~8대의 트럭에 실려 대전, 대구, 부산 등지로 이송되는 장면을 목격했는데, 그의 어머니는 이송 도중 모종의 이유 때문에 사망한 것으로 보인다. 당시 간수들은 장티프스 등으로 건강상태가 안 좋은 죄수들을 무리하게 이송하는 과정에서 사망자가 일부 발생했다고 증언하나, 이송 도중 혹은 이송 전에 병약한 죄수들을 선별하여('솎아내'), 집단 학살을 감행했을 가능성도 배제할 수 없다. 유엔 민사처(UNCACK) 자료에 따르면 대전형무소의 경우 1·4후퇴 때 일부 병약한 죄수들은 이감하지 않은 채 형무소에서 직접 처리(학살)했다고 한다(진실화해위원회 중앙조사팀 조사자료 참조).

1953년 7월 휴전이 성립될 때까지 미군에 의한 피해도 적지 않았다. 1951년 여름 의당 송학리 또는 사곡면 가곡리 등지에서는 오폭사건이 발생했을 뿐만 아니라 반포지역에서는 미군이 매설한 지뢰를 밟고 다치는 등 인명 피해사건이 여러 건 발생했다. 그러나 공주사람들이 가장 많이 희생된 것은 역시 휴전선을 중심으로 밀고 밀리는 전투를 거듭하는 과정에서였다. 물론 유력한 유지 집안 자손들은 돈과 빽을 동원하여 병역을 기피하는 경우가 많았다. 당시 유구면에서 병사 관련 사무를 담당한 한 경찰관의 회고에 따르면 유구지역의 경우 웬만한 부자들은 돈과 빽을 써서 자식들을 군대에 보내지 않았다고 한다. 한국군은 총을 맞으면 '빽'하고 죽는다는 시쳇말이 유행한 것도 이 무렵이었다.

3) 공주지역의 빨치산(유격대) 투쟁과 경찰서 습격사건

(1) 전쟁 전 빨치산 투쟁의 전개양상

일제 말기에도 일부 사람들이 징병이나 징용을 피해 '입산(入山)'을 시도했으나 본격적인 의미의 빨치산 투쟁은 1948년 정부수립을 전후한 시기부터 본격화되었다. 1946년 10월항쟁(일명 추수폭동, 영남폭동) 때도 여러 가지 이유로 집으로 돌아갈 수 없었던 사람들이 인근 야산의 골짜기로 은신하는 경우가 많았다. 하지만 상당수의 사람들은 돈이나 빽을 써서 체포나 형벌을 모면하거나, 서울 등 대도시로 진출하여 친인척들의 도움으로 삶을 이어가거나, 아예 월북을 선택하는 경우도 있었다. 당시의 입산자들은 산으로 기어들어가지 않으면 삶을 도모할 수 없었던 그야말로 무지랭이들뿐이었다.

본격적인 빨치산 활동은 1948년 2·7구국투쟁과 5·10선거 반대투쟁(반선, 단정반대투쟁) 때부터였다. 남로당이 입산투쟁에 관심을 가지기 시작한 것도 이 무렵부터였다. 당시 한반도의 정치지형은 북측(소련)을 지지하는 좌익과 남측(미국)을 지지하는 우익으로 양분되어 있었고, 양측은 서로 자신들의 정치적 목적을 달성하기 위해 테러투쟁 등 극단적인 폭력이나 범죄도 마다하지 않았다. 가령 충북 영동지역 경우는 우익측과 좌익측이 서로 '도살 명부(살생부)'를 작성한 뒤 공공연한 테러활동을 전개했다. 영동지역에 이른바 '인민유격대' 활동이 본격화된 것도 이 무렵이었다. 영동지역의 인민유격대는 남로당 영동군당 조직과 긴밀한 관련을 가지면서 경찰서를 습격하는 등 1948년 초반부터 본격화된 단선 단정 반대투쟁을 전개하였다. 영동지역의 사례는 폭력이 난무하는 '난리통'에서, 흔히 말하는 '가능의 정치', 혹은 '정치 우선의 원칙(the primacy of politics)을 견지한다는 것이 얼마나 어려운 일인가를 잘 보여준다.

공주지역의 경우는 좌익세력에 비해 우익세력의 힘이 강력했던 까닭에 단정 단선 반대투쟁 과정에서 영동지역처럼 빨치산 활동이 전개되지는 않았다. 하지만 1948년 2·7구국투쟁 시기부터 공주지역에서도 남로당 공주군당(지하당)의 지도 아래 3·1절기념투쟁, 5·10선거 반대(방해)투쟁, 8·28지하선거(연판장 선거) 등과 더불어 반포, 계룡 등지에서 '산상거화(山上擧火)투쟁'이 벌어졌다. 산상거화투쟁은, 검거도 피하고 시위 효과도 높이기 위해 지역주민들이 선택한 투쟁방식인데 3·1운동 시기에도 4월 초순경 공주 곳곳에서 산상거화투쟁이 전개되었다.

공주지역에서 빨치산투쟁이 본격화된 것은 1950년 9월 말, 즉 '수복 이후' 시기부터였다. 당시 미군의 인천상륙작전(1950년 9월 15일)으로 퇴각로를 차단당한 인민군과 이른바 '부역 혐의자'들은 오지랖 넓은 산을 근거지로 하여 빨치산투쟁을 전개했는데, 공주지역에서 빨치산 활동이 전개된 곳은 계룡산과 무성산, 그리고 인근의 대둔산이었다. 2007년 구술조사 과정에서 공주 조사팀은 △수복 직후 계룡산(특히 신원사나 상신리 인근)이나 무성산에 일부 인민군과 부역자들이 존재했으나 곧 군경과 우익청년단에 의해 소탕되었다는 사실 △충남 도당 관할의 대둔산 유격대가 금남정맥(계룡산-국사봉-대둔산)을 따라 이동하면서 1951년 여름 경천분소와 탄천지서를 습격하는 투쟁을 전개했다는 사실 등을 확인할 수 있었다.

1950년 9월 인천상륙작전으로 전세가 불리해진 조선노동당은 인민군 전선사령부에 후퇴명령을 내리는 한편 9월 중순 지방당에, "첫째, 전세가 불리하여 후퇴한다. 둘째, 당을 비합법적인 지하당으로 개편할 것, 셋째, 유엔군 상륙 때 지주가 되는 모든 요소를 제거할 것, 넷째, 군사시설로 이용될 수 있는 것은 모두 파괴할 것, 다섯째, 산간지대 부락을 접수하여 식량을 비축할 것, 여섯째, 입산경험자 및 입산활동이 가능한 자는 입산시키고 기타 간부들은 일시 남강원도까지 후퇴케 할 것" 등을 지시했다. 여기서 주목해야할 대목이 바로 세 번째 지시이다. 인민군이 퇴각할 때 인민군과 지방좌익들은 공주형무소나 내무서, 공주성당 등지에 수감되어 있던 우익인사들을 집단 학살했는데(읍내 옥룡동 대추골,

정안 다파니고개 학살 등) 이는 수복 후 또 다른 '복수극'의 배경이 되었다.

위의 지시에 따라 각 도당위원회에서는 각 군당에 위와 같은 지시를 내리고 1950년 9월 28일을 전후하여 모든 조직들을 자기 도내의 산악지대로 이동시킨 뒤 잔류 인민군과 입산한 사람들을 규합하여 여러 개 유격대를 조직하였다. 이른바 '제2전선'이 형성된 것이었다. 수복 직후 공주 군당의 일부 잔류자들은 인민군 패잔병들과 함께 계룡산에 입산했으나 유격대 활동을 전개할 수 있을 만큼 세력이 강력하지는 못했던 듯하다. 계룡산 입산자들은 곧바로 이어진 미군과 경찰의 토벌작전으로 말미암아 곧바로 진압된 것으로 보인다.

이현상, 여운철 등이 1951년 5월 중순 덕유산 송치골에서 개최했다는 6개 도당회의 이후 남한의 유격투쟁은 '남조선 인민 유격대'(통칭 남부군, 총대장 이현상)가 총괄하였다. 당시 남한 지역 6개 도당을 총괄 지도한 '남부지도부'의 총책임은 여운철이 맡았는데, 여운철은 논산 출신으로 석성보통학교와 강경상업을 졸업한 뒤, 일제 말기 경성콩그룹 사건으로 옥고를 치른 사람이었다. 이외에 충남지역의 주요 지도자로는 △도당위원장을 역임했던 이주상(아산 출신, 경성콩그룹사건 관련자)과 남충열 △논산 출신의 곽해봉 △충남빨치산 5백70명을 68사단으로 개편할 때 사단장을 역임한 고판수 등이었다.

입산 직후 충남도당위원장 남충열은 대둔산을 중심으로 사령부 밑에 백두산부대(320명), 대덕부대(130명), 대전부대(100명), 함둔산부대(100명), 가야산부대(130명), 압록강부대(100명), 청천강부대와 사령부 직속의 공병부대, 통신정찰중대를 편성하였다. 그러다가 충남 빨치산의 주력부대는 1950년 12월 7일경 대둔산에서 전북 완주군 운주면 피동리로 거점을 이동하였다. 중공군이 계속 남진하자 남충열은 가야산부대 80명을 천안방면으로 이동시켜 중공과 합동작전을 벌일 것을 지시하기도 했다. 하지만 남부군은 군경의 토벌작전 때문에 1953년 7월 휴전 전후 무렵 거의 괴멸되고 말았다. 특히 1951년 11월 백선엽 야전사령부가 남원에 설치되고 12월부터 1952년 3월까지 본격적인 동계 '토벌'작전이 전개되면서 호남(지리사) 일대의 유격대가 큰 타격을 받았다. 그리고 1952년말 뒤늦게 노동당 정치위원회는 이른바 '111호 결정'이라는 지시를 내려 유격대의 하산과 산개를 지시했다. 위 결정의 요지는 "유격대는 인민과 연결되고 당의 지도를 받아야 하며 불필요한 모험적 전투는 피하되 그렇다고 너무 소극화되고 위축되어 자진 소멸되어서는 안 된다"는 것, "각급 당 지도부는 산으로 올라가지 말고 중요 산업부분과 노동자, 농민, 군부 속에 당 조직을 강화하고 그 토대 위에서 지구당 지도부를 도시로 진출시키도록 한다"는 것 등이었다. 하지만 이 때는 지방당이든 남부군이든 국군의 토벌작전과 전술적 실패 등으로 말미암아 이미 모든 역량이 소진된 상태였다.

이는 대둔산 유격대의 경우도 마찬가지였다. 앞의 인용에서도 확인되듯이 대둔산 빨치산은 1951년 12월 전북 완주지역으로 이동하였으나, 이후에도 일부의 빨치산이 대둔산 인근지역 남아 있었던 것으로 보인다. 군경의 자료에 따르면, 대둔산지역의 빨치산 토벌은 1955년 1월 2일까지 진행되었다. 대둔산의 빨치산 투쟁은 장환이 집필한 실화소설『불꽃(전3권)』(좋은사람들, 2001)에 자세하다. 장환은 옥천 출신으로 인공 시기 논산 양촌면에서 국민학교 교사직을 수행하다 수복 직후 대둔산에 입산하여 1953년경까지 빨치산 활동을 전개한 인물이다. 위의 실화소설 가운데 특기할만한 사실을 열거하면 아래와 같다.

> 당초 충남도당은 두 패로 나누어 후퇴했다. 도당 위원장 남충렬이 이끄는 일군은 대둔산으로 철수해 왔고, 부위원장 윤가현이 이끄는 일파는 당진 근처에 있는 가야산을 목표로 떠났다. 각각 그 지방에서 유격대를 조직하여 남북 호응으로 유격전을 펼치자는 작전이었다.

> (수복 이후 –필자) 철수에 앞서 (충남)도당은 각 군당에 대둔산 집결령을 내렸지만 뒤따라온 당은 몇 안 되었다. 대전시당과 대덕군당 그리고 천안군당이 고작이었다. 그나마 천안군당은 당 위원장 부부 달랑 둘뿐이었다. 유일하게 조

직적 후퇴를 성공시킨 당이 하나 있었다. 곽해봉이 이끄는 논산군당이었다. 논산군당은 각 면당과 인민위원회는 물론, 외곽단체인 민청이나 여맹, 농맹까지 거의 온전하게 대둔산으로 들어왔다. 그 중에서도 양촌면당은 각 부락 세포조직까지 알뜰하게 집결시켰다. 자연 충남도당의 핵심은 논산군당이 되었고 논산 군당의 핵심은 양촌면당이 되었다.

대둔산은 유격전의 적지는 못 되지만 인원을 규합하는 데는 좋은 지리적 조건을 갖추고 있었다. 충청 남부와 호남지방에서 북상하려면 노령산맥이나 소백산맥을 타기 마련인데 노령을 택한 사람들은 싫어도 대둔산을 거치게 된다. 인민군, 정치공작대, 내무서, 정치보위부, 당, 인위, 민청과 여맹 등등, 삼삼오오 짝지어 북상하던 이들은 여기서 발이 묶였다. 충남도당이 당의 이름으로 이들의 북상을 저지한 것이다.

고판수라는 본명을 아는 사람은 얼마 되지 않았다. 이북에 있는 빨치산 양성소인 강동 정치학원을 거쳐 인민군 군관학교를 나온 후 6·25 전에 남파되어 유격전을 주도했고, 대전이 점령되자 충남도당 조직부장으로 활동했다. 후퇴 후에는 대둔산에서 현재의 유격대를 조직 통솔하고 있는 거물이었다 …… 위원장 남충렬은 왕조시대 상왕처럼 뒷전에서 귀빈 대접만 받고 있을 뿐이었다. 달랑 두 부부만 들어온 천안군당 위원장이나 간부 몇 사람만 달고 온 대덕군당 위원장과 대전시당 위원장도 할 일이 없는 귀빈이었다. 다만 논산군당 위원장 곽해봉만은 귀빈 중에서도 위치가 당당했다. 각 면당은 물론 부락 세포까지 조직적으로 철수시켰을 뿐 아니라 전쟁 전에 월북해서 최고인민회의 대의원으로 활동했던 인물이었다.

"계룡산에서 듣기로는 한둔산(대둔산—필자)에 충남 빨치산이 우글우글허다고 허드랑깨". "계룡산에두 빨치산이 있소?". "있기는 뭐가 있어? 도망자들뿐이지. 아따, 넘 야기허리 꺾지 말고 들어보더라고. 나가 말이시, 한둔산에 합류헐까 혀서 오기는 왔는디 말여, 그란디 맨손으로 갈 수야 없잖겄어? 선물이래도

쬐깨 장만혀야지. 근디 저 아래 지서가 딱 맘에 드는구만."

한 가지 흥미로운 대목은 공주가 고향이라는 공주사범학교 출신인 '신소영(실명?)', 또는 '강홍숙(실명?)'이라는 여성전사 이야기이다. 회고에 따르면, 윤모 교사의 영향으로 왕촌 살구쟁이에서 학살된 '유림'이라는 여학생을 포함하여 당시 여사범 재학생들 가운데 입산한 이들이 제법 많았다고 한다.

"그래요? 전에 연극을 해 본 일 있어요?" "학교에서 연극부를 했거든요." "어느 학교인지 물어도 되겠소?" "공주사범에 다녔어요. 아직 졸업은 안 했지만." 순간 첩자사건으로 처형당한 강홍숙 얼굴이 머리를 스쳤다. 홍숙도 공주사범학교를 나왔다고 했다. "집이 공주요?" "네." "공주군당이 이곳으로 철수해 왔다는 말은 못 들었는데 멀리서 왔네요?" "화산에 있는 외갓집에 피난 와 있었거든요?" 순간 인환(장환의 작품 내 이름 –필자)의 입에서 짧은 탄성이 터져 나왔다. "오! 우물가에서 만났던 바로 그 동무로구먼. 화산면당으로 안내해 주던…" 소영이란 소녀도 탄성을 터뜨렸다. "어머! 세상에… 그때 부엌에 들어갔다 나와 보니 안 보이데요. 아침이래두 대접할라구 했는데 말예요. 그게 우리 외갓집이었거든요."

참고삼아 대둔산 입구에는 1986년 충남지방경찰청이 건립한 '승전기념탑' 안내 입간판의 전문을 소개하면 아래와 같다. 하지만 '전과(戰果)'와 피해 사실은 여러모로 볼 때 과장임이 분명하다.

'대둔산 승전기념탑'은 1950년 10월 3일부터 1955년 1월 2일까지 5년에 걸쳐 대둔산 일대에서 활동 중인 빨치산 및 영호남에서 패주 북상하던 북괴군 등 3,421명을 섬멸하면서 경찰관, 국군, 애국청년단원 1,376명이 전사하여 이들의 고귀한 희생정신을 추모하기 위해 충남지방경찰청에서 1986년 6월 23일 준공 건립함.

대둔산을 거점으로 활동한 공비들은 현재의 논산시, 완주군 일대와 멀리 공주 대전까지 원정하며 410여 회에 걸쳐 경찰서 습격, 양민학살 등 만행을 저질러 충남경찰국에 경비사령부를 설치하고 강경경찰서에 대둔산지구 전투경찰대를 창설하여 공비를 소탕하는 혁혁한 전공을 세움.

〈전과〉 사살 297명, 생포 1,025명, 귀순 100명, 계 3,412명.

〈피해〉 전사 1,376명, 경찰관서 피습 156회, 행불납치 141명, 방화 공공건물 10호 민가 581호, 피탈 곡류 1,608가마, 축우 등 1천마리.

(2) 1951년 여름 경천분소 및 탄천지서 습격사건

1950년 9월 말 충남 전역이 수복된 직후 충남도내(서남부지역) 각 군당은 중앙당의 지시로 대둔산에 집결하여 빨치산투쟁을 전개하였으나 공주군당이나 인민위원회 간부들은 입산에 성공하지 못한 것으로 보인다. 회고에 따르면 수복 직후 월북이나 탈출을 시도하지 못한 이들은 계룡산이나 무성산 등지로 숨어 들어가 낙오한 일부 인민군과 함께 숨어 지내다가 미군과 경찰(의경), 소방단, 우익청년단 등으로 구성된 토벌대에 의해 곧바로 소멸된 것으로 보인다.

낙오하여 계룡산에 숨어 지냈던 인민군과 관련한 구술 가운데, "벼가 누렇게 익을 무렵 인민군 패잔병들이 퇴로가 막혀 계룡산에서 오도 가도 못할 무렵 미군들이 들어왔다"거나 "미군들이 동학사 주차장 자리 등에 포를 설치해 놓고, 삼불봉 아래(복귀골 산날맹이)를 향해 포를 퍼부어 산이 하얗게 됐다"거나, "미군들은 열흘 정도 머물러 있다가 철수했고 인민군들도 내려오지 않았다."는 구술 등이 주목된다. 다른 한편, 신원사 인근지역의 경우 하마루 뒷산과 경천천 부근에 미군 포대가 2~3일 주둔해 있었다는 증언도 있었다. 2007년 조사과정에서, "후퇴하던 인민군들이 금강에 가로막혀 오도 가도 못하고 계룡산에 머물렀는데, 계룡산 북쪽에 자리한 상신리에 두 개 부대가 은신하고 있었다"거나 "신원사 부근(마명암)에는 20여 명 정도의 인민군 패잔병(빨치산)들이 밤에 먹을 것을 구하기 위해 내려오곤 했는데, 미군이 들어온다는 소식 듣고 다른 곳으로 이동했다"

는 증언도 수집한 바 있다.

계룡지역 사람들의 구술증언에 따르면 인공 시기 계룡면 인민위원회 위원장을 역임한 정모씨 등 일부 '부역자'들은 갑사 부근에서 인민군 패잔병과 함께 일시적으로 빨치산 활동 전개했다고 한다. 분명치는 않으나 해방 직후 인민위원장을 역임했던 장상윤의 처(인공 시기 여맹위원장)도 일시 계룡산(삼불봉 근처 암굴)에 은거하다가 자수한 듯하다. 하지만 특별재판에서 사형을 언도받고 공주형무소에 복역 중 1·4후퇴 때 부산으로 이감되는 과정에서 사망했다. 구술증언에 따르면, 앞서 언급한 정모씨도 1950년 겨울, 눈이 하얗게 쌓였던 날 새벽, 갑사 부근에서 토벌대(경찰과 대한청년단)와 전투를 벌이다가 벽계리(현재의 하대3구, 저수지 자리)에서 총에 맞아 사망했다고 한다. 정모씨가 사망하고 난 이후 토벌대와 빨치산의 교전은 거의 없었던 것으로 보인다.

구술증언에 따르면 수복 이후 여름, "미처 후퇴하지 못하고 계룡산에 숨어들었던 인민군 패잔병들이 경천 오일장이 서던 날 초저녁, 경천 분소와 대한청년단장 김정묵의 집을 습격해 불을 질렀다."고 한다. 증언에 따르면 당시 주력은 인민군 패잔병들이었는데, 경찰과 계룡면 경천리 토벌대가 연천봉으로 올라가 상봉(천왕봉 그 아래 마명암) 쪽을 향해 총격전을 벌였으며, 그 와중에 상봉 아래에 자리하고 있던 마명암(초가: 현재는 암자터와 축대만 남아 있다)이 불에 탔다는 것이다. 당시 경천분소는 계룡산에 숨어든 인민군 패잔병들의 급습에 대비해 주변에 흙벽을 두껍게 쌓아 울타리를 둘러놓은 상태였다. 당시 교전 도중 소방대장 '이동준'이 총에 맞아 사망하고 경천분소는 전소되었다. 2007년 조사과정에서 채록한 증언들을 소개하면 아래와 같다.

* 이날 경천분소를 불태운 인민군 패잔병들은 다 낡은 군복을 벗어 던지고 마을 사람들의 옷으로 갈아입었다.(당시 인민군들은 고립된 상태였기에 인민군복을 벗고 민간인으로 변장하고자 했을 것으로 추정된다.)

* 옷을 갈아입은 인민군들은 이집 저집에서 양식을 구해 다시 계룡산으로 들어가면서 10여 명의 마을 청년들을 짐꾼으로 데려가 다시 되돌려 보냈다.

* 미군들은 인민군들이 숨어든 계룡산을 폭격하려 했지만 인민군들이 이미 반대쪽 산으로 옮겨가 폭격을 못했다'

* 토벌대(대한청년단)들이 계룡산에 올라가 패잔병 한둘을 잡아 미군에게 넘겼다.(공주 출신 지방빨갱이들도 체포하여 미군에게 넘겼다고 함 -필자)

* 마을에서 나무하러 가던 사람들이 인민군들이 타고 다니던 말 두 마리가 주변에 풀과 나무뿌리를 캐먹다가 굶어 죽은 것을 목격했다.

앞서 소개한 『경찰연혁사-공주경찰서』는 충남도경의 지시로 1961년경에도 작성되었는데, 이 자료에는 1951년 6월에 발생한 탄천지서 습격사건이 눈에 뜨인다. 그 내용을 그대로 소개하면 아래와 같다.

단기 4284년(1951년-필자) 6월 9일 자 '충남경보경 제667호' 충남경비사령관으로부터 〈6·25 전후 특별경계시행의 건〉 하달에 의거 同 10일부터 前途 경비계획에 의하여 관하 전역에 철통 같은 비상경비망을 포진하고 삼엄한 경비근무를 실시중 돌연 同月 26일 오전 1시 20분 관하 탄천지서에 소총 및 수류탄으로 내습한 사건이 발생된 급보를 인접 지서인 이인지서 주임으로부터 전화 捷報함과 동시, 본서에서는 대기중인 보안계장 이하 보안·사찰 주임 지휘하에 경찰관 및 의경 합 2개 소대를 급파하여 來襲 共匪의 섬멸 작전을 計策하였으나 襲敵은 共匪가 아니고 지방에 隱避 중인 빨치산의 소행이 판명되였으므로 계속 수사에 노력중이나 동 습격으로 인하여 지서건물 및 인명의 피해 여좌함으로 중환자 지서주임 이하 2명은 즉시 당읍 공주도립의원에 입원가료중 순경 任建宰는 동29일 오전 2시 30분 순직함.

1951년에 6월에 발생한 탄천지서 습격사건은 경천분소 습격사건과는 달리 수복 직후 계룡산에 은신해 있던 인민군 패잔병이나 공주지역 부역자들이 아니라, 충남도당의 지휘하에 있었던 대둔산 빨치산이었을 것으로 추정된다.

계룡산 이외에 무성산에도 인민군 패잔병들이 남아 있었는데, 2007년 조사 과정에서 확인한 사실은 △유룡리 뒷산(정안 월산1구) 달돋이산(현 헬기장) 월산리 1구 굴 속에 인민군 시체들이 있었다는 증언 △정안 월산1리 병풍골에 인민군 장성 출신이 후퇴하다 낙오되어 머슴살이를 하고 있다는 소식을 듣고 근방 청년들이 동원되어 3일 동안 산을 둘러싸 체포했다는 증언 △장기면 산학리 부역자들이 수복 후 차령산맥을 타고 움직이다 무성산에서 포위당해 죽었다는 증언 등이다.

4) 마을별 피해사례

2007년 진실화해위원회가 발주한 조사용역을 수행하면서 공주지역 조사팀은 ①희생자가 특별히 많이 발생했거나(각종 사건 다수 희생자 발생 마을), ②역사적으로 의미가 큰 사건이나 사실이 확인되는 마을 ③면지(面誌)나 마을지(게시판 정리자료 확인)가 있어서 마을에 대한 기초정보가 풍부한 마을들의 전쟁 피해를 심층조사하였다. 아래에서는 그 결과에 기초하여 몇 개 마을의 피해실태를 정리하였다.

(1) 계룡면 금대리

공주지역의 대표적인 '민주부락'(흔히 소비에트부락, 적색부락이라고 불렸다)은 장기정씨 동족마을인 계룡면 금대리이다. 일제시기 공주지역은 마을 단위의 사회운동(농민조합이나 청년회)이 인근의 논산이나 부여지역에 비해 부진한 편이었다. 물론 일제시기 공주에도 혁신청년집단 주도로 야학운동, 청년회운동 등이 전개되었다. 하지만 이는 읍(읍내 청년) 중심의 활동이었을 뿐 면리 단위에서는 별다른 활동이 없었다. 금대리 출신의 활동가인 정용산도 금대리보다는 읍내 청년동맹이나 경성지역에서 주로 활동했으며, 해방 이후 공주군 인민위원회 위원장을 역임했던 정상윤(하동정씨)도 평북 철산지역에서 이주해 온 외지 출신자였다.

하지만 해방 이후 금대리는 공주지역 인민위원회운동의 중심마을로 급속히 '진화'했는데, 그 이유는 이 마을 출신의 걸출한 활동가들 때문이었다. 공주고보(일본대학 중퇴) 출신으로 일제시기 공주청년동맹 간부를 역임했던 정용산(鄭鉉, 필명 정우진)은 해방 직후 공주 농민조합 부위원장을 역임했으며, 1930년대 중후반 금대리로 이주해온 정상윤(하동정씨)은 공주군 인민위원회 위원장을 역임했다. 정용산은 1934년 5월에 발생한 경성제국대학교 '미야케(三澤鹿之助) 교수사건'에 연루되어 옥고를 치른 인물인데, 정상윤이 솔가하여 금대리로 이사를 오게 된 것도 그와의 친분관계 때문이었다고 한다. 정상윤의 무남독녀인 정모씨(1934년생)는 조부의 외가가 상월면 상도리였기 때문에, 혹은 그가 정감사상의 영향 때문에 계룡산(상월면 국사봉 아래) 방면으로 이주한 것이라 회고한 바 있다. 하지만 상월면 상도리에서 몇 년 살다가 금대리로 이주한 것, 특히 정용산의 집을 매입하여 이주한 것은 모종의 '동지적 관계' 때문이었던 것으로 보인다. 정상윤(일본 明治大 졸업)은 1930년 평북 철산군 신간지회 사건으로 1심에서 징역 1년형을 선고 받았으나 상고하여 고등법원에서 징역 1년에 집행유예 3년을 선고받았다.

공주군은 인민위원회 운동이 그리 활발한 지역이 아니었다. 계룡면 금대리가 해방직후 시기 인민위원회운동이나 농민조합운동의 중심부락으로 떠오른 것은 다른 이유보다 정용산과 정상윤의 영향력 때문이었던 것으로 보인다. 하지만 해방공간의 이른바 '정치과잉 시대'를 경과하면서 금대리는 공주군의 저명한 민주부락으로 거듭나기 시작했다. 전쟁이전 시기 금내리 사람들은 정모씨의 주도로 마을 앞 정자나무 혹은 앞산 불탄봉에서 자주 회합을 가셨을 뿐만 아니라 단선·단정 반대투쟁 시기 '봉화투쟁'을 전개하다가 많은 사람들이 곤욕을 치렀다.

봉화투쟁은 공주군내 전역, 특히 반포 공암 송곡리, 계룡 금대리, 의당 율정리 등지에서 활발히 전개되었던 것으로 보인다. 공주지역 좌익들은 1948년 5월 1일 메이데이를 기해서 공산성에서 대중집회를 가진 뒤 각 마을별로 '봉화투쟁'을 전개했는데, 증언에 따르면 계룡면당 지도자였던 정모씨는 불탄봉에서 인민공화국 만세를 부르다 투옥되고 나머지는 2, 3일간 구류를 살다가 훈방 처분되었다고 한다. 금대리 사람들 가운데 보도연맹원이 많았던 이유는 위의 봉화투쟁 때문이었다. 해방직후 시기 공주군의 대표적인 민주부락은 계룡면 금대리를 비롯하여 반포면 송곡리, 의당면 율정리, 유구면 입석리, 장기면 은용리, 탄천면 화정리 등이었다.

1950년 한국전쟁이 일어나고 사나흘 후 공주 경찰은 금대리 보도연맹원들을 2차례에 걸쳐 경천분소로 소집(예비 검속)했는데 당시 대부분의 사람들은 '늘 그랬으니 별 일이야 있겠느냐'는 심정으로 소집에 응했다고 한다. 금대리에서 보도연맹사건으로 희생된 사람은 확인된 사람만 8명인데, 이들은 모두 1950년 7월 9일 내지 10일경 왕촌 살구쟁이에서 집단학살되었다.

계룡면 금대리의 경우 '인공 시기' 우익인사가 마을내에 존재했음에도 불구하고 특별한 보복학살은 없었다. 인공 시기 계룡면 인민위원회 위원장은 금대리 출신의 정모씨였는데, 그는 봉화사건으로 체포되어 서대문형무소에 복역 중이었다고 한다. 그는 개전 초기 형무소에서 풀려나 인민군과 함께 공주로 내려왔다고 한다. 수복 직후(추석 무렵) 정모씨는 여러 입산자들과 함께 계룡산에서 빨치산 활동을 하다가 교전 중에 사망했다. 또한 정상윤의 처 이정기는 인공시기 공주군 여맹위원장을 역임했는데, 부역혐의로 체포되어 공주형무소에 수감되었다가 1·4후퇴 시기 이송 도중 김천 인근에서 사망했다.

(2) 반포면 공암리

한국전쟁 시기 동족마을 간(유력 성씨 간) 갈등으로 말미암아 많은 피해자가 발생했다. 하지만 공주지역의 경우 그런 사례는 그다지 많지 않았다. 상대적으로 볼 때 다른 지역에 비해 강력한 유력 동족마을이 그리 많지 않았기 때문이었다. 반포면 공암리의 경우 해방 전부터 나주임씨와 전주이씨 사이가 좋지 않았는데, 전주이씨가 득세했고 나주임씨들은 눌려 살았다고 한다. 이런 이유로 해방 후 공암리의 좌익활동은 나주임씨와 이천서씨들이 주도하였다는 것이다. 공암리의 경우 보도연맹원이나 부역 혐의자 학살사건 때는 나주임씨와 이천서씨가 많이 죽었으나, '인공 시절'에는 반대로 전주이씨들이 많이 죽었다.

공암지역의 좌익운동은 공주고보 출신의 김순태에 의해 지도된 것으로 보인다. 김순태는 1932년 공주고보 3학년 재학 중, '일제와 교사 배척운동으로 조선을 구하라'는 내용의 격문을 학교와 읍내에 배포한 혐의로 체포되어 공주지방법원에서 보안법 및 출판법 위반으로 징역 10개월 선고받은 사람이다. 김순태는 출감 이후 고향에 돌아와 과수원을 운영하며 문명퇴치 야학을 운영하였다고 한다. 회고에 따르면, 김순태와 함께 야학을 운영했던 김모씨(사촌으로 알려짐. 수복 후 행불 혹은 대전형무소 사망?)는 인공 시절 반포면 인민위원장을 지냈고, 공주군의 정치보위부장을 지낸 공암 사람 김모씨도 역시 김순태의 영향을 받은 인물이라는 것이다. 그러나 김순태는 1948년 10월경 체포되어 대전형무소에 미결수로 수감되어 있다가 1950년 1월 감옥에서 사망했다고 한다.

공암리에서 공주조사팀이 확인한 보도연맹원 학살사건 관련자는 임봉수(앞서 소개한 김사량의 종군기에 그의 실명이 거론되어 있다) 등 주로 나주임씨와 이천서씨들이었으며, 인공 시절 피해를 당한 우익 인사는 이모(한약방 전 대한청년단 회장), 서모(대한청년단 회장), 이모(소방대장), 임모(반포면장) 등이며, 수복 후 부역 혐의자로 고초를 겪은(행방불명) 이들은 남모(농맹위원장), 서모(내무서원), 김모씨(꽹과리 잘 치는) 등이었디.

수복 이후 우익인사의 부인들은 인공 시기 치안대에 끌려가 죽은 남편들에 대한 보복으로 보도연맹원이나 부역 혐의자 가족들을 찾아가 무시로 구타하였으며 아무런 죄가 없는 부녀자나 노약자 유족들도 죄인처럼 당할 수밖에 없었다. 회고에 따르면, 이를 견디지 못한 남모씨(인민위원회 부위원장) 등 보도연맹원이나 부역 혐의자 가족들은 고향을 떠나는 수밖에 없었다는 것이다. 하지만 공암리에도 미담 사례는 있었다. 인공 시기 공주군에서 정치보위부장을 역임했던 김모씨가 전쟁 시기 반포면 지주 송모 노인을 살려주었다는 이야기가 그것이다. 그는 10여 년간의 수형 생활을 마치고 대천으로 이사해 주막집을 운영했는데, 술에 취해 인민군 노래인 적기가(赤旗歌)를 부르다 체포되어 결국 옥사했다고 한다.

(3) 반포면 송곡리

반포면 송곡리는 한국전쟁 시기 반포면의 '모스크바'로 유명했다. 송곡리가 그렇게 된 것은 반포면의 '지방 빨갱이'를 이끌었던 세 명의 활동가 때문이었다. 1948년 메이데이 때 '봉화사건'을 주도했던 최모씨, 인공 시절에는 송곡리 인민위원장을 지낸 박모씨, 반포면 인민위원회 부위원장을 지낸 장모씨가 그들이다. 증언에 따르면, 인공 시절 송곡리의 '지방 좌익'은 대부분 1948년 단선·단정 반대 투쟁 때 송곡리 주변 마을 산봉우리에서 봉화를 올렸다가 체포되어 공주형무소에서 실형을 살고 나온 사람들이었다고 한다.

봉화사건으로 옥고를 치렀던 송곡리 사람들 가운데 상당수는 전쟁 직후인 6월 말경이나 7월 초 경찰에 예비검속되어 왕촌 등지에서 집단학살되었다. 한 유족에 따르면 자신의 두 형님을 포함한 여덟 명의 송곡리 사람들이 6·25전쟁 발발 후 사나흘이 지난 6월 말경에 공암지서로 끌려갔다가 감금 사흘째 되던 날 다시 어디론가로 끌려갔다는 것이다. 공암지서 앞에 보도연맹원들을 3줄로 줄줄이 묶어서 가득 실은 트럭 3대가 있었다는 마을 주민의 증언도 있었다. 조사에 따르면 반포면 보도연맹원들이 끌려간 곳은 왕촌 살구쟁이였던 것으로 보인다. 한 유족은 형들의 행방을 찾아 부모와 함께 왕촌 학살지에 다녀오기도 했는데, 학살당한 사람들이 긴 구덩이 3군데에 묻혀 있었다는 것이다. 당시 대부분의 시신은 흙으로 살짝 덮여 있었는데 그 위를 밟으면 발이 튀어 나오고 '꾸럭꾸럭' 소리가 날 정도로 시신들이 퉁퉁 불어 있었다고 한다.

인공 시절 송곡리에서는 우익인사들에 대한 보복학살이 없었고, 그래서 추석 전후 시기 미군과 국군이 다시 들어왔을 때도 공암리에 비해 부역자 혐의로 희생된 사람이 적었다. 인공 시기 송곡리지역이 조용했던 이유는 보도연맹원 사건으로 이미 많은 활동가들이 제거되었고, 또 박모씨(아버지가 한학자로서 서당을 운영했다고 함)라는 명망가가 동네 인민위원장을 지냈기 때문이라 추측된다. 수복 후 부역 혐의로 장모씨 등이 옥살이를 했다고 하나, 자세한 내용은 알 수 없다.

(4) 의당면 율정리

의당면 율정리는 70~80여 호로 구성된 각성받이 마을로 큰 지주는 없었고, 이웃마을에 거주하던 심우직(충남도지사를 지낸 심대평의 조부)과 공주 갑부 김갑순의 토지가 마을 내에 여기저기 소재해 있었다고 한다. 의당면 율정리는 유난히 보도연맹원 사건과 관련한 사망자(24명)가 많은 마을이다. 하지만 유구 입석리와는 달리 인공 시기 보도연맹 피해 유족들이 보복을 자제함으로써 이른바 톱질 사건은 벌어지지 않았다고 한다. 인공 시기 율정리에서 2명의 우익 인사가 인민재판을 받아 사형되었으나 보복학살은 거의 없었다고 한다. 하지만 수복 이후 여러 명의 활동가가 부역혐의로 체포되어 행방불명되거나 수감 중 사망했다.

율정리에 보도연맹원이 많았던 이유는 마을 유지였던 심씨가의 자제들 가운데 사회주의자가 일부 있었고, 또 김모라는 좌익지도자가 마을 내에서 큰 영향력을 행사했기 때문이라 한다. 1948년 봄 지하선거 때 연판장에 도장을 찍었다가 보도연맹원이 되었다는 회고 등으로 미루어 보면 상당수의 좌익 활동가들이 마을 내에 존재했던 것으로 보인다. 율정리 보도연맹원들 중 일부는 미리 검속되어 형무소에 수용되어 있다가 왕촌에서 학살되었고, 나머지는 10일이나 11일경 의당면 청룡리 도축장 뒷산 골짜기에서 학살되었다. 율정리 보도연맹사건 피해자의 유족인 유모씨는 보도연맹원인 형이 시내로 끌려간 날은 7월 9일이었다고 증언한 바 있다.

(5) 유구면 입석리

유구면 입석리는 전쟁 당시 83호 정도였는데, 해방 후 특별히 지탄받던 친일파도 없었고 또 큰 지주도 없었다. 입석리는 좌익세가 유난히 강했던 예산군 신양면(박헌영의 고향)과 인접한 동리인데, "박헌영이 회의를 하러 입석리를 찾기도 했다"고 하나 사실 여부는 알 수 없다. 농지개혁 시기 상당수의 주민들이 토지를 분배받았다고 하는 것으로 미루어 보면 상당수는 인근 부재지주(유구오씨가)의 토지를 경작하던 소작인들이었던 것으로 보인다.

입석리의 좌익 지도자인 정모씨는 보통학교 졸업 정도의 학력을 가진 인물로서 해방 이후 여운형의 노선을 지지했다고 한다. 회고에 따르면, "자격이 안 되는 사람이 남로당에 입당시켜 달라고 해서 거부하자, 거부당한 사람이 경찰에 밀고를 하여 정모씨 등 여러 명이 공주형무소에서 10개월간 미결수 상태로 복역하다가 정모씨만 실형을 선고받고 나머지는 모두 풀려났다"는 것이다. 정모씨는 출소 후 보도연맹에 가입하기 위해 증명사진을 촬영했다고 한다.

회고에 따르면 입석리의 경우 "전쟁 뒤 아이 어른 가릴 것 없이 불알 달린 놈은 도무지 남아 있질 않았다"고 한다. 전쟁 시기 입석리에서만 △보도연맹원 학살사건 △지방좌익에 의한 우익인사 학살사건 △수복 후의 부역 혐의자 학살사건 등으로 대략 67명에서 73명 정도의 주민이 학살되었다는 것이다. 입석리의 좌익지도자였던 정모씨도 전쟁이 발발하자 1차 예비검속 대상자가 되어 왕촌에서 학살된 것으로 추정된다. 회고에 따르면 입석리에서는 3차까지 예비검속이 진행되었는데, 인공 시기에는 동네 좌익청년들이 이웃 마을인 신달리까지 진출하여 8명의 우익인사를 보복 학살하는 사건이 벌어지기도 했다고 한다.

입석리와 관련한 흥미로운 증언 하나는 1945년 10월부터 공주에서 경찰로 근무한 한모씨의 구술이다. 그의 증언에 따르면 유구면 입석리의 경우 '톱질'이 심하여 과부들이 많았는데, 휴전 이후 정부가 군(면)에 할당한 20여 명 가량의 '북한 출신 반공포로'(송환을 거부한 북한 출신 인민군 포로)들을 입석리에 정착시켰다는 것이다. 이들 가운데 상당수는 정착에 실패하여 동네를 떴으나 이들 가운데 일부는 동네 과부와 결혼하여 자식도 여럿 보고 잘 사는 사람도 있었다고 한다.

(6) 장기면 은용리

한국전쟁 시기 공주군 내에서 좌우익 갈등이 가장 극심했던 면을 손꼽으라면 공주사람들은 으레 장기면을 손꼽는다. 2007년 조사과정에서는 의당면의 60명보다 10명이 적은 50여 명 정도의 희생자만을 확인할 수 있었다. 그러나 보도연맹원 사건으로 학살된 사람은 의당면보다 적었으나 톱질에 따른 보복학살은 의당면보다 훨씬 더 많았던 것으로 보인다. 장기면에서 전쟁 당시 민간인 사망자가 많았던 동네는 세종시 인근의 은용리, 산학리, 봉안리, 도계리 등이다.

한국전쟁 시기 장기면 은용리는 일제시기 '공주비밀결사사건'으로 옥고를 치른 이영근 등 이른바 '은용리 7형제패'의 활동으로 말미암아 좌익세가 강력했던 마을이었다고 한다. 당시 은용리의 보도연맹 관련 사망자는 백모(당시 약 24세, 농업), 이모(당시 약 25세, 농업), 김모(당시 44세, 농업)씨 등이었다. 한 유족에 따르면 음력 5월 26일(양력 7월 11일) 밤 경찰과 '소방대원(청년방위대원)'으로 보이는 사람 4~5명이 총을 들이대며 김모씨를 찾았으나 그는 미리 소식을 듣고 잠시 피해 있었다고 한다. 하지만 경찰이 그의 부친을 잡아가지, "난 아무런 죄가 없다"며 자수했으니 그길 밤 곧바로 송원리 송계동(돌새부리)으로 끌려가 학살되었다는 것이다. 당시 유족들은 1주일 뒤쯤 시신을 수습하러 그곳에 갔는데, 대략 20여 구 정도의 시신이 널려 있었다고 한다. 수복 후 죽은 사람은 인공 시기 은용리 인민위원장 김모씨(현재 84세, 수복 뒤 도망하였다가 자수), 치안대장 김모씨(당시 약 33세, 수복 뒤 사망), 최모씨(당시 약 24세, 수복 뒤 공주형무소에서 사망) 등이었으며, 인공 시절 희생된 우익인사는 이모씨(부면장, 당시 약 50세)와 그의 부인, 딸 2명, 아들 2명, 그리고 다피리(?) 고개 인근에서 사망했다고 전해지는 몇몇 사람들이었다.

인공 시기 은용리는 물론이고 장기면을 무대로 맹활약을 했다는 이른바 '은용리 7형제패'의 첫째인 이영근은 당시 충남권의 좌익활동가로서, 수복 후 도망갔다가 장기지소에서 체포되었다. 이영근은 1932년 2월 안병두 등과 함께 '적색비밀결사사건'을 조직했다는 혐의로 검거되었는데, 당시 공주경찰에 체포되어 심문을 받은 사람은 이영근을 비롯하여 공주청년회 간부 하창순, 김정태, 박명렬, 공주청년회 회장 윤귀영(〈조선일보〉 공주지국장), 소년동맹위원장 안병두(〈중앙일보〉 공주지국 기자), 이용하(〈동아일보〉 공주지국 기자), 구자명, 이도원, 그리고 공주고보 퇴학생인 김순태와 노수남 등이었다. 복심재판 결과 안병두(22세), 이영근(22세), 구자명(21세), 이도원(21세) 등은 '치안유지법 위반죄'로 징역 2년에 집행유예 5년을 각각 선고받았다.[안병두 등 사건의 「(복심)판결문」(昭和八年刑控第二四號)] 안병두, 이영근, 박명렬, 이도원 등은 모두 공주 태생으로 1932년 현재의 나이는 22살, 혹은 21살로 공주보통학교의 동기 동창생들이었다. 위의 판결문에 보이는 이영근의 공술 내용을 소개하면 아래와 같다.

나(이영근)는 보통학교 6학년을 中途 退學한 후 빈곤 때문에 商店에 고용되어 '家事의 手傳'을 하고 있었는데 1931년 10월경부터 마르크스 경제학 등의 사상에 관한 書籍을 구입 탐독한 결과 그 서적에 私有財産制度를 부인하고 無産者 社會

를 서로 救恤하고 共產社會를 실현해야 한다는 취지의 글이 실려 있었기 때문에 나는 크게 공명하여 현재의 사유재산제도를 부인하고 그 제도 아래 신음하고 있는 無產大衆을 구출함으로써 공산사회를 건설하려는 생각을 가지게 되었다. 안병두, 박명렬, 구자명 등은 보통학교 시절 학우로서 1931년 10월경부터 이들도 나와 함께 공산주의 사상을 가지고 있다는 것을 알게 되어 더욱더 친하게 지낸 이래 공주 〈중앙일보〉 지국 또는 나의 방에서 집합하여 공산주의에 관한 연구를 실행함(독서회, 그룹스터디)과 동시에 그들과 함께 사유재산제도를 부인하고 공산제도를 실현할 목적으로 여러 가지 실천행동을 협의하고 또 선동했다"(안병두 등 사건 「판결문」 참조)

이영근은 우성면 동대리에서 약 10여 년간 거주하다 일제 말기 장기면 은용리로 이주했는데 동대리에 거주할 때는 야학을 운영하기도 했다. 당시 동네사람들이 이영근에게 흙집을 지어줘서 부모와 7형제가 한집에 살았는데, 이영근이 동대리에 거주하게 된 이유는 그의 이모가 동대리에 거주하고 있었기 때문이었다. 이른바 '은용리 7형제패'가 유명해진 이유는 은용리 등 장기면지역에서 맹활약을 했다는 사실 이외에 7형제 가운데 셋째와 여섯째를 제외하고는 모두 전쟁통에 죽었다는 사실 때문이다. 회고에 따르면 은용리 7형제 가운데 둘째인 이동근은 수복 후 사망했고, 셋째 이만근은 수복 후 월북했고, 넷째 이윤근은 보도연맹원으로 사망했고, 다섯째 이정근과 일곱째인 막내도 수복 후 사망했다. 유일한 생존자인 여섯째는 수복 후 국군에 입대해서 제대한 후 우성면 소재의 처가 동네에서 살았다고 한다.

(7) 탄천면 화정리

파평윤씨 동족마을인 탄천면 화정리는 '1성동(논산군 성동면) 2화정'이라는 말이 있을 정도로 좌익세가 강한 마을이었다. 화정리는 지리적으로 논산의 모스크바라 불린 성동면에 가까웠던 까닭에 성동면 출신의 좌익 활동가들로부터 많은 영향을 받은 것으로 보인다.

화정리가 좌우갈등에 휘말리게 된 계기는 전쟁 이전 시기 화정리 윤모씨 집에서 공주 서북청년단과 일부 우익인사(가척리 이모씨, 삼각리 윤모씨, 이름 불명의 탄천면 대한청년단 간부)들이 회합을 가지고 있을 때 인근의 좌익청년들이 몰려와 이모와 윤모씨를 구타한 사건 때문이었다. 이 사건이 발생하자 서북청년단은 공주 읍내에 진 치고 있던 '기동부대원'들을 동원하여 인근 동네는 물론이고 논산 성동 지역까지 트럭을 타고 돌아다니며 좌익청년들을 마구잡이로 체포하고 구타하는 보복을 감행했다. 회고에 따르면 당시 서북청년단원들은 검은색 옷을 입고 있었고 총을 가지고 있었다고 한다. 이 사건을 계기로 화정리는 탄천의 모스크바로 불림과 동시에 마을 자체가 경찰의 주시 대상이 되었다.

전쟁 시기 좌우익 갈등으로 말미암아 화정리에서만 30여 명 정도의 희생자가 발생했다. 첫 번째 희생자는 보도연맹원이었다. 화정리 출신의 보도연맹원도 경찰에 예비검속되었다가 왕촌 살구쟁이에서 집단학살된 것으로 보인다. 2007년 조사 과정에서 마을 주민들의 증언 거부로 박모, 김모, 장모 등 몇 명의 이름만을 확인할 수 있었으나 주변 마을분들의 회고에 따르면 주요한 활동가는 모두 다 학살을 피했고 애매한 사람들만 여럿 끌려가 희생되었다고 한다. 화정리에 피바람이 불기 시작한 것은 인공 치하에서였다. 화정리에 인민군이 들어오자 전쟁 전에 월북했었거나 타지에 피신해 있던 좌익 활동가들과 보도연맹원 가족들은 꽃방말랭이(덕지리와 화정리 사이)에서 탄천면 지역 우익인사 14명을 총살했는데(옆마을 덕지리에서는 9명으로 알고 있음), 이때 희생된 사람들은 대부분 대한청년단원들이었다고 한다. 보도연맹사건 학살자들에 비해 우익학살자의 명단은 입수하기가 용이했는데 그 이유는 희생된 이들이 대부분 윤씨 성을 가진 이들이었기 때문이다. 윤모(탄천면 사무소 면서기/ 피조사자의 숙부), 또다른 윤모씨(이장) 등은 인공 시기 탄천 창고에 갇혀 있다가 공주로 끌려가 행방불명되었는데, 추측컨대 인민군이 퇴각할 때 대추골에서 집단 학살한 것으로 보인다.

수복 이후 화정리의 부역 혐의자들은 우익청년, 특히 윤씨가의 사람들로부터 호된 보복을 당했다. 이때 우익 청년들에 의해 체포되어 희생된 좌익 활동가는 전모씨 등 무려 10여 명에 달한다. 화정리의 핵심 활동가였던 전모씨(전국구 활동가였다고 한다)는 이미 월북한 상태였으므로 희생을 모면했으나 그의 일가들은 수복 직후 우익청년들에 의해 모두 살해되었다고 한다. 마을사람들의 회고에 따르면 훗날(?) 전모씨로부터 이북에서 '윤씨들을 건드리지 말라'는 편지가 왔다고 한다. 하지만 그때는 이미 윤씨 일가들이 몰살당한 이후였다는 것이다.

화정리 사건의 피조사자들은 한결같이 화정리 사건의 모든 불씨는 서북청년단이 만들었다고 말한다. 서북청년단이 빨갱이들을 이를 갈고 잡으다 족쳤고 빨갱이 아닌 사람들조차 빨갱이로 만들었기 때문이라는 것이다. 증언에 따르면 수복 직후의 테러에서 살아남은 피해자 유족들은 대부분 마을을 떠나거나 평생을 기를 못 펴고 살았을 뿐 아니라 연좌제 때문에 많은 고초를 겪었다고 한다.

5) 전쟁 시기 미담사례

전쟁 시기 끔찍한 사건들만 발생했던 것은 아니었다. 훈훈한 정을 느끼게 하는 미담 사례도 더러 만들어졌다. 공주지역에서 수집된 미담 사례는 대부분 지역 유지들의 선처나 선행과 관련된 것들인데, 이는 전쟁 시기 우익 피해자보다 좌익 피해자가 더 많았기 때문이다. 하지만 간접적인 증언에 따르면 특히 인공 시기 좌익 활동가들의 미담 사례(우익인사 보호 은닉, 피난민 보호) 또한 적지 않았던 듯하다. 특히 일제시기부터 활동한 명망가형 활동가들의 경우 거의 '영웅담'에 가까운 미담'들이 지금까지도 전해지고 있다.

첫 번째로 주목되는 것은 경천면 지역에서 전해지는 미담사례이다. 경천면 치안대장(인민위원장)을 맡은 사람은 '윤모씨'였는데 그는 전쟁 상황이 변하자 동네 사람들에게 인민군들의 부역에 절대로 나가지 말라고 미리 일려주고 전쟁 피해를 줄이기 위해 여러모로 애를 썼다는 것이다. 뿐만 아니라 윤모씨는 인민군에 잡혀 있던 김모씨의 할아버지(3천 석 대지주)를 풀어준 덕분에, 수복 후 체포되어 미군에게 넘겨졌으나 동네 유지들의 탄원으로 곧바로 풀려 나왔다고 한다.

두 번째는 좌우익이 서로가 서로를 살려준 반포면 도남리 사례이다. 인공 시절, 피조사자의 형인 조모씨는 1946년 구방경비대 칭병 당시 입내했는데, 인공 시기 반포면 치안대가 군인 가족이라고 하여 그의 아버지 조모씨(당시 70세)와 더불어 같은 마을 사람들인 조모씨(당시70세), 유모씨(70세 이장, 도남리 대한청년단장) 등의 가족을 반포면 사무소로 끌고 갔다고 한다. 당시 면사무소 창고에는 네 명의 미군들과 함께 100명에 가까운 우익 인사들이 갇혀 있었는데 이들은 당시 반포면 치안대 부대장이었던 배모씨(당시 40세 마암리)의 선처로 살아날 수 있었다는 것이다. 배모씨는 수복 후 그 인연(積德?)으로 목숨을 부지할 수 있었다고 한다. 이에 관한 한 구술자의 회고를 소개하면 아래와 같다.

"공주 경찰서에 찾아갔을 때 배모씨는 심하게 고문을 당하고 있었다. 온몸이 구렁이 감은 것처럼 멍이 들어 있었다. 당시 우리 형님은 논산 훈련소 군수과 선임하사였는데 지프차를 타고 공주경찰서로 달려가 동네 사람들과 부친의 은인인 배모씨를 풀어 달라고 간청했다. 하지만 경찰은 꿈쩍도 안했다. 끝내 말을 듣지 않자 우리 형님이 총 개머리판으로 책상을 탕탕 치면서 으름장을 놓았고 그때서야 배모씨를 풀어 줬다".

전쟁 시기 공주에서도 위의 사례들과 유사한 많은 미담들이 만들어졌을 것으로 추정된다. 하지만 2007년도의 전수조사는 주로 학살 피해자를 찾는 조사였던 까닭에 아쉽게도 많은 미담사례를 발굴하지는 못했다. 전쟁 시기의 미담 사례는 전쟁 피해자 조사 못지않게 현재를 사는 우리들에게도 중요한 교훈을 전해주는 역사·문화적인 자산이다. 왜냐하면 이런 사례들은 적덕과 적선이 왜 필요한지, 왜 관용과 연대가 중요한지를 보여주는 증거들이기 때문이다.

4. 왕촌 살구쟁이 학살사건의 진상

한국전쟁 시기 공주지역에서 발생한 가장 큰 집단학살사건은 1950년 7월 9일 내지 10일 경에 발생한 왕촌 살구쟁이 학살사건이다. 2009년에 진행한 발굴조사(발굴 책임자 충북대 박선주 교수) 결과에 따르면, 희생자 수는 머리뼈를 기준으로 계산하면 제Ⅰ지점 91구, 제Ⅱ지점 85구, 제Ⅲ지점 없음, 제Ⅳ지점 141구 등 도합 317구였다. 여기에 2013년 추가 발굴된 79구의 유골을 추가하면, 지금까지 발굴된 유골은 모두 369구이다. 여기에 여러 가지 이유로 유실된 유골들을 포함하면 대략 450여 명 정도의 사람들이 살구쟁이에서 희생된 것으로 보인다. 문헌사료와 구술, 발굴조사결과 등을 토대로 살구쟁이 학살사건의 진상을 정리하면 아래와 같다.

1) 살구쟁이의 위치와 지명 유래

살구쟁이라는 지명과 관련하여 중동골 사람들은 살구를 '殺仇'라 풀이한 뒤, 참언대로 괴변이 발생했다고 말하기도 한다. 학살 당시 상황에 대한 구술은 대부분 중동골 주민들의 것인데, 중동골은 송시열 등과 같은 연대에 활약한 초려 이유태의 후손들이 살고 있는 경주이씨 동족마을이다.

살구쟁이는 본디 경주이씨가의 '연고림'이었으나, 토지조사사업(1910~1918) 때 신고를 하지 않아 도유림이 되었다가 공주 읍내의 남원양씨가(양두헌)에 불하되어 그 소유권이 지금까지 이어져 내려오고 있다고 한다. 남원양씨가의 양재순은 영명학교를 졸업한 개업의사로서 3·1운동 때는 공주읍내장 시위에도 참여하여 실형을 선고받았다. 그는 영명학교의 전성시기인 미군정 시기 충남도청의 보사국장을 역임하기도 했다.

왕촌 살구쟁이 학살터가 입지한 〈상왕동 산 29-19번지 일대〉의 지도를 소개

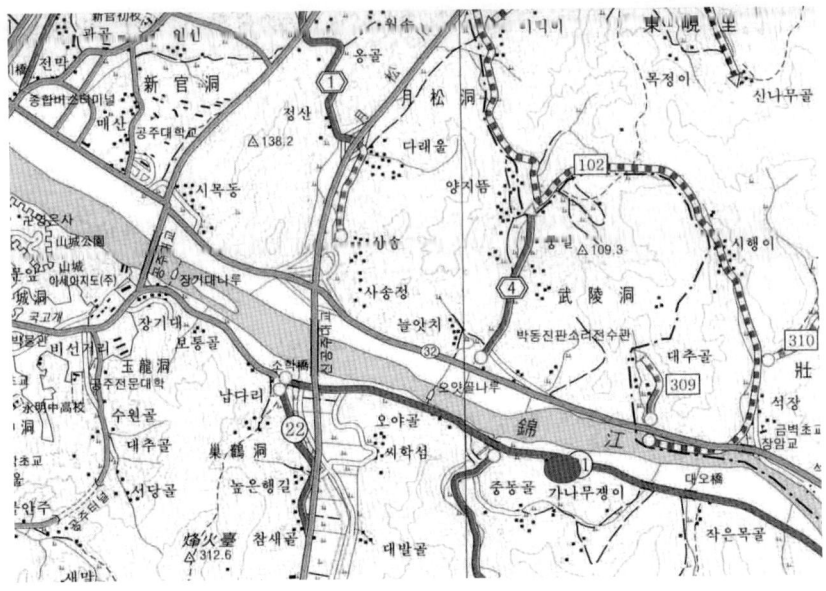

〈사진 8〉 왕촌 학살지 위치

하면 위와 같다. 크게 표시된 점이 왕촌 살구쟁이 학살터이다. 왕촌 살구쟁이 학살지 앞 도로는 공주에서 대전으로 통하는 21번 국도인데 당시는 비포장 도로였다. 회고에 따르면 강 건너편의 석장리 주민들도 하루 종일 총소리를 듣고 여름내내 고약한 냄새에 시달렸다고 한다.

2) 살구쟁이 학살 관련 사진자료

〈부산일보〉 김기진 기자에 의해 발굴된 다음의 사진은 영국 사진잡지 《픽쳐 포스트(Picture Post)》의 기자가 학살 당일 현장에서 촬영한 것이다. 사진은 학살이 진행될 무렵 미군과 더불어 많은 외신기자들이 현장에 있었다는 것, 그리고 미군도 학살 사실을 일정하게 인지하고 있었을 것이라는 것 등을 간접적으로

〈사진 9〉 길옆의 강은 금강이며, 사진 상단에 멀리 보이는 산은 '곰나루 전설'에 나오는 연미산(곰굴 소재)이다.

〈사진 10〉 차량에 '충남' '관용'이 명확히 보이며 개머리판으로 학살대상자들을 재압하는 모습이 보인다. 강 건너편 산 밑이 구석기 박물관이 입지한 석장리이다.

시사한다. 사진 하단에 보이는 설명을 번역하면 아래와 같다.

> 유엔측이 조사 중인 사건이다. 전선에서 온 배신자로 의심되는 남한인 용의자들이 처형장으로 가기 위해 트럭에 실리고 있다. 이들은 머리를 무릎 사이에 처박고 있다. 몸을 움찔일 때마다 이들은 감시하는 한국 경찰에게 개머리판으로 얻어맞았다. 이는 전쟁 초기 양쪽이 공통적으로 자행한 잔학 행위이다. 어떤 쪽에 의해서든 구조된 죄수들은 거의 없었다.

《픽쳐 포스트》지에 실린 위의 사진들은 NARA에 소장되어 있는 대전 등지의 '학살 현장 사진(미군 촬영 사진)'들에 비하면 그 충격성이 훨씬 덜하다. 하지만 위 사진들은 '영국' 사진기자에 의해 세상에 최초로 '공개'된 학살장면이라는 이유 때문에 더 큰 의미가 있다. 해당 기자가 학살하는 장면까지 직접 찍었는지 정확히 알 수는 없으나 위 사진들에 담긴 '메시지'로 미루어 볼 때, 당연히 찍고 싶어 했을 것이라 짐작된다. 막연한 추론이기는 하나 미군이나 한국군이 촬영 자체를 막았을 가능성, 혹은 촬영된 필름을 미군이 압수했을 가능성 등등을 상상해 볼 수도 있을 듯하다.

이 사진이 공개되었을 때, 유족들 가운데는 〈사진 9〉 중간에 보이는 퉁퉁 부은 얼굴을 쳐들고 괴로운 표정을 짓고 있는 사람(형무소 좌익수로 보임)을 보며 혹시나 우리 아버지가 아닐까 생각하며 사진을 자세히 들여다보는 이들이 많았을 듯하다. 좀 더 확대된 사진이나 원판을 볼 수 없겠느냐며 필자를 직접 찾아의 부탁까지 한 유족도 있었다. 잡지에 실려 있는 원본 사진이 워낙 작고 흐려서 알아보기가 쉽지 않으나, 트럭의 왼편 모퉁이에 철모를 쓰고 있는 특경대원(군인?)은 기념사진을 찍을 때 흔히 그러하듯이 씽긋 웃고 있다. 〈사진 10〉에 보이는, 트럭바닥에 고개를 숙인 채 앉아 있는 사람들을 개머리판으로 사정없이 내리치고 있는 특경대원은 누가 사진을 찍고 있다는 사실도 잊었거나 괘념치 않았던 듯하다.

3) 살구쟁이 학살 관련 문헌자료

왕촌 살구쟁이 학살과 관련하여 주목되는 자료는 〈맨체스터 가디언〉 통신원의 목격담이다. 〈맨체스터 가디언〉에는, "공주에서는 형무소 간수(guards)들이 20여 명의 재소자들을 무릎 꿇리고 구타했다. 사정을 알아보니, '빨갱이들, 빵빵(처형했다)'이라고 대답했다…", "7월 12일 한국군경(ROK authorities)이 한 트럭 분인 60명의 재소자들을 금강으로 데리고 가 처형했다" 등등의 목격담이 보이는데, 앞의 것은 왕촌 살구쟁이 학살과 관련한 기사이고, 뒤의 것은 면 단위에서 실려 온 보도연맹원들에 대한 기사로 보인다.

더불어 주목되는 자료는 '인공 시기'에 발행된 북한의 이러저러한 신문기사들이다. 물론 위 기사들에 보이는 학살 날짜나 피해자 숫자는 과장된 것임이 분명하다. 예를 들면 조선인민군 전선사령부 문화선전국 자료에는 살구쟁이 학살(고무래산)이 7월 7일경에 이루어진 것으로 적혀 있으나 여러 가지 증언이나 제삿

날로 미루어 볼 때 학살은 7월 9일이나 10일경에 하루 종일(오전 10경부터 해가 질 무렵까지) 진행되었다고 보는 것이 옳다. 가디언지의 기사는 학살일을 7월 12일이라 특정했으나 여러 가지 정황이나 구술에 기초해 보면 이는 오류나 착각이라 여겨진다.

아래의 기사들은 당시의 공주 사정을 또 다른 측면에서 생생하게 보여주는 자료들이다. 아래의 인용문에 보이는, 왕촌 고무래산(살구쟁이가 위치한 산이름이다)에서 '반포면 공암리 수실(현재의 공암2구) 출신의 임봉의(정확한 이름은 임봉수이다)씨'가 학살되었다는 사실은 반포면 공암리 조사과정에서도 확인할 수 있었다.

"살인 흡혈귀 미국 침략군대와 리승만의 살인 군경들은 지난 7월 7,8,9 3일간 공주에서 남녀노소를 무차별 학살하였다. 7월 7일에 놈들은 공주읍에서 가까운 고무래산 골짜기 여기저기에 은밀히 구덩이를 판 다음 개새끼 한 마리 얼씬 못하도록 삼엄한 경계망을 조직하고 우선 공주형무소에 구금한 반포면 공암리 수실 등의 농민 임봉의 씨를 비롯한 8백 명의 애국자들을 손목에 고랑을 채우고 눈과 입을 가린 채 캄캄한 야밤에 고무래산으로 끌고 갔다. 놈들은 끌리여 간 인민들을 구덩이 속에 첩첩이 꿇어 엎드리게 한 다음 기관포로 장시간 포탄을 퍼부었다. 기관포 사격을 일시 중단하고 전등불로 애국자들의 몸을 비추어가며 채 죽지 않은 사람들은 곡괭이와 삽으로 패죽여 구덩이 속에 차 넣었다. 다음 날에는 공주군 정안면을 비롯한 각 면으로 달려가 소위 보도연맹에 소속된 현장복 청년과 찬수계 여성을 비롯한 수백 명의 노동자 농민 학생 노인들을 개 끌듯 끌어다 부근 목 건너에 판 수개소 구덩이에 몰아넣고 총살 혹은 생매장을 하여 무참하게 죽이었다. 이렇게 공주 일대에서 1천여 명의 애국자와 무고한 인민들을 학살……"『조선 인민은 도살자 미제 리승만 역도들의 야수적 만행에 복쑤하리라』(조선인민군 전선사령부 문화훈련국, 1950) 41-44쪽)[RG 242, Records Seized by U.S. Military Forces in Korea 수록[강성현, 앞의 논문 101쪽 재인용].

한편 〈경향신문〉 2008년 9일 2일자에 실린 "[개번 매코맥 칼럼] 정부수립 60주년의 '슬픈 진실'"에 보이는 다음과 같은 호주군 장교(스튜어트 피치 대령)의 증언도 학살 일자(7월 9일)와 더불어 당시의 여러 정황들을 생생하게 보여준다.

> 조선인민군이 남쪽으로 진격하자 이승만 정부는 감옥에 수감돼 있던 북한 협력자를 제거하고, 감옥을 빠져나간 정적을 추적해 가능한 한 많이 살해하기 위한 단계를 밟았다. 한국 암흑세계의 중심은 대전이었다. 유엔과 남한군의 연락장교로 복무하던 호주 육군장교 2명은 7월 9일 대전에서 공주로 가는 길에 죄수들을 태우고 남쪽으로 향하는 트럭 호위대를 목격했다. 장교들 중 하나인 스튜어트 피치 대령은 1982년 필자와의 인터뷰에서 다음과 같이 회상했다. "바로 내 눈 앞에서 2~3명이 사망하는 것을 봤다. 그들의 머리는 라이플총의 개머리판에 맞아 계란처럼 부서졌다." 후일 공주에서 그는 죄수들이 총살당했다고 들었다.

4) 살구쟁이 학살 관련 구술 증언

왕촌 살구쟁이 학살에 대한 증언 가운데 주목되는 것은 역시 살구쟁이 바로 너머에 위치한 중동골 주민들의 회고담이다. 당시 중동골에 거주하고 있던 이모씨 등의 회고에 따르면, 며칠인지는 정확히 모르겠으나 "아침나절부터 저녁까지 1시간 이내의 아주 짧은 간격으로 트럭 오는 소리가 부르릉 들리고, 뒤이어 콩 볶는 듯한 총소리, 뒤이어 탕, 탕 하는 단발총 소리('확인사살'하는 총소리)가 계속해서 들렸다"는 것이다. 발굴 결과에 따르면 살구쟁이에서 학살된 사람들의 숫자는 대략 '450여명' 정도로 추정된다.

살구쟁이 학살과 관련한 증언 가운데 주목되는 것은 중동골 조씨 부인의 피해 사례이다. 회고에 따르면 조씨 부인(이모씨의 부인으로 당시 임신 중)은 아침 일찍 바른고개를 넘어 작은살구쟁이에 위치한 밭에서 일을 하고 있었는데 갑자기 트럭들이 들이닥치더니 뒤늦게 자신을 발견한 경찰들이 고개를 들면 죽일 터이니 가만있으라 명령했다고 한다. 그래서 트럭에 실려 있던 사람들을 다 죽일 때까지 그 자리를 지키고 있다가 집으로 돌아왔다는 것이다. 조씨 부인은 그때의 충격으로 정신이 오락가락하다가 그 이듬해 2월 초 아이도 낳지 못한 채 사망했다고 한다.

이름을 밝히기를 거부한 한 공주형무소 여간수의 증언에 따르면, 당시 여성 좌익수는 여순사건 관련자인 배춘자 한 사람뿐이었다고 한다. 학살터 인근 주민들도, 여성 피해자는 소수였으며 따로 구덩이를 파고 묻었는데 배춘자의 경우는 누군가가 시신을 찾아 살구쟁이 현장 근처에 따로 봉분을 하고 목비를 세워주었다고 증언한 바 있다. 사건 당시 열한 살이었다는 한 여성 구술자는 마을 어른들로부터, "남녀를 구별한 것은 그나마 잘한 짓(?)"이라는 말을 들었다고 한다. 그녀는 이듬해가 되어서야 학살터를 가봤는데, 그때까지 움푹 꺼진 구덩이를 밟으면 땅이 출렁댔다고 한다. 2007년 공주조사팀은 중동골 주민들로부터 1950년 여름 산을 덮을 정도로 파리와 모기떼가 극심했다는 증언, 또는 몇 해 동안 자기 집 개를 단속하느라 곤혹을 치루었다는 증언 등을 채록할 수 있었다.

5) 왕촌학살사건과 미군 및 한국군의 관련성

미군 제24사단 제34연대와 왕촌학살 사건의 관련성을 논의할 때 주목해야 할 사실은 △첫째, 이들이 7월 9일 아침 금강방어전 수행을 위해 연대지휘본부를 읍내에 설치하고 금강다리는 물론이고 공주에서 대전으로 향하는 도로를 차단(통제)하고 있었다는 점 △둘째, 〈픽쳐포스트〉 기자 등 외신기자들이 현장사진을 촬영한 사실로 미루어볼 때 미군 헌병의 에스코트가 있었을 것이라 믿어진다는 점 △셋째, 앞서도 언급했듯이 외신기자들 뿐만 아니라 호주군 장교도 학살현장을 목격했다는 점 등이다.

당시 공주경찰이 미군과 긴밀한 연락관계를 유지하면서 주민통제나 기관 소개 업무를 진행하였다는 증언도 간접적이기는 하나 왕촌학살이 미 제34연대의 방조 혹은 묵인 하에 진행되었다는 사실을 반증한다.

전쟁이 발발하자 공주 시국대책위원회는 비상시에 대비하여 공주경찰서 등 중요기관의 문서들을 공주읍장 소유의 정미소(경천)에 임시로 보관했는데, 경황없이 기관 소개를 하는 바람에 문서들을 그대로 방치하고 떠날 수밖에 없었다. 하지만 당시 정미소에는 중요한 공문서 이외에도 도정을 기다리던 다량의 정부양곡이 적재되어 있었다. 이런 이유 때문에 시국대책위원들은 공주를 떠나면서 미군 측에 정미소를 파괴해 줄 것을 미군에 요청했고 미군들은 해당 정미소를 정교하게 폭격하여 파괴했다.

이런 사실은 공주 시국대책위원회가 미군(제34연대)부대와 어느 정도 '협조·연락관계'를 유지하고 있었음을 시사한다. 미군이 살구쟁이 학살에 직접 가담한 것은 아니나 미군은 학살 당일 한국 군인과 경찰들이 왕촌에서 '좌익수와 보도연맹원을 집단학살'하고 있다는 사실을 분명히 인지하고 있었다. 학살이 진행될 당시 미군 헌병들은 대전 공주 간 도로를 직접 통제하고 있었는데, 앞서 소개한 사진은 미군의 안내로 종군기자가 촬영한 현장사진이다.

소속이나 지휘자 씨명을 확인할 수는 없으나, 왕촌살구쟁이 학살사건에 헌병과 특무대가 개입했다는 사실은 문헌기록이나 증언자료 등을 통해서도 확인된다. 하지만 여러 증언에 의하면 "계급장이 있는 이도 있고 없는 이도 있었으나 상당수의 군인"들이 왕촌 학살을 집행했다는 것이다. 이들은 앞서도 언급했듯이 육본 직할 연대인 '국군 제17연대(옹진부대)' 소속의 군인들이었는데, 이들은 당시 미 제34연대의 통제 하에서 금강방어전을 수행하고 있었다.

한국전쟁 이전 시기 한국군은 8개 사단과 2개의 육본 직할 연대로 편성되어 있었다. 하지만 한강방어선이 붕괴되자 7월 5일 한국군을 1개 군단, 5개 사단, 3개 직할 연대로 재편하였다.[국방부 군사편찬연구소 편, 『(6·25전쟁사③) 한강선

방어와 초기 지연작전』, 2006, 254-257쪽, 참조] 3개의 대대로 구성된 국군 제 17연대 병력의 일부는 6월 29일 경에는 임시수도였던 대전 등지에 집결해 있었는데 이들은 6월 30일 국방부장관으로부터 1개 대대(제2대대장 송호림 소령)는 금강선에 배치되고 나머지 2개 대대(제1대대장 이관수, 제3대대장 오익경 소령, 전체 병력 1,412명)는 평택으로 이동하여 미 제34연대(스미스부대)와 함께 남하하는 인민군을 저지하라는 명령을 받았다고 한다. 미군과 함께 금강방어전을 수행한 국군부대는 제17연대 제2대대 병력이었다. 국방부의 공식전사에 따르면 위 부대는 7월 1일부터 7월 11일까지 공주에 연대본부(공주고등학교 자리)를 두고 있던 미 제34연대장의 지휘 아래 금강선을 방어하다가 7월 11일 책임지역을 인계한 뒤 7월 14일 진천으로 가서 본대와 합류하였다고 한다.[앞의 책, 361-367쪽 참조]

물론 금강방어전에 동원된 국군 병력은 제17연대 제2대대만이 아니었다. 제17연대와 마찬가지로 육본 산하의 3개 독립연대의 하나인 기갑연대(연대장 유흥수) 기병대대(대대장 장철부, 본명 김병원) 제6중대(중대장 박익균)도 당시 공주에 주둔하고 있었다. 하지만 제6중대는 7월 10일 미 제34연대 와링턴 중령(연대장)으로부터 예산-청양 일대의 적정 탐색 임무를 부여받고 7월 10일 아침경 예산방면으로 진출했다. 이런 사실들로 미루어 보면 이들 부대가 살구쟁이 학살에 가담했을 가능성은 거의 없어 보인다. 당시 제6중대의 한 기병소대(소대장 조모 씨)는 7월 11일 07시 예산에 미리 도착한 중대장의 명령에 따라 부대원을 이끌고 예산으로 향하던 중 12시경 유구에서 인민군(제6사단 유격부대 2개 중대)과 조우하여 전투를 벌였다고 한다. 하지만 예산읍에 주둔했던 기병 제6중대는 인민군이 유구까지 진출한 사실을 알고 12일 아침 공주 방면으로 다시 되돌아 왔다고 한다.[국방군사연구소, 『한국전쟁전투사: 오산-대전전투(서부지역 지연전)』, 1993, 105-108쪽 참조]

이렇게 보면, 공주 살구쟁이 학살을 집행한 국군은 제17연대 제2대대(송호림 소령) 소속의 병사들임이 분명하다. 공주읍내에 제17연대(옹진부대) 병력이 주둔하고 있었다는 사실은 미군정기 충남도지사를 지낸 서덕순의 『피난실기』에서도 확인된다.

7월 6,7일경부터의 일이다. 어디서인지 포탄이 간혹 우리 공주에도 들려오는 것이다. 수일 진에 조직된 시국내색위원외에는 타지방에서 避來한 군인가족이라 하여 식량의 배급, 숙사의 알선 등 갖은 요구가 있는가 하면, 또 일방에는 우리는 옹진부대(제17연대 2대대 -필자)이다. 백수십 명의 인원을 수용하고 塾舍외에 군량과 반찬을 공급하라는 등, 또 어떤 헌병놈은 저의 가족의 特護를 요구하다가 만족치 못하여 당시의 대책위원장이 군수 李南善을 단총으로 위협까지한 일도 있었다. 사태가 이러함에 미치자 식신은행, 금융조합에 교섭하여 몇 사람의 연서로 백여만 원의 금전을 차입까지 하여 그들의 제반 편리를 돌보아 주기도 하였다.[서덕순, 「피난실기」 상, 공주향토사연구회 편, 《웅진문화》 16호, 2003, 216-217쪽 참조]

위의 회고는, 백수십 명의 옹진부대 병력이 공주읍내에 숙사를 마련하고 주둔하고 있었다는 사실, 그리고 공주 군민들이 이들에게 숙사 이외에 식량과 반찬까지 제공했다는 사실 등을 잘 보여준다. 여기까지가 사료로 확인되는 제17연대 제2대대 병력의 활약상이다. 살구쟁이 학살과 관련한 공식기록이 미 제34연대나 국군 제17연대 등에 의해 남겨졌을 가능성은 거의 없어 보인다. 하지만 7월 9일이건 7월 10일이건 날짜와 관계없이 제17연대 제2대대의 일부 병력이 왕촌학살을 집행했다는 사실은 발굴결과를 종합할 때 거의 사실로 보인다. 당시 대대장이었던 송호림(宋虎林, 1923년~1996)은 일본 와세다 대학을 다니다가 종전이 되자 귀국하여 육군사관학교를 제3기로 졸업한 사람이다. 그는 5·16 군사정변 이후 이른바 '군정기'에 전라남도 지사를 지냈으며, 1973년 육군 중장으로 예편하여 제4공화국에서 제9대 국회의원을 지냈다.

더불어 주목해야 할 점은 앞서 언급한 기갑연대 제6중대가 7월 11일 유구에서 인민군 유격부대와 조우하여 접전을 벌였다는 주장(『한국전쟁사1』)에 대한 신기철의 문제제기(『국민은 적이 아니다 —한국전쟁과 민간인 학살, 그 잃어버린 고리를 찾아서』, 헤르츠나인, 2010)이다. 진실화해위원회의 조사팀장으로도 활동한 신기철은 위 사건에 대해 아래와 같은 문제를 제기한 바 있는데 그 요지는, "7월 11일 공주 유구면에서 인민군 2개 중대를 격퇴한 국군 최초의 승리가 있었다고 하나, 이 승리는 국민보도연맹 사건을 저지른 국군이 승전으로 왜곡한 것은 아닌지 의심스럽다."는 것이다.

『한국전쟁사 1』에 의하면 "7월 11일 아침 7시 미 제24사단 제34연대에 배속된 국군 1기갑연대 기병대대 6중대(중대장 박익균 중위) 2개 소대가 공주에서 출발하여 예산으로 가던 중 유구국민학교에서 '인민군 환영대회'가 열리는 것을 보았다. 여기에 인민군 6사단 소속 2개 중대가 있어 이를 습격하여 60여 명을 사살했다. 이때 국군이 입은 피해는 부상자 한 명에 불과했다"고 한다. 그런데 이 전투 결과는 인민군 2개 중대 병력을 2개 소대가 공격한 것으로 보기에는 상식과 거리가 너무 멀다.(중략) 7월 11일은 예산과 공주지역 보도연맹원이 가장 많이 희생된 날로서 아직 인민군이 이 지역까지 진입하지 못하고 있었다. 조사된 자료에 따르면 인민군이 예산에 진입한 날은 7월 12일로 나타나며, 인민군측 소련 군사고문관 라주바예프 역시 인민군 6사단이 유구에 도착한 것은 7월 12일 아침 6시였다고 보고하고 있다. 이로 보아 당시 유구국민학교에 모여 있던 2개 중대 500여 명은 인민군이 아니라 소집된 국민보도연맹원이었을 가능성이 높다.

충격적인 주장이 아닐 수 없다. 2007년 진실화해위원회가 발주한 용역사업의 일환으로 유구지역의 민간인 학살사건을 조사할 때, 개전 초기 유구천변(석남리 수촌다리)에서 군인과 경찰이 상당수의 보도연맹원(인명을 확인한 피해자는 7명)들을 학살했다는 구술을 확보할 수 있었다. 하지만 누가, 어디서, 몇 명을, 어떻게 집단학살했는지를 밝히지는 못했다. 앞에서(유구면 인서리 사례) 언급했듯이 유구면의 경우는 이른바 '톱질'이 유난히 심각했던 곳이었다. 인공 시기 이른바 지방좌익에 의한 보복사건(피해자 21명)이 극심했던 것도 많은 보도연맹원이 학살되었기 때문이라 여겨진다.

6) 왕촌 살구쟁이 학살사건의 규모

지금까지 확인한 문헌자료, 그리고 목격자나 전문자들의 구술에 따르면 살구쟁이에서 학살된 희생자는 △600여 명(김사량 종군기) △700여 명(중동골 주민 증언) △800여 명(조선인민군 전선사령부 문화훈련국 보도기사) 등 각양각색이다. 하지만 당시 공주형무소 간수였던 인터뷰 대상자들은 600명보다는 훨씬 적은 숫자였다고 증언한 바 있다. 2007년도『진상조사보고서』에서는 이를 종합하여 대략 최소 500명에서 최대 600명가량으로 피해자 숫자를 추정했으나 2009년과 2013년 두 차례에 걸쳐 실시된 유해발굴조사 결과에 따르면 희생자는 450명 내외라 추정된다.

2009년 왕촌살구쟁이 학살터에 대한 발굴조사(조사단장 충북대 박선주 교수) 결과에 따르면 희생자 수는 출토된 머리뼈를 기준으로 계산하면, 길이 15미터 너비 2.5m 크기의 제Ⅰ지점에서 91구, 길이 19m 너비 2.5m 크기의 제Ⅱ지점에서 85구, 길이 21.5m 크기의 제Ⅳ지점에서 141구 등 도합 317구였다(제Ⅲ지점은 유구 자체를 확인할 수 없었다고 함). 여기에 2013년 가을 5번째 구덩이에서 추가 발굴된 79구의 유해까지 합하면 왕촌 살구쟁이에서 발굴된 유골은 모두 396구이다. 하지만 여러 가지 이유로 유실된 유골(수십 구), 그리고 여자들을 따로 매장했다고 전해지는 지점(대개 유족들이 수습해 갔다고 함) 등의 유골까지 합하면, 대략 450여명에 가까운 이들이 왕촌 살구쟁이에서 학살된 것으로 추정된다. 2013년 추가 발굴된 구덩이의 경우 위층에서 61구, 그 아래층에서 18구의 유해

⟨그림 11⟩ 살구쟁이 유해발굴 현장

가 발굴되었는데, 이는 시차를 달리하여 동일한 구덩이에 겹쳐서 매장했기 때문이라고 한다.

 대부분의 유골은 손을 뒤로하거나 깍지를 낀 자세로 무릎을 꿇고 양쪽 벽면을 향한 자세로 출토되었으며, 주요한 출토 유품은 당시 군인들이 사용한 M1과 경찰이 사용한 다수의 칼빈 소총 탄두와 탄피였다. 이는 학살의 주체가 군인과 경찰, 특히 군인이었다는 증거이다. 출토된 탄알을 비교하면 M1 소총 탄알과 칼빈 소총 탄알의 비율은 5:1 정도였다. 거의 모든 두개골에 보이는 총상, 그리고 유해와 함께 출토된 다량의 탄두와 탄피로 미루어 보면 매우 가까운 거리에서 집단적으로 총격을 가한 것이 분명하다. 모든 유구에서 다량으로 출토된 단추는 대부분 4개 구멍의 갈색과 흰색 단추였는데, 갈색 단추는 공주형무소 재소자들의 것이고, 흰색 단체는 공주지역 보도연맹원들이 옷에 달린 단추였다. 이외에도 여러 유구에서 안경(10개)과 의족(1개), 금으로 두근한 이빨(5개 한 쌍), 보철을 한 2개의 이빨 등이 출토되었다.

지금까지 이러저러한 방법으로 조사 수집한 왕촌학살 피해자는 ①진실화해위원회에 접수된 공주 보도연맹원 학살사건 관련자 12명 ②진실화해위원회에 접수된 공주형무소 좌익수 학살사건 관련자 53명 ③2007년 조사팀이 확인한 왕촌 살구쟁이학살 사건 피해자 68명(보도연맹원사건 및 형무소사건 피해자 합계) ④2013년 추가발굴 시기의 인문사회조사 과정에서 확인한 피해자 17명 등이다. 이들을 모두 합하면 150명이나 이들 가운데는 △행정 착오나 조사 주체나 방법 차이 때문에 중복 추계된 피해자 △구술증언이 모호하여 구체적인 내용을 알 수 없는 피해자 △다른 형무소나 형무소 이외에서 학살된 피해자 △공주 여차니 등 다른 장소에서 학살된 공주보도연맹사건 피해자 등도 일부 포함되어 있을 것이라 추정된다.

5. 학살사건이 지역사회에 미친 영향

1) 전쟁의 지역적 특성

공주지역의 한국전쟁을 이야기할 때 △금강을 끼고 있는 전통적인 하안 포구라는 점 △철도 연변 도시는 아니나 인근에 국도 1호선이 지나는 등 기호와 호남을 잇는 교통의 요충지라는 점 △1932년까지 충남도청 소재지였기 때문에 대전, 부여, 논산, 예산, 천안 등 충남 각 읍을 연결하는 방사형 도로망이 존재했다는 점 등을 주목해야 한다. 왜냐하면 한국전쟁 초기 미군(제24사단)과 인민군(제3사단과 제4사단 주력)이 금강을 사이에 두고 치열한 공방전을 펼친 것도 공주가 가진 교통상의 '요충성' 때문이었다.

공주는 일제 시기건 해방 이후 시기건 좌익보다는 우익헤게모니가 더 강력한 지역이었는데, 그 이유는 1932년도까지 공주는 충남도청 소재지였기 때문이었다. 철도 연변 도시가 아니라는 이유 때문에 일제시기 내내 대전과 조치원이나 논산 등지에 밀려 도시세가 많이 약화되기는 했으나, 한국전쟁 무렵까지 공주에는 공주사범학교, 공주고등학교, 공주지방법원, 충남곡물검사소 등 각종 도 단위 관청시설이 존재했다. 특히 일제시기에 설립된 공주여사범(현재의 공주교육대학교), 그리고 1948년에 개교한 공주사범대학(현재의 공주대학교)이 설립됨으로써 오늘날까지 교육도시로서의 명성을 이어오고 있었는데, 전쟁 시기 다수의 우익인사가 피해를 당한 것은 다른 지역에 비해 관료나 공직자(교직자)들이 많았기 때문이었다.

일제시기 공주지역에서도 혁신청년(좌익청년) 집단이 주도하는 지역사회운동이 활발했다. 하지만 공주지역은 상대적으로 볼 때 좌익운동이 부진한, 달리 말하면 좌익헤게모니보다는 우익헤게모니가 강력한 지역이었다. 이런 현상은 해방 직후 시기도 마찬가지였다. 해방 직후 공주에도 일제시기부터 활동한 혁신청년들의 주도로 인민위원회(인민위원장 정상윤, 부위원장 안병두, 조국원), 농민조합(위원장 이창주, 부위원장 정현=정용산) 등이 결성되었으나 도시세에 비해 좌익운동은 그다지 강력한 편이 아니었다. 일제시기부터 해방공간에 이르는 시기까지 공주지역에서 활약한 좌익활동가는 다음과 같다.

* 정상윤(鄭相允) - 일제시기 철산 신간지회 사건으로 옥고를 치름. 해방 직후 인민위원회 위원장; 1949년 7월말 체포되어 대전형무소 복역 중 전쟁 발발 직후 대전형무소에서 학살됨.
* 정현(鄭鉉=鄭龍山, 鄭宇鎭) - 일제시기 공주청년회 사건, 미야게 교수 사건(이재유 그룹 사건) 등으로 옥고를 치름. 해방 직후 시기 공주농민조합 부위원장을 역임함. 정부 수립 후 월북했다고 함.

* 이창주(李昌周, 李昌柱) - 일제시기 공주에서 보통학교를 중퇴하고 함남질소비료공장에 취업함. 중국공산당(동만특위)의 지도하에 국내에서 조선공산당 재건운동을 전개하던 한전종(韓典鍾)과 연계되어 조선질소비료 공장 등을 무대로 혁명적 노동조합운동함. 해방후 공주군 농민조합의 위원장을 역임함(이후 행적 불명).
* 안병두(安秉斗) - 일제시기 공주적색비밀결사 사건으로 옥고를 치름. 해방 직후 인민위원회 부위원장; 단정수립 반대투쟁 과정에서 체포됨, 서대문형무소 수감 중 전쟁 발발, 귀향 도중 폭격으로 사망함.
* 이영근(李英根) - 일제시기 공주적색비밀결사 사건으로 옥고를 치름. 우성면 지역으로 이거하여 야학 활동 등을 전개함. 해방후 정안면(은용리) 지역에서 활동하다 사망함(사망 시점 불명).
* 김순태(金淳泰) - 일제시기 격문배포 혐의로 옥고를 치름. 해방 후 반포지역 좌익활동을 하다 단정 수립 반대 투쟁 과정에서 체포되어 1950년 1월경 대전교도소에서 사망함.
* 심수석(沈壽石) - 일제 말기 야학운동 도중 불온 연극 공연 혐의로 체포 옥고를 치름. 해방 후에도 계룡면 양화리에서 좌익 활동을 하다가 전쟁 전 서울에서 활동하다 행방불명되었다고 함.

해방 직후 시기 공주지역의 독립촉성국민회 지부조직(문홍범, 염우량)이나 광복회(오경달, 양천손) 등의 활동은 주로 일제하의 유지집단이 주도했으나 찬반탁 논의를 중심으로 좌우익간의 정치적 갈등이 심화되면서 우익청년단원들이 정치적 약진이 두드러졌다. 특히 1948년 대한민국 정부가 수립되면서 이들 집단은 이승만 정권(경찰)의 비호 가운데 정치적 약진을 거듭했다. 이승만 정권이 1948년 12월 대동청년단, 서북청년단 등 거의 모든 우익청년단을 통폐합하여 결성한 대한청년단은 한국전쟁 시기 (청년)방위대로 개편되어 '좌익 척결'의 선봉장이 되었다. 정부 수립 이후의 우익청년 집단은 일제하의 유지집단과는 달리

스스로는 아무런 정치적 자원, 예를 들면 토지자산, 학력이나 사회활동 능력, 정치적 명망성 등을 갖지 못한 채 오로지 국가권력의 비호하에 정치활동을 전개한 일종의 하수인에 불과하였다.

공주지역에서도 다른 지역들과 마찬가지로 서북청년단 등 여러 우익청년단체가 정부와 경찰의 비호 가운데 각종 테러와 폭력사건에 개입하는 등 강력한 정치적 영향력을 행사하였다. 전쟁 전후 시기 공주지역에서 전개된 좌우간의 정치갈등이나 '톱질 사건'에는 앞서 탄천면 화정리 사례를 통해서도 확인할 수 있었듯이 대부분 우익청년단이 개입되어 있었다. 1946년 산성공원에서 개최된 좌익 측의 3·1절 기념집회 때도 우익청년단원들의 습격사건으로 정상윤(공주군 인민위원회 위원장) 등 많은 사람들이 부상을 당했다. 회고에 따르면, 1946년 3월 1일 공주에서도 다른 지역과 마찬가지로 좌우익이 따로 3·1절 기념집회(좌익 측은 공산성=산성공원, 우익 측은 시내 극장)를 개최했는데, 참여 군중의 규모는 비교가 되지 않을 정도로 좌익 측이 많았다고 한다.

한국전쟁의 지역적 특성을 따질 때 감영도시이자 도청도시(1932년 대전 이전)였던 공주의 도시성격이나 정치문화, 특히 지역 유지집단이나 감리회공동체(영명학교, 제일교회)가 수행한 정치사회적 역할을 주목해야 한다. 미군정 시기 영명학교 인맥은 해방 이후 귀국한 윌리암스 목사, 그리고 하지 중장의 정치비서였던 윌리암스 중령을 매개로 공주는 물론이고 충남지역의 지역정치를 좌우지했다. 미군정 시기 충남도지사 3명(도청 국장 포함)과 도내의 군수, 경찰서장 가운데는 영명학교 인맥에 속하는 이들이 많았다. 전쟁 시기 소위 '교회(목사) 빽'은 거의 보증수표나 마찬가지였다.

공주의 역사와 문화를 이야기할 때, 계룡산의 신도안(新道安)이나 정감록에 나오는 십승지(十勝地)의 중요성을 간과해서는 안 된다. 특히 유구-마곡 사이가 삼재(三災)를 피할 수 있는 만인가활지지(萬人可活之地)라는 소문 때문에 한국전쟁 당시 공주 인근에는 '手白者先死'니 '利在田田'이니 하는 '비결'이 유행했을 뿐만 아니라 북한 지역에서 '난리'를 피해 많은 사람들이 몰려들었다. 계룡산 신도안도 마찬가지였다. 전쟁 당시 신도안도 초등학교 2곳, 고등공민학교가 1곳이 운영될 정도로 번성했는데, 여기에 모여든 사람들은 종교적 신념 때문이 아니라 대부분은 난리를 피해 모여든 사람들이었다. 전쟁 무렵 신도안에는 60여 개 종교단체가 성업 중이었다고 한다. 회고에 따르면 전쟁 발발 이후에도 상제교 등 신도안 일대의 주요 민중종교 집단은 거의 피난을 가지 않았다고 한다.

유구-마곡 간에 언제, 어떤 사람들이, 어떤 형태로, 얼마나 몰려들었을까를 구체적으로 실지조사한 연구성과는 아직까지 없다. 하지만 구전에 따르면 사곡면, 신풍면, 유구면 일대에는 일제시기부터 정감사상의 영향으로 많은 피난민들이 몰려들었고, 1951년 1·4후퇴 때에는 동네가 미어질 정도로 피난민들이 많았다고 한다. 가령 사곡면 유룡리의 경우는 전쟁 전 100여 호에 불과했으나 전쟁 이후 가구 수가 120여 호 정도로 늘어났으며, 유구면 문금리의 경우는 전쟁으로 인한 피해보다도 피난민으로 인한 피해가 더 심했을 정도로 피난민들이 많았다는 것이다.

구체적인 조사를 진행한 바는 없으나, 유구면은 공주군의 다른 면들에 비해 전쟁 이후 인구가 상당수 늘어났다. 정부의 공식통계에 따르면 1944년 유구 인구는 9,335명이었으나 1955년에는 14,979명으로 늘어났는데(37.6% 증가), 해당 기간 공주군 전체 인구는 135,736명에서 16,9325명(19.8%) 늘어났을 뿐이었다. 정확한 조사는 없으나 여러 가지 구전들에 따르면 지금도 유구읍에는 이북 출신의 주민들이 많다. "부여에 삼천 궁녀가 있다면 유구에는 삼천 공녀(工女)가 있다는 말처럼, 1970년대까지 전성기를 구가했던 유구지역의 인조견 공업은 주로 피난 온 이북 출신들이 주도하였다.

2) 정치 과잉과 정치 불모화

1951년 2월 공주에서는 현직 국회의원 김명동의 변고로 보궐선거가 치러졌다. 이때 중앙 정계의 거물이었던 윤치영(아산 신창 출신)과 조병옥(천안 출신, 영명학교 졸업)이 격돌했는데 결과는 이승만의 지원을 받은 윤치영의 압도적 승리였다. 당시 조병옥은 영명학교 연줄을 매개로 이승만과 대결하고자 했으나 역부족이었다. 이처럼 한국전쟁을 경과하면서 공주지역의 지방정치는 지역 단위의 활동가들보다 중앙에서 낙하산식으로 공천된 이들에 의해 좌우되기 시작했다.

이런 가운데 1952년 5월 공주지역에도 지방자치선거가 실시되었다. 대한민국 정부는 제헌헌법 제8장 제96조에서 '지방자치단체 및 지방의회 구성'을 명문화한 바 있다. 이후 1949년 7월 법률 제32호로 지방자치 실시에 관한 법률이 제정되고(12월 15일 개정), 이에 따라 1950년 12월에 지방자치 선거가 실시될 예정이었다. 그러나 전쟁으로 선거가 연기되었다가, 1952년 4월 25일부터 5월 10일 사이에 처음으로 지방자치선거가 실시되었다.

1952년 5월의 지방선거에서 주목되는 현상은 낙하산 공천으로 출마한 중앙정계의 거물들 이외에 전쟁 전후 시기 맹활약을 한 우익청년단 출신의 인사들이 대거 출마를 하였다는 사실이다. 당시 지방선거에서 당선된 김영옥(金永沃), 박찬(朴璨), 홍용팔(洪龍八) 등은 해방공간에서 우익청년운동을 주도했던 이들이었다. 공천에서 탈락한 경우 이들은 무시로 당적을 바꾸거나 무소속으로 국회의원 선거나 지방선거에 입후보하여 의원 배지를 다는 경우가 허다했다. 이는 읍면의원의 경우도 마찬가지였던 것으로 보인다. 구체적인 조사를 진행할 수는 없었으나 전쟁 이후의 읍면 의원은 상당수가 우익청년 활동에 몸담았던 이른바 '끄나풀(agent)형 유지', 또는 한국전쟁을 몸으로 치뤄낸 제대 군인들이었다.

일제시기 혁신청년이나 유지집단을 잇는 정치세력(지방정치 역량, 리더십)은 정치과잉의 시대인 해방공간과 한국선쟁 시기의 거의 무력화되었다. 그 결과 전후의 지방정치는 전쟁 과정에서 야진한 우익청년난 산부, 즉 일종의 정치 '건달'들에 의해 좌우지되기 시작했다. 전쟁 뒤인 1954년 5월에 치러진 제3대 국회의원은 해방공간에서 공주지역에서 우익청년운동을 주도한 염우량(자유당)과 김달수(자유당)가 당선되었는데, 이런 사실은 전쟁 이후 우익청년단의 전성시대가 도래했음을 보여준다.

이같은 지방정치 문화는 5·16 이후 군사정부 시절에도 마찬가지였다. 약간의 차이는 우익청년단을 대신하여 전쟁을 경험한 제대군인들이 끄나풀 역할을 대신하는 경우가 많았다는 것뿐이다. 제대 군인들의 약진은 특히 1970년대 초반부터 실시된 새마을운동 시기에 두드러졌다. 1970년대의 새마을지도자는 상당수가 그 마을 출신의 제대 군인들이었다. 박정희 정권의 군사독재는 일제시대와 마찬가지로 군면 단위의 관료-끄나풀(형 유지) 지배체제를 매개로 더욱 공고해졌다. 민주화 이후인 1991년이 되어서야 군사정부 시절부터 중지되었던 지방자치제가 실시되었다. 그러나 지방관료와 끄나풀형 유지들의 위세를 비롯하여 지방정치의 불모화 현상은 아직도 여전하다. 민주화의 진전과 더불어 많이 달라지기는 했으나 공주지역의 지방정치는 여전히 해방 이후 우익청년단의 계보를 잇는 끄나풀 혹은 끄나불형 유지들이 주도하고 있다.

해방 5년의 정치공간에서 우리 민족이 수행해야 했던 역사적 과제는 자주적 통일민족국가를 수립하는 것과 토지개혁과 친일잔재 청산 등을 통해 경제성장과 민주주의를 성취하는 것이었다. 하지만 남북한이 미국과 소련에 의해 분할 점령되고 뒤이어 남북한에 분단정부가 들어서면서 이 같은 과제의 해결은 점점 더 어려워져만 갔다. 미소, 남북, 좌우 등 양자택일을 폭력적으로 강요하는 체제가 지속되면서 폭력과 광기가 난무하는 '과잉 정치화' 현상이 노정되었을 뿐만 아니라, 민족 내부의 정치역량도 점차 '불모화'되어 갔다. '관용과 연대에 기초한 가능성의 정치'는 양자택일을 강요하는 국가폭력 앞에 점차 무력해질 수밖에 없었다. 앞서도 강조했듯이 '해방 8년사'의 최대 비극은 '정치과잉 현상'과 더불어

'정치불모화 현상'이 동시에 진행되었다는 점, 이로 말미암아 지방사회 내부의 정치역량(인적 손실, 정치구조 및 정치문화 왜곡 등)이 급속히 약화되었다는 점 등이다.

한국전쟁 시기 많은 민간인 피해자가 발생한 마을은 대부분 좌익이건 우익이건 명망가(덕망가)가 부재한 곳이었다. 한국전쟁의 최대 희생자는 좌익 정치지도자나 대중(주민)들이었으므로, 좌익세가 강한 마을에서 많은 희생자가 발생한 것은 지극히 당연한 결과라 할 수 있다. 하지만 일제시기부터 꾸준히 정치적 도덕적 권위를 쌓아 온 좌익 활동가('사상가', '인테리'), 또는 우익 명망가가 존재한 마을들은 생각만큼 좌우익 갈등이나 '톱질'이 심하지 않았다. 그러나 우익청년세력과 급조된 지방좌익(소위 '본바닥 빨갱이')이 강력했던 지역, 좌익이건 우익이건 정치적 명망성을 가진 이들이 부재한 지역에서는 많은 희생자가 발생하였다. 이런 지역이나 마을의 경우는 공통적으로 '가능성의 정치' 혹은 '관용과 연대의 문화'가 부재했던 곳이다.

맺음말

1) 한국전쟁 시기 민간인 학살사건의 역사적 교훈

한국전쟁 시기 남한쪽에서만 100만 명의 민간인 사망자가 발생했다고들 말한다. 전투 중 사망한 유엔군과 한국군이 10만 명 정도였음을 감안하면 한국전쟁은 상식으로는 이해할 수 없는 전쟁임이 분명하다. 하지만 얼마나 많은 사람이 죽었는지, 왜 죽었는지, 사회적 공론화는 고사하고 학문적인 수준에서조차도 논의가 부진한 형편이다.

1950년 7월 9일 또는 10일 공주 제공면 왕촌 골짜기에서 학살된 좌익수와 보도연맹원은 대부분 정부수립 전후의 '정치과잉' 시대에 집회나 시위사건에 연루되어 단기형을 받았거나 '빨갱이'라는 낙인이 찍힌 사람들이었다. 특히 보도연맹원은 좌익 정치활동에 가담한 적은 있으나, 정부 수립 이후 국헌을 준수하고 반공투사가 될 것을 맹세한 사람들이었다. 법적으로든 도덕적으로든 죽을죄를 지은 사람은 결코 아니었다.

게다가 일제하나 해방공간의 '좌익'은 분단 이후의 북한 공산주의자들과도 달랐다. 그들은 정부수립 전후 시기 통일된 민족국가, 평등을 중시하는 민주주의 국가를 수립해야 한다는 믿음을 가진 사람들이었다. 죄가 있다면 남보다 앞장서서 말하고 실천한 것뿐이었다. 그럼에도 불구하고 그동안 정부와 보수우익(반공) 단체들은 "인민군 편에 설 가능성이 높아 예방 차원에서 학살할 수밖에 없었다"거나, "그럴 의도는 없었는데, 북한의 도발 때문에 어쩔 수 없었다"는 변명만을 늘어놓았을 뿐이다.

해방 5년의 정치공간에서 우리 민족이 수행해야 했던 역사적 과제는 자주적 통일민족국가 건설, 토지개혁 및 친일잔재 청산 등이었다. 하지만 단독정부가 들어선 이후 통일보다 더 긴급한 과제는 역시 '전쟁(내전) 방지'였다. 1948년 단독정부 수립 이후 북한의 '민주기지론'이나 남한의 '북진통일론'이 무엇을 결과했는가를 감안하고 보면 그런 판단이 더욱더 옳게 여겨진다. 당시 급변하던 국내외 정세(특히 남북관계)를 지켜보면서 전쟁을 예견했던 사람들은 상당히 많았다. 가령 김규식 선생은 남북협상 때 '외국군 철수와 내전 방지' 등에 관한 정치협상을 제안했다. 하지만 자주와 통일, 혹은 혁명과 건설이라는 먼 미래의 밥상에 현혹되어 어느 누구도 전쟁 방지 문제에 깊은 관심을 기울이지 못했다.

전쟁이 개시되는 경우 남한사회 내의 형무소에 수감중이었던 좌익수나 이미 경찰에 의해 철저히 통제되고 있던 수십만 명의 보도연맹원들이 초전에 집단학살될 것이라는 사실은 당시 '상식'에 속했다. 정병준은 선행 연구(「한국전쟁 초기

국민보도연맹 예비검속·학살사건의 배경과 구조」,《역사와 현실》, 54호, 2004. 12)에서 개전 초기 보도연맹원 및 형무소 좌익수 학살의 역사적 배경으로서, 일제 말기 조선군과 경찰의 '조선인 사상범 학살계획'을 언급한 바 있다. 전쟁 이전 시기 대부분의 경찰들이 일제시기 경찰 출신들이었다는 점으로 미루어 보면, 개전 초기 보도연맹원이나 형무소 좌익수학살은 거의 '상식'이었다고 말하는 편이 옳을 듯하다. 그럼에도 불구하고 북한 정권이 개전을 결정한 것은 지극히 무책임한 행동이었다고 말해야 옳다. 게다가 그들의 기대와는 달리 봉기는 없었고 오히려 학살만이 난무했다. 한국전쟁의 최대 교훈은 어떠한 전쟁이건 무엇을 위한 전쟁이건 다시는 전쟁이 일어나지 말아야 한다는 사실일 것이다.

촛불혁명의 결과로 문재인 정부가 출범하고, 북미 간에 핵문제와 경제제재 철폐를 둘러싼 협상(bic deal)이 진행되면서 통일문제에 대한 정치사회적 관심이 높아지고 있다. 하지만 한국전쟁의 교훈에 비추어 볼 때, 우리가 더 관심을 기울여야 하는 것은 통일보다 전쟁이다. 크게 보면 한국전쟁도 한반도 문제를 둘러싼 주변 열강들의 '빅딜' 과정에서 발생한 비극이었다. 우리 민족의 운명을 북미 간의 '빅딜'에 맡길 수밖에 없는 불행한 역사와 현실을 극복하기 위해서라도 한국전쟁 시기 민간인 학살문제를 포함한 우리의 불행했던 과거사가 제대로 정리되어야 한다.

패전 이후 독일정부는 전쟁 도발과 유태인 학살이라는 과거사를 청산하기 위해 국가 차원의 노력을 아끼지 않았다. 그 결과 독일정부는 전범국가라는 오명을 씻고 국제사회의 일원으로서 제 역할을 다하고 있다. 2005년에 제정된 과거사정리기본법의 기본취지도 이와 크게 다르지 않다. 하지만 우리정부는 독일처럼 과거의 짐을 미래의 힘으로 바꾸어내지 못하고 있다. 독일정부와 국민들은 과거사 그 자체는 물론이고 집단수용소나 가스실 같은 짐스러운 유산조차도 역사문화 자원화 하고 있는데 반해, 우리는 과거사의 조사와 연구는 물론이고 후손들에게 물려줘야 할 소중한 역사문화자원을 아무린 대책도 없이 파괴하고 있는 중이다. 민주화 이후 사정이 많이 달라졌다고는 하나 정부 차원의 과거사 정리사업은 여전히 미흡하고 부실하다.

  과거사 정리사업은 과거의 짐을 미래의 힘으로 전환하는 사업, 즉 공동체에 대한 애정과 신뢰감을 회복함과 동시에 전쟁과 평화에 대한 국민들의 인식 지평을 넓히는 새로운 역사 만들기 운동으로 발전해야 한다. 그렇지 않고 과거 정부의 악만을 증거하고 비난하는 사업 정도로 인식하는 경우, "경제도 어려운데 왜 국론을 분열시키려 하느냐", "묵은 상처를 왜 건드리냐, 그냥 묻어두자"는 식의 주장들이 꽤나 설득력 있게 들릴 수밖에 없다. 민간인 학살의 역사를 조사 연구하고 학살터를 비롯하여 각종 유물 유적들을 보전해야 하는 이유는 너무도 많다. 전쟁과 학살을 막지 못한 국민으로서의 책임, 이웃들의 억울한 죽음을 막거나 최소화하지 못한 책임, 수백만 유족들에 대한 차별과 멸시를 내몰라라 한 책임을 두고두고 반성하기 위해서라도 민간인 학살의 진상은 밝혀져야 한다. 남을 탓하기 위해서가 아니라 자신을 비판하고 성찰하기 위해서이다. 과거사를 조사 연구하는 작업은 단순히 과거의 망령을 불러내는 일이 아니라 새로운 희망을 창조하는 일종의 해원굿이기 때문이다.

2) 공주지역 민간인 학살사건의 진상과 의미

  2007년 여름 진실화해위원회의 요청으로 필자를 포함한 공주지역 조사팀은 2개월간 공주지역의 전쟁 피해자를 전수조사(全數調査)하였다. 조사팀은 전수조사 과정에서 후손 39명, 목격자 8명, 전문자 199명, 그리고 여러 마을사람을 직접 면담하여 보도연맹 피해자 135명, 부역혐의 피해자 117명, 우익인사 피해자 98명 등 모두 365명의 신원을 확인할 수 있었다. 하지만 한국전쟁 전후 시기 공주지역에서 얼마나 많은 민간인이 희생되었는지는 여전히 오리무중이다. 전쟁 초기 충남 공주시 왕촌 골짜기에서만 450여 명에 달하는 민간인이 학살되었다는 사실, 또는 공주 경찰이 파악한 부역 혐의자의 숫자가 3천여 명이었다는 사실 등으로 미루어 볼 때, 전쟁 시기 학살된 민간인의 숫자는 아무리 적게 잡아도 1천여 명 이상이었을 것으로 추정된다. 여기에 각종 피해사실이나 유족들의 고통을 생각하면 공주의 한국전쟁은 공주 역사 이래 가장 큰 난리였음이 분명하다.

2007년도 조사결과에 따르면 12개 읍면으로 구성된 공주지역에서 가장 많은 전쟁 피해자가 발생한 곳은 의당과 정안이었고, 사건별로 보면 보도연맹 피해자가 가장 많았다. 하지만 이는 두어 달 동안 너댓 명의 조사원이 그야말로 '장님 파밭 매듯이' 조사한 결과일 뿐이다. 특히 공주 읍내의 경우는 인구이동이 심하여 신뢰할 만한 수준의 조사활동을 진행할 수 없었다. 향후 학살 피해자는 물론이고 그 유족들의 피해나 정신적 고통(트라우마)까지도 조사 연구하여 지역 주민의 평화감수성을 높이는 사업, 특히 미래세대의 청소년들을 위한 교육 활동에 적극적으로 활용해야 한다.

한국전쟁 시기 민간인 학살 피해가 심했던 곳은 좌익세가 강한 마을들이었다. 전쟁의 최대 피해자가 좌익들이었으므로 좌익세가 강한 마을에서 많은 희생자가 발생한 것은 지극히 당연한 현상이라 할 수 있다. 하지만 일제시기부터 꾸준히 정치적 도덕적 권위를 쌓아 온 좌익 활동가('사상가', '인테리', '원빨갱이')가 존재한 마을들은 생각만큼 좌우익 갈등이나 '톱질'이 심하지 않았다. 특별히 전쟁피해가 심했던 곳은 명망성이나 리더십이 부족한 우익청년 세력과 급조된 지방좌익이 '설쳐댔던' 마을들이었다.

한 가지 특이할 만한 점은 공주지역 피해자의 대부분이 20~30대의 청장년 남성들이었다는 사실이다. 이는 우익이건 좌익이건, 새 국가 새 사회를 주체적으로 선택하고 쟁취하기 위해 투쟁한 사람들이 대부분 청년들이었음을 간접적으로 시사한다. 요즘에도 "나서지 마라, 패가망신한다"라는 말이 세대를 넘어 전해지고 있는데, 이런 말들은 일제하의 민족독립운동, 한국전쟁, 민주화운동 시기의 쓰라린 경험에서 도출된 민중적 입담들이다. 상낭수의 구술자들은 전쟁 당시의 사정을 회고하는 과정에서, "일 살하고 똑똑한 사람들은 다 가고, 쭉정이들만 남았지"라며 냉소적이고 허무주의적인 발언을 서슴지 않았다.

공주사람들은 1894년의 동학농민전쟁도, 1950년의 한국전쟁도 흔히 '갑오동란' '6·25동란'이라 부른다. 공주사람들이 이 같은 난리들을 통해서 체득할 수 있었던 삶의 지혜는 어찌되었든지 난리는 나지 말아야 한다는 것, 그리고 난리가 났을 경우는 맞서지 말고 무조건 피해야 한다는 것 등이었다. 왜냐하면 난리통은 돈도 빽도 잘 안 통하는 그야말로 '복골복(복불복)'의 세상이었기 때문이다. 난세에 이재전전(利在田田), 궁궁을을(弓弓乙乙)이니 하는 정감록류의 비결이 유행했던 것도 이런 이유 때문이라 여겨진다. 그저 운명이나 운수라 말할 수밖에 없는, 이성적으로는 도무지 설명할 수 없는 해괴한 일이 벌어지는 때가 바로 난리통이라는 것, 그래서 난리는 맞서거나 헤쳐 나가려 해서는 안 된다는 것, 그저 피하는 것이 장땡이라는 것이며, 피조사자 가운데 이런 류의 말을 하는 노인들이 의외로 많았다. 전쟁 과정에서 형성된 이 같은 냉소적이고 허무주의적인 정치의식이나 정치문화를 슬기롭게 극복하는 문제야말로 우리의 역사교육, 또는 민주시민 교육의 가장 큰 과제라 할 수 있다.

3) 살구쟁이 기념사업의 방향과 방법

이웃이 슬프고 아플 때 따뜻한 말 한마디라도 건네는 것, 함께 실컷 울어라도 주는 것이 우리 민족의 아름다운 문화 전통이었다. 만약 한국전쟁 시기 이런 미풍양속이 공주 지역사회에 살아 있었다면 좌우로 갈라져 서로가 죽고 죽이는 끔찍한 비극은 벌어지지 않았을 것이다. 하지만 그때나 지금이나 공주의 인심은 여전히 척박하기만 하다. 맹자는 사단 칠정을 이야기하면서, 부끄러워하고 분노할 줄 알아야 비로소 정의로워질 수도 있다(羞惡之心 義之端也)고 말했다. 비록 우리와 관계없는 먼 과거에 벌어진 일이라 할지라도 한국전쟁 시기의 민간인 학살사건은 공동체 구성원으로서 부끄러움과 분노를 느끼게 하기에 충분한 사건이다.

2천여 년 전 맹자가 이미 설파했듯이 부끄러움을 가르치지 않는 사회는 결코 정의로워질 수 없다. 대한민국이 국민들의 애정과 신뢰를 듬뿍 받는 국가다운 국가로 거듭나려면 과거의 잘못을 비판적으로 성찰하는 노력을 게을리해서는 안 된다. 이런 사실을 인정한다면, 정부는 살구쟁이를 포함한 여러 학살터를 국가 사적지화 하여 우리의 후손들에게 온전히 물려주는 것이 바람직하다. 과거는 부담스러운 짐일 수도 있으나 잘만 활용하면 공동체 발전의 큰 힘도 될 수 있기 때문이다. 하지만 부끄럽게도 우리는 지금까지 한국전쟁 시기의 민간인 희생자들은 물론이고 그 유족들에게도 최소한의 예의조차 갖추지 못했다.

풍광이 수려한 금강가에 위치한 왕촌 살구쟁이는 공주는 물론이고 충남지역을 대표하는 전쟁 피해자 '위령공원'이나 '상징조형물'이 입지하기 좋은 장소이다. 만약 살구쟁이에 추모위령공원이 들어선다면 공주는 우금티사적지(국가사적 387호)와 더불어 평화와 인권교육에 활용할 수 있는 훌륭한 역사문화 자원을 하나 더 보유할 수 있게 될 것이다. 어렵더라도 후손들에게 역사적 교훈을 남긴다는 취지에서라도 왕촌 살구쟁이를 국가사적지로 지정하려는 노력을 계속해 나가야 한다. 우리 고장의 살구쟁이와 우금티를 평화와 인권교육의 훌륭한 교육장소로 거듭날 수 있도록 '한국전쟁 민간인 희생자 공주유족회(2007년 창립, 회장 곽정근)'와 함께 힘을 모아 나가야 한다.

진실화해위원회 결정문
& 대법원 판결문

| 진실화해위원회 결정문 |

공주 형무소재소자, 보도연맹원 희생 사건 진실화해위원회 결정문

【결정사안】

공주형무소에 수감된 45명의 재소자와 보도연맹원이 1950년 7월 9일경 공주 CIC분견대, 공주파견헌병대, 공주지역 경찰 등에 의해 법적 절차 없이 공주 왕촌 살구쟁이에서 집단살해당한 진실과 9·28수복 후 등 고문으로 희생당한 진실을 규명한 사례.

【결정요지】

공주형무소에서는 1950년 7월 9일경 최소 400명 이상의 재소자와 보도연맹원이 살해된 것으로 추정된다. 이들은 공주CIC분견대, 공주파견헌병대, 공주지역 경찰 등에 의해 법적 절차 없이 공주 왕촌 살구쟁이에서 집단 살해되었다. 그리고 한국전쟁 전과 9·28 수복 후 고문으로 재소자들이 희생되었다. 이들 중 신원이 확인된 희생자는 45명이다. 조사결과, 위원회 신청사건 중 신원이 확인된 희생자는 공주형무소 36명이다. 위원회 미신청사건 중 신원이 확인된 희생자는 공주형무소 9명이다.

본 사건에서 희생이 확인된 형무소재소자들은 국방경비법, 포고령, 국가보안법, 특별 조치령 위반 및 위반혐의자들이었다. 이들 중 행형기록이 존재하는 기결수의 형기는 징역 1년에서 무기까지 다양하였으나, 대부분은 징역 10년 미만이었다. 희생된 재소자들은 기결·미결수 구분 없이 그리고 형기에 관계없이 전시 하 정치·사상범이라는 이유로 집단 살해되었다. 재소자들과 함께 각 형무소에 구금된 보도연맹원들도 살해되었다.

본 사건의 직접적인 가해기관은 각 지역에 주둔한 CIC와 헌병대 및 각 지역 경찰이다. CIC와 헌병대는 재소자와 보도연맹원의 살해과정을 지휘하고 주도하였다. 경찰은 보도연맹원과 예비검속자들을 형무소에 구금하였고, 재소자와 보도연맹원의 살해과정에 직접 개입하기도 하였다. 계엄령 선포 이후 이들 기관은 계엄사령부의 지휘·명령을 받았다. 특히 CIC는 1950년 7월 9일 공주형무소의 여순사건 관련 재소자와 정치·사상범, 그리고 보도연맹원들의 의 인도를 요구하였고, 청년방위대를 동원하여 왕촌 총살현장의 구덩이를 파게하는 등 CIC는 공주형무소 재소자와 예비검속되어 공주형무소에 수감된 보도연맹원 등의 총살을 지휘·통제하였다.

따라서 본 사건의 최종적 책임은 지휘·명령계통 상 최고결정권자인 대통령과 국가에 귀속된다고 할 수 있다. 비록 전시라는 비상한 상황이었다고는 하나 국민의 생명과 재산을 보호해야 하는 국가가 좌익 전력이 있거나 의심된다는 이유만으로 형무소에 수감된 재소자와 보도연맹원들을 법적인 절차 없이 집단 살해한 것은 명백한 불법행위이다.

【권고사항】

이 사건에 대하여 진실이 규명되었으므로 화해를 위한 국가의 조치에 대하여 다음과 같이 권고한다.

가. 국가의 공식 사과

국가는 먼저 이 사건의 희생자와 유족들에게 진심으로 사과하는 것이 필요하다.

나. 위령사업 지원

국가와 지방자치단체는 희생자의 위령제 봉행, 위령비 건립 등 위령사업을 할 수 있도록 지원방안을 마련하는 것이 필요하다.

다. 가족관계등록부 정정

희생자들의 가족관계등록부를 검토한 결과, 대부분 사망일시·장소가 잘못 기재되어 있고, 특히 희생자의 유복자로 태어나 출생신고를 할 수 없어 다른 사람의 가족관계등록 부에 편입되어 있는 사례도 있다. 국가는 유족들이 원할 경우 별도의 법적 절차를 통해 가족관계등록부에 대한 정정 조치를 취하는 것이 필요하다.

라. 평화인권교육 강화

국가는 군인과 경찰, 공무원을 대상으로 전쟁 중 민간인 보호에 관한 법률과 국제인도 법 교육을 실시하는 등 전시인권교육을 강화하는 것이 필요하다. 또한 국가는 학생 등을 대상으로 평화·인권교육을 강화하는 것이 필요하다. 그리고 평시의 교도소재소자 인권 보장과 이에 대한 교육이 필요하다.

마. 관련 규정의 정비

국가는 전쟁이나 비상사태 시 민간인 보호조치 등에 관한 규정을 정비하여 다시는 이러한 사건이 재발하지 않도록 해야 한다.

대 법 원

제 2 부

판 결

사 건	2014다209128 손해배상(기)

원고, 피상고인 겸 상고인

별지 원고 명단 기재와 같다.

원고들 소송대리인 법무법인 덕수

담당변호사 김진영, 김형태, 송상교, 신동미, 양지훈, 윤천우

피고, 상고인 겸 피상고인

대한민국

법률상 대표자 법무부장관의 직무대행자 법무부차관 김주현

소송수행자 백찬하, 이한웅, 박효송, 이형석, 조상은, 최정복,

강민기, 전치흥, 윤유중, 서은희, 정현, 구현지, 최동환, 박주현,

원성희, 오한승

원 심 판 결	서울고등법원 2014. 4. 10. 선고 2013나2008852 판결
판 결 선 고	2015. 6. 24.

주 문

원심판결의 피고 패소 부분 중 원고 김숙, 원고 김중구, 원고 김화순, 원고 김진구에

대한 부분, 원고 염정희에 대한 망 김동태, 망 박상만의 각 위자료 상속분 부분을 파기하고, 이 부분 사건을 서울고등법원에 환송한다.

원고들(원고 망 김동환의 소송수계인들, 원고 망 박매림의 소송수계인, 원고 망 윤희균의 소송수계인, 원고 망 이옥태의 소송수계인들 각 포함)의 상고 및 피고의 원고 염정희에 대한 나머지 상고와 원고 김숙, 원고 김중구, 원고 김화순, 원고 김진구, 원고 염정희를 제외한 나머지 원고들(원고 망 김동환의 소송수계인들, 원고 망 박매림의 소송수계인, 원고 망 윤희균의 소송수계인, 원고 망 이옥태의 소송수계인들 각 포함)에 대한 상고를 모두 기각한다.

원고 김숙, 원고 김중구, 원고 김화순, 원고 김진구, 원고 염정희를 제외한 나머지 원고들(원고 망 김동환의 소송수계인들, 원고 망 박매림의 소송수계인, 원고 망 윤희균의 소송수계인, 원고 망 이옥태의 소송수계인들 각 포함)과 피고 사이에 생긴 상고비용은 각자 부담한다.

이 유

1. 원고 망 김동환의 소송수계인들, 원고 망 박매림의 소송수계인, 원고 망 윤희균의 소송수계인의 상고의 적법 여부를 본다.

피고는, 망 김동환, 망 박매림, 망 윤희균의 상고는 위 망인들이 사망한 이후에 위 망인들 명의로 제기된 것으로서 부적법하다는 취지로 주장한다.

망인의 소송대리인에게 상소제기에 관한 특별수권이 부여되어 있는 경우에는, 그에게 판결이 송달되더라도 소송절차가 중단되지 아니하고 상소기간은 진행하므로 상소제기 없이 상소기간이 지나가면 그 판결은 확정되지만, 망인의 소송대리인이나 상속인 또는 상대방 당사자에 의하여 적법하게 상소가 제기되면 그 판결은 확정되지 않는다 (대법원 2010. 12. 23. 선고 2007다22859 판결 참조).

한편, 소송 계속 중 어느 일방 당사자의 사망에 의한 소송절차 중단을 간과하고 변론이 종결되어 판결이 선고된 경우에는 그 판결은 소송에 관여할 수 있는 적법한 수계인의 권한을 배제한 결과가 되는 절차상 위법은 있지만 그 판결이 당연무효라고 할 수는 없고, 다만 그 판결은 대리인에 의하여 적법하게 대리되지 않았던 경우와 마찬가지로 보아 대리권흠결을 이유로 상소 또는 재심에 의하여 그 취소를 구할 수 있을 뿐이므로, 판결이 선고된 후 적법한 상속인들이 수계신청을 하여 판결을 송달받아 상고하거나 또는 사실상 송달을 받아 상고장을 제출하고 상고심에서 수계절차를 밟은 경우에도 그 수계와 상고는 적법한 것으로 보아야 하고, 그 상고를 판결임 없는 상태에서 이루어진 상고로 보아 부적법한 것이라고 각하할 것은 아니다. 또한, 민사소송법 제424조 제2항을 유추하여 볼 때 당사자가 판결 후 명시적 또는 묵시적으로 원심의 절차를 적법한 것으로 추인하면 위와 같은 상소사유 또는 재심사유는 소멸한다고 보아야 한다 (대법원 2003. 11. 14. 선고 2003다34038 판결 참조).

기록에 의하면, ① 망 김동환, 망 박매림, 망 윤희균은 법무법인 덕수를 제1심 소송대리인으로 선임하면서 항소제기에 관한 특별수권을 부여하였고, 법무법인 덕수는 망 김동환, 망 박매림, 망 윤희균을 대리하여 이 사건 소를 제기한 사실, ② 제1심 소송 계속 중인 2013. 4. 10. 망 박매림이 사망하였는데, 제1심 법원은 2013. 5. 1. 망 박매림이 사망한 사실을 간과하고 제1심 판결을 선고한 사실, 법무법인 덕수는 망 박매림 명의로 항소를 제기한 후 원심에 망 박매림이 법무법인 덕수를 소송대리인으로 선임하였다는 내용의 소송위임장을 제출한 사실, ③ 망 김동환, 망 윤희균은 법무법인 덕수를 원심 소송대리인으로 선임하면서 상고제기에 관한 특별수권을 부여하였고, 원심 소송계속 중 망 김동환은 2013. 10. 4., 망 윤희균은 2014. 3. 12. 각 사망하였는데, 원심은 2014. 4. 10. 망 김동환, 망 윤희균이 사망한 사실을 간과한 채 원심 판결을 선고한 사실, ④ 법무법인 덕수는 망 박매림, 망 김동환, 망 윤희균 명의로 각 상고를 제기하였고, 그 후 망 박매림, 망 김동환, 망 윤희균의 각 상속인들은 법무법인 덕수를 상고심 소송대리인으로 선임한 후 소송대리인 명의로 이 법원에 각 소송수계신청서를 제출한 사실을 알 수 있다.

위 사실관계를 앞서 본 법리에 따라 살펴보면, 망 김동환, 망 윤희균 명의로 제기된 상고는 망 김동환, 망 윤희균으로부터 상고제기에 관한 특별수권을 부여받은 소송대리인에 의하여 제기된 상고이므로 적법하다. 또한 망 박매림에 대한 원심판결은 망 박매림이 제1심 소송 진행 중 사망한 사실을 간과한 채 이루어진 판결이나, 법무법인 덕수가 망 박매림의 소송대리인으로 상고를 제기한 이후에 망 박매림의 상속인들이 원심에서 망 박매림의 무권대리인이자 망 박매림 명의 상고장 제출 행위의 무권대리인인 법무법인 덕수를 소송대리인으로 선임한 후 이 법원에 법무법인 덕수 명의로 소송수계신청을 함으로써 종전 소송절차를 모두 추인하였다고 볼 수 있으므로, 망 박매림 명의로 제기된 상고도 적법하다.

2. 상고이유를 판단한다.

　가. 피고의 상고이유에 대하여

　　(1) 상고이유 제1점에 관하여

원심은 그 판시와 같이, 피고 소속의 군인, 경찰 등이 적법한 절차를 거치지 않고 이 사건 희생자들을 사살하거나 고문, 가혹행위로 사망에 이르게 하였으므로, 피고는 이

사건 희생자들 및 그 유족들에게 그 정신적 손해를 배상할 책임이 있다고 판단하였다.

기록을 살펴보면, 원심의 인정과 판단은 정당하고, 거기에 증거재판주의와 증명책임의 원칙에 관한 법리를 오해하거나 필요한 심리를 다하지 아니하고 논리와 경험의 법칙을 위반하여 자유심증주의의 한계를 벗어난 위법이 없다.

(2) 상고이유 제2점에 관하여

원심은 그 판시와 같은 이유로, 이 사건 소가 과거사정리위원회의 진실규명결정일로부터 1년 11개월이 경과한 무렵에 제기되기는 하였으나, 단기 소멸시효의 기간이 3년 내에 제기되었고, 위 기간 동안 원고들(망 김동환, 망 박매림, 망 윤희균, 망 이옥태를 포함하고, 위 망인들의 소송수계인들은 제외)이 피고의 입법적 조치를 기다린 것이 상당하다고 볼 만한 매우 특수한 사정이 있다고 보아 원고들(망 김동환, 망 박매림, 망 윤희균, 망 이옥태를 포함하고, 위 망인들의 소송수계인들은 제외)의 2014. 3. 10.자 청구취지 등 변경신청서로 추가된 청구를 제외한 나머지 청구에 관한 피고의 소멸시효 항변을 배척하였다.

기록을 살펴보면, 원심의 위와 같은 판단은 정당하고, 거기에 소멸시효에 관한 법리를 오해한 위법이 없다.

(3) 상고이유 제3점에 관하여

(가) 망 김주현의 희생 관련 상속분에 대하여

원심은, 망 김주현이 희생당하여 망 김주현 본인, 망 김주현의 부친인 망 김치갑, 모친인 망 박봉순, 형인 망 김재현에게 각 위자료 채권이 발생하였는데, 위 각 위자료 채권과 관련하여, 망 김재현은 위 망 김주현, 망 김치갑의 각 위자료 채권 전부와 위 망 박봉순의 위자료 채권 중 일부를 직접 또는 전전 상속하였고, 그 후 1973. 4. 7. 사망함에 따라 망 김재현 본인의 위자료 채권과 위와 같이 상속한 각 위자료 채권을 처 망 김순돌 및 자식인 원고 김숙, 원고 김중구, 원고 김화순, 원고 김진구 및 김범구, 김광구, 김영봉, 김민구, 김정숙(이하 원고 김숙부터 김정숙까지 9인을 '원고 김숙 등'이라 한다)이 각 상속하였고, 망 김순돌이 1987. 12. 23. 사망함에 따라 망 김순돌이 위와 같이 망 김재현으로부터 상속한 각 위자료 채권을 자식인 원고 김숙 등이 각 상속하였다고 판단하였다.

그러나 갑 제5호증의 3의 기재에 의하면, 망 김재현, 망 김순돌 부부는 자식으로 원고 김숙 등 외에 김영자를 두고 있었던 사실을 인정할 수 있으므로, 원심으로서는 망 김재현, 망 김순돌 사망 당시 김영자나 김영자의 직계비속 등이 망 김재현, 망 김순돌의 위 각 위자료 채권을 상속 내지 대습상속할 수 있었는지를 심리하였어야 할 것이다.

그럼에도 원심은, 망 김재현 본인의 위자료 채권과 위와 같이 상속한 각 위자료 채권을 망 김순돌 및 원고 김숙 등만이, 망 김순돌이 위와 같이 망 김재현으로부터 상속한 각 위자료 채권을 원고 김숙 등만이 상속하였다고 판단하였으니, 이러한 원심의 판단에는 필요한 심리를 다하지 아니하여 판결결과에 영향을 미친 위법이 있다.

(나) 망 김동태의 희생 관련 상속분에 대하여

원심은, 망 김동태가 희생당하여 망 김동태 본인, 망 김동태의 모친인 망 박상만, 동생인 망 김소예에게 각 위자료 채권이 발생하였는데, 그 중 망 김동태, 망 박상만의 각 위자료 채권과 관련하여, 망 박상만이 망 김동태의 위 위자료 채권을 단독으로 상속하였고, 망 박상만이 1971. 4. 6. 사망함에 따라 자식인 김일대, 김복단 및 망 김소예가 망 박상만이 위와 같이 상속한 망 김동태의 위자료 채권과 망 박상만 본인의 위자료 채권을 상속하였으며, 망 김소예가 사망함에 따라 망 김소예가 망 박상만으로부터 상속한 위 각 위자료 채권을 원고 남성희가 단독으로 상속하였다고 판단하였다.

그러나 갑 제14호증의 1의 기재에 의하면, 망 박상만은 자식으로 김일대, 김복단 및 망 김소예 외에 김을심을 두고 있었던 사실을 인정할 수 있으므로, 원심으로서는 망 박상만 사망 당시 김을심이나 그 직계비속 등이 망 박상만의 위 각 위자료 채권을 상속 내지 대습상속할 수 있었는지를 심리하였어야 할 것이다.

그럼에도 원심은 망 박상만의 위 각 위자료 채권을 김일대, 김복단 및 망 김소예만이 상속하였다고 판단하였으니, 이러한 원심의 판단에는 필요한 심리를 다하지 아니하여 판결결과에 영향을 미친 위법이 있다.

(다) 망 이옥열의 희생 관련 상속분에 대하여

원심은, 망 이옥열이 희생당하여 망 이옥열, 망 이옥열의 부친인 망 이재두에게 각 위자료 채권이 발생하였고, 망 이옥열의 위자료 채권을 망 이재두가 단독으로 상속하였으며, 망 이재두가 1982. 4. 19. 사망함에 따라 망 이재두 본인의 위자료 채권과 망 이재두가 위와 같이 상속한 망 이옥열의 위자료 채권을 처인 망 김금심, 아들이자 호주상속인 원고 망 이옥태, 아들인 망 이옥석, 출가한 딸인 원고 이옥예, 이복엽, 아들(원심판결에 '미혼인 딸'이라고 기재되어 있으나, 원심판결 별지2 위자료 액수 목록에 원고 이옥술이 망 이옥열의 '제'라고 기재되어 있고, 당사자란의 원고 이옥술의 주민등록번호 뒷자리가 1로 시작하는 점에 비추어 이는 오기로 보인다)인 원고 이옥술이 1.5 : 1.5 : 1 : 0.25 : 0.25 : 1의 비율로 상속하였다고 판단하였다.

망 이재두 사망 당시 시행 중이던 구 민법(1984. 4. 10. 법률 제3723호로 개정되기 전의 것)에 의하면, 동순위의 상속인이 수인인 때에는 그 상속분은 균분으로 하고, 재

산상속인이 동시에 호주상속을 할 경우에 상속분은 그 고유의 상속분에 5할을 가산하며, 피상속인의 처가 직계비속과 공동으로 상속하는 때에는 동일가적 내에 있는 직계비속의 상속분의 5할을 가산하고, 동일가적 내에 없는 여자의 상속분은 남자의 상속분의 4분의 1이다.

기록을 살펴보면, 원심의 위 인정은 정당하고, 원심의 위와 같은 상속분 판단도 위 구 민법의 상속분 규정에 따른 판단으로 정당하며, 거기에 논리와 경험의 법칙을 위반하여 자유심증주의의 한계를 벗어나거나 상속분 산정에 관한 법리를 오해한 위법이 없다.

나. 원고들(원고 망 김동환의 소송수계인들, 원고 망 박매림의 소송수계인, 원고 망 윤희균의 소송수계인, 원고 망 이옥태의 소송수계인들 각 포함)의 상고이유에 관하여

불법행위로 입은 정신적 고통에 대한 위자료 액수에 관하여는 사실심 법원이 여러 사정을 참작하여 그 직권에 속하는 재량에 의하여 이를 확정할 수 있다(대법원 1999. 4. 23. 선고 98다41377 판결 참조).

원심은 그 판시와 같은 여러 사정을 참작하여 이 사건 희생자들 및 그 유족들에 대한 위자료를 판시 액수로 정하였다.

기록을 살펴보면, 원심의 위자료 액수의 산정은 정당하고, 거기에 현저히 정의와 형평에 반하거나 위자료 산정에 관한 법리를 오해하는 등의 위법이 없다.

3. 결론

따라서 원심판결의 피고 패소 부분 중 원고 김숙, 원고 김중구, 원고 김화순, 원고 김진구에 대한 부분, 원고 염정희에 대한 망 김동태, 망 박상만의 각 위자료 상속분 부

분을 파기하고, 이 부분 사건을 다시 심리·판단하도록 원심법원에 환송한다. 원고들(원고 망 김동환의 소송수계인들, 원고 망 박매림의 소송수계인, 원고 망 윤희균의 소송수계인, 원고 망 이옥태의 소송수계인들 각 포함)의 상고 및 피고의 원고 염정희에 대한 나머지 상고와 원고 김숙, 원고 김중구, 원고 김화순, 원고 김진구, 원고 염정희를 제외한 나머지 원고들(원고 망 김동환의 소송수계인들, 원고 망 박매림의 소송수계인, 원고 망 윤희균의 소송수계인, 원고 망 이옥태의 소송수계인들 각 포함)에 대한 상고를 모두 기각하고, 원고 김중구, 원고 김진구, 원고 김숙, 원고 김화순, 원고 염정희를 제외한 나머지 원고들(원고 망 김동환의 소송수계인들, 원고 망 박매림의 소송수계인, 원고 망 윤희균의 소송수계인, 원고 망 이옥태의 소송수계인들 각 포함)과 피고 사이에 생긴 상고비용은 각자 부담하도록 한다. 이에 관여 대법관의 일치된 의견으로 주문과 같이 판결한다.

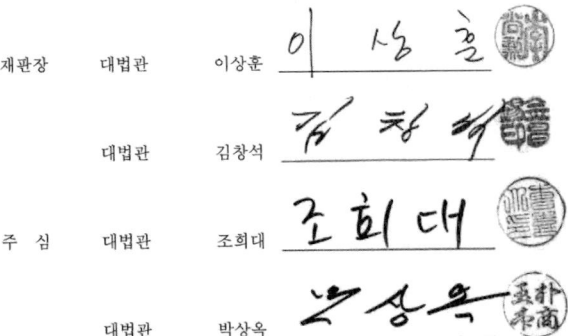

재판장   대법관   이상훈

　　　　대법관   김창석

주　심   대법관   조희대

　　　　대법관   박상옥

별지

원 고 명 단

1. 최재선

    여수시 여서동 503-1

2. 최외심

    서울 양천구 목동중앙북로8라길 7

3. 김창연

    여수시 화양면 이목리 1378

4. 김춘자

    군산시 하나운로 7, 102동 1101호

5. 이채우

    천안시 동남구 신방동 873 성지새말아파트1단지 105동 602호

6. 이선이

    서울 종로구 동숭3길 17, 501호

7. 이선임

    서울 종로구 혜화로12길 24, A동 202호

8. 김숙

    충북 옥천군 군북면 이백5길 33

9. 김중구

부산 사하구 신평동 601-4

10. 김화순

용인시 기흥구 신갈로124번길 3, 102동 602호

11. 김진구

부천시 원미구 삼작로256번길 21-7, 1층 3호

12. 문선규

여수시 화양면 이천리 419

13. 박씨

인천 남구 문학동 395-2 신성주택 B동 102호

14. 이은실

15. 곽성규

원고 14, 15의 주소 인천 남동구 남촌동로 8, 203동 1304호

16. 곽소희

인천 남구 학익동 671-2 영남들국화아파트 1동 407호

17. 곽진규

인천 남동구 논현동 563-2 동보아파트 104동 402호

18. 곽세순

인천 남동구 소래역로 119, 808동 403호

19. 곽정근

서울 강남구 자곡동 440-20

20. 이한정

인천 연수구 원인재로 180, 212동 1801호
21. 곽병일
    인천 연수구 해송로 143, 106동 701호
22. 곽병석
    인천 남구 경원대로864번길 114, 205동 2303호
23. 정태심
    서울 성북구 보문동2가 2-3
24. 김계심
    여수시 소라면 구족도2길 14
25. 정승연
    여수시 화장동 882 주공아파트 301동 101호
26. 정성연
    서울 성북구 종암로5길 21, 301호
27. 정동희
    서울 구로구 신도림로 16, 302동 301호
28. 정혜숙
    전주시 덕진구 무삼지로 10, 606동 103호
29. 이경수
    울산 울주군 상북면 신기길 74
30. 안승환
    여수시 여서로 181, 2동 209호

31. 안말심

　　여수시 선원동 1059

32. 김인주

　　여수시 시청로 84, 3동 1206호

33. 김인자

　　여수시 구봉길 29, 111동 403호

34. 망 김동환의 소송수계인

　가. 김임순

　　　창원시 진해구 조천북로 65, 102동 1302호

　나. 김철주

　　　창원시 성산구 반송로 177, 209동 1307호

　다. 김규봉

　　　김해시 내외로 3-1

　라. 김규용

　　　대구 수성구 달구벌대로649길 14, 102동 1102호

　마. 김규주

　　　김해시 율하1로 7, 204동 1503호

　바. 김인숙

　　　광양시 진등6길 51, 603동 902호

　사. 김석

　　　서울 강서구 초록마을로 86, 101호

아. 김현

　　광주 서구 월드컵4강로 27, 116동 502호

35. 김동협

　　서울 영등포구 시흥대로181길 13-8

36. 김동옥

　　여수시 봉강동 36-3

37. 김미란

　　부산 중구 동영로 35

38. 김기동

　　부산 남구 우암양달로 17

39. 김도균

　　김해시 장유면 율하2로 178, 1205동 1102호

40. 김도성

　　김해시 장유면 계동로102번길 24, 406동 501호

41. 유우업

　　서울 관악구 문성로16다길 76

42. 김운자

　　서울 관악구 신림동 산 121

43. 김태복

　　전남 고흥군 두원면 예골길 24-4

44. 김형근

전남 고흥군 동강면 원유둔3길 10

45. 염성희

순천시 서문로 42

46. 망 박매림의 소송수계인

김세웅

광주 동구 밤실로30번길 11, 1동 1106호

47. 김세웅

광주 동구 밤실로30번길 11, 1동 1106호

48. 김성찬

서귀포시 성산읍 고성리 331-3

49. 김생수

여수시 남산동 289-1

50. 김영국

여수시 봉산동 520-5

51. 김영웅

부산 서구 남부민동 94-235

52. 김영자

여수시 남산동 910

53. 한윤석

서울 노원구 월계3동 13 미륭아파트 23동 403호

54. 한민석

천안시 동남구 영성동 47-29, 4층

55. 한인석

　　　천안시 동남구 다가동 5-48 덕진빌라 9동 201호

56. 한진석

　　　천안시 서북구 두정동 2010 푸르지오5차 504동 502호

57. 장형용

　　　여수시 봉산동 266-2

58. 박용운

　　　여수시 중앙동 565

59. 박계화

　　　서울 서초구 신반포로19길 10, 32동 903호

60. 박용자

　　　서울 도봉구 우이천로4나길 29

61. 황길웅

　　　용인시 기흥구 보정동 1162 행원마을동아솔레시티아파트 123동 902호

62. 황의한

　　　수원시 권선구 권선로694번길 26, 202동 1503호

63. 송재문

　　　부산 해운대구 재송동 210-17

64. 송재성

　　　부산 동래구 온천천로253번길 21

65. 망 윤희균의 소송수계인

    김기호

    서울 관악구 남부순환로256가길 3, 402호

66. 김기호

    서울 관악구 남부순환로256가길 3, 402호

67. 김만수

    서울 중구 다산로6길 7-15, 201호

68. 윤기임

    청주시 상당구 주성로132번길 10, 102동 106호

69. 이종만

    청주시 상당구 내덕동 124-9

70. 이종순

    청주시 흥덕구 월평동 25, 101동 1502호

71. 이종록

    청주시 흥덕구 구룡산로337번길 174, 104호

72. 이필자

    대구 수성구 시지동 494-1

73. 이준원

    대구 남구 명덕로68길 77, 104동 603호

74. 이옥예

    광주시 초월읍 산수로66번길 22

75. 망 이옥태의 소송수계인

　가. 김선심

　　　여수시 삼산면 중천샘길 9-1

　나. 이권오

　　　여수시 삼산면 중천샘길 9-1

　다. 이권숙

　　　여수시 여서2로 20, 2동 804호

　라. 이경미

　　　창원시 마산합포구 월영동3길 7

　마. 이진호

　　　여수시 돌산읍 강남5길 31, 301호

　바. 이경숙

　　　여수시 돌산읍 강남해안로 67-25

76. 이복엽

　　　서울 양천구 곰달래로5길 68-1

77. 이옥술

　　　성남시 수정구 성남대로1237번길 6-25, B02호

78. 이숙영

　　　충주시 수안보면 온천리 광동빌라 라동 304호

79. 이은호

　　　부산 해운대구 마린시티3로 1, 1408호

169

80. 최예환

81. 윤주원

   원고 80, 81의 주소   충남 연기군 금남면 영대1길 78-16

82. 이지형

   구리시 응달말로40번길 1, 101동 401호

83. 권옥선

   하남시 하남대로777번길 41

84. 권선철

   구리시 인창2로77번길 1-5

85. 소정섭

   충북 음성군 감곡면 음성로 2640, 101동 302호

86. 소인섭

   공주시 계룡면 갑골길 36-31. 끝.

정본입니다.

2015. 6. 24.

대법원

법원사무관 이정성

※ 각 법원 민원실에 설치된 사건검색 컴퓨터의 발급번호조회 메뉴를 이용하거나, 담당 재판부에 대한 문의를 통하여 이 문서 하단에 표시된 발급번호를 조회하시면, 문서의 위,변조 여부를 확인하실 수 있습니다.

대 법 원

제 1 부

판 결

사 건	2013다216464 손해배상(기)

원고, 피상고인 겸 상고인

1. 신복렬 (170103-2023426)

   서울 노원구 노원로22길 34, 102동 703호 (중계동, 롯데우성아파트)

2. 윤소희 (480305-2030610)

   시흥시 은행로 108, 302동 1402호 (은행동, 벽산아파트)

3. 정만철 (470310-1452711)

   공주시 계룡면 영규대사로 186-7

4. 정기철 (491015-1452734)

   공주시 계룡면 금띠길 8-4

5. 정필중 (390624-1455212)

   논산시 상월면 선비로 1449

6. 정철희 (490820-2452710)

   공주시 계룡면 다라울중대길 164-6

7. 정희철 (510730-1452716)

   공주시 계룡면 금대리 412

8. 박종철 (380208-1452719)

　　대전 유성구 신성로71번길 28, 305호 (신성동)

9. 이충섭 (李忠燮)

　　미합중국 뉴욕주 뉴욕시 3736 10번가 아파트 3D

10. 이금섭 (李錦燮)

　　미합중국 뉴욕주 뉴욕시 45번가 아파트 13Q

11. 이효섭 (360315-1069325)

　　서울 송파구 중대로 24, 204동 904호 (문정동, 훼밀리아파트)

12. 이은섭 (410515-2037519)

　　서울 용산구 이촌동 347, 14동 309호 (서빙고동, 신동아아파트)

13. 이인섭 (441017-1023710)

　　서울 송파구 마천로51길 25, 602호 (마천동, 한보아파트)

14. 이의섭 (李義燮)

　　미합중국 버지니아주 아난대일 4415 브라이어우드 코트노스 45

15. 조병기 (450708-1069319)

　　서울 관악구 난곡로11가길 38-3, 2층 202호 (신림동, 서광빌라)

16. 조병순 (趙秉順)

　　서울 관악구 난곡로11가길 38-3, 2층 202호 (신림동, 서광빌라)

17. 김원동 (371002-1057121)

　　서울 금천구 금하로 793, 202동 713호 (시흥동, 벽산아파트)

18. 우정규 (281221-1452427)

창원시 의창구 동읍 덕산길 29

19. 김진환 (410524-1631717)

공주시 의당면 율정양촌길 51

20. 김민환 (450808-1631718)

천안시 동남구 다가9길 30-2 (다가동)

21. 김부환 (511001-1478415)

대전 유성구 진잠로149번길 24, 107동 1502호 (교촌동, 제이파크)

22. 이순례 (240517-2057021)

인천 계양구 계산시장길 25-10, A동 302호 (계산동, 신다우빌라)

23. 김정순 (410325-2069228)

부천시 원미구 소사로276번길 115, 402호 (역곡동, LG하이츠맨션)

24. 김건환 (461126-1057010)

서울 금천구 한내로 52, 1102호 (독산동, 각산아파트)

25. 김정희 (500224-2056812)

용인시 수지구 풍덕천로 91, 105동 901호 (풍덕천동, 용인수지신정마을1단지)

26. 박옥희 (330719-2051610)

서울 금천구 시흥대로149길 24-2 (가산동)

27. 박구희 (471022-1051611)

　　서울 서초구 서초중앙로 15, D동 804호 (서초동, 현대슈퍼빌)

28. 김인배 (250115-1452910)

　　공주시 장기면 산학리 273-1

29. 김영배 (400124-1451016)

　　대전 대덕구 송촌로93번길 1, 2층 (송촌동)

30. 김종기 (490315-1451011)

　　대전 유성구 유성대로720번길 6, 1202호 (장대동, 아인스빌)

31. 김정태 (680812-1451017)

　　대전 중구 태평로 77, 22동 16호 (태평동, 삼부아파트)

32. 김봉호 (491206-1017613)

　　성남시 수정구 복정로118번길 1, 402호 (복정동)

33. 김기성 (330308-1452627)

　　공주시 탄천면 남산리 428-3

34. 유영숙 (500407-2057118)

　　공주시 의당면 율정양촌길 13-11

35. 소재윤 (330701-1155427)

　　인천 부평구 창휘로 13-4 (십정동)

36. 소재성 (400922-1446715)

　　전북 완주군 운주면 금고당로 894

37. 소근용 (680818-1024414)

		서울 강북구 도봉로 167, 406호 (미아동, 두원프라자)
원고, 상고인	38.	김동식 (350620-1452911)
		공주시 장기면 은용리 101-5
	39.	김학식 (390316-1452911)
		공주시 장기면 은용리 111-1
	40.	김학순 (420925-2453015)
		공주시 의당면 유계리 9-1
	41.	김명식 (470827-1452911)
		대전 유성구 노은동로 187, 604동 903호 (지족동, 열매마을6단지)
	42.	최종순 (500310-2068325)
		서울 강동구 고덕로 313, 245동 508호 (고덕동, 주공아파트)
	43.	김유신 (730330-2067811)
		안산시 상록구 중보로 16, 205동 603호 (사동, 푸른마을2단지주공아파트)
	44.	김유경 (750920-2067835)
		남양주시 진건읍 사릉로372번길 25, 203동 1501호 (주공2단지아파트)
	45.	김응상 (761211-1067816)
		서울 강동구 고덕로 313, 245동 508호 (고덕동, 주공아파트)
	46.	정웅희 (430804-1055318)

서울 마포구 월드컵로10길 40 (서교동, 성진빌딩)
원고들 소송대리인 법무법인 덕수
담당변호사 김진영, 김형태, 신동미, 윤천우

피고, 상고인 겸 피상고인
　　　　　　　대한민국
　　　　　　　법률상 대표자 법무부장관 황교안
　　　　　　　소송수행자 백찬하, 신현석, 엄세용

원 심 판 결　서울고등법원 2013. 10. 25. 선고 2013나2001707 판결

주　　　문

상고를 모두 기각한다.
상고비용은 상고인 각자가 부담한다.

이　　　유

원심판결 및 상고이유서와 이 사건 기록을 모두 살펴보았으나, 상고인들의 상고이유에 관한 주장은 상고심절차에 관한 특례법 제4조 제1항 각 호에 정한 사유를 포함하지 아니하거나 이유가 없다고 인정되므로, 같은 법 제5조에 의하여 상고를 모두 기각하기로 하여 관여 대법관의 일치된 의견으로 주문과 같이 판결한다.

2014. 2. 13.

재판장	대법관	양창수
	대법관	고영한
주 심	대법관	김창석

정본입니다.

2014. 2. 13.

대법원

법원사무관 김선엽

※ 각 법원 민원실에 설치된 사건검색 컴퓨터의 발급번호조회 메뉴를 이용하거나, 담당 재판부에 대한 문의를 통하여 이 문서 하단에 표시된 발급번호를 조회하시면, 문서의 위,변조 여부를 확인하실 수 있습니다.

언론이 본
공주 민간인 희생사건

| 학살 현장 발견 |

충남 공주, 집단 양민학살 현장 발견
- 공주형무소 정치범 등 1천여 명 학살 추정

2001.06.06 | 심규상 기자

　6·25직후 정치범을 비롯 보도연맹에 가입했던 민간인이 군과 경찰에 의해 집단학살된 뒤 암매장된 것으로 추정되는 현장이 충남 공주에서 발견됐다.
　충남 공주시 왕촌3리 이종선(78) 씨 등 이 마을 주민들은 "6·25전쟁 직후인 7월 초경 군인과 경찰들이 마을 뒤편 산속으로 사람들을 끌고 간 후 하루종일 총소리가 났다"고 주장했다. 주민들은 당시 끌려간 사람들이 "공주형무소에 수감돼 있던 좌익수들과 보도연맹관련자였던 것으로 알고 있다"고 말했다.
　같은 마을 이규성(64. 李圭聖) 씨는 암매장된 것으로 추정되는 현장을 제시한 후 "총소리가 오전 10시경부터 해가 질 때까지 계속돼 근처 주민들이 하루 종일 불안에 떨었다"고 말했다.
　이씨는 "당시 총살해 구덩이에 파묻은 사람이 15트럭이라는 얘기를 후에 전해 들었다"며 "한 트럭당 50~60명씩 실어 날랐다고 하니 적어도 700~900명쯤 되지 않겠냐"고 반문했다.
　이씨가 제시한 암매장지는 이 마을 뒷산 골짜기에 모두 4개의 구덩이며 한 개의 구덩이가 길이 30m, 폭 2.5m 정도이다.
　6·25당시 북한의 '해방일보'가 "50년 7월 7일 군·경이 공주 금강변 말머리재에서 애국자 및 남녀노소 800여명을 무차별 살육했다"는 보도를 한 적은 있으나 공주에서 이처럼 학살현장이 발견된 것은 이번이 처음이다.

(사)여수지역사회연구소가 지난 96년부터 98년 9월까지(2년 9개월) 여순사건 관련 생존자와 유가족 등 1000명의 증언을 바탕으로 한 피해 실태 조사 분석보고서에도 대상자중 4명이 공주형무소에서 '총살' 당한 것으로 기록하고 있으나 그동안 학살 장소가 밝혀지지 않아 대전 산내면 골령골(대전형무소 정치범 학살지)로 옮겨져 함께 처형됐을 것으로 추정해 왔었다.

　이씨는 "당시 군·경은 이 야산으로 통하는 모든 진입로를 통제했고 산꼭대기 등 골짜기 전체를 에워쌓아 다른 사람들은 얼씬도 못하게 했다"고 기억을 떠올렸다.

　이씨는 또 "학살이 있은 후 전답을 가기 위해 할 수 없이 이곳을 자주 지나다닐 수밖에 없었다"며 "송장 썩는 역한 냄새가 10년 가까이 골짜기에 진동을 해 코를 막고 다녀야 했다"고 말했다.

　이씨는 이어 "총살된 2명의 여자는 따로 묻혀 후에 유가족들이 시신을 수습해 간 것으로 안다"며 "마을사람들이 무섭다며 아무도 이곳에 발을 들여놓지 않아 유골이 그대로 보존돼 있을 것"이라고 덧붙였다.

　공주시민단체협의회 관계자는 "집단 양민학살 현장이 확인된 만큼 정부와 학계, 시민단체 등이 광범위하게 참여하는 진상조사단을 구성, 철저한 조사와 함께 하루빨리 발굴작업을 벌여 희생자들의 넋을 위로해야 할 것"이라고 말했다.

　한편 암매장지로 추정되는 근교에 '말머리재'와 유사한 옛 지명인 '말재'가 있고 불과 200~300여m 거리에 금강이 흐르고 있어 당시 북한의 '해방일보'가 보도한 곳과 동일한 학살지인 것으로 보인다.

51년만에 드러난 30cm 땅 아래의 신실

― 6·25에 말하는 '공주 민간인 학살' 취재기

01.06.25 | 심규상 기자

 사실이었다. 그 곳에 주검이 있었다. 이 사람 뼈와 저 사람 뼈가 뒤엉켜 있었다. 머리 위에 퍼렇게 녹슨 A1소총 탄피를 이고서. 얼마나 공포스러웠을까. 목숨을 앗아간 총탄의 몸신을 이고 반세기를 누워 있었으니.
 '도대체 왜 낯선 이곳에 끌려와 죽었을까'를 생각했을 그 머릿속은 흙이 돼 있었다. 흙으로 변하기 전, 그 이유를 알아내기는 한 걸까. 대전 간다던 트럭이 왜 산속에서 멈췄는지. 하얗게 질린 얼굴에 왜 총알을 박았는지. 왜 아무도 찾지 못할 이곳에 버려지듯 암매장됐는지.
 6·25를 사흘 앞둔 지난 22일 오후. 일행 여섯 명과 이곳을 다시 찾았다. 증언을 확인하기 위해 매장지로 추정되는 한 곳을 파기 시작했다. 10여 분 정도 지났을까? 지표면과 약 20~30cm에 불과한 곳에서 첫 두개골이 드러났다. 작은 두개골이 10대쯤으로 짐작됐다.
 썩은 살은 문드러져 농익은 흙으로 변해 있었다. 검붉은 핏빛을 닮아 흙마저 그렇게 검은 것일까. 떨리는 손으로 긴 뼈마디를 들어 올렸다. 이럴 수가? 뼛조각 한 켯에 붉은 핏기가 선명하게 배어 있다. 동행한 일행들 모두의 눈에도 핏기로 보였다. 뼈마디에 한 점 혈흔이나마 새겨 처절했던 당시를 증거하려 했던 것일까. 손가락을 곡괭이 삼아 주변을 헤집어냈다. 또 드러나는 두개골. 또 다른 뼛조각이 흙더미와 함께 무너져 내린다.

숨을 쉴 수가 없었다. 녹음에 가려진 햇볕으로 골짜기 전체가 깜깜했다. 모든 게 멈춰선 듯 주변엔 정적이 흐른다. 엷게 느껴지는 눅눅한 바람결만이 시간의 흐름을 짐작하게 했다. 일행들은 넋을 놓고 그렇게 한참을 주저앉았다.

다시 흙더미를 올렸다. A1 탄피를 이고 있는 머리 위에 그대로 흙더미를 채웠다. 마치 아무 것도 보지 못한 것처럼. 꼭 51년 만에 드러난 약 1천 명의 기구한 사연을 간직한 30cm 땅 아래 진실은 20여분 만에 그렇게 파묻혔다.

이럴 줄 알았으면 파지 말았어야 했다. 반세기 동안 탄피를 이고 온 유골을 보고서도 못 본 척 다시 흙을 덮을 것이라면 애시당초 확인을 하지 말았어야 했다. 아니, 아예 찾아 나서지 말았어야 했다. 뒤엉킨 유골 무더기를 보고서도 그냥 되묻을 수밖에 없는 현실이었다면 온 동네, 온 산을 찾아 헤매지 말았어야 했다.

지난 5월 30일, 무작정 공주로 암매장지를 찾아 나섰다. 근거자료는 50년 당시 북한 신문이 보도한 '공주 금강변 말머리재'가 전부였다. 이미 몇 번을 헛걸음한 터였다. 누구에게 물어도 '말머리재'라는 곳은 들어보질 못했단다. 그 날도 별 기대 없이 길을 나섰다. 공주대학교 학생기자들이 동행했다. 금강변에서 가까운 마을을 취재범위로 정하고 이 마을 저 마을을 물으며 다니다 오랜 집성촌이 있다는 얘기를 듣고 찾아간 것이 적중했다. 상투머리에 갓을 쓴 이 마을(공주시 왕촌3리) 이종선(78) 씨가 야트막한 뒷산을 가리켰다. 그러나 이종선 씨를 비롯 마을 주민들은 대강의 장소를 설명할 뿐 정확한 매장 위치를 기억하진 못했다. 그 날 이후 누구도 '무섭다'며 그 골짜기에 발을 들여놓지 않았기 때문이다. 몇 시간을 야산 이곳저곳을 뒤졌지만 도무지 짐작이 되지 않았다. 해도 기울고 예정된 일정도 있어 산을 내려오다 마을과 좀 떨어진 외딴집 한 채를 만났다. 반신반의하며 그 집을 찾아가 "암매장지를 아느냐"고 물으니 대답 대신 집주인인 이규성(64) 씨가 씁쓸하게 웃는다.

"정확한 무덤 위치를 아는 사람은 나뿐일 거요. 학살이 있은 뒤에 산 너머 전답을 가기 위해 할 수 없이 그 곳을 자주 지나다녀서 잘 알아요."

이 씨의 안내로 찾아간 그 곳은 대전-공주(공주에서 대전 방향 5km)간 국도변과 불과 100여m 떨어진 지척이었다. 도로변 산기슭에 그 많은 주검이 묻혀 있을 줄이야. 하얀 꽃 피우고 쩍쩍 알밤을 쏟아내던 밤나무 숲 아래 처참한 사연과 흉흉한 총소리가 묻혀 있을 줄이야. 하지만 유골이 묻혀 있는 것을 확인한 후 엄습해 오는 것은 자괴감이었다. 도대체 이게 다 무슨 소용이랴.

약 3천여 넋이 학살돼 매장돼 있는 것으로 추정되는 대선 산내(골령골) 암매장지 현장은 쓰레기장이 돼 있다. 폐비닐, 폐깡통, 폐플라스틱, 잡쓰레기 등이 산더미처럼 쌓여 있다. 또 일부는 밭으로 개간돼 쟁기질을 할 때마다 드러난 유골이 널려 있다. 그리고 여전히 그 땅에는 봉분 대신 밭이랑이, 잔디 대신 마늘과 배추가 자리 잡고 있다.

지난해 여름 확인된 충북 옥천군 월전면 보도연맹 관련자 500여 명의 암매장지로 추정되는 현장 일부(하천변)는 물에 잠겨 있다. 정부와 자치단체의 철저한 무관심과 외면 때문이다. 이번에 드러난 공주 밤나무골 암매장지에 대해서도 정부는 못본 척, 못들은 척 눈과 귀를 닫고 시간이 흐르기만을 기다리고 있다.

공주시민사회단체협의회 정선원(43) 사무국장은 "주검에마저 이념의 잣대를 들이대는 야만의 역사가 여지없이 반복되고 있는 현실이 서글프다"며 "좌익에 의해 희생된 민간인이든 우익에 의해 희생된 민간인이든 그들은 똑같은 전쟁의 피해자일 뿐"이라고 말했다. 부끄러운 또 하나의 역사를 공주 밤나무골에, 대전 골령골에 파묻어 놓고 '평화'를 말하는 것은 설득력이 없다. 누군가의 말처럼 전쟁에 대한 반성 없이 평화가 오겠는가.

많은 사람들이 주장하는 '한국전쟁전후 민간인 희생사건을 위한 특별법 제정'은 결코 진보적일 수 없다. 그저 사람의 '주검'에 대한 최소한의 예의일 뿐이다.

"형, 형… 이제 죄수복 벗어"

2006.08.06 | 심규상 기자

"이제야 모였구나/ 오늘 여기 모였구나/민본에다 애민 붙여/덕치주의 인내천에/민주주의 들먹이며/온갖 자랑 일삼더니/이런 억지 어디 있나/이런 행패 어디 있나/ 금쪽같은 생명이요/생떼 같은 목숨인데/이리 쏘고 내버리고 /저리 쏘고 내던지나/ 파리보다 못한 목숨/억울하다 억울하다/…" (전병철 씨의 공주 왕촌 희생자 추도 글 중에서)

충남 공주 왕촌리 인근 야산이 6일 통곡과 눈물로 젖었다. 한국전쟁 당시 군·경에 의해 희생된 1000여명의 공주형무소 수감자 및 보도연맹원에 대한 첫 위령제가 56년 만에 열린 것. 이날 위령제에는 행사를 주최한 공주민주시민사회단체협의회 회원을 비롯 한국전쟁 당시 대전과 충북 등 전국 각지에서 희생된 유가족 등 100여명의 참석했다. 참석자들은 추도사와 추모의 노래, 축문 낭독 등을 통해 희생자들의 넋을 위로했다.

하지만 공주 왕촌 희생자 유가족은 곽정근(67) 씨 등 세 가족이 전부였다. 충남 태안이 고향인 곽 씨는 이곳에서 친형이 희생된 것으로 추정하고 있다. 전쟁 발발 직전 공주형무소에 수감돼 있었다는 것. 전남 광양에서 올라온 김기 씨는 여순사건 관련으로 수감된 부친이 이곳에서 희생된 것으로 추정하고 있다. 김중구(59) 씨는 당시 육군사관학교에 입학해 소위 임관을 앞두고 있던 삼촌(김주현)이 희생된 것으로 보고 있다.

6일 1백여명이 참석한 가운데 공주 왕촌희생자 위령제가 56년만에 열렸다. ⓒ심규상

공주 왕촌 암매장지를 찾은 유가족들이 오열하고 있다. ⓒ심규상

김 씨는 이날 위령제 도중 미리 준비해 온 한복을 제단에 꺼내 놓으며 "이제 죄수복과 군복을 벗어달라"며 오열해 참석자들의 눈시울을 붉혔다.

이제 죄수복과 군복 벗어달라

그렇다면 어렵게 마련된 위령제에, 1000여 명의 유가족 중 극소수 유가족만 참석한 이유는 무엇일까? 이에 대해 공주민주시민사회단체협의회 관계자는 "공주 왕촌 사건 자체가 널리 알려져 있지 않다"고 말했다. 실제 공주 왕촌사건은 〈오마이뉴스〉에 의해 2001년 처음으로 공론화 됐다. 이전까지만 해도 공주형무소 수감자 및 보도연맹원 대다수가 대전 산내 암매장지 등 다른 곳으로 끌려가 희생된 것으로 추정돼 왔다. 관계자들은 또 다른 이유로 희생자 유가족들이 전국 각지에 흩어져 있는 현실을 꼽고 있다. 태안 서산 등 충남은 물론 여순사건 등 전국 여러 지역 사건 관련자들이 망라돼 있다. 이 때문에 희생자 유가족들을 규합하기가 쉽지 않다는 것이다. 이밖에 한국전쟁 당시 희생사건에 대해 여전히 색안경을 끼고 백안시하는 지역정서도 유가족들을 나서지 못하게 하고 있다.

공주민주시민사회단체협의회 정선원 공동회장은 "공주에 거주하는 희생자 유가족 몇 분에게 위령제에 참석해 줄 것을 요청했지만 아직은 나서기 어렵다며 거절했다"고 밝혔다. '빨갱이 가족'과 '연좌제' 꼬리표의 기억과 공포가 아직 끝나지

김중구씨는 소위 임관을 앞두고 수감됐다 희생된 삼촌에 게 한복을 바치며 "이제 죄수복을 벗으라"며 오열했다. ⓒ심규상

공주 왕촌 암매장지에서 드러난 희생자 유골 및 탄피 (2001년) ⓒ심규상

않은 현재진행형으로 보고 있다는 얘기다. 실제 한국전쟁 전후 민간인 희생자 사건을 조사하고 있는 진실화해위원회에도 진상규명을 신청한 공주 왕촌사건 유가족이 극소수인 상태다.

한국전쟁 전후 민간인학살 진상규명 범국민위원회 관계자는 "정보화 시대에 진상규명에 착수한 사실 자체를 알지 못해 신청을 못하는 사람들이 없도록 진실 화해위원회와 언론의 적극적인 노력이 요구된다"고 말했다.

36명이 4년 동안 수천 건 조사

이 관계자는 이어 "4년간 한시조직인 진실화해위가 100만 명이 희생된 수 천 여 건의 사건에 대해 36명이 인력만을 배치해 금쪽같은 시간을 허비하고 있다" 며 "조사인력을 지금보다 3배 이상 증원하는 등 조사팀을 대폭 확대 개편해야 한 다"고 덧붙였다. 진실화해위원회 관계자는 "희생자와 8촌 이내 친척이면 조사 신청을 할 수 있다"며 희생자 유가족들의 적극적인 관심과 참여를 당부했다.

한편 공주 왕촌 현장에는 한국전쟁 직후인 7월 초경 공주형무소 수감 정치범 을 비롯 보도연맹에 가입했던 민간인 1000여 명이 군과 경찰에 의해 집단학살된 뒤 암매장된 것으로 추정되고 있다. 목격자들은 "당시 총살해 구덩이에 파묻은 사람이 15트럭이라는 얘기를 후에 전해 들었다"고 말하고 있으며 현장에는 암매장지로 보이는 길이 30m, 폭 2.5m 정도 구덩이 4개가 남아 있다.

   이와 관련 한국전쟁 당시 북한의 〈해방일보〉는 "50년 7월 7일 군·경이 공주 금강변에서 애국자 및 남녀노소 800여 명을 무차별 살육했다"고 보도한 바 있다.

| 진실화해위 활동상황 |

전쟁 때 억울하게 희생된 가족 없으세요?

2006.08.30 | 심규상 기자

진실규명 신청 기한이 석 달밖에 남지 않았습니다

'진실화해를 위한 과거사정리위원회'가 진실규명 신청을 독려하고 나섰다. 과거사위 김갑배 상임위원과 김동춘 상임위원은 30일 대전시청을 방문해 대전시장과 지역 시민사회단체, 지역 언론인들을 각각 만나 협조를 요청했다. 김 위원은 "신청기간이 오는 11월까지로, 3개월밖에 남지 않았다"며 "진실규명 신청 접수 사실을 모르거나 또다시 피해를 받지 않을까 하는 불안감에 접수를 망설이는 사람들이 있는데 염려하지 말고 꼭 신청해 달라"고 강조했다. 그는 대전시와 시민사회단체 관계자들에게도 "이번 기회가 마지막 기회라는 심정으로 피해 당사자와 이웃들에게 진실규명 신청에 대한 홍보를 부탁드린다"고 덧붙였다.

현장 훼손 심각… 하루라도 빨리 조사개시 해달라

한편 대전충남지역 민간인집단 희생사건 유가족들은 관련 사건의 조속한 조사 개시를 요구했다. 대전산내집단 희생자 유가족 김종현 회장은 "산내 암매장지는 6·25 전쟁 당시 남한내 단일지역 최대 희생자(최대 7000명)가 발생한 곳"이라며 "피해규모를 감안해 하루빨리 조사개시가 이루어지게 해달라"고 말했다. 민군학살만행진상규명 대전충남본부 이영복 집행위원장도 "산내 암매장지의 경우 유골이 드러나 나뒹굴고 있는 등 훼손 정도가 하루가 다르게 심하다"며 "진상

진실화해위 관계자들이 30일 대전시청을 방문해 진실규명 신청 및 업무 협조를 당부했다. ⓒ심규상

조사에 앞서 더 이상의 유골 훼손이 이루어지지 않도록 조처하는 것이 인간에 대한 최소한의 예의"라고 말했다. 대전산내학살대책회의는 이날 성명을 내고 "과거사위의 대전 방문을 계기로 대전산내학살 사건에 대한 정부와 지방정부 차원의 적극적인 노력은 물론 본격적인 조사를 강력 촉구한다"고 밝혔다.

한편 대전충남지역에서 현재까지 진실규명을 신청한 사건은 집단 희생자 사건으로 대전형무소 및 산내 희생자사건, 공주형무소 수감자 및 왕촌 희생자사건, 서천 판교사건, 아산 배방면 사건, 서산매죽골사건 등이다. 인권침해 관련사건으로 아람회 사건이, 국내외 독립운동 관련으로는 수감 후 실종사건, 일제하 민족종교 금강대소의 항일운동사건, 충남 금산 항일의병 활동 사건 등이 진실규명을 신청했다. 진실규명을 원할 경우 오는 11월 말까지 희생자나 피해자 또는 유족이나 친족은 물론 사건을 경험, 목격하거나 직접 전해들은 사람이면 신청이 가능하다.

신청 범위는 항일독립운동 및 해외동포사 한국전쟁 전후 좌우익관련 사건 및 집단 희생사건, 해방 이후 국가공권력에 의한 인권침해사건으로 시군구청에 비치된 신청서를 작성한 후 직접 방문또는 우편을 제출하면 된다. (문의/02-3406-2500)

30일, 과거사위 김갑배 상임위원과 김동춘 상임위원이 박성효 대전시장(오른쪽)과 만나 면담하고 있다.

시장님, 집단 희생사건에 제발 관심을

과거사위의 이날 대전 방문은 대전지역 진실규명 신청 사건에 대한 지방자치단체와 대전시민의 관심과 협조를 당부하기 위한 목적에서 마련됐다. 이에 따라 과거사위 김갑배 상임위원과 김동춘 상임위원은 이날 박성효 대전시장과 만나 "대전산내학살 사건의 경우 희생자는 많은데 비해 진실규명 신청자 수는 많지 않다"며 "희생자 유가족들의 응어리진 한을 풀어주기 위해 자치단체의 관심과 홍보를 바란다"고 거듭 요청했다.

이에 대해 박 시장은 "의미 있는 일이고 당사자들이 얼마나 마음 아프겠느냐"면서도 "그런 일이 있었으면 모두 떠나고 싶었을 거고 따라서 지역적으로 홍보해 봐야 (유가족들이) 없을 수 있다"고 말했다. 박 시장은 이어 "따라서 중앙단위에서 홍보를 해야 효과가 있을 것"이라고 덧붙였다.

하지만 대전산내희생자 유가족모임에는 지난 2000년 이후 이미 100여명이 피해접수를 한 상태고, 제주지역에 거주하는 유가족을 포함하면 400여명에 달한다. 하지만 대전 거주 유가족 모임에 피해 접수된 사람 중 진실규명 신청자는 20여명에 불과하다. 이는 진실규명 신청 접수 사실을 아예 모르거나 알고 있더라도 여러 이유로 신청을 망설이고 있음을 짐작하게 한다.

과거사위 김동춘 상임위원은 박 시장에게 "이후 산내 암매장지 현장을 발굴해야 하는 등 처리해야 할 큰일들이 남아 있다"며 거듭 자치단체의 혐주 필요성은 역설했다. 이에 박 시장은 "지역적으로는 생소하거나 무감각하게 생각할 수 있는 일이고 현장 주변 주민들이 (유골 발굴을) 반대할 수 있으니 이 같은 점을 고려해 일을 할 때 잘 궁리해 달라"고 역주문했다. 과거사위 관계자들은 이날 15분간 박 시장을 면담했으나 끝내 '적극 협조하겠다'는 시원한 답을 듣지 못하고 자리를 떴다.

이날 과거사위와 간담회를 위해 대전시청을 찾은 대전산내사건 유가족들은 "이제까지 대전시장과 관할 구청장으로부터 형식적인 위로의 말 한마디 들어보지 못했다"며 "진실규명에 앞서 국가에 의해 자행된 학살사건에 대한 자치단체의 의식 전환이 필요하다"고 말했다.

대전산내학살대책회의는 이날 성명을 통해 "산내사건의 실상이 세상에 알려진 지 7년여가 지났지만 위령제에 정부와 지방자치단체가 무관심으로 일관하고 있다"며 관심을 촉구했다. 이에 앞서 박 시장은 지난 달 8일 대전 산내 희생자 위령제 참석을 요구하자 "아직 과거사위 조사가 시작되지도 않고 밝혀진 것도 없는 시점에서 단체장이 위령제에 참석하는 것은 적절치 않다"며 불참한 바 있다.

대전산내사건은 한국전쟁 당시인 1950년 7월 초에서 중순까지 대전산내 골령골 부근에서 제주 4·3 관련자 등 대전형무소 수감 정치범과 보도연맹 관련 민간인 등 7000여명이 군경에 의해 집단 희생됐다고 유족 등이 정부에 진상규명을 신청한 사건이다.

왜, 어떻게 죽었는지라도 알고 싶다

2007.07.02 | 송성영 기자

7월 1일. 금강을 옆에 끼고 있는 충남 공주시 왕촌리 말머리재에 사람들이 모였다. 잡목 무성한 야산을 둘러본 60여명이 위령제단 앞에 모였다. 임시로 마련된 제단 앞에서 유족들은 오열했다. 속울음을 울고 소리 내어 울었다. 박옥희(74) 할머니는 제단 앞에 엎드려 일어서지 못했다. 끊임없이 흐르는 눈물을 훔치며 절을 하고 또 절을 했다. 지난 2001년 이곳 말머리재에서 탄피와 함께 일부 유골이 발굴됐다. 유골들은 30cm도 채 안 되는 깊이에 묻혀 있었다. 한국전쟁 당시 인민군 종군기자가 쓴 학살 보도 자료를 근거로 수소문해 세상에 알린 심규상 〈오마이뉴스〉 기자와 더불어 공주 민주시민단체 사람들은 발굴 작업을 멈추고 다시 그 자리에 묻어 놓을 수밖에 없었다.

말머리재에는 한국전쟁 당시 좌익운동을 했던 사람들과 보도연맹에 가입했던 민간인들이(700~1000명 추정) 무자비하게 집단 학살돼 묻혀 있을 것으로 추정되고 있다. 위령제에 모인 사람들은 그 유골들 위에 서 있는 셈이었다. 하지만 누가, 언제, 어떻게 묻혀 있는지 정확히 알지 못하고 있다. 지난해에 이어 위령제만 올리고 있을 뿐, 국가 차원의 발굴 작업도 이뤄지지 않았다.

하지만 〈오마이뉴스〉 보도가 나간 2001년 이후부터 공주지역민주시민협의회 사람들과 제노사이드 연구회에 의해 누가, 언제, 어떻게 학살을 당했는지 조사하는 작업이 조금씩 진행돼 왔다. 한국전쟁이 발발한 1950년 7월 초순(인민군이

한국전쟁 전후 민간인 집단학살 피해자 유족인 송재문(64) 씨가 공주시 왕촌 말머리재에서 위령제가 거행된 날 오열하고 있다. ⓒ송성영

유족과 시민사회단체 관계자들은 7월 1일 아침 말머리재 기슭에 임시 제단을 만들어 위령제를 지냈다. ⓒ송성영

공주를 점령하기 직전) 공주형무소에 수감돼 있던 좌익수와 보도연맹원들이 말머리재에서 학살당했다는 윤곽이 잡혀가고 있다. 피해자 유족들의 증언과 당시 정황 등을 근거로 그 사실들이 속속 밝혀지고 있다. 그리고 6월 30일과 7월 1일, 이틀에 걸쳐 '한국전쟁 전후 형무소 재소자 학살 사건의 진상과 배경'을 주제로 한 한국제노사이드연구회 2007년 하계워크숍이 공주대에서 열렸다.

이날 '진실과 화해를 위한 과거사정리위원회'(아래 진실화해위원회)는 7월 중순부터 한국전쟁 전후 발생한 민간인 집단학살의 진실을 규명하고 전국적인 피해 규모를 파악하기 위해 본격적인 조사 작업을 실시할 예정이라고 밝혔다. 이번 조사 작업의 목적은 한국전쟁 전후 좌우익을 막론하고 어느 정도 피해가 발생했고 어떤 과정을 거쳐 사건이 일어났는지 규명하는 것이다. 이번 사업은 시작에 불과하다. 앞으로 확대 조사 작업의 토대가 될 것이다. 유족들의 적극적인 도움이 필요하다.

국가 차원에서 최초로 실시하는 이번 조사 사업은 연차적으로 진행될 예정이다. 이에 따라 충남 공주시를 비롯해 경남 김해시, 경북 예천군, 전남 구례군과 영암군, 전북 고창군, 충북 청원군, 경기 화성군 등 민간인 집단학살지로 밝혀진 8개 지역을 선정, 한 지역에 5명씩 각각 조사팀을 구성했다.

6월 30일 형무소 재소자 학살사건의 진상과 배경을 주제로 열린 2007 제노사이드연구회 워크숍 ⓒ송성영

한국전쟁이 일어난 그해, 공주형무소에 수감되어 있던 좌익수와 보도연맹원들의 집단 학살지로 추정되는 말머리재. 2001년 이곳에서 탄피와 일부 유골을 발굴했다가 다시 묻어놓았다. ⓒ송성영

한국전쟁 전후 집단 학살당한 사람들은 누구인가

이날 워크숍에서는 한국전쟁 전후 형무소에 수감돼 있던 좌익수들과 보도연맹원들이 어떤 사람들이며 어떻게 학살됐는지 규명하는 다양한 논문과 증언 기록이 발표됐다.

지수걸 공주대 교수는 '해방 전후 시기 공주 지역 사회운동사'에서 말머리재에서 집단 학살된 것으로 추정되는 좌익수들과 보도연맹원들이 어떤 사람들이었는지를 일제시기에 발행됐던 신문자료를 통해 간접적으로 언급했다.

"공주 지역에서는 1920년대 중반쯤부터 청년운동 내부에서 사회주의 사상의 영향력이 확대됐다. 그때부터 새로운 청년조직이 결성됐고 그들이 지역사회 운동, 혹은 민족민중운동을 주도했다."

지 교수가 내놓은 1920년대 초기부터 해방 전까지 자료에 따르면 공주에서 좌익운동을 했던 사람들은 야학 등을 통해 농민계몽 운동을 벌였을 뿐만 아니라 민중의 각성과 애국애족심을 불러일으키는 연극단을 만들어 광주, 목포까지 순회 공연을 다니기도 했다.

1930년대에 접어들면서 일제에 의해 사상범으로 투옥된 이들은 해방 후 다시 공주 지역의 좌익운동을 이끌었다. 이러한 정황으로 미루어볼 때 이들이 한국전

피해자 유족인 공주시 의당면 율정리 유찬종(72) 할아버지와 박옥희(74) 할머니가 당시 상황을 증언하고 있다. ⓒ송성영

손주와 함께 위령제에 참가한 보도연맹 피해자 유족 ⓒ송성영

쟁 전후 좌익사범이나 보도연맹원이 돼 집단 학살됐을 것임을 짐작할 수 있다. 이는 다른 지역에서 집단 학살당한 사람들의 사례와도 크게 다르지 않다.

최정기 전남대 교수 역시 '해방 이후 한국전쟁까지 형무소 실태연구'에서 다음과 같이 언급했다.

"1948년에 제정된 국가보안법으로 일제 치하에 이어 다시 사상범이라는 존재가 등장했다. 일제하의 사상범은 그 이념에 관계없이 식민지 조선의 해방을 위해 싸우는 사람이라는 점에서 일반적으로 존경의 대상이었다. 해방 직후 전국 각지에서 자생적으로 만들어진 건국준비위원회나 인민위원회를 장악한 사람은 대부분 일제하의 사상범 출신이었다."

보도연맹원으로 학살된 사람들 중에는 좌익 성향의 사람들만 있는 게 아니었다. 공주향토사학회원인 이걸재 씨의 조사에 따르면 당시 보도연맹원 중에는 좌익뿐만 아니라 사상이나 사회운동과는 무관한 일반인도 많이 섞여 있었다.

"보도연맹으로 희생된 사람들 중에 좌익만 있는 게 아니다. 당시 면에 근무하는 사람들은 보도연맹원을 좀 더 많이 가입시켜야 유능하다는 소리를 들었다고 한다. 한 사람이 몇 명씩 가입시켜야 하는 식의 할당제가 있었던 것이라고 볼 수 있다. 어떤 사람은 좌익과 전혀 상관없는 가까운 친구의 이름까지 보도연맹 명단에 올렸다고 한다."

보도연맹원은 어떤 사람들인가

강성현 서울대 교수는 「대전·공주형무소 재소자와 보도연맹원 학살의 진상」에서 다음과 같이 설명했다.

"보도연맹 가입 대상은 자수자였다. 즉 국가보안법 1조에서 규정하는 불법단체 즉 남로당, 민전, 전평, 전농, 민애청, 민학련 등에 가입된 사람들은 모두 자수 대상자였다. 뿐만 아니라 국가보안법 4조는 '그 정을 알고서 기타의 방법으로 방조한 자'까지 적용 대상을 무제한 확대해 거의 모든 사람이 이를 피해갈 수 없었다. (중략) 그 무렵 지역지인 〈동방신문〉을 보면 '자수하면 포섭', '전향하면 관대히 용서', '자수하면 죄과는 백지' 등과 같은 온정적인 어투의 선전부터 '완전 개과천선을 요망', '미 자수자는 적발, 단호 처단' 같은 위협적인 선전에 이르기까지 신분 보장 선전과 선무가 집중적으로 이루어졌다."

"보도연맹이라는 이승만 정치권력의 기획 목적은 탈맹을 거친 충성스러운 반공국민의 육성이라고 봐야 할 것이다. 그런데 6·25 발발은 보도연맹의 최종 단계를 탈맹이 아닌 죽음으로 동원하는 양상으로 바꿔놓았다. 전쟁 발발이라는 외부 요인은 보도연맹에 대해 반신반의하고 있던 경찰의 보도연맹 인식을 근본적으로 바꿔놓았다. 그리고 보도연맹의 역작용을 우려했던 검경과 군 내부의 일부 강경인사의 입지를 강화했다. 보도연맹원은 더 이상 충성스러운 반공국민이 아니라 북에서 밀고 내려오는 인민군과 지하의 '빨갱이'들에 부화뇌동할 수 있는 잠재적인 적으로 인식됐다. 그 결과는 군경의 매우 체계적이고 조직적인 예비검속에 이은 대량학살이었다."

최정기 교수는 「해방 이후 한국전쟁까지 형무소 실태 연구」에서 민간인 집단학살이 전쟁의 긴박한 상황 속에서 어쩔 수 없는 일이었다는 주장을 반박했다. 해방 이후의 정황들을 보면 정권 차원에서 이미 학살의 씨앗을 키워왔음을 알 수 있다고 한다.

최 교수는 1948년 제정된 국가보안법 위반으로 수감된 좌익수들이 포로수용소나 다름없는 열악한 형무소에서 인간 이하의 대우를 받아 탈옥과 폭동이 잦았는데, 당시 좌우갈등을 전쟁 상태라고 한다면 형무소는 포로수용소 역할을 수행했다는 것이다.

"이런 상황에서 안국선생이 발발했으며 한강 이남 지역에 있는 대부분의 형무소에서 수형자 학살이 이뤄졌다. (그러나) 어떠한 절차를 거쳐 학살이 진행됐는지, 명령권자가 누구인지, 특별한 지침이 있었는지 등에 대해 아직 분명하게 드러난 사실이 없다."

이에 대해 강성현 교수는 다음과 같이 추정하고 있다.

"대전형무소 학살과 마찬가지로 공주에서도 역시 군 쪽에서는 (신성모 국무총리 겸 국방부장관에서) 송요찬 헌병사령관 소속 헌병대로 이어지는 명령 계통이 있었고, 경찰 쪽에서는 (백성운 내무부장관에서) 이순구 충남 경찰비상경비사령, 전봉수 공주경찰서장으로 이어지는 명령계통이 학살을 기획, 예비검속, 수행했다고 추정한다."

그렇다면 공주 지역에서는 얼마나 많은 사람들이 집단 학살됐는가. 이에 대해서는 이날 워크숍에 참가한 심규상 〈오마이뉴스〉 기자가 이규성 씨 인터뷰를 통해 밝힌 바 있다.

"당시 총살해 구덩이에 파묻은 사람이 15트럭이라는 얘기를 후에 전해 들었다. (중략) 트럭당 50~60명씩 실어 날랐다고 하니 적어도 700~900명쯤은 되지 않겠냐고 반문했다."(〈오마이뉴스〉 2001. 6. 6.)

강성현 교수는 조선인민군 전선사령부 문화훈련국이 펴낸 '조선인민은 도살자 미제와 리승만 역도들의 야수적 만행에 복쑤하라'를 인용하고 있다.

"살인 흡혈귀 미국 침략군대와 리승만의 살인군경들은 지난 7월 7, 8, 9일 3

일 간 공주에서 남녀노소를 무차별 학살했다. (중략) 이렇게 공주 일대에서 1천여 명의 애국자와 무고한 인민을 학살…"

조선인민군 전선사령부 문화훈련국에서 밝힌 집단학살 날짜는 강성현 교수와 공주지역민주시민협의회 사람들이 공주 지역 피해자들을 조사해 확인한 날짜와 크게 다르지 않다(7월 7일~9일 사이는 인민군의 공세에 밀려 미군이 금강철교를 폭파한 13일 바로 직전이다).

민간인 집단 학살 현장에 미군도 있었다
심규상 〈오마이뉴스〉 기자는 당시 사진자료를 통해 미군이 민간인 집단학살 현장에 개입했음을 짐작할 수 있다며, 한국전쟁 전후 민간인 집단학살에 미군들이 단순 개입했는지 아니면 조직적으로 개입했는지 밝혀내야 한다고 강조했다.

제노사이드연구회 워크숍 다음날인 7월 1일, 말머리재 집단학살지에서 위령제를 마치고 유족들과 함께 현장 답사를 떠났다. 현장에 도착할 무렵부터 비가 내리기 시작했다. 비는 유족들의 눈물처럼 내렸다.

피해자들이 공주형무소로 끌려가기 전에 갇혀 있었다는 공주시 의당면 율정리와 또 다른 학살지로 추정되고 있는 여찬리 등을 답사하면서 피해자 유족인 유찬종(72) 할아버지와 박옥희 할머니의 증언을 들었다. 이곳 율정리 마을에서만 무려 19~23명에 이르는 학살 피해자들이 있었던 것으로 조사됐다.

"트럭에 실려 가는 걸 본 것이 마지막이었다. 그 후로 아무런 소식이 없었다. 여태 어디로 끌려가 어떻게 죽었는지 묻지도 못했다."

그렇게 피해자 유족들은 57년이 지나서야 겨우 입을 열고 있었다.

"자식 된 도리로서 알고 싶다. 어떤 죄를 지어서 어디로 끌려가 도대체 어디에서 어떻게 죽었는지만이라도 알 수 있게 해 달라."

57년, 반세기가 넘도록 골수에 사무쳐 있던 호소였다.

58년 만에 남편 만나러 갑니다, 암매장지로

2008.07.13 | 심규상 기자

남편이 처형된 후 오늘 처음 찾아왔어

12일 충남 공주 왕촌리 작은살구쟁이 민간인집단암매장지 희생자 추모제에서 만난 임행리(86·전남 순천시 서면) 씨의 눈시울이 붉어졌다. 임씨는 1950년 당시를 생각하는 듯 한참을 침묵했다. 남편 장윤옥 씨는 여순사건에 연루돼 1948년 어느 날 경찰에 끌려갔다. 결혼한 지 7년째 되던 해였다.

임씨는 "순천에서 농사를 짓고 살고 있었는데 갑자기 경찰이 와서 끌고 갔다"며 "아직도 농사짓는 일밖에 모르던 남편이 왜 끌려갔는지 알지 못한다"고 말했다. 임씨는 남편이 법정에서 3년 형을 선고 받은 것으로 기억했다. 임씨는 아들과 두 딸과 함께 충남 공주형무소에 수감된 남편이 출소될 날만을 기다리고 있었다. 1950년 전쟁이 터진 직후 여름 어느 날 손님이 찾아왔다. 남편과 공주형무소에서 수감생활을 하다 막 출소한 사람이었다. 하지만 손님이 전해준 것은 남편의 사망통지였다.

"남편이 군인들에게 끌려가기 직전 형무소에 수감돼 있던 다른 사람에게 부탁했다고 하더라구. 지금 끌려가면 다시는 살아 돌아오기 어려우니 출소하거든 내 고향에 찾아가 군인들에게 끌려간 사실을 전해주라고…. 남편이 미리부터 죽으러 가는 길인 줄 알았나봐…."

임씨는 지난해 남편이 묻혀 있는 장소를 전해 듣고 이날 처음으로 위령제에 참석했다.

"말도 마. 이날까지 남편이 끌려가 죽었다는 말을 못하고 살았어. 참 험악했지."

참 험악했지… 끌려가 죽었다는 말도 못하고

58년만의 만남이었지만 임씨를 맞은 건 남편의 유해가 아니었다. 언제 수습될지도 모를 암매장지였다. 이날 오후 2시 열린 왕촌 민간인집단 희생자 위령제에는 모두 100여명이 참여했다. 곽정근 공주유족회 회장은 인사말을 통해 "과거사법이 시행되고 피해자 개개인에 대한 조사가 진행되고 있다"며 "그러나 정작 집단처형의 경위와 배경에 대한 직권조사는 아직도 요원한 것 같다"고 말했다. 이어 "진실화해위원회는 좀 더 빠른 시일 내에 진상을 밝히고 억울한 주검을 수습해 명예를 회복시켜야 한다"고 강조했다.

김종현 한국전쟁전후 민간인피학살자 전국유족회 상임대표는 "영문도 모른 채 학살당한 부모형제들의 넋이 구천을 헤매고 있다"며 "그런데도 이명박 정부는 '과거를 잊자'고 하고 있다"고 성토했다. 그는 "영령들이 편히 잠들 수 있도록 진상을 밝히고 명예를 회복시켜 줄 것을 당당하게 요구하고 관철시켜야 한다"고 목소리를 높였다.

공주 왕촌 현장에는 한국전쟁 발발 직후인 7월 9일부터 11일 사이에 공주형무소 수감 정치범을 비롯 보도연맹에 가입했던 민간인 등 1000여명이 군인과 경찰에 의해 집단학살된 뒤 암매장된 것으로 추정되고 있다.

한국전쟁 당시 공주에서만 최대 2000명 희생, 추모위령공원 만들자

현장에는 암매장지로 보이는 길이 30m, 폭 2.5m 가량의 구덩이 4개가 남아 있으며 일부 구덩이에서는 유골과 처형 당시 사용된 것으로 보이는 탄피 등이 발굴되기도 했다. 하지만 공주에서 희생자 된 사람들은 이들 만이 아니다. 공주지

58년만에 처음으로 남편이 묻힌 무덤을 찾아나선 임행리(86)씨. 하지만 그를 맞은 것은 암매장지였다. ⓒ심규상

유가족들이 젯상에서 앉아 희생된 가족들에게 제주를 따르고 있다. ⓒ심규상

희생자의 넋을 달래는 살풀이춤 ⓒ심규상

희생자들의 넋을 달래는 퍼포먼스를 하고 있다. ⓒ심규상

역 민간인집단희생 피해자 현황 조사를 하고 있는 지수걸 공주대 역사교육과 교수는 "한국전쟁을 전후해 공주 옥룡동 대추골, 장기면 다피리 고개, 대전형무소 등에서 자행된 인민군과 군경에 의해 최대 2000여명이 희생된 것으로 추정된다"고 말했다. 이어 "하지만 군경에 의한 희생자들에 대한 추모행사는 어디에서도 하고 있지 않다"며 "왕촌 살구쟁이에 추모위령공원을 조성해 공주 우금티사적지와 함께 평화와 인권교육의 장으로 활용해야 한다"고 말했다.

이날 행사는 세 번째 위령제로 공주민주단체협의회와 공주지역 한국전쟁희생자추모사업회 등이 마련했다.

대전시장 이어 공주시장까지 왜 이래?

집단희생사건 위령제 추도사 요청 거절

2009.06.12 | 심규상 기자

공주시장이 12일 오후 '진실화해를위한과거사정리위원회'(위원장 안병욱, 이하 진실화해위)가 주관하는 민간인집단희생자들의 유해 발굴을 위한 개토제 및 위령제 추도사를 거부해 유가족들의 반발을 사고 있다. 진실화해위는 올해 공주시 상왕동(29-19번지 약 480㎡)에 암매장된 수백 명의 유해를 발굴하기로 하고 이날 오후 첫 삽을 뜨는 시삽행사를 겸한 개토제를 개최하기로 했다. 개토제는 진실화해위 및 충북대 박물관 주관으로 김동춘 진실화해위원회 상임위원과 공주유족회(회장 곽정근) 및 시민사회단체 관계자 등 100여 명이 참석할 예정이다.

이에 따라 진실화해위 및 유가족회는 지난달 이준원 공주시장에게 추도사 및 아헌례를 공식 요청했다. 이와 관련, 이 시장은 같은 시간 〈충청방송〉에서 주최하는 방송 인터뷰를 이유로 위령제 및 개토제에 참석할 수 없다고 통보했다. 하지만 유가족들은 부시장 등 다른 공직자가 대독할 수도 있는 추도사까지 거절한 데 대해서는 납득할 수 없다는 자세다.

이에 대해 이 시장은 "희생자들에게 헌작하는 아헌관을 해달라는 요청을 받은 바 있지만 추도사를 해달라는 요청은 받은 바 없다"고 말했다. 이 시장은 이어 "공주대학에 재직할 당시 동료 교수들을 통해 공주민간인집단희생사건에 대해 들어 비교적 잘 알고 있다"고 말했다. 반면 공주시청 행정지원과 관계자는 "진실화해위로부터 추도사와 헌작을 위한 아헌례를 각각 요청 받았다"며 "하지만 시

2008년 7월 공주 상왕동 집단희생지 현장에서 열린 희생자 위령제에서 유가족들이 제를 올리고 있다.

1950년 7월 군경에 의해 공주형무소에서 공주시 상왕동 암매장지 현장으로 끌려가고 있는 것으로 추정되는 현장사진 ⓒ오마이뉴스 자료사진

장님이 참석하지 못해, 하지 않는 것으로 결정됐다"고 말했다. 이 관계자는 '진실화해위로부터 추도사 요청이 있었음을 시장에게 보고했느냐'는 질문에는 "보고를 드렸는데 시장님이 잘 기억하지 못하는 것 같다"고 말했다. 이 관계자는 "개토제를 주최하는 진실화해위 측에서 추도사를 하는데 굳이 공주시장까지 추도사를 할 필요가 있느냐"고 반문하기도 했다.

공주시장 "추도사 요청 받은 바 없다"- 공무원 "보고 드렸는데 기억 못하는 듯"
공주민주단체협의회 관계자는 "공주시장이 억울하게 희생된 영혼들과 유가족을 추모하는 추도사마저 거절한 것은 상식적으로 받아들이기 어렵다"고 말했다. 이어 "특히 공주시장과 담당 공무원이 추도사 요청 여부를 놓고 다른 이야기를 하는 것은 진위여부를 떠나 유가족들에게 깊은 상처를 주는 일"이라고 덧붙였다. 이 같은 민간인집단희생사건에 대한 자치단체의 무관심은 유례를 찾아보기 어렵다. 다만 공주민간인 집단희생사건과 비슷한 시기 대전 산내에서 수천 명이 희생된 대전산내사건 개토제 및 위령제와 관련해서도 대전시장 및 관할 대전 동구청장이 추도사 요청을 수년째 거절해 오고 있다.

공주왕촌 집단희생 현장은 1950년 7월 중순경 당시 공주형무소에 수감 중이

던 재소자와 국민보도연맹원 수백 명이 트럭으로 실려와 국군과 경찰에 의해 집단희생된 사건이다. 대전 산내 집단희생 사건 현장은 비슷한 시기 군경에 의해 제주 4·3 관련자 등 대전형무소 수감 정치범과 보도연맹 관련 민간인 등 수천 명이 집단희생된 사건이다.

한편 진실화해위원회는 올해 한국전쟁기 민간인 집단희생사건 관련 유해 발굴 대상지로 충남 공주시(공주형무소 재소자 희생사건)와 경남 진주시 명석면-문산읍 일대(진주 형무소재소자 희생사건 및 국민보도연맹사건), 전남 함평군(불갑산 사건), 경북 경산시(경산코발트광산 사건) 등 4개소를 선정했다.

| 2009년 첫 번째 유해발굴 |

진실화해위 유해 발굴단장이 "매우 유감" 밝힌 까닭

[현장] 공주 왕촌 집단암매장지 유해 발굴 '첫 삽'

2009.06.12 | 심규상 기자

박선주 민간인집단희생 유해 발굴 조사단장이 공주 왕촌 암매장지 유해 발굴에 앞서 희생자들에게 제를 지내고 있다. ⓒ심규상

"매우 유감스럽게 생각합니다"

박선주 충북대 고고미술사학과 교수가 "매우 유감"이라고 말했다. '매우 유감'이라는 글자에 힘을 주어 또박또박 말했다. 12일 오후 2시 충남 공주 석장리박물관 앞에서 진실화해위 주최로 열린 공주 왕촌 희생자 추모제 및 개토제 행사장에서 경과보고를 겸한 인사말을 통해서다. 박 교수는 진실화해를위한과거사정리위원회(이하 진실화해위) 민간인집단희생 유해 발굴 조사단장을 맡아 한국전쟁 전후 민간인집단희생 사건에 대한 유해 발굴을 총지휘하고 있다. 또 이날 유해 발굴을 시작한 공주 왕촌 암매장지에 대한 유해 발굴팀을 이끄는 책임연구원이기도 하다. 그는 민간인집단희생사건 외에도 6·25 전사자 유해 발굴 사업을 벌이고 있다.

그가 이날 공식 인사말을 통해 '매우 유감'

이라고 밝힌 것은 진실화해위의 민간인집단희생자에 대한 유해 발굴 사업이 올해를 끝으로 중단될 위기에 처해 있기 때문이다. 진실화해위는 2007년과 2008년 한국전쟁전후 일어난 전국 7곳의 민간인집단희생지에 대한 유해 발굴 작업을 벌여 1000여 구의 유해를 발굴했다. 올해는 충남 공주형무소 재소자 희생사건과 경남 진주형무소 재소자 희생사건, 전남 함평 불갑산 사건, 경북 경산코발트광산 사건 등 4곳에 대한 유해 발굴 사업이 예정돼 있다. 하지만 이는 전국에 산재한 수백여 곳의 민간인 집단희생 암매장지 중 극히 일부에 불과하다. 그런데도 정부는 올해 예정된 암매장지 외에 더 이상의 유해 발굴 계획이 없다.

박 교수는 이날 인사말을 이렇게 마감했다.

"정부와 국회에 유해 발굴 사업의 필요성을 적극 알리는 등 최선의 노력을 당부드립니다."

김동춘 상임위원 "산적한 과제 풀기 위해 슬기 함께 모아야"

그가 최선의 노력을 당부한 대상은 진실화해위 관계자들이고 개토제에 참석한 유가족들이다. 하지만 그가 유감을 표명한 진짜 대상은 정부와 국회다.

연단에 선 김동춘 진실화해위 상임위원은 인사말을 통해 "아직까지 많은 일들이 산적해 있고 더욱 많은 집단희생지에 대한 정보가 들어오고 있다"고 밝혔다. 이어 "산적한 과제들을 풀기 위해서는 많은 분들의 슬기가 함께 모여야 한다"고 덧붙였다. 박 교수의 '유감표명'에 대한 우회적인 공감의 답변이라 할 수 있다.

전국 각지에서 모여든 희생자 유가족들은 불만의 목소리를 토해냈다. 대전 산내에서 아버지를 잃은 한 유가족은 "올해로 유해 발굴이 중단되면 대전 산내 암매장지는 어떻게 되는 것이냐"며 자조 섞인 한숨을 내쉬었다. 이어 "암매장지에 수십 년 동안 유해를 방치해 왔는데 유해 발굴 작업이 시작되자마자 중단돼서는 안 된다"고 목소리를 높였다.

곽정근 공주유족회장도 인사말을 통해 "오늘 위령제를 겸한 개토제가 정부와

진실화해위 김동춘 상임위원 ⓒ심규상

진실화해위 관계자 및 희생자 유가족들이 공주 왕촌 민간인 집단희생지 현장에서 첫 삽을 뜨며 유해 발굴 시작을 알렸다. ⓒ심규상

국회 그리고 지역민의 각성을 촉구하는 마당이 되기를 바란다"고 꼬집었다.

땅 속 진실규명 첫 삽… 공주시 관계자 "유가족 아픔과 고통 위로"

한편 이날 공주 왕촌(일명 살구쟁이) 집단 희생 암매장지 유해 발굴을 알리는 개토제가 열렸다. 이에 따라 두 달간의 일정으로 59년 만에 땅속 진실을 밝히는 유해 발굴 작업이 시작됐다. 곽정근 공주유족회장은 "참으로 긴 세월이었다"며 "이제 비록 유해나마 밝은 햇빛을 보고 보다 안락하게 지낼 수 있도록 하겠다"고 말했다. 이어 "잊혀지고 왜곡된 역사가 진실의 역사가 되고 아픔과 한이 화합과 상생으로 거듭나는 디딤돌이 되길 바란다"고 덧붙였다.

위령제 추도사를 거절해 사전 논란을 벌였던 공주시에서도 관계자가 참석해 추도사를 통해 유가족을 위로했다. 공주시장을 대신해 참석한 공주시 관계자는 "유가족들의 오랜 아픔과 고통에 위로를 표한다"며 희생자들의 명복을 빌었다. 이 관계자는 이어 발굴현장에서 열린 유해 발굴을 알리는 시삽식에도 참석해 유가족들과 함께 첫 삽을 떴다. 이에 따라 김동춘 진실화해위 상임위원도 "개토제 행사를 물심양면 협조해 준 공주시 관계자 여러분께 감사드린다"고 답례했다.

이날 개토제 및 위령제는 희생자 암매장지가 마주 보이는 석장리 박물관 앞 금

공주 왕촌 희생자 위령제에서 공주 구룡사 진명스님의 천도제 바라춤 ⓒ심규상

한 유가족이 공주 왕촌에서 희생된 가족의 유품을 태우며 명복을 빌고 있다. ⓒ심규상

강 변에서 열렸다. 이날 행사에는 김동춘 진실화해위 상임위원과 곽정근 공주유족회장, 박선주 충북대 교수(민간인 집단희생 유해 발굴 조사단장), 전국유족회 김종현 상임대표 등 200여 명이 참석했다.

이날 행사는 노용석 진실화해위 유해 발굴담당의 사회로 대전산내 유가족인 전숙자 씨의 추모시 낭독과 공주 구룡사 진명스님의 천도제 바라춤, 희생자에 대한 제례 등 순서로 진행됐다.

공주왕촌 집단희생 현장은 1950년 7월 중순경 당시 공주형무소에 수감 중이던 재소자와 국민보도연맹원 수백 명이 트럭으로 실려와 국군과 경찰에 의해 집단희생된 사건이다.

| 유해발굴 현장 |

59년 전 총살된 '의족의 주인'을 찾습니다

1950년 공주형무소에서 끌려간 사람들은?

2009.06.15 | 심규상 기자

공주 왕촌 살구쟁이 희생자에 대한 유해 발굴이 시작된 가운데 희생자의 것으로 보이는 의족(義足)이 발견돼 희생자 신원을 밝히는 단서로 주목받고 있다. 진실화해위원회 공주 왕촌 유해 발굴팀은 12일 개토제에 이어 유해 발굴 작업을 시작했다. 발굴팀은 유해 발굴 첫 날인 13일 배수로 공사를 하다 다량의 유골을 수습한 데 이어 유해매장지로 추정했던 지점에서 희생자의 두개골과 탄피 등을 발굴했다. 이 중 발굴팀의 눈길을 끄는 것은 희생자의 것으로 보이는 의족이다. 첫 매장 추정지에서 발견된 의족은 그 크기로 보아 무릎 윗부분인 대퇴부에 고정하도록 한 것으로 플라스틱 구조물인 발 부위 외에는 보철 장치로 돼 있다. 지금의 기술로 보면 일면 조잡해 보이지만 희생 당시가 59전 년인 1950년임을 감안하면 쉽게 구할 수 없는 고가의 첨단장비라 할 수 있다.

따라서 당시 왕촌 살구쟁이에서 희생된 공주형무소 수감자 중 지체장애인이면서 의족을 착용한 사람은 손에 꼽을 만큼 극소수였을 것으로 추정된다. 이에 따라 유해 발굴팀은 의족이 희생자가 누구인지를 밝히는 결정적 단서가 될 것으로 보고 유가족들의 연락을 바라고 있다.

희생자 유해 대부분 삭아 없어져… "온전한 것 없는 듯"

안타까운 점은 의족 외에 희생자의 유해가 남아있지 않다는 점이다. 유해 발

공주 왕촌 살구쟁이 유해 발굴 과정에서 드러난 의족. 1950년 공주형무소에 수감됐다 이곳에서 군경에 의해 총살된 희생자의 것으로 추정되고 있다. ⓒ심규상

굴을 벌이고 있는 박선주 민간인집단희생 유해 발굴 조사단장(충북대 고고미술사학과 교수)은 토질이 습해 대부분이 삭아 없어졌다며 "의족을 낀 희생자의 유해도 삭아 남아 있지 않다"고 말했다.

의족이 발견된 30cm 왼쪽 부근에서는 금도금을 한 치아와 여러 점의 일반 치아, 여러 점의 유해가 발견됐지만, 뒤엉켜 사살된 정황으로 볼 때 사망자를 특정할 수 없는 상태다. 이밖에 부근에서 여러 점의 두개골과 유해, 여러 점의 탄피가 발견됐지만 심하게 삭아 상당 부분이 부서져 온전하지 않은 상태로 흩어져 있었다. 박 단장은 총살된 수백 명의 희생자들이 얇게 묻혀 아무렇게나 방치됐던 것으로 보인다며 "하지만 토질상태로 볼 때 전체적으로 부분적인 뼛조각 외 온전한 형태의 유해는 존재하지 않는 것으로 추정된다"고 밝혔다.

한편 수로공사 도중 드러난 유해는 유해매장 추정지로부터 직선거리로 10여 미터 위쪽 부근에서 발견됐는데, 이곳은 당초 지목한 4곳의 유해매장 추정지와는 다른 곳이다. 발굴팀은 매장 추정지가 추가로 발견됨에 따라 처음 지목한 4곳에 대한 발굴이 끝나는 대로 이곳을 조사 발굴할 계획이다. 박 단장은 "인근 주민들로부터 매장추정지가 모두 6곳이라는 증언이 나온 것으로 알고 있다"며 "새로운 매장지가 발견됨에 따라 또 다른 매장 추정지를 밝히는 일에도 주력할

박선주 민간인집단희생 유해 발굴 조사단장 ⓒ심규상

공주 왕촌 유해 발굴 과정에서 드러난 희생자 두개골. 나머지 유해의 경우 삭아 없어지거나 흩어져 있는 상태다.
ⓒ심규상

방침"이라고 덧붙였다.

공주 왕촌 살구쟁이 집단희생 현장은 1950년 7월 중순경 당시 공주형무소에 수감 중이던 재소자와 국민보도연맹원 500~700여 명이 트럭으로 실려와 국군과 경찰에 의해 집단 희생된 곳이다. 이곳에서 발굴된 유해는 충북대 내에 위치한 '한국전쟁 전후 민간인 집단희생 추모관'에 안치될 예정이다.

구덩이 속 몰아넣고 '탕!' 돌덩이 채워 매립

속속 드러나는 참혹한 학살 현장

2009.06.17 | 심규상 기자

　　군경이 공주형무소 재소자와 보도연맹원들을 총살한 후 흙 대신 돌을 채워 매립한 것으로 드러났다. 진실화해위원회 공주 왕촌 유해 발굴팀(팀장 충북대 박선주 교수)에 의해 59년간 땅 속에 갇혀 있던 공주 왕촌 살구쟁이 희생자들에 대한 진실이 속속 드러나고 있다.

　　유해 발굴팀은 유해 발굴에 속도를 내고 있다. 발굴 4일째인 16일에는 5지점의 매장 추정지 중 1지점에서 유해 10여 구가 모습을 드러냈다. 유해 부근에는 5~15kg에 이르는 돌덩이가 널려 있었는데, 형태로 볼 때 유해의 몸과 머리 부위를 짓누르고 있는 돌덩이가 많았다. 다른 유해 발굴 현장에서는 찾아볼 수 없었던 광경이다.

　　박 교수는 군경이 사람들을 총살한 후 쉽게 매장하기 위해 돌덩이를 채워 시신을 매립한 것으로 추정된다며 "부서진 두개골의 경우 이 과정에서 돌덩이에 머리를 맞아 깨진 것으로 보인다"고 말했다. 매립을 용이하게 하기 위해 시신 위에 돌덩이를 채워 넣었고 부서진 두개골도 돌덩이로 인한 것이라는 해석이다.

　　총살 직전 상황도 드러나고 있다. 박 교수는 "유해의 형태로 보아 구덩이 안에 몰아넣고 쭈그려 앉은 자세에서 총살한 후 그대로 매장한 것으로 보인다"고 말했다. 지난 2007년 대전산내와 충북 청원 분터골에서 발굴된 유해와 매우 흡사한 형태다.

돌덩이에 짓눌려 있는 희생자 유해. 가운데 둥근 형태는 희생자의 두개골이다. ⓒ심규상

유해 부근에 널려 있는 돌덩이. 상단 푸른색이 탄피이고 오른쪽 둥근 형태는 희생자의 두개골이다. ⓒ심규상

군경이 사용한 것으로 보이는 M-1 소총 8발 클립(clip) ⓒ심규상

훼손상태가 심한 희생자의 드러난 두개골 ⓒ심규상

현재까지 드러난 10여 구의 유해는 대략 20대 초반으로 분석되고 있다. 박 교수는 "1지점에서 대략 20여 구가 매장돼 있고 치아의 마모 상태로 미뤄볼 때 희생자 대부분이 20대 초반으로 보인다"고 밝혔다. 주변에서는 수십 개의 탄피를 비롯해 탄창, 치아들이 발견됐다. 단추와 의족 등 유품도 나왔다.

하지만 토질이 습한 탓에 유해 대부분이 삭아 없어져 유가족들의 안타까움을 더하고 있다. 토양에 습기가 많아 다른 곳에 비해 유해가 빠르게 훼손된 것이다. 발굴팀은 남아 있는 유골의 경우 손만 닿아도 부서져 내릴 만큼 상태가 좋지 않아 진땀을 흘리고 있다. 발굴팀은 이후 표면 경화처리(코팅)로 남아 있는 유해나마 보존하려 하고 있으나, 훼손상태가 심해 고심을 거듭하고 있다.

공주 왕촌 살구쟁이 집단희생 현장은 1950년 7월 중순경 당시 공주형무소에 수감 중이던 재소자와 국민보도연맹원 500~700여 명이 트럭으로 실려와 국군과 경찰에 의해 집단 희생된 곳이다. 이곳에서 발굴된 유해는 충북대 내에 위치한 '한국전쟁 전후 민간인 집단희생 추모관'에 안치될 예정이다.

| 유해발굴 현장 |

뻥 뚫린 두개골… 경찰도 방아쇠 당겼다
처참했던 땅 속 진실 속속 드러나

2009.06.25 | 심규상 기자

　1950년 한국전쟁 발발 직후 공주형무소 재소자와 보도연맹원을 총살하는 과정에 경찰이 직접 개입했음을 뒷받침하는 증거가 땅 속에서도 드러났다. 충남 공주 왕촌 금강 변에서 유해 발굴 작업을 벌이고 있는 '진실화해위원회 공주 왕촌 유해 발굴팀'(팀장 충북대 박선주 교수)은 5곳의 집단암매장 추정지 중 2번째 구덩이에서 경찰이 사용한 것으로 보이는 칼빈소총 탄피가 무더기로 나왔다고 25일 밝혔다.

　유해 발굴팀은 발굴 12일째를 맞고 있는 이날 현재까지 5곳의 유해 암매장추정지 중 2곳의 땅 속을 파헤쳤다. 지금까지 발굴된 유해는 약 70~80여 구에 이른다. 각각 폭 2m와 길이 20여m에 이르는 구덩이 속은 당시의 처참한 살해 현장을 고스란히 재현해 내고 있었다. 두 번째 구덩이 유해 발굴 과정에서는 칼빈소총 탄피가 M-1 소총 탄피와 함께 무더기로 발굴됐다. 첫 번째 암매장지에서는 M-1 소총 탄피만이 주로 나타났었다.

　박 교수는 "증언에 따르면 당시 군인들이 M-1 소총을 사용했고, 경찰이 칼빈 소총을 사용했다"며 "칼빈 소총 탄피는 총살과정에 군인은 물론 경찰이 직접 개입했음을 방증하는 것"이라고 말했다.

　실제 당시 영국 사진기자가 촬영한 총살 직전 희생자들을 트럭에 태워 끌고 가는 현장 사진 속에도 M-1 소총을 든 헌병과 칼빈 소총을 든 경찰 및 형무소 특

총알에 뻥 뚫린 희생자의 두개골 ⓒ심규상   모습 드러낸 희생자의 두개골 ⓒ심규상

경대원의 모습이 담겨 있다.

두 번째 구덩이에서 희생된 사람들은 대부분 보도연맹원 등 민간인이었던 것으로 추정되고 있다. 박 교수는 첫 번째 구덩이에서는 주로 재소자들이 입었던 회색 단추가 발견된 반면 두 번째 구덩이에서는 흰색 단추가 주로 발굴되고 있다며 "두 번째 구덩이에서 희생된 사람들은 형무소 재소자가 아닌 민간인이었던 것으로 보인다"고 말했다.

유해 발굴팀장인 박선주 교수는 두개골에 총상을 입은 희생자도 확인된다며 "많은 탄피량 등으로 미루어 볼 때 군경이 총을 구덩이 안 사람들을 향해 난사한 듯하다"고 말했다.

한편 다른 두 번째 암매장지의 경우 유해 상당수가 다른 사람들에 의해 도굴된 것으로 나타났다. 발굴팀은 당시 불치병 등에 약재로 사용하기 위해 유해를 도굴해 간 것으로 보고 있다. 발굴팀은 내달 초 무렵 중간설명회를 열고 지금까지의 유해 발굴 내용과 이후 발굴 계획을 유가족 및 언론에 설명할 예정이다.

공주 왕촌 살구쟁이 집단희생 현장은 1950년 7월 중순경 당시 공주형무소에 수감 중이던 재소자와 국민보도연맹원 500~700여 명이 트럭으로 실려 와 국군과 경찰에 의해 집단 희생된 곳이다. 이곳에서 발굴된 유해는 충북대 내에 위치한 '한국전쟁 진후 민간인 집단희생 추모관'에 안치될 예정이다.

두 번째 암매장지 발굴과정에서 발견된 칼빈소총 탄피. 경찰이 군인과 함께 학살과정에 직접 참여한 물증으로 꼽히고 있다. ⓒ심규상

1950년 당시 암매장지로 끌려가고 있는 학살직전 사진. 오른쪽 뒷쪽 헌병과 공주형무소 특경대원(오른쪽 앞쪽), 경찰로 보이는(왼쪽 앞쪽) 사람들이 총을 들고 사람들을 감시하고 있다. 이 사진은 당시 영국 사진기자가 촬영한 것이다. ⓒ오마이뉴스 자료사진

쏟아져 나오는 집단희생자 유해. 유해가 서로 뒤엉켜 있다. (제1암매장지) ⓒ심규상

집단희생 암매장지 제2지점 발굴 현장. 앞쪽에 비해 뒤쪽이 유해 발굴 양이 적은 것은 다른 사람에 의해 도굴된 때문으로 추정되고 있다. ⓒ심규상

| 인터뷰 |

"전생의 '업'… 수많은 혼령들이 돕는 것 같아요"
10년째 한국전쟁 희생자 유해 찾아 헤매는 박선주·박데비 부부

2009.06.29 | 심규상 기자

충남 공주 상왕동 왕촌 살구쟁이 유해 발굴 16일째를 맞은 28일 일요일 오후. 이날은 유해 발굴을 시작한 후 처음으로 작업팀에게 휴가가 주어졌다. 하지만 박선주 진실화해위원회 유해 발굴단장(62·충북대 고고미술사학과 교수·체질인류학)과 그의 부인은 이날도 유해 발굴 현장에서 씨름을 하고 있었다. 두 사람은 찜통더위 속에서도 컨테이너 박스에서 사료 정리에 여념이 없었다.

박 단장은 발굴을 시작하자마자 노련한 솜씨로 '왕촌 살구쟁이'에서 희생자로 보이는 유해를 발굴해 내기 시작했다. 그의 손에 의해 왕촌 살구쟁이 땅 속에 감춰진 민간인 집단희생 사건은 처참했던 현실로 재현됐다. 공주 왕촌을 비롯해 한국전쟁의 숨겨진 땅 속 역사가 햇빛을 보는 데는 박 교수의 악착같은 집념과 부인의 내조가 숨어 있다. 박 단장은 2000년 6·25 50주년 기념사업의 일환으로 처음 시작된 국방부 국군 유해 발굴사업에 참여해 사실상 유해 발굴사업을 이끌었다. 이후 육군 유해 발굴사업의 책임조사원으로 2007년 8월까지 전쟁 당시 치열한 전투가 벌어졌던 야산과 고지를 찾아 헤맸다.

"육군본부가 주도해 시작한 일인데 처음엔 계획 자체가 엉성했어요. 계획서를 보니 예산도 쥐꼬리였고, 전문가로 형질 인류학자 1명과 장의사 2명을 세워 놨더라구요. 또 계속 사업이 아니고 일시적인 사업이더군요. 한마디로 준비된 게 거의 없었죠."

'국군 유해 발굴'에서 '민간인 집단희생 유해 발굴'까지

박 단장의 첫 행보는 이 분야 전문가로서 유해 발굴단에 다수의 필수 전문가가 참여할 수 있도록 하는 일이었다. 국방부는 결국 박 단장의 거듭된 제안에 해부학 박사, 한국사 및 군사학 전공자, 문헌사학자, 유전자(DNA) 분석학자들을 유해 발굴단에 포함시켰다.

발굴을 시작했지만 몇 해 동안은 체계와 시스템을 만드는 일에 애를 먹어야 했다. 유해 발굴은 물론 발굴 작업에 참여하는 사병들을 일일이 교육시켜야 했다. 국방부와 학계를 쫓아다니며 예산증액과 지속적인 사업 필요성을 알리고 설득하는 일도 자처했다. 고고학을 전공한 장병들을 발굴단에 포함시키는 데도 힘을 쏟았다. 국방부는 당초 한시적으로 유해 발굴을 하기로 했지만, 매년 수백 구의 유해가 발굴되는 등 성과를 올리자 2003년 육군본부 내 사업전담부서를 두게 됐다. 또 2007년에는 국방부 내에 유해 발굴 전문부대인 국방부 유해 발굴감식단을 창설했다. 그는 유해 발굴 방법과 기법, 유해감식 방법 등을 고스란히 상설독립부대에 전수했다.

하지만 박 단장의 유해 발굴사업은 국군 유해 발굴로 끝나지 않았다.

"2007년 초쯤이었을 거예요. 진실화해를 위한 과거사위원회에서 연락이 왔어요. 민간인집단희생사건에 대한 유해감식을 해달라는 것이었죠. 기꺼이 맡겠다고 했죠."

이후 그는 진실화해위원회 유해 발굴단장을 맡아 전국의 민간인집단희생 유해 발굴사업을 총지휘해 왔다. 영동 노근리 사건을 비롯해 크고 작은 여러 집단희생사건의 유해 발굴작업을 직접 맡기도 했다.

"전생의 업… 학교 밖 사회 환원에 큰 보람"

그는 "국군 유해 발굴사업과 군경에 의해 희생된 민간인집단희생사건은 서로 다르고 별개인 것 같지만 절대 다르지 않다"고 강조했다. "국군 유해 발굴사업은

충남 공주 왕촌 살구쟁이 민간인집단희생사건 유해 발굴 작업을 벌이고 있는 박선주 박데비 부부 ⓒ심규상

박선주 단장에 의해 드러난 공주 왕촌 집단희생 암매장지 땅속 진실 ⓒ심규상

국가를 위해 싸우다 목숨을 잃은 사람들에 대해 국가가 유한책임을 지는 의미에서 당연합니다. 민간인집단희생사건은 이념적 대립 과정에서 무고하게 목숨을 잃은 사람들에 대해 인권이라는 보편적 가치를 위해 국가가 나서 이들의 아픔과 상처를 어루만져야 한다고 생각합니다. 국군이든 민간인이든 국가가 국민에 대한 책임을 사후에라도 해야 하는 것이죠. 국가는 국민을 보호해야 할 책임이 있잖아요."

박 단장은 지난해에는 과로로 쓰러져 심장수술을 받기도 했다. 본업인 대학 강의에다 '한중 유해 발굴단장'을 맡아 안중근 선생 유해 발굴을 위해 중국을 오가고, 배를 타고 40여 분을 가야 하는 진도 갈매기섬 집단희생지 유해 발굴사업과 순천 매곡동 여순사건 관련자 유해 발굴사업까지 떠맡았기 때문이었다.

그렇다면 그는 왜 이렇게 유해 발굴 작업에 몰두하는 것일까?

"전생의 업(業)인 것 같아요."

하지만 그의 다음 말이 더 진하게 와 닿았다.

"저는 좌익도 우익도 아닌 학자입니다. 학자로서 필요한 일을 하는 것이죠. 유해 발굴사업을 하면서 학문이 학교 안에서 가르치는데 그치지 않고 사회에 환원된다는 데 큰 보람을 느껴요."

유해 발굴을 벌이고 있는 충북대 대학원생들이 유해 훼손을 우려해 신발을 벗고 양말만 신은 채 작업을 하고 있다. ⓒ심규상

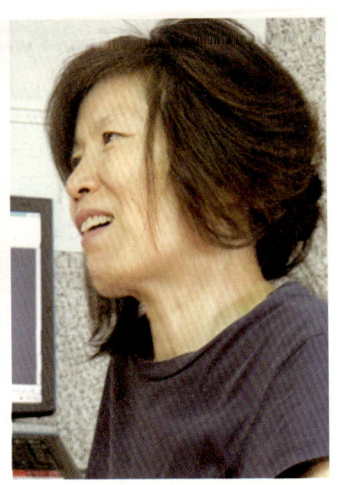
박선주 단장의 부인 박데비씨 ⓒ심규상

부인은 무보수 자원활동가 "수많은 혼령이 돕고 있는 듯"

그가 가장 고마움을 느끼는 대상은 그의 부인이고 유해 발굴 분야 최고 '내조의 여왕' 또한 부인이다. 부인 박데비 씨는 미국에서 생활하다 순전히 유해 발굴 사업에 매달리고 있는 남편이 걱정돼 귀국했다. 지난 2002년부터 박씨는 남편의 유해 발굴사업 현장에 그림자처럼 따라다니고 있다.

"2000년 초 무렵 와서 남편의 하루 일과를 보니 아침나절에 강원도 화천으로 유해 발굴하러 갔다가 점심 무렵 학교로 출발해 오후 6시까지 수업을 하더라구요. 이 생활을 매년 하는 거예요. 남편 건강이 걱정돼 따라다니다 보니 발목이 잡혔다고나 할까요(웃음)."

부인 박씨가 하는 일은 많다. 매일매일 유해 발굴 현장 사진을 찍고 정리, 분류하는 일부터 동영상 촬영에, 운전까지 도맡아 하고 있다. 말 그대로 유해 발굴 분야 무보수 자원활동가다.

남편이 하는 일에 불만은 없을까?

"힘들고 걱정되지만 '업'(業)이라고 생각하고 하는데 어쩌겠어요. 도울 수밖에

요. 다행스러운 것은 남편이 유해 발굴사업을 벌이는 동안 집안 일이 잘 풀리고 전국을 누비고 다니는데도 그동안 조그마한 사고 한 번 난 적이 없어요. 좋은 일 하니까 수많은 혼령들이 돕고 있는 것 아닌가 생각해요."

참고로 그의 큰 딸은 부시정부 집권 당시 미 백악관 인사담당관을 역임했고, 둘째는 현재 중앙아시아 북부에 위치한 키르기즈스탄에서 평화봉사단으로 활동 중이다.

박 단장은 이달 초 왕촌 유해 발굴 개토제 인사말을 통해 진실화해위의 민간 인집단희생자에 대한 유해 발굴 사업이 올해를 끝으로 중단될 위기에 처한 것과 관련, '매우 유감'이라며 이례적으로 쓴 소리를 한 바 있다.

"유해 발굴, 군과 민간 공동으로 하자… 자치단체도 역할분담할 때"

이와 관련, 박 단장은 지속적인 유해 발굴사업을 위한 몇 가지 해법을 내놓기도 했다.

"민간인희생자 유해 발굴사업을 국방부가 함께 했으면 좋겠습니다. 예를 들면 육군에서 국군 유해 발굴하는 병력을 민간인 유해 발굴사업에 보내서 민간에서 지역조사사업을 맡고 국방부는 유해 발굴을 맡자는 겁니다. 같은 방식으로 국군 유해 발굴사업에도 민간인이 참여해 조사사업을 돕는다면 좋을 것입니다. 유해 감식기관은 독립시켜서 민과 군이 같이 이용하면 됩니다. 군과 민이 공동발굴을 사업의 효율성도 높이고 일을 하면서 서로 화해의 분위기도 만들 수 있을 것입니다."

지방자치단체의 역할분담 필요성도 제안했다.

"앞으로 지방자치단체에서 일정하게 유해 발굴사업을 분담해 줬으면 합니다. 국가가 나서 역사의 한 단면을 인정하고 열어 놓았으니 이제 지방자치단체가 이 사업을 이어받아 궁극적으로 화합과 역사교육의 장으로 활용했으면 합니다."

| 유해발굴 중간설명회 |

무릎 꿇린 채 "탕!" 228명 넘게 유해 드러나
증언과 유해로 재현한 사건 현장

2009.07.09 | 심규상 기자

"빨리빨리 나와! 얼른 나오란 말야!"

1950년 7월 어느 날, 오전 9시경이었다. 갑자기 공주형무소 감방 문이 열렸다. 형무관(지금의 교도관)들이 수번을 부르며 밖으로 나올 것을 채근했다. 여기저기서 재소자들이 영문도 모른 채 무더기로 밖으로 불려 나왔다. 대부분 형량을 채워 출소를 앞두고 있는 정치범이었다.

"왜 그런대유?"

"대전형무소로 이감이다. 얼른 얼른 도라꾸(트럭)에 타라! 입 다물고… 더 이상은 아무것도 묻지 마라."

형무소 앞마당에는 '忠南 官用(충남 관용)'이라고 새겨진 트럭 한 대와 형무소 트럭 한 대가 대기하고 있었다. 순간 재소자들이 술렁였다. 심상치 않은 분위기가 감지됐기 때문이다. 우선 대전형무소로 이감 간다면서 소지품을 챙길 시간을 주지 않았다. 가족들에게 받은 편지며 사진, 옷가지들을 그대로 두고 맨몸으로 다른 형무소로 이감을 가는 건 처음 있는 일이었다. 게다가 앞마당에는 형무소 특경대원 외에도 군 헌병과 경찰들이 무장을 하고 서 있었다. 이들은 총구 끝으로 재소자들을 마구 찌르고 머뭇거리는 재소자의 얼굴을 향해 개머리판을 휘둘렀다. 지체 장애인도 예외는 아니었다. 왼쪽 다리를 잃어 의족을 착용한 재소자에게도 동작이 굼뜨다며 군홧발을 날렸다. 이들이 구겨지듯 트럭에 실리자 이번

공주형무소 전경 (1960년대) ⓒ공주시청

공주 왕촌 살구쟁이 집단 암매장지에서 드러난 희생자 유해 ⓒ심규상

에는 쪼그려 앉은 자세에서 고개를 바닥에 숙이게 했다. 대기하고 있던 군 헌병과 경찰이 미처 고개를 숙이지 않은 재소자를 향해 총구를 내리찍었다.

"으악! 어이쿠!"

외마디 비명이 곳곳에서 터져 나왔다. 한 특경대원이 이번에는 비명을 지른 재소자들에게 개머리판을 휘둘렀다. 시끄럽다는 게 그 이유였다. 재소자들은 하나같이 심상치 않은 살기를 느끼기 시작했다.

대전형무소로 이감 간다더니 구덩이 속으로 끌고 가

짐칸이 꽉 차자 트럭이 움직이기 시작했다. 대략 한 대에 30~40명의 재소자가 실렸다. 대부분 20대 이상으로 보였다. 육중한 형무소 철문이 열렸다가 트럭이 정문을 통과하자마자 곧 닫혔다. 트럭이 움직이는 동안에도 소총을 든 형무소 특경대원과 군 헌병, 경찰 등이 "고개를 들지 말라"고 위협했다. 트럭은 공주 읍내를 지나 대전으로 가는 국도로 접어들었다. 하지만 고개를 숙인 재소자들은 트럭이 가는 방향을 가늠조차 할 수 없었다. 제발 약속대로 '대전형무소'로 가기만을 마음속으로 빌고 또 빌었다. 10여 분쯤 지났을까? 트럭이 멈춰 섰다. 하지만 여전히 누구도 고개를 들 수 없었다. 왁자지껄하는 사람들의 목소리가 들려왔다. 도로변에 미리 늘어선 경찰들이었다. 재소자들은 철벅거리는 군홧발 소리

돌덩이에 짓눌려 있는 희생자 유해. 가운데 둥근 형태는 희생자의 두개골이다. ⓒ심규상

두개골 속에 들어 있는 금도금 치아 ⓒ심규상

와 간간이 들리는 구령소리로 이들이 군인 또는 경찰임을 직감했다.

"내려! 누가 고개 들으라고 했어!"

트럭에서 내린 재소자들은 앞사람의 허리춤을 잡고 일렬로 늘어선 채 산으로 향했다. 이들을 내려놓은 빈 트럭은 또 다른 재소자들을 실어 나르기 위해 공주형무소로 향했다. 숲속을 향하던 이들은 엄습해 오는 공포감에 온몸이 떨리고 오금이 저려왔다. 얼굴은 하얗게 질렸다. 죽음을 직감한 일부 재소자들이 울부짖기 시작했다. 그때마다 기다렸다는 듯 소총 개머리판이 날아들었다.

죽음의 구덩이… 자욱한 화약연기

이들을 기다린 건 긴 구덩이였다. 1미터 깊이에 가로 약 14미터, 세로 2.5미터 크기의 구덩이였다. 구덩이에 70~80명이 두 줄로 늘어서 등을 맞댄 채 무릎을 꿇었다. 의족을 착용한 재소자는 맨 바깥 줄에 자리 잡았다. 이들을 향하고 있던 M1 소총이 일제히 불을 뿜었다. 칼빈 소총도 불을 뿜었다. 구덩이 안 사람들이 외마디 소리와 함께 그대로 고개를 땅에 떨어트렸다. 머리뼈를 관통한 총알도 많았다. 화약 냄새와 피비린내가 골짜기 전체에서 피어올랐다.

곧이어 숨진 희생자들의 몸 위로 돌덩이가 채워지기 시작했다. 땅에 머리를 박고 숨이 채 끊어지지 않은 재소자들의 뒷머리 위로, 등 위로 쉴 새 없이 큼직한

두개골 속에 들어 있는 금도금 치아 ©심규상   희생자의 것으로 추정되는 구덩이 속에서 발굴된 안경 ©심규상

돌덩이가 날아들었다. 시신을 쉽게 매장하기 위해 흙 대신 돌을 채워 넣은 탓이었다. 대충 시신이 가려지자 이들은 총을 들고 부근에 있는 비슷한 크기의 다음 구덩이로 향했다. 이날 총소리는 저녁이 돼서야 그쳤다.

며칠 뒤 소문을 듣고 시신을 찾으러 구덩이를 찾아간 유가족들은 끔찍한 광경에 눈을 감고 코를 틀어막아야 했다. 구덩이 위로 손가락과 다리 등 사체가 그대로 드러나 있었다. 골짜기 전체는 시신 썩는 냄새로 진동을 했다. 망연자실한 유가족들은 퍼질러 앉아 통곡하다 가슴에 한을 품은 채 되돌아와야 했다.

진실·화해를 위한 과거사 정리위원회(위원장 안병욱)는 9일 오전 11시 공주 왕촌 살구쟁이 유해 발굴 현장에서 중간설명회를 열고 구덩이 3곳에 대한 유해 발굴 현장을 공개했다. 굵은 빗방울과 비바람이 몰아쳤지만 김동춘 진실화해위원회 상임위원을 비롯해 공주시 관계자, 곽정근 공주지역 한국전쟁 피해자 유족회장 및 회원, 공주민주단체협의회 회원 등 약 100여 명이 참여했다.

공주~대전 옛길 오른쪽 비교적 완만한 경사면에 위치한 3개의 구덩이에서는 집단 매장된 228구 이상의 유해가 발굴됐다. 이들을 총살하는 데 사용한 M1 탄피 236개와 카빈 탄피 32개, 45구경 탄두 3개, M1 탄두 53개, 카빈 탄두 4개 등도 함께 발굴됐다. 45구경 탄두는 확인사살용으로 사용된 것으로 보인다. 유골들은 허벅지 뼈와 정강이뼈 등이 겹쳐진 채 엎드린 모습이었다.

돌아올 수 없는 길로 맨발로 끌려간 사람들 "신발 신은 사람이 없다"

박선주 유해 조사단장(충북대 고고미술사학과)은 유해 대부분이 구덩이 양쪽 벽을 향해 두 줄로 무릎을 꿇은 상태에서 발굴됐다며 "손은 뒤로 묶여 있거나 일부는 목 뒤로 깍지를 낀 자세였다"고 설명했다. 이는 희생자들이 살아있는 상태에서 구덩이 속으로 들어갔고 이후 총격이 가해진 것을 의미한다. 유골은 3m에 7~8명씩 발견됨에 따라 한 구덩이에 70~80여 명이 묻혀 있었다. 따라서 발굴을 기다리고 있는 또 다른 구덩이(5지점)를 합할 경우 최소 400명 이상이 희생됐을 것으로 추정하고 있다. 유품으로는 철재 구조물의 의족과 1~1.5cm 단추 171개, 안경, 금도금 치아 등이 나왔다. 금도금 치아와 안경의 경우 그 형태가 그대로 남아 있어 희생자 신원 및 유가족을 찾는 데 중요한 단서가 되고 있다.

박선주 교수는 유품 중 신발이 발굴되지 않는 것으로 보아 맨발로 끌고 간 것 같다며 "특히 2지점에서는 흰색 단추가 주로 나와 다수의 보도연맹 관계자들이 포함돼 있는 것으로 보인다"고 말했다.

한편, 발굴된 유해는 진실화해위원회가 지정한 감식소(충북대학교 유해감식센터)에서 정밀 감식이 진행될 예정이며, 최종 결과는 올해 12월경 발표될 예정이다.

아버지! 형님! 유족들의 60년 묵은 사연들

2009.06.13 | 송성영 기자

"제가 모시고 가겠습니다."
"가야 하는디, 몸이 말을 통 안 들어서, 마당 밖으로도 잘 못 나가유."
 6월 12일. 올해로 4년째 공주 왕촌 한국전쟁 희생자 추모제가 열리던 날. 공주시 반포면 송곡리에 사시는 이재천(78) 할아버지는 몸을 일으키지 못했다.
 이씨 할아버지는 2007년 여름 내내 이뤄진 한국전쟁 당시 민간인 피해 조사 작업 도중에 만난 보도연맹 희생자 유족이었다. 이씨 할아버지는 1950년 한국전쟁 발발 당시 이재덕·이재만 두 형님을 잃었다. 송곡리에는 두 사람을 포함해 모두 여덟 명의 보도연맹원들이 6·26전쟁 발발 사나흘쯤 지난, 6월 말경에 공암 지서로 끌려갔다고 한다.
 경찰은 이들을 공암 지서로 끌고 가 배급소에 가뒀다. 거기에 이틀 정도 갇혀 있었고 이재천 할아버지는 형들에게 꼬박 꼬박 점심을 날라다 줬는데 사흘째 되던 날, 형들은 어디론가 끌려갔다.
 "왕촌에서 보도연맹원들을 학살했다는 소문을 듣고 찾아갔쥬, 형님들이 거기에 묻혀 있을 것이라 여기고 부모님과 함께 찾아 갔는디 눈 뜨고 못 볼 정도로 아주 끔찍 했슈. 아마 백 미터쯤 됐을 건디 구덩이 3군데에 시신들이 흙으로 살짝 덮혀 있었쥬, 시신 썩는 냄새가 진동하고, 그 위를 밟으면 발이 툭툭 튀어 나오고 '꾸릭꾸릭' 소리가 날정도 정도로 시신들이 띵띵 불어 있었으니께, 거기서 어

한국전쟁 당시 민간인 피해자 유족들 ⓒ송성영   한국전쟁 당시 민간인 피해자 학살 현장인 공주 왕촌에서 추모제가 열렸다. ⓒ송성영

떻게 형님들을 찾겠슈, 그냥 돌아왔쥬."

이씨 할아버지는 증언 내내 눈물을 흘리고 있었다. 농사만 알고 살아온 촌사람이 단지 좌익편에 서서 집회에 참가 했다는 이유만으로 아무런 재판도 없이 학살을 당해야 했던 억울한 사정을 입 밖에 내지도 못하고 숨죽여 살아온 세월이 분통이 터졌던 것이다.

"그동안 말도 못하고 살아 왔는디, 그래도 이런 말을 할 수 있다는 게 어디유, 우리 어머니는 형님들이 죽고 나서 2년 내내 속병을 앓다가 돌아가셨슈. 땅 한 평 가진 게 없다보니 남 땅 빌려 농사짓고 그걸로 도저히 먹고살기 힘들어 철도청 노역, 계룡산 벌목, 산에서 나무 묶어 내다 팔아가며 고생고생 생활했쥬, 형수와 조카들까지 거느리고 살았으니 오죽했겠슈."

이씨 할아버지는 그 어려운 살림에도 불구하고 장손인 유복자 조카를 고등학교까지 보냈다. 분가한 후에도 살림 밑천으로 평생 모은 8마지기 논을 팔아 조카에게 내주었다. 이씨 할아버지에게도 6남매의 자식이 있었으나 맨 위 딸 둘은 초등학교 졸업이 전부다. 장손인 조카를 위해 자식들을 제대로 가르치지 못한 것이다.

이씨 할아버지의 딸은 연좌제에 걸려 일본에 갈 수 있는 기회를 잃기도 했고, 억울하게 돌아가신 형님들의 사진을 죄다 불태워야 할 정도로 늘 불안 속에서 살

추모제 행사 ⓒ송성영

피해자 유족 할머니 ⓒ송성영

아왔다.

"가고는 싶지만 몸이 안 움직여 도저히 못 가겠슈."

이씨 할아버지의 숨소리가 거칠어지고 있었다. 결국 할아버지를 모시지 못하고 추모행사장으로 향했다.

'공주민주단체협의회'에서 준비한 추모제는 한국전쟁 당시 민간인 희생자들(600명 이상으로 추정)이 묻혀 있는 왕촌 살구쟁이 앞에서 열렸다. '진실 화해를 위한 과거사 정리위원회', '한국전쟁 전후 민간인 학살 진상규명 범국민위원회'와 더불어 공주지역 유족들을 비롯해 서울과 여수 부산 등지에서 찾아온 희생자 유족들이 한자리에 모였다.

희생자 유족들 중에는 지난해 조사 작업 현장에서 만난 낯익은 얼굴들도 보였다. 먼저 탄천면에서 온 정씨 할아버지가 반겼다. 증언 채록 당시 정씨 할아버지를 마을 앞에서 만났다. 할아버지는 피해 조사자인 나를 집으로 데리고 갔고 보도연맹원이었던 두 사촌의 억울한 죽음을 증언했었다.

계룡면 금대리 정씨 집안사람들이 피장 많이 살아왔다. 금대리에서는 모두 9 명의 보도연맹 희생자가 발생했다. 이들 중에 조사 당시 가장 기억에 남는 사람은 정희철(60) 씨다.

정씨의 아버지 정필창 씨(당시 26세)는 금대리 보도연맹원들과 함께 경천분소로 끌려가 왕촌에서 학살된 것으로 알려져 오고 있다. 정희철씨의 큰아버지, 정필봉(3년 전 긱고) 씨는 술을 마시면 정희철 부부에게 6·25 때 얘기를 귀에 못이 박히도록 들려주었다고 한다.

피해자 정필창씨는 힘이 장사였던 농사꾼이었다. 좌익에 가담 했던 사람들과 함께 하루 일을 마치고 나면 저녁 무렵, 동네 느티나무 밑에서 모임을 갖기고 하고 씨름판을 벌이기도 했다고 한다.

당시 금대리 보도연맹원들은 6·25가 터지고 며칠 후 경천분소에서 2~3일간 구금된 상태로 지냈다가 잠시 풀려 났다고 한다. 2차로 소집될 무렵, 집안 식구들이 도망가라 했지만 정필창 씨는 '죄가 없는데 왜 도망가느냐, 내가 도망가면 식구들에게 피해가 돌아간다, 죄가 없어 낼 모레면 돌아올 것이니 걱정마라'며 도망가지 않았다고 한다.

하지만 그날 경천분소에 있던 보도 연맹원들과 함께 일렬로 밧줄에 묶여 어디론가 떠났고 그 뒤로 소식이 없었다. 인민군이 들어오고 얼마 후, 금강 청벽 부근에서 학살당했다는 소식을 듣고 식구들이 찾아갔다. 그곳은 왕촌 살구쟁이였다. 시체가 겹겹이 쌓여 있는 그곳에서 5일 내내 시신을 찾았다. 하지만 시체들이 겹겹이 쌓여 있고 부패돼 누가 누군지 분별할 수 없었다고 한다.

정필창씨가 왕촌으로 끌려가 학살당할 무렵 그에게는 부인과 다섯 살 난 딸, 세 살배기 아들 정희철이 있었다.

"내가 여덟 살 되던 해, 어머니는 끼니조차 연명하기 힘들어 재가했지요. 새 아버지는 이북에서 월남한 사람이었습니다. 그 분도 가난해서 그때 나는 초등학교를 졸업하자마자 남의 집 머슴 노릇을 했고 누이는 학교조차 다니지 못하고 어려서부터 식모살이를 해야만 했었습니다."

계룡면 구왕리에 사는 양승규 씨도 추모제를 찾았다. 90세를 넘긴 그의 아버지는 보이지 않았다. 그의 작은 아버지는 한국전쟁 당시 보도연맹원이었고 이곳 왕촌에서 학살당했다. 조사 당시 동생의 죽음에 대해 묻자 구순을 넘긴 할아버지는 멀쩡한 귀를 닫아 버리셨다.

증언을 듣기 위해 세 번째로 찾아갔었다. 할아버지는 닫힌 귀를 잠시 열었다. 내게 왕촌에서 언제 제사를 지내냐며 제사 술 마시러 가고 싶다고 슬그머니 마음을 열어 놓았던 것이다.

"7월에요."

"내가 그때까지 살 수 있을까?"

할아버지는 동생의 주검 앞에 60년 가까이 참아왔던 술잔을 부어주고 싶었던 것이었다. 하지만 1년이 지난 지금 다시 귀를 닫아버렸다. 아들이 아버지를 추모제에 모시고 오기 위해 옷소매를 끌었지만 소용없었다고 한다.

"아버지에게 오늘 제사 지낸다고 말씀드렸더니 들은 척도 안 하시더라구요. 아버지는 그 난리 통에 귀머거리 행세로 살아나셨다니께 오죽하겠습니까? 육이오 때 얘기만 나오면 여전히 귀를 닫아 버리십니다."

전남 여수에서 찾아온 박용운(69) 씨의 부친은 여순사건에 가담했던 외삼촌 대신 잡혀 들어가 5년형을 받고 공주감옥소에서 2년을 살다가 6·25가 터지자 왕촌에서 학살당했다고 한다.

"아버지가 끌려 갈 무렵에 내가 아홉 살이었으니 아버지 보러 60년 만에 처음 찾아온 것이지요. 아버지가 묻혀 계신 흙을 담아가기 위해 비닐봉지 까지 가지고 왔는데 어디가 어디인지 알 수 가 있어야지요. 그래서 비닐봉투 그냥 가져갑니다."

지난해 부터 수없이 많은 한국전쟁 당시 민간인 피해자 유족들을 만났다. 유족들이 늘려주는 한 맺힌 세월은 지금도 여전히 끝이 보이질 않았다.

추모행사장에 비가 내리기 시작했다. 잠시 비가 그치는 것 같더니 다시 비가 내리고 다시 햇볕이 드는가 싶었다. 추모제 행사를 마치고 학살지로 나서기 시작하자 유족들의 처진 어깨 위로 다시 비가 내리기 시작했다.

한국전쟁 시기 사망한 공주사람, 최대 2천여 명

2007년 여름 '한국전쟁 당시 공주지역 민간인 피해 조사팀'은 진실과 화해위원회의 지원 하에서 공주지역 한국전쟁 피해자 조사사업을 실시했다.

공주 지역 조사팀이 면접한 구술자는 246명(후손 및 동네분들)이었고, 이를 통해 확인한 민간인 피해자는 모두 367명이었다. 하지만 여기에 국군이나 인민군으로 징병되었다가 전장에서 희생된 공주청년들, 여기에 기아와 전염병에 의해 희생된 노약자들까지 포함하면 한국전쟁 시기 사망한 공주사람들의 숫자는 최소 1천5백 명에서 최대 2천여 명 정도는 되었을 것으로 추산된다.

개전 초기인 1950년 7월 9일부터 7월 11일 사이에 계룡면 왕촌 작은살구쟁이, 의당 청룡리 여찬니, 유구 석남리 수촌다리와 농기, 장기 송원리 송계동(욕골) 등지에서 진행된 이른바 '보도연맹원 및 공주교도소 좌익수 학살사건'으로 말미암아 최소 250명(왕촌희생자 200명)에서 최대 400명(왕촌 희생자 300명)에 달하는 공주 출신 보도연맹원, 그리고 최소 200명, 최대 300명에 달하는 타지 출신 좌익수들이 희생되었다

학살 우익인사 매장 추정지에서 사람 뼈 발견

공주 대추골… 1950년 수십여 명 매장 추정

2009.07.21 | 심규상 기자

충남 공주 왕촌 살구쟁이에서 1950년 한국전쟁 당시 군경에 의해 숨진 보도연맹원들의 유해 발굴작업이 진행 중인 가운데, 이번에는 인민군의 보복학살로 숨진 우익인사들이 묻혀 있는 것으로 보이는 공주 옥룡동에서 희생자 유해로 추정되는 사람 뼈가 발견됐다. 20일 오후 기자와 공주 지역신문인 〈백제신문〉 취재팀은 공주 옥룡동 대추골로 향했다.

옥룡동 대추골은 한국전쟁 때 '인공 치하'에서 인민군에 의해 발생한 공주지역 최대 학살사건으로 최소 30여 명에서 80명이 총살돼 암매장된 곳으로 추정되고 있다. 하지만 당시 암매장지가 인적이 드문 깊은 산골이어서 목격자가 없는 데다 대추골에 살던 토착민들마저 대부분 고향을 떠나 정확한 유해 매장지를 찾지 못했다. 이에 따라 지역 사정에 밝은 〈백제신문〉 취재팀과 작정하고 이날 매장지 찾기에 나선 것.

이날 오후 2시 반경. 증언을 토대로 우선 대추골 우측 산기슭 일대(옥룡동 149번지 부근)를 뒤지기 시작했다. 장마 끝 높은 습도에 바람마저 통하지 않아 땀이 비 오듯 쏟아졌다.

한 시간여 동안 주변을 탐색했지만 매장지로 특정할 만한 물증이 전혀 확보되지 않았다. 매장지 찾기에 실패하고 마을로 되돌아왔다.

충남 공주 옥룡동 대추골 산 33-7번지 일대에서 1950년 9월, 인민군에 의해 집단희생된 우익인사들의 암매장지가 발견됐다. 사진은 땅 속 20cm에서 드러난 희생자 유해. ⓒ심규상

공주 대추골 20cm 땅 속에서 드러난 '사람 뼈'

다시 신뢰할 만한 증언자 찾기에 나섰다. 마을에서 A씨를 만난 것은 이날 오후 4시경. 전쟁 당시 10살 남짓이었다는 A씨는 관공서에 의한 피해 사례를 들며 실명 공개는 물론 사진촬영마저 꺼렸다. 하지만 취재팀의 요청에 흔쾌히 암매장 추정지 안내에 나섰다. 대추골에서 직선거리로 300여 미터를 오르다 좌측 산기슭으로 들어서 풀숲을 헤치며 다시 200여 미터를 올라갔다.

현장에 도착한 A씨는 매장 추정지(옥룡동 산 33-7번지)를 가리켰다. 가로 20미터에 세로 8미터 정도의 크기였다. A씨는 "여기를 학살터로 알고 있지만 한 번도 확인해 본 적이 없어 확신은 할 수 없다"며 "하지만 크면서 마을 어른들로부터 우익인사들이 인민군에 의해 총살돼 이곳에 묻혔다고 전해 들었다"고 말했다.

증언을 토대로 대추골 야산 일대에 대한 1차 확인에 나섰으나 실패했다. ⓒ심규상

공주 옥룡동 대추골에서 유해매장 추정지 가는 길. 우측 표지판 화살표 방향이다. ⓒ심규상

　취재팀은 매장 추정지 한복판을 들춰보기로 했다. 암매장지가 맞다면 경험상 깊지 않은 곳에 유해가 묻혀 있을 것으로 짐작됐다. 준비해 간 삽을 이용해 조심스럽게 흙을 걷어냈다. 누런 속살이 드러났다. 예닐곱 차례 삽질이 오갔을까? 고작 20cm 땅 속에서 나뭇가지 같은 게 드러났다. 정강이뼈로 추정되는 '사람 뼈'였다. 유해임을 알리자 흙을 헤치던 〈백제신문〉 기자가 놀라 뒷걸음을 쳤다. 해당 지점은 골짜기 배수로와 인접해 있어 다른 사람의 무덤자리로는 보여지지 않았다. 또 다른 집단유해 매장지처럼 유해가 얇게 묻혀 있어 당시 집단 희생된 사람의 뼈일 가능성이 높다.

　이동일 자유총연맹공주지회 사무국장은 "오래 전부터 유해매장지를 찾기 위해 희생자 유가족들과 함께 대추골 주변을 찾아 헤맨 적이 있다"며 "발견된 지점은 그동안 유가족들이 지목한 곳과 같은 곳으로 유해매장지가 분명한 것 같다"고 말했다. 이 국장은 "유가족들과 현재 유해 일부가 드러난 부근까지 여러 차례 갔었지만 분명한 장소를 특정하지 못해 주변을 맴돌다 되돌아왔다"고 덧붙였다. 이곳에서 희생된 사람들은 당시 군청 공무원, 우익단체 간부, 경찰 및 형무소 간수 등으로 추정되고 있다.

　A씨는 "퇴각을 앞둔 때에 인민군 2명이 공주경찰서에 갇혀 있던 60여 명의 사람들을 이곳으로 끌고 왔다"며 "희생자들은 모두 흰 옷을 입고 있었고 손이 뒤로

우익인사들이 집단희생된 곳으로 추정되는 유해매장지
ⓒ심규상

공주 왕촌 살구쟁이 민간인집단희생지. 이곳은 1950년 7월, 군경에 의해 보도연맹원 등 수백여 명이 집단희생됐다. ⓒ심규상

줄줄이 묶인 채 옛 공주경찰서에서부터 걸어서 끌려 올라왔다고 전해 들었다"고 말했다. 당시 공주경찰서가 있던 중학동에서 현장까지는 1km 정도.

7월 초, 군경이 보도연맹원 등 집단학살하자 보복살해 추정

다음은 A씨의 증언이다.

"인민군들이 사람들을 이곳에 끌고 와서는 끼니를 거른 사람들에게 담배를 나눠줬다고 하데. 나도 겪어 봤는데 몇 끼를 굶은 상태에서 담배를 피면 머리가 핑 돌고 정신이 하나도 없거든. 그리고서는 준비해온 쇠스랑이랑 괭이를 나눠주고 구덩이를 파게 시켰다는구먼. 대충 구덩이 파기가 끝나자마자 사람들을 구덩이 안으로 몰아넣고 따발총을 갈겼다는구먼. 총질을 하는 인민군이 2명뿐이라 끌려온 사람들이 여기저기로 내뺐는데 다 죽고 두 명만 살아남았다고 하더라구."

A씨의 증언은 지수걸 공주대 역사교육과 교수의 '공주의 한국전쟁과 전쟁피해' 논문 내용과도 일치한다. 지 교수는 "인공 시기, 공주지역에서 발생한 최대 학살사건은 추석 바로 전날, 미군이 공주로 진입하기 이틀 전인 9월 26일 옥룡동 대추골에서 발생했다"며 "총살당하기 일보 직전에 전 일본군 출신인 박모씨와 갑사 스님인 노모씨가 구사일생으로 살아났다는 증언이 있다"고 밝혔다. 이

어 "인공 시기 많은 우익인사들이 내무서나 성당 등지에서 검속되어 있었는데 인민군은 퇴각을 코앞에 두고 이들을 집단학살했다"고 덧붙였다. 따라서 대추골에서의 우익인사 학살은 전쟁 직후인 7월 초, 군경이 공주형무소에 수감된 좌익 정치범 및 보도연맹원 수 백 여명을 집단학살한 데 따른 보복 학살로 추정된다. 하지만 희생자 수는 증언자마다 다소 차이를 보이고 있다. A씨가 60명이라고 증언한 반면 지 교수는 "인공시기 군농회 직원으로 교동 농협창고를 관리했던 한 피조사자는 35명이 끌려갔다가 2명이 살아나 33명이 사망했다고 증언한 바 있고, 구사일생으로 살아남은 박모씨는 80여 명 정도가 사망했다고 회고한 바 있다"고 밝혔다. 최소 30여 명에서 많게는 80여명까지 증언이 나와 있는 것.

이와는 별도로 공주지역에서 '인공 시기' 알려진 우익인사 학살사건은 탄천 화정리(꽃방 머랭이에서 우익청년단원 14명) 사건과 장기 봉안리(다파리 고개에서 6명) 사건 등이 있다.

공주, 상생과 화합의 공간으로 거듭날 수 있을까?

대추골 유해매장추정지에서 희생자 유해로 추정되는 사람 뼈가 발견됨에 따라 희생자들의 추가 유해 발굴 여부에 관심이 쏠리고 있다. 이동일 자유총연맹 공주지부 사무국장은 "그동안 유해를 발굴하지 못해 추모비 앞에서 위령제를 지내왔다"며 "좌우익을 떠나 희생된 사람들의 유해를 수습해 위로해 줘야 한다"고 말했다. 이와 관련 자유총연맹공주지부는 전쟁당시 학살된 우익인사를 대략 180여 명으로 파악하고 지난 2003년 공주시 웅진동 하고개에 희생자 추모비를 건립하고 매년 10월 30일 추모제를 지내고 있다.

공주 왕촌 살구쟁이에서 군경에 의한 희생자 유해를 발굴하고 있는 박선주 유해 발굴단장(충북대 교수)은 "왕촌 살구쟁이 희생자 유해 발굴에 이어 대추골 희생자 유해 발굴이 이어진다면 좌우 대립을 넘어 지역사회의 상생과 화합에 기여힐 수 있을 것으로 보인다"고 말했다. 이어 "하지만 그동안 유해 발굴 작업을 해

온 진실화해위원회가 임기만료를 앞두고 있어 더 이상 유해 발굴 계획이 없는 만큼 사지단체가 유해 발굴 사업을 이어나갈 필요가 있다"고 밝혔다.

한편 1950년 7월 9일경 당시 공주형무소에 수감 중이던 재소자와 국민보도연맹원 500~700여 명이 국군과 경찰에 의해 집단 희생된 공주 왕촌 살구쟁이에서는 현재까지 300여 구의 유해가 발굴됐고 100구 이상의 유해가 발굴을 기다리고 있다.

| 집단매장지 추가 발견 |

유해 발굴 최고 권위자, 드러난 유골 다시 묻다
유해 발굴보고서로 본 민간인 집단희생 진실 규명 작업

2010.01.02 | 심규상 기자

조사지역 밖에도 다수의 유해가 매장돼 있는 것으로 밝혀졌다. 하지만 예산 및 시간 여건상 확인하는 것으로 그쳤다.(〈한국전쟁 전후 민간인 집단희생 관련 2009 유해 발굴 보고서〉 중에서, 진실 화해를 위한 과거사정리위원회)

유해 발굴 조사단이 유해 발굴 도중 다수의 유해 매장을 확인했지만 수습을 하지 않고 다시 묻었다는 얘기다.

이야기는 지난 7월 초로 거슬러 올라간다. 박선주 진실 화해를 위한 과거사정리위원회 유해 발굴단장(충북대 고고미술사학과 교수) 등 연구원들은 충남 공주 상왕동 살구쟁이에서 구슬땀을 흘리고 있었다. 1950년 한국전쟁 당시 공주형무소에 수감돼 있다 군인과 경찰에 의해 희생된 재소자 및 국민보도연맹원들의 유해를 수습하기 위해서였다. 박 교수는 충북 영동군 노근리 사건 희생자를 비롯한 민간인 집단희생자 유해 1500여 구와 국군 전사자 유해 4000여 구 등을 발굴한 한국 최고의 유해 발굴 권위자로 꼽히고 있다.

연일 폭염이 이어졌지만 산중엔 바람 한 점 통하지 않았다. 엎친 데 덮친 격으로 발굴 작업을 시작하자마자 호우주의보까지 내려졌다. 유해 발굴에 앞서 폭우에 대비해 배수로를 정비하는 게 순서였다.

유해 발굴을 위한 배수로 공사 도중 또 다른 유해암매장지가 드러났다. ⓒ송성영

본격 유해 발굴을 위한 배수로 공사 도중 드러난 새로운 집단 유해암매장지. 사람의 뼈가 나무뿌리와 뒤엉켜 있다. ⓒ송성영

나무뿌리에 엉켜 드러난 사람의 뼈… 80~90여 구 추정

능숙하게 배수로를 파나가던 굴삭기 기사가 어느 순간 작업을 멈췄다.

"박 단장님! 이것 좀 보세요. 사람 뼈 같아요."

유해의 일부가 나무뿌리에 엉켜 있었다. 당초 조사단은 배수로 아래쪽에 위치한 4개의 구덩이만을 유해매장 예정지로 추정했다. 배수로 위쪽은 조사범위에 포함돼 있지 않았다. 박 단장은 작업을 멈추고 유해가 드러난 배수로 위쪽 일부에 대한 표본조사를 시작했다. 겉흙을 조심스럽게 파내기 시작하자 불과 3m 아래에서 다수의 머리뼈가 드러났다. 유해가 매장돼 있는 또 다른 새로운 유해매장지가 확인되는 순간이었다. 조사단은 이곳에만 약 80~90여 구의 유해가 묻혀 있을 것으로 추정했다.

다음 날부터 조사단은 우선 예정된 4개의 구덩이에 대한 발굴을 진행했다. 새로 드러난 구덩이는 마지막에 발굴할 계획이었다.

4개의 유해매장 추정지 발굴 결과는 조사단을 당혹스럽게 하기에 충분했다. 뼈대가 두텁지 않은 부위의 뼈는 모두 삭아 없어진 상태였다. 습한 점토성 토양인데다 산성도마저 높았기 때문인 것으로 보였다. 유해보존상태가 좋지 않은 또 다른 이유는 유해를 흙으로 덮지 않고 화강암 등 큼지막한 돌덩이를 채워 넣었

돌덩이에 눌려 있는 유해 ⓒ심규상

기 때문인 것으로 추정됐다. 흙을 충분히 채우지 않고 돌덩이로 눌러 놓아 유해 사이에 빈 공간이 생겨 부패가 빨리 진행됐다는 분석이다.

흙 대신 돌덩이로 유해 매장… 317구, 20대 이상 남성 추정

조사단의 분석 결과 희생자들은 모두 등을 마주한 채 손을 뒤로 묶이거나 목에 깍지를 끼고 무릎을 꿇은 자세로 사살된 것으로 드러났다. 머리뼈의 얼굴 부분은 하늘이 아닌 땅바닥을 향하고 있었다. 뒷머리뼈에 총상흔이 있는 것으로 보아 구덩이 가장자리 등 아주 가까운 거리에서 총탄이 발사된 것으로 추정됐다. 출토된 탄피는 M1과 칼빈용 634개로 희생자 수의 두 배가 넘었다.

유해는 모두 317구로 확인됐다. 형무소 재소자들이 입었던 갈색의 죄수복 단추가 145개인 반면 민간인 복장에서 나온 흰색 단추가 195개로 민간인 수가 더 많았던 것으로 예측됐다. 치아 발치 정도 등으로 미뤄 희생자는 대부분 20대 이상 남성으로 판단됐다.

4개 구덩이에 대한 유해 발굴을 마친 조사단은 작업 도중 드러난 5지점에 대한 발굴을 시작하려 했다. 하지만 추가 예산이 지원되지 않았다. 예산이 지원되기만을 기다리던 발굴팀은 못다 수습한 유해를 남겨두고 결국 현장에서 철수해야 했다.

기약 없는 추가 발굴… "부식 속도 빨라 발굴 서둘러야"
발굴팀은 유해 발굴 보고서에 당시 상황을 이렇게 기록해 놓았다.

"당초 진실화해위원회가 제시했던 조사지역 내 4개 지점 이외에 조사지역 밖에 다수의 유해가 매장되어 있는 것이 밝혀졌으나 시간과 예산상의 문제로 다음을 기약할 수밖에 없음을 아쉬워하며 이에 대한 조사가 반드시 계속돼야 할 것이다."

하지만 2010년 4월 조사 업무가 종료되는 진실화해위원회는 추가 유해 발굴 예산을 단돈 1원도 배정하지 않았다. 대전 산내암매장지를 비롯한 전국 168개 집단학살지 중 37곳은 당장 유해 발굴이 가능한 상태이지만 추가 발굴 계획은 어디에도 없다. 지방자치단체도 '중앙정부가 할 일'이라며 손을 놓고 있다. 박선주 진실화해위원회 유해 발굴단장은 "공주 왕촌 살구쟁이에 남아 있는 유해의 경우 부식속도가 매우 빨라 가능한 시급히 수습할 필요가 있다"고 말했다.

한편 진실화해위원회는 최근 한국전쟁 전후 민간인 집단희생 사건과 관련해 2009년에 조사를 진행한 충남 공주 상왕동을 비롯해 경북 경산 코발트 광산, 경남 진주 명석면 및 문산읍, 전남 함평 광암리(불갑산 일대) 등 네 지역에 대한 유해 발굴 보고서를 발간했다.

공주 왕촌에서 첫선 보인 '3D 스캔 조사' 기법
"인권교육시설 복원 염두… 구덩이 경사도까지 기록"

"공주 왕촌 유해매장지는 어떤 유해매장지보다 잘 보존돼 있고 접근성이 좋아 이를 보존해 국민들의 역사교육과 인권교육시설로 활용하는 것이 바람직하다는 것이 조사단의 의견이다."

공주 왕촌 유해 발굴조사단은 유해 발굴 현장을 그대로 보존해 역사교육시설로 활용할 것을 공식 제안했다. 하지만 이마저 받아들여지지 않았고 유해 수습을 끝으로 매장지는 매립됐다. 하지만 유해가 드러난 당시로 현장을 되돌려 복원·재현하는 데는 아무런 문제가 없다. 이번 공주 왕촌 유해 발굴과정에서 3D 스캔 조사 기법이 사용됐기 때문이다. 그동안 민간인 집단희생자 유해 발굴 작업에선 사진과 비디오, 현장실측자료가 기록의 전부였다. 3D 스캔 조사는 구덩이의 길이, 너비, 깊이 등에 관한 정확한 실측이 가능하고 구덩이의 경사도와 방향을 비롯해 유해 매장과 분포 상황에 대한 생생한 정보를 얻을 수 있다. 따라서 현장을 왜곡하거나 유해들이 섞이는 일 없이 그대로 복원·재현해 낼 수 있는 강점을 가지고 있다.

박선주 진실화해위원회 유해 발굴단장은 이 지역을 교육시설로 복원할 경우를 고려해 현장 자료를 3D 스캔을 이용해 기록했다며 "유해가 드러난 상태 그대로 현장을 재현해 인권교육시설로 활용했으면 한다"고 밝혔다.

공주 왕촌 유해매장지에서 3D 스캔 작업을 하는 모습 ⓒ진실화해위원회

| 2010년 제5회 위령제 |

강희락 청장
"공주 민간인, 공권력에 희생…깊은 성찰"

10일 희생자 위령제…경찰 60년 만에 사과, 군은 여전히 묵묵부답

2010.07.11 | 심규상 기자

영령들의 소중한 희생이 헛되지 않도록 경찰이 앞장서겠습니다

10일 공주문화원에서 열린 '공주지역 민간인 희생자 합동위령제' 행사장 앞에 놓인 강희락 경찰청장 추모조화 ⓒ심규상

강희락 경찰청장이 10일 한국전쟁 발발 직후인 1950년 7월 9일경 군인과 경찰에 의해 살해된 희생자들에 대해 "깊은 성찰과 함께 유감의 뜻을 표한다"고 공식사과했다. 가해주체 중 한 축인 경찰 수장으로 부터 '성찰'과 '유감'의 단어가 나오기까지 60여년이 걸린 것.

10일 오후 2시 공주문화원(공주시 반죽동) 강당에서 열린 '공주지역 민간인 희생자 합동위령제'에는 유가족 등 150여명이 참여했다. 이에 앞서 '진실화해를 위한 과거사 정리위원회'는 지난 2일 공주 왕촌 살구쟁이에서 1950년 7월 9일 경 공주형무소 재소자와 국민보도연맹원 등 최소 400여 명을 공주 CIC분견대, 공주파견헌병대, 공주지역 경찰 등이 집단학살한 일은 '진실'이며 '명백한 불법행위'라고 밝혔다.

강 청장은 이날 공주경찰서 정보과장이 대독한 '추도사'를 통해 "비록 전시였다고는 하지만 국민의 생명과 재산을 보호해야 할 의

무가 있는 공권력에 의해 고귀한 생명이 희생되었던 불행했던 역사에 대해 깊은 성찰과 함께 유감의 뜻을 표한다"고 밝혔다. 이어 "유족 여러분의 슬픔을 달래드리고 고인들의 넋을 기리기 위해 정부의 후속조치가 원활히 이루어지도록 적극 노력해 나갈 것을 다짐한다"고 강조했다. 강 청장은 또 "슬픈 역사가 되풀이 되지 않도록 항상 주민을 섬기며 법과 원칙을 준수하는 새로운 경찰의 모습으로 다가서도록 정성을 다하겠다"고 덧붙였다. 강 청장은 이날 행사장에 추모 조화를 보내기도 했다.

또 다른 가해주체 국방부는 '묵묵부답'

강 청장의 이같은 언급은 진실화해위원회가 국가에 대해 ▲유족에게 사과할 것 ▲위령사업 지원 ▲전쟁이나 비상사태시 민간인 보호조치 등에 관한 규정 정비 등을 권고한 데 따른 것이지만 매우 진전된 일로 받아들여지고 있다.

안희정 충남도지사도 이날 공주부시장이 대독한 추도사를 통해 "희생자 영전 앞에 머리 숙여 명복을 빈다"며 추도했다. 이어 "역사를 분명하게 밝히는 것은 더 나은 나라의 미래를 만들겠다는 의지를 보여주는 것"이라며 "과거의 역사에 대한 반성작업을 멈춰서는 안 된다"고 밝혔다.

하지만 또 다른 가해주체인 국방부는 이날 추도식에 불참하는 등 아직까지 진실화해위원회의 사과 권고를 이행하지 않고 있다. 관할 자지단체장인 공주시장도 지난해에 이어 이날 추도식에도 불참했다.

오원록 민간인학살 진상규명범국민위 상임대표는 "진실규명은 됐지만 발굴된 유해는 안식의 장소를 찾지 못했고 발굴을 기다리는 유해도 많은 데다 진실화해위원회의 권고사항마저 무시되고 있다"며 "진실규명 결정에도 변한 것은 없다"고 지적했다.

실제 지난 2월 초 현재, 진실화해위원회의 각 부처에 권고한 총 200건 중 이행 완료된 사건은 12건으로 60%에 머물고 있는 것으로 나타났다.

공주지역 민간인 희생자 유가족들이 최근 진실화해위원회의 '진실' 규명에 따라 처음으로 단체사진을 찍었다. 하지만 유해 발굴 등 남아 있는 등 남아 있는 미해결 과제가 많다. ⓒ심규상

    곽정근 공주유족회장은 "지난해 발굴 도중 중단돼 남아 있는 유해의 완전한 발굴과 위령사업 등 앞으로 해결해야 할 일이 많다"며 "현 정권이 아니면 다음 정권, 이 세대가 아니면 다음 세대에서라도 반드시 이루어져야 한다"고 강조했다. 곽 회장은 또 "진실화해위원회의 활동이 종료된만큼 지역민의 화합과 화해를 위해 충남도와 공주시가 나서 희생자 집단매장지 분포조사 및 유해 발굴사업 등에 나서길 기대한다"고 덧붙였다. 진실화해위원회는 지난해 공주 왕촌 살구쟁이에서 희생자들의 유해 317구를 수습했지만 발굴도중 추가로 드러난 100여 구의 유해에 대해서는 시간 및 예산부족 등을 이유로 후일을 기약하고 발굴을 중단한 상태다.
    공주민주단체협의회 장창수 공동대표는 "진실규명을 바탕으로 진정한 화해를 모색해야 한다"며 "한국전쟁 당시 민간인 희생지인 왕촌 살구쟁이와 의당 의찬리 등을 인권교육의 현장, 역사교육의 현장으로 살려나갈 것"이라고 말했다.

| 진실화해위원회 조사결과 발표 |

진실화해위 "20일 동안 최소 3400여 명 집단학살"
대전·공주· 청주 형무소 정치범 집단학살은 '진실'

2010.07.02 | 심규상 기자

　진실화해를위한과거사정리위원회(이하 진실화해위원회, 위원장 이영조)가 한국전쟁 발발 직후 대전·공주·청주형무소 등에 수감된 재소자와 보도연맹원 등이 군경에 의해 법적 절차 없이 집단 학살된 '대전충청지역형무소 재소자희생사건'은 진실이라고 2일 밝혔다.

　진실화해위원회는 "주한미군 정보일지 등 미군 자료와 당시 헌병, 경찰, 형무관 등 현장 목격자와 신청인 등의 진술 청취, 현장조사를 통한 조사 결과 최소 3,400여 명이 집단학살됐다"며 이 같이 밝혔다. 진실화해위원회는 가해자를 육군본부 정보국 CIC와 헌병대, 지역경찰 등으로 지목하고 "이들에 의해 불법적으로 희생됐으며, 이 중 희생자 333명과 희생 추정자 18명의 신원을 확인했다"고 덧붙였다.

　진실화해위원회에 따르면 대전형무소에서는 1950년 6월 28일 경부터 7월 17일까지 대전형무소 재소자와 국민보도연맹 등 최소 1800여 명이 충남지구 CIC와 제2사단 헌병대, 대전지역 경찰 등에 의해 대전 산내 골령골에서 집단 학살됐다. 이 중 신원이 확인된 인원은 267명이다. 학살이 한국전쟁 발발 직후인 6월 말부터 진행된 사실은 진실화해위원회에 의해 처음으로 규명된 것이다.

　공주형무소에서는 1950년 7월 9일 경 공주형무소 재소자와 국민보도연맹원 등 400여 명이 공주 CIC분건대, 공주파견헌병대, 공주지역 경찰 등에 의해 공주

지난 2007년 산내 골령골 민간인 집단희생지 유해 발굴 현장. 진입 도로에서 50m가량 떨어진 산골짜기에 'ㅁ'자(가로 2m x 세로 4.5m) 형의 구덩이에서 유해가 뒤엉킨 상태로 드러났다. 하지만 이후 골령골에 대한 추가 유해 발굴 사업은 토지주의 유해 발굴 거부로 추가 발굴작업이 중단된 상태다.
ⓒ심규상

왕촌 지역에서 집단 희생됐고 이중 45명의 신원이 확인됐다.

청주형무소에서는 1950년 6월 30일부터 7월 5일까지 청주형무소 재소자와 국민보도연맹원 등 약 1200명이 충북지구CIC, 제16연대 헌병대, 청주지역 경찰 등에 의해 충북 청원군 남일면 분터골과 화당교, 쌍수리 야산, 낭성면 도장골, 가덕면 공원묘지 등에서 집단 희생됐다.

명백한 불법행위… 학살 책임 대통령과 국가에 귀속

진실화해위원회는 전시였지만 국민의 생명과 재산을 보호해야 하는 국가가 수감된 재소자들과 좌익 전력이 있거나 인민군에 동조할 것이 우려된다는 이유만으로 적법한 절차 없이 사살한 것은 명백한 불법행위라며 "이에 대한 책임은 당시 이승만 대통령과 국가에 귀속된다"고 밝혔다. 진실화해위원회는 국가에 대해 ▲유족에게 사과할 것 ▲위령사업 지원 ▲전쟁이나 비상사태시 민간인 보호조치 등에 관한 규정 정비 ▲평화인권교육을 강화 등을 권고했다.

이에 대해 대전참여자치연대는 "대전산내 등 형무소 수감자에 대한 학살이 국가에 의해 자행된 명백한 범죄이고 억울한 희생임이 인정된 것이라는 데 큰 의

11번째 '대전산내학살 희생자 합동위령제'에서 진실화해위 박은성 조사관이 김종현 산내유족회장에게 대전충청지역 형무소 재소자사건 진실규명보고서를 전달하고 있다. ⓒ장재완

사건 당시 미군에 의해 촬영된 골령골 현장에서의 총살 직전 장면. 이 사진의 배경 장소는 2007년 골령골에서 유해가 발굴된 곳과 인접(50여m)해 있다. ⓒ오마이뉴스 자료사진

의가 있다"고 평했다. 이어 하지만 지난 6월 말로 '과거사 정리 기본법'이 종료됨에 따라 이후 사업에 대해선 아무런 대책이 없는 상황이라며 "배·보상특별법 제정 및 재단설립 등을 통해 추가 유해 발굴 및 피해자 명예회복 등 후속사업에 대한 논의를 진행해야 한다"고 강조했다.

한편 대전산내학살사건 희생자합동위령제준비위원회는 2일 오후 3시 대전 기독교연합봉사회관 대강당에서 유가족 등 500여 명이 참석한 가운데 대전형무소 희생자들의 넋을 기리는 11차 합동위령제를 개최했다.

| 추가 유해발굴 촉구 |

민간인 유해 발굴, 1원도 아깝나요?
발굴 중단된 공주 암매장지… 국군-민간인 희생자 공동발굴해야

2011.06.20 | 심규상 기자

'최후의 한 구까지 찾을 때까지 최선을 다 합시다' 2011. 6.6 대통령 이명박

이명박 대통령은 지난 6일 현충일을 맞아 대통령으로서는 처음으로 국방부 유해 발굴감식단을 방문했습니다. 이 자리에서 이 대통령은 "호국용사들이야말로 영원히 살아 있는 대한민국"이라며 "마지막 전사자의 유해를 찾을 때까지 최선을 다해야 한다"고 강조했습니다.

국방부는 지난 2000년부터 유해 발굴사업을 본격화 해 지난해까지 5,500여 구의 유해와 6만6천여 점의 유품을 발굴했습니다. 국방부는 아직까지 찾지 못한 전사자 유해를 13만여 명으로 추정하고 있습니다. 이 가운데 4만여 명의 유해는 비무장지대와 북한 지역에 있는 것으로 보고 있습니다. 6·25 전사자 유해 발굴에 대한 강한 의지를 밝힌 이 대통령의 마음 씀씀이에 고개가 끄덕여집니다.

11년째 발굴중인 국군 유해-발굴 도중 중단된 '민간인 희생자'

하지만 기자는 이 소식을 들으며 6·25 한국전쟁 당시 국군과 경찰 등 공권력에 의해 억울하게 희생된 충남 공주의 왕촌 지역 민간인희생자 암매장지를 떠올릴 수밖에 없었습니다. '진실화해를 위한 과거사정리위원회'는 지난 2009년 충남 공주 상왕동 왕촌 살구쟁이에서 모두 317구의 민간인희생자 유해를 발굴했습니다. 이들은 6·25 한국전쟁 발발 직후 보도연맹 활동 등을 이유로 공주형무소

최후의 한구까지 찾을때 까지
우리는 최선을 다 합시다
2011. 6. 6
대통령 이명박

이명박 대통령이 지난 6일 현충일을 맞아 대통령으로서는 처음으로 '국방부 유해 발굴감식단'을 방문해 남긴 방명록 ⓒ국방부

국방부(육군 제32사단 99연대)가 지난 7일 개토식을 시작으로 내달 5일까지 충남 공주시와 연기군 일대에서 6.25 전사자 유해 발굴을 벌이고 있다. ⓒ육군 제 32사단 99연대

에 수감됐다 이곳에 끌려와 군인과 경찰에 의해 집단 희생됐습니다.

하지만 인근에 묻혀 있는 100여 구의 희생자 유해는 아직도 햇빛을 보지 못하고 있습니다. 예산이 지원되기만을 기다리던 발굴팀이 못다 수습한 유해를 남겨두고 결국 현장에서 철수해야 했기 때문입니다. 유해 발굴팀은 유해 발굴 보고서에 당시 상황을 이렇게 기록해 놓았습니다.

당초 진실화해위원회가 제시했던 조사지역 내 4개 지점 이외에 조사지역 밖에 다수의 유해가 매장되어 있는 것이 밝혀졌으나 시간과 예산상의 문제로 다음을 기약할 수밖에 없음을 아쉬워하며 이에 대한 조사가 반드시 계속돼야 할 것이다.

혹자는 민간인 희생자들은 나랏법을 어긴 '범법자'라며 웬 유해 발굴이냐고 반문할 수도 있습니다. 하지만 지난해 당시 강희락 경찰청장은 공주 왕촌 민간인 희생자 합동위령제에 보낸 추도사를 통해 "깊은 성찰과 함께 유감의 뜻을 표한다"며 공식 사과했습니다.

강 경찰청장은 "유족 여러분의 슬픔을 달래드리고 고인들의 넋을 기리기 위해 정부의 후속조치가 원활히 이루어지도록 저기 ㅗ께에 니필 짓"를 나씸빛ㄴㅣ나.
또 "국민의 생명과 재산을 보호해야 할 의무가 있는 공권력에 의해 고귀한 생명이 희생되는 슬픈 역사가 되풀이되지 않도록 항상 주민을 섬기며 법과 원칙을 준수하는 새로운 경찰의 모습으로 다가서도록 정성을 다하겠다"고 약속했습니다.

경찰청장은 왜 60여 년 만에 공주 민간인 집단희생자 유가족들에게 사과와 유감의 뜻을 내비쳤을까요? 성무 조사결과 최소 400여 명이 희생된 이 사건은 공주 CIC분견대, 공주파견헌병대, 공주지역 경찰 등 군인과 경찰에 의해 일어난 명백한 불법행위로 밝혀졌기 때문입니다.

연기, 공주지역 국군 유해 발굴 중—민간인 유해는 60여 년째 방치 중

국방부(육군 제32사단 99연대)는 지난 7일 개토식을 시작으로 내달 5일까지 충남 공주시와 연기군 일대에서 6·25 전사자 유해 발굴을 벌이고 있습니다. 이곳은 1950년 7월 8일부터 16일까지 남하하는 북한군에 맞서 미 24사단이 벌인 조치원·전의지구(개미고개)와 공주지구, 대평리지구 전투 지역입니다.

반면 민간인 집단희생자들에 대한 유해 발굴을 벌이던 진실화해위원회는 지난해 말, 문을 닫았습니다. 또 남겨진 유해는 언제 발굴될지 기약도 할 수 없는 상황입니다. 공주뿐만이 아닙니다. 대전의 산내 골령골 유해 암매장지를 비롯한 전국 168개 집단 학살지 중 37곳은 당장 유해 발굴이 가능한 곳이지만 어디에서도 수 년째 추가발굴이 이루어진 곳은 없습니다. 국방부가 전사자 유해 발굴을 벌이고 있는 대평리지구 지근거리에 있는 세종시 건설현장에도 민간인 집단희생자들의 암매장지가 두 곳이나 있습니다. 마찬가지로 수조 원의 세종시 건립예산 중 이들에 대한 유해 발굴 예산은 단 돈 1원도 서 있지 않습니다. 발굴된 민간인 집단희생자 1600구의 유해가 수년째 임시 안치소에 머물러 있지만 정식 안치소는 언제 만들어질지 기약도 할 수 없는 상황입니다.

제안합니다. 국방부가 전사자는 물론 민간인희생자 유해 발굴사업을 벌일 것을 말입니다. 민간 전문가들이 국군 전사자 및 민간인 희생자들의 유해가 묻혀 있는 지역의 조사사업을 맡고, 국방부 유해 발굴감식단은 유해를 발굴하자는 것입니다. 군과 민이 공동발굴을 하다보면 사업의 효율성도 높이고 참된 화해도 가능해질 것입니다.

국군-민간인 희생자, 민관 공동 유해 발굴 안될까?

진실화해위원회 유해 발굴단장을 맡아 민간인 집단희생자 유해를 찾는 데 발 벗고 나섰던 박선주 교수(충북대 고고미술사학과 체질인류학). 민간인집단희생자 유해 발굴에 주력하던 그는 지난 2000년에는 처음 시작된 국방부 국군 유해 발굴사업을 사실상 이끌었습니다. 그 또한 〈오마이뉴스〉 인터뷰를 통해 국방부가 전사자는 물론 민간인희생자 유해 발굴사업을 함께 벌이자고 제안한 바 있습니다.

나라를 지키기 위하여 전쟁에 나가 신성한 국방의 의무를 하다 피해를 당한 전몰자와 전상자 등 피해자 희생에 보답하는 것은 당연한 나라의 의무입니다. 마찬가지로 이념적 대립 과정에서 국가에 의해 무고하게 목숨을 잃은 민간인 희생자들에게 진심어린 참회의 뜻을 전하고 유가족들을 위로하는 일 또한 나라의 의무입니다. 국가의 범죄행위로 남겨진 민간인집단희생자의 유해를 남겨둔 채, 전쟁과 갈등의 골을 극복하지 않은 채 화합과 새로운 21세기를 말하는 것은 누가 봐도 진정성이 없어 보입니다.

'최후의 한 구까지 찾아내자'는 이 대통령의 다짐 속에 국군희생자와 함께 군인들에 의해 억울하게 희생된 민간인 희생자들이 포함돼서는 정말 안 되는 일일까요?

| 2012년 제7회 위령제 |

"100여 구 유골수습 외면하고 원혼 위로한다고?"
성토장 된 공주지역 민간인 희생자합동추모제

2012.06.10 | 심규상 기자

9일 오후 2시, 공주대 산학연구관 200여 석의 강당이 꽉 찼다. 백발노인에서부터 장년층, 청년에 이르기까지 모든 세대가 어우러져 있다. 나이 지긋한 쪽은 한국전쟁 당시 공주지역 민간인 희생자 유족들이고, 장년들은 시민사회단체 회원, 청년들은 공주대 학생들이다.

무대에는 수백여 명 희생자 신위(신위)가 자리하고 있다. 한국전쟁 공주지역 민간인 희생자들의 것이다. 이와 관련 '진실화해를 위한 과거사 정리위원회'는 지난 2010년 공주 왕촌 살구쟁이에서 1950년 7월 9일경 공주형무소 재소자와 국민보도연맹원 등 최소 400여 명을 공주 CIC분견대, 공주파견헌병대, 공주지역 경찰 등이 집단학살한 일은 '진실'이며 '명백한 불법행위'라고 밝혔다. 왕촌 살구쟁이 현장에서 317구의 희생자 유해도 수습됐다.

"한 맺힌 얘기 어찌 말로 다하나"

추모제에 앞서 유가족 몇몇이 나서 가족들이 희생된 과정을 들려준다.

"전쟁이 나던 해 내 나이 17살 때 소장수를 하던 아버지가 면지서 창고에 감금됐다. 보도연맹에 가입했던 것 같다. 어느 날 트럭에 실려 어디론가 실려 나갔는데 이게 마지막이었다. 나중에 들으니 공주 왕촌에서 군경에 의해 총살됐다고 한다. 그해 8월, 어머니도 애기를 낳다 돌아가셨다. 이후 11살 여동생, 5살 남동

9일 오후 2시, 공주대 산학연구관 강당에서 열린 한국전쟁시기 공주지역 민간인 희생자 합동위령제 ⓒ심규상

생과 살아온 한 맺힌 얘기는 말로 다 할 수 없다. 지금도 아버지가 살아오실 것만 같다."(박옥희, 75세)

"아버지는 어려서부터 독립운동가 심부름을 하는 등 독립운동에 가담했다. 일본 명치대학을 졸업한 후 해방 후 공주지역 건준위 인민위원장을 맡아 활동했다. 인민위원회 활동을 이유로 1949년 경찰에 의해 체포돼 대전형무소에 수감됐고, 전쟁직후 대전 산내에서 총살됐다. 어머니는 공주에서 살고 계셨는데 전쟁 때 부역혐의로 체포됐다 1951년 1.4후퇴 당시 끌려가 사망했다."(정혜열, 85세)

"아버지가 내 나이 8살 때 여순사건에 연루돼 공주형무소에 수감됐다. 어머니와 여수에서 기차를 타고 공주형무소로 면회 왔던 기억이 생생하다. 형님과 나는 빨갱이새끼라며 매 맞으며 학교를 다녀야 했다."(여순사건 희생자 유가족)

지수걸 교수 "억울한 희생자 추모하는 '보훈의 달', 언제쯤…"

대담 사회를 보던 지수걸 공주대 역사교육과 교수는 "호국보훈의 달을 맞아 우리 사회 대부분이 보훈행사를 하고 있지만 대부분 공로자 위주"라며 "억울한 희생자를 기리는 성숙한 사회로 가야 한다"고 말했다. 충남도청을 비롯 공주시청 공무원 등 공직자들의 모습을 거의 찾아볼 수 없는 현실과 예산 부족을 이유로 유해 발굴을 하다 중단한 현실을 꼬집은 것이다. 현재 한국전쟁 당시 공주 상

한국전쟁당시 군경에 의해 희생된 민간인 희생자들이 묻혀있는 공주 왕촌 살구쟁이 현장. '진실화해를 위한 과거사 정리위원회'는 지난 2009년 이곳에서 317구의 희생자 유해를 수습했으나 예산부족을 이유로 나머지 100여 구를 그대로 남겨놓았다. ⓒ심규상

"부모님 잃고 11살 여동생, 5살 남동생과 빨갱이 자식으로 살아온 한 맺힌 얘기는 말로 다 할 수 없습니다." 박옥희 씨(75). ⓒ심규상

왕동 살구쟁이 희생자 유해 중 100여 구가 수습되지 않은 상태다.

유족들의 추도사의 톤은 지난해 위령제 때보다 높았다. 곽정근 공주유족회장은 "정부는 살구쟁이에서 317구의 유해를 발굴하고도 예산이 없다며 남아 있는 100여 구 가까운 유해수습을 중단했다"고 지적했다. 이어 "공주시장과 충남도지사에게 간절한 탄원서를 제출했지만 중앙정부 일이라는 답변만 돌아왔다"고 밝혔다. 곽 회장은 "불과 30평 미만의 땅에 묻혀 있는 유골마저 외면하는 것을 보면 인권이나 민주화는 요원한 것 같다"고 덧붙였다.

"30평 땅 속 유해 외면하면서 '인권' '민주주의' 말하지 말라"

김종현 전국유족회 상임대표는 "정부가 나서지 않는다면 충남도와 공주시라도 나서서 남아있는 유해를 책임지고 발굴해야 한다"며 "남의 일인 양 팔짱끼고 있겠다면 원혼들이 용서하지 않을 것"이라고 경고했다. 이문행 공무원노조 공주시지부장도 "희생자들의 넋을 위로하고 유족들의 고통을 치유하기 위해 사회 구성원 모두가 나서야 한다"고 강조했다.

이준원 공주시장은 이날 공주시청 시민국장이 대독한 추도사를 통해 "구천을 헤매는 원혼을 위로한다"고 하면서도 유해수습 문제는 피해갔다. 안희정 충남도지사는 이날 보내온 추도사를 통해 "국가권력에 의해 저질러진 잘못의 책임은 특별히 무겁게 다뤄져야 한다"면서도 유해수습 문제는 언급하지 않았다.

공주민주단체협의회 정선원 회장은 "이웃이 슬프고 아플 때 같이 울어주는 미풍양속이 살아 있는 고을이 살맛나는 공동체"라며 "늦었지만 지역사회와 지방자치단체가 원혼들과 유가족들을 위로하기 위한 유해수습사업에 적극 나서야 한다"고 말했다.

| 추가발굴 촉구 |

부식되는 유골들… 큰비 올 텐데 어쩌나
충남도와 공주시 100여 구 희생자 유해 외면 언제까지

2013.07.02 | 심규상 기자

"역사가 진보한다는 걸 믿지 않습니다."

지난 28일 충남 공주에서 열린 '한국전쟁 시기 공주지역 민간인 희생자 합동위령제'에서 한 유가족의 자조 섞인 한마디입니다.

공주 왕촌 살구쟁이. 1950년 7월 이곳에서 집단 학살이 일어났습니다. 당시 국군과 경찰은 공주형무소에 수감된 재소자와 국민보도연맹원 500~700여 명을 이곳에서 집단 총살했습니다. '진실화해를 위한 과거사 정리위원회'(이하 진실화해위원회)는 지난 2010년 공주 왕촌 살구쟁이에서 1950년 7월 9일께 공주형무소 재소자와 국민보도연맹원 등 최소 400여 명을 공주 CIC분견대, 공주파견헌병대, 공주지역 경찰 등이 집단학살한 일은 '진실'이며 '명백한 불법행위'라고 밝혔습니다.

지난 2009년 공주 왕촌 살구쟁이 현장에서는 317구의 희생자 유해가 수습됐습니다. 조사결과 구덩이 안에 몰아넣고 쭈그려 앉은 자세에서 총살한 후 그대로 매장했습니다. 유해를 흙으로 덮지 않고 큼지막한 돌덩이로 눌러 놓은 사실도 확인됐습니다.

하지만 유해수습을 하면서 예상치 못한 일이 벌어졌습니다. 유해 발굴에 앞서 폭우에 대비해 굴착기로 배수로를 정비하던 중 나무뿌리에 사람의 뼈가 엉겨 붙어 드러났습니다. 배수로 위쪽에서는 다수의 머리뼈가 드러났습니다. 또 다른

지난 28일 공주대 산학협력관 강당에서 열린 '공주 왕촌 한국전쟁희생자 합동위령제' ⓒ심규상

부식된 유해(2009년 공주 왕촌 살구쟁이 유해 발굴 모습) ⓒ심규상

새로운 유해매장지(5번째 구덩이)가 확인된 것입니다. 진실화해위원회 유해 발굴팀은 약 80~90여 구의 유해가 묻혀 있을 것으로 추정했습니다.

계획된 4개의 구덩이에 대한 유해수습을 마친 발굴팀은 추가로 드러난 5번째 구덩이에 있는 유해를 수습하려 했습니다. 하지만 추가 예산이 지원되지 않았습니다. 예산이 지원되기만을 기다리던 발굴팀은 못다 수습한 유해를 남겨두고 결국 현장에서 철수해야 했습니다. 발굴팀은 '유해 발굴 보고서'(2009년 말)에 당시 상황을 이렇게 기록해 놓았습니다.

"당초 진실화해위원회가 제시했던 조사지역 내 4개 지점(구덩이) 이외에 조사지역 밖에 다수의 유해가 매장되어 있는 것이 밝혀졌다. 하지만 시간과 예산상의 문제로 다음을 기약할 수밖에 없음을 아쉬워하며 이에 대한 조사가 반드시 계속돼야 할 것이다."

공주왕촌에 발견된 지 5년 여 동안 수습되지 않고 방치되고 있는 유해매장지. 약 80~90여 구의 유해가 묻혀 있을 것으로 추정되고 있다. ⓒ심규상

지난 28일 열린 공주지역 민간인 희생자 합동위령제에서 유가족들이 헌화하고 있다. ⓒ심규상

박선주 진실화해위원회 유해 발굴단장은 "공주 왕촌 살구쟁이에 남아 있는 유해의 경우 부식속도가 매우 빨라 가능한 시급히 수습할 필요가 있다"고 강조하기도 했습니다.

지방자치단체 "중앙정부가 할 일… 그런 돈 없다"

5년 가까이가 흘렀습니다. 그 후 어떻게 됐을까요? 결론부터 말하자면 약 80~90여 구의 유해가 여전히 그대로 묻혀 있습니다. 진실화해위원회는 2010년 업무가 종료됐습니다. 충남도와 공주시는 '중앙정부가 할 일'이라며 관심조차 갖지 않고 있습니다. 박선주 유해 발굴단장(충북대 고고미술사학과 교수)이 직접 공주시를 찾아가 인건비 등을 제외한 실비 3000만 원만 지원하면 유해 발굴을 마무리하겠다고 하소연했지만 "그런 돈은 없다"는 답변을 들어야 했습니다. 유족회에서도 공주시(시장 이준원)는 물론 충남도지사(도지사 안희정)에게 수차례에 걸쳐 유해 발굴에 필요한 인허가와 예산지원 등 행정적 지원을 요청하는 탄원서도 내봤지만 허사였습니다.

곽정근 유족회장은 말합니다.

"충남도지사와 공주시장에게 간절한 탄원서를 제출했지만 '중앙정부 일'이라는 답변만 돌아왔습니다. 불과 30평 미만의 땅에 묻혀 있는 유골마저 외면하는 현실이 비참하기만 합니다."

전국 유족회관계자도 말합니다.

"2010년 정부가 무고한 민간인을 불법으로 학살한 것은 잘못이라고 희생자와 유가족에게 공식 사과했습니다. 사과 이후 공주시와 충남도처럼 무심한 곳은 보다보다 처음입니다."

공주시는 매년 한 차례 열리는 '희생자 위령제 지원'마저 매년 거절했습니다. 지난 28일 열린 합동위령제에도 10원의 예산도 지원하지 않았습니다. 정말 충남도와 공주시의 답변처럼 유해 발굴과 위령제에 힘을 보태는 일이 중앙정부에서만 해야 하는 일일까요?

2010년 진실화해위원회는 공주 왕촌 살구쟁이에서 일어난 민간인 학살 건과 관련 국가와 지방자치단체가 행할 화해조치의 하나로 ▲희생자 위령제 봉행 및 위령비 건립 등 위령사업 지원 ▲유해 발굴과 유해안치장소 설치 지원 등을 권고했습니다.

공주시장, 단 한 번도 위령제 참석 안해

특히 공주시장은 정부의 권고에도 단 한 번도 위령제에 참석하거나 유가족들을 만나 위로의 말 한마디 건넨 적이 없습니다. 현 공주시장은 지난 2009년에는 정부기구인 진실화해화해위가 주관한 공주 왕촌 살구쟁이 희생자들의 유해 발굴을 위한 개토제 및 위령제 추도사도 거부했습니다. 그러면서 그는 지난 28일 서면으로 보내온 의례적인 추도사를 통해 "60년 전의 불행한 역사의 현장을 교훈삼아 다시는 전쟁의 비극이 있어서는 안 된다는 것을 상기해야 한다"며 "희생자 영전에 삼가 위로를 표한다"고 밝혔습니다.

이날 이를 접한 유가족들이 한마디씩 합니다.

"다시는 비극이 있어서는 안 된다는 사람이 유해 수습조차 외면합니까?"

"올해도 어김없이 위령제에 참석하지 않네요. 정말 희생자들의 명복을 빌고 유가속을 위로하는 마음이 있기나 한지 모르겠습니다."

유가족들은 큰 비가 올 때마다 부모형제일지도 모를 유해가 쓸려나가지 않을까 걱정하고 있습니다.

| 추가 유해발굴 |

충남 공주 살구쟁이 남은 유해 발굴된다

충남도 유해 발굴비 3000만원 지원… 9월 중 발굴 예정

2013.08.23 | 심규상 기자

충남도가 공주시 상왕동 살구쟁이에 묻혀 있는 미발굴 유해 100여 구를 수습하도록 조치했다. 지난 2009년 진실화해를 위한 과거사 정리위원회(이하 진실화해위원회)는 이곳에서 수백여 구의 희생자 유해를 발굴했지만 예산 부족으로 나머지 100여 구는 수습하지 못했다. 충남도는 최근 추경예산에 공주 왕촌 살구쟁이에 남아 있는 유해 수습비용으로 3000만 원을 확보하고 공주시를 통해 집행하도록 했다. 충남도 관계자는 "큰 비가 내릴 경우 야산에 묻혀 있는 유해가 유실될 위험이 있는 것으로 판단돼 추경예산에 유해 발굴 예산을 반영했다"고 말했다. 발굴을 맡은 충북대 중원문화연구소는 내달경 발굴작업을 벌일 예정이다. 이곳에서는 1950년 7월에 공주형무소 수감 재소자와 국민보도연맹원 500~700여 명이 국군과 경찰에 의해 집단 총살됐다.

진실화해위원회는 지난 2009년 이곳에서 317구의 희생자 유해를 수습했다. 하지만 발굴 도중 인근에서 추가 발견된 약 100여 구의 유해에 대해서는 예산 부족을 이유로 수습하지 않았다. 이후 5년 가까이 유해가 방치돼 왔다. 늦게나마 유해 발굴 예산이 지원된 데는 담당부서인 충남도 자치행정과는 물론 안희정 충남지사의 의지가 반영됐다. 안 지사는 지난 6월 공주지역 민간인 희생자합동위령제에 보낸 추도사를 통해 "좌우익이 무엇인지, 보도연맹이 무엇인지 모른 채 형무소에 수감된 사람들이 쇠익 극렬분자로 몰려 군경에 의해 무자비하게 집단

학살 당했다"며 "희생되신 영령들과 유가족들이 아픔이 다소나마 위로받고 치유되도록 노력하겠다"고 밝힌 바 있다.

　곽정근 공주유족회장은 남아 있는 유해를 수습하지 못해 그동안 하루도 마음이 편치 못했다며 "늦었지만 안 지사가 유해 발굴에 필요한 예산을 지원한 데 대해 진심으로 감사하게 생각한다"고 말했다.

　공주시와 충북대 숭원문화연구소는 9월 중순 이후 유해 발굴 작업을 시작하기로 했다. 유해 발굴 책임을 맡은 박선주 충북대 고고미술사학과 명예교수는 그동안 조사지역 밖에서 추가로 발견된 유해를 발굴하지 못해 마음의 짐을 안고 있었다며 "유해를 잘 수습해 진실규명과 사회적 통합에 기여하도록 하겠다"고 말했다. 박 교수는 지난 2009년에도 이 곳 살구쟁이 유해 발굴단장을 맡아 조사사업을 진두진휘했다.

　한편 진실화해위원회는 지난 2010년 공주 상왕동 살구쟁이에서 1950년 7월 9일께 공주형무소 재소자와 국민보도연맹원 등 최소 400여 명을 공주 CIC분견대, 공주파견헌병대, 공주지역 경찰 등이 집단학살한 일은 '진실'이며 '명백한 불법행위'라고 밝힌 바 있다. 이에 따라 국가와 지방자치단체에 ▲희생자 위령제 봉행 및 위령비 건립 등 위령사업 지원 ▲유해 발굴과 유해안치장소 설치 지원 등을 권고했다.

"63년 하고도 100일 만에 유해 발굴… 눈물 난다"
공주 살구쟁이 남은 유해 발굴 시작… 평화공원 조성 등 과제 남아

2013.10.15 | 심규상 기자

"63년 하고도 100일 만입니다. 남은 유해를 발굴하게 돼 무척 다행스럽게 생각합니다." 곽정근 공주유족회장의 목소리가 살짝 떨렸다.

15일 오후 2시 충남 공주시 왕촌 살구쟁이(상왕동) 암매장지 현장. 유가족과 시민사회단체 관계자 등 50여 명이 산기슭에 모였다. 유해 발굴을 위한 흙을 파기 전에 토지신에게 제사(개토제)를 지내기 위한 자리였다. 유해 발굴 예정지(약 세로 20m×가로 10m)가 한눈에 들어왔다. 겉흙을 걷어내는 과정에서 얕게 묻힌 일부 유해들이 드러나 수십 년 만에 처음으로 세상에 모습을 드러냈다. 두개골로 보이는 유해는 세월의 풍상에 시달려 이미 쪼개지고 바스러진 상태였다.

지난 2009년 이곳에서 317구의 유해를 직접 발굴한 박선주 충북대 고고미술사학과 명예교수가 경과를 설명했다.

"예산 부족으로 80여 구의 유해를 비닐만 덮어 남겨 놓고 수습하지 못해 맘이 좋지 않았습니다. 충남도와 공주시의 도움으로 5년 만에 남은 유해를 발굴하게 됐습니다. 희생자들의 신원 및 진실규명에 많은 도움이 될 것으로 기대됩니다."

곽정근 공주유족회장과 유족들이 유해 발굴 예정지 앞에 섰다. 곽 회장은 신명에게 알리는 고유문을 통해 "1950년 한국전쟁 당시 군경에 의해 무참히 희생돼 구천을 헤매고 있을 영령들의 유해를 늦었지만 수습하게 됐다"고 말했다. 이어 "수습된 유해는 5년 전 이곳에서 발굴한 300여 구의 유해와 함께 충북대 추

본격 발굴을 시작하기도 전에 드러난 두개골 ⓒ심규상

공주 왕촌 희생자 암매장지 가는 길 ⓒ심규상

15일 오후 2시 공주시 왕촌 살구쟁이(상왕동) 암매장지 현장에서 유가족과 시민사회단체 관계자 등 50여 명이 개토제를 하고 있다. ⓒ심규상

드러난 두개골 ⓒ심규상

희생자 넋을 달래는 애절한 추모곡 ⓒ심규상

모관에 함께 봉안하겠다"고 설명했다. 또 "고인들의 흔적을 찾아 수습할 수 있도록 예산을 지원한 안희정 충남지사를 비롯 공주시에 거듭 감사드린다"며 비록 이 곳은 암매장지이지만 이후 작은 평화 공원으로 조성되도록 노력하겠다고 덧붙였다.

충북 청주에서 달려온 김창규 목사는 "오늘은 억울한 영령들이 구원받고 해방되는 날"이라며 "다시는 이 같은 비극이 일어나지 않도록 가슴에 새기자"고 추도했다. 뒤이어 영혼을 달래는 애잔한 노랫소리가 울러 퍼졌다. 웅혼한 대금 반주 소리가 가슴을 찔렀다. 지난한 한의 울림에 참가자들이 모두 고개를 숙였다.

박선주 충북대 고고미술사학과 명예교수는 약 70~80구의 유해가 묻혀 있는 것으로 추정된다며 "앞으로 약 12일 동안 발굴 작업을 벌일 것"이라고 밝혔다. 만약 80여 구의 유해가 수습될 경우 이곳에서 발견된 유해는 지난 2009년 발굴 유해를 합쳐 모두 400여 구로 늘어나게 된다. 김도태 유해 발굴단장(충북대 정치외교학과 교수)은 "모두가 만족할 수 있도록 유해수습에 열과 성을 다하겠다"고 말했다.

한편 진실화해를 위한 과거사 정리위원회는 지난 2010년 공주 상왕동 살구쟁이에서 1950년 7월 9일께 공주형무소 재소자와 국민보도 연맹원 등 최소 400여 명을 공주 CIC분견대, 공주파견헌병대, 공주지역 경찰 등이 집단학살한 일은 '진실'이며 '명백한 불법행위'라고 밝힌 바 있다. 이에 따라 국가와 지방자치단체에 ▲희생자 위령제 봉행 및 위령비 건립 등 위령사업 지원 ▲유해 발굴과 유해안치장소 설치 지원 등을 권고했다.

"희생자 암매장지에서 배워야 할 것은 예비검속 없는 세상"
- 지수걸 공주대 역사교육학과 교수

15일 오후 2시. 지수걸 공주대 역사교육학과 교수가 자리한 곳은 강의실이 아닌 공주 왕촌 살구쟁이 암매장지였다. 그는 암매장지에서 일부 드러난 두개골 등 유해를 한참 동안 응시했다. 그가 물었다. "63년 전 한국 전쟁 때와 같은 전쟁에 준하는 상황이 온다면 예비검속이 없을까요? 지금 우리 사회가 전쟁과 같은 혼란한 상황이 왔을 때 법적 근거 없이 검속되지 않도록 하고 학살을 막아낼 만큼 역량과 국민의식이 있을까요?" 그가 스스로 답했다. "예비검속을 넘어 일부 사람을 학살할 가능성이 여전히 있다고 생각합니다." 이와 관련 진보당은 이석기 의원의 강연 내용을 놓고 논란이 일자 '실제 전쟁이 발발하면 6·25 때처럼 진보인사들이 예비검속으로 살해당할 거라는 공포가 있었다'고 밝힌 바 있다. 그는 "다시는 이런 비극적인 일이 없도록 해야 한다"며 "암매장지를 보면서 증거 없이 예방차원에서 인신을 구속하고 신체에 위해를 가하는 일이 없어야 한다는 것을 배우고 깨우쳐야 한다"고 말했다.

유해 발굴을 마친 이후 암매장지에 대한 후속사업 필요성도 강조했다. 그는 "다른 지역에 있는 암매장지는 대부분 접근성이 좋지 않은 반면 이곳은 접근성도 좋고 주변 경관도 뛰어나다"며 "정부가 하지 않는다면 충남도나 공주시가 나서 이곳을 평화인권의 장으로 지정해야 한다"고 주장했다. 이어 "공주에는 이곳 암매장지를 비롯 천주교도들이 학살당한 황새바위와 동학농민전쟁 희생지, 한국전쟁당시 우익들이 희생된 대추골 등이 있다"며 "네 곳을 묶어 평화 교육현장으로 조성한다면 큰 의미가 있을 것"이라고 덧붙였다.

한편 지 교수는 최근 친일·독재 미화 논란을 빚고 있는 교학사 고교 한국사 교과서에 대해 공개 글을 통해 "(교과서 내용이) 이 지경일 줄은 몰랐다"고 비판한 바 있다.

지수걸 공주대 역사교육학과 교수 ⓒ심규상

| 추가 발굴 현장 |

'여러 사람의 뼈가'…
인근 주민도 몰랐던 다섯 번째 구덩이

훼손 정도 심해 "너무 얕게 묻혀서…"

2013.10.18 | 심규상 기자

5번째 구덩이 속 진실이 하나 둘 드러나기 시작했다. 17일 오후 4시 20분경. 충남 공주 왕촌 살구쟁이 유해 발굴 현장은 스산한 바람결까지 다해 을씨년스러웠다. 나무 사이로 비집고 들어온 햇살은 한 움큼도 되지 않았다. 싸늘하면서도 눅진한 습기가 살결을 휘감았다.

10여 명의 사람들이 구덩이 안(가로 10m×세로 20m)을 분주히 오갔다. 유해 발굴 3일째. 첫날은 개토제를 여는데 썼으니 정확히 유해 발굴 작업 이틀째다. 발굴 단원들과 눈인사를 건넨 후 구덩이 안으로 얼른 시선을 옮겼다.

구덩이 안으로 내딛던 발이 순간 멈칫했다. 사람의 머리뼈가 눈에 들어왔다. 눈을 돌리는 곳마다 사람의 뼈다. 다리뼈, 골반뼈… 온전한 상태가 아니다. 두개골은 깨진 유리처럼 조각 나 있다. 치아는 턱뼈가 녹아 내려 옥수수 씨앗을 뿌려 놓은 듯 흩어져 있다. 형체를 알아보지 못할 뼈가 대부분이다. 조심스럽게 머리뼈로 보이는 유해를 들어올렸다. 힘없이 또 부서져 내렸다. 64년(1950년 7월 희생)이라는 시간의 흐름을 감안하더라도 풍화정도가 너무 심했다. 오년 전 일이지만 당시 이 곳 부근에서 발굴된 유해는 형체를 알아보지 못할 정도는 아니었다.

"너무 얕게 묻혔어요. 보세요. 위쪽 흙은 누렇고 아래쪽 흙은 검죠. 누런 흙이 땅의 껍질이고 검은 흙이 유해가 묻혀 있는 속 땅인데 누런 흙이 거의 없어요. 흙

드러난 머리뼈와 탄피 ⓒ심규상

제각각 흩어져 있는 유해. 구덩이 경사가 심해 유해가 흙더미와 함께 쓸려 내린 것으로 추정된다. ⓒ심규상

나무뿌리와 뒤엉켜 있는 사람의 뼈 ⓒ심규상

드러난 유해. 심하게 풍화돼 있다. ⓒ심규상

을 제대로 덮지 않은 거죠. 몇 십 센티 밖에 되지 않아요. 풍화속도가 빨라 유해 상태가 좋지 않은 겁니다."(박선주 충북대 고고미술사학과 명예교수)

심하게 훼손된 유해 "너무 얕게 묻혀서…"

총살 후 시신 위에 흙을 덮는 일마저 건성으로 한 것이다. 발굴 작업을 시작한 지 이틀 만에 유해가 드러난 이유를 알 만했다. 게다가 여러 사람의 뼈가 뒤섞여 있다. 구덩이를 대충 판 데다 경사가 심해 유해가 흙더미와 함께 아래쪽으로 심하게 쓸려 내려갔기 때문이다.

어지럽게 널려있는 게 또 있다. 탄두와 탄피다. 녹이 잔뜩 슨 탄창도 드러났다. M1아니면 카빈이다. 이는 가해자가 공주 CIC분견대, 헌병대, 경찰 등 군인

 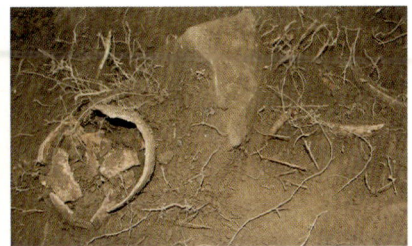

드러난 유해. 흙을 제대로 덮지 않아 심하게 풍화돼 있다. 나무뿌리와 뒤엉켜 있는 유해 ⓒ심규상
ⓒ심규상

과 경찰임을 다시 한 번 확인시켜주고 있다.

'진실화해를 위한 과거사 정리위원회'(아래 진실화해위원회)는 지난 2010년 공주 왕촌 살구쟁이에서 1950년 7월 9일께 공주 CIC분견대, 공주파견헌병대, 공주지역 경찰 등이 공주형무소 재소자와 국민보도연맹원 등 최소 400여 명을 집단학살한 일은 '진실'이며 '명백한 불법행위'라고 밝혔다.

M1과 카빈 탄두 vs. 검은 혹은 흰 단추

희생자들의 것으로 보이는 단추도 나왔다. 몇 개는 검은 색이고 몇 개는 흰색이다. 검은 단추는 공주형무소에 수감돼 있던 정치범들의 수의에서 나온 것으로 추정된다. 흰색 단추는 민간인 신분임을 말한다. 보도연맹에 가입한 민간인과 형무소에 수감돼 있던 정치범 등이 함께 총살됐음을 말해준다.

"이 골반 뼈를 보세요. 생김새로 볼 때 남자 뼈입니다. 나이는 치아 마모상태 등을 좀 더 봐야 알 수 있어요."(박선주 명예교수)

구덩이 중간쯤에 있는 유해는 나무뿌리와 뒤엉켜 사람의 뼈와 나무뿌리를 분간하기 쉽지 않다. 송장(죽은 사람의 몸뚱이) 거름을 먹고 자란 나무를 올려다보았다. 갑자기 나무에서 신성이 느껴졌다. 불교에서 말하는 대로 죽어도 다시 태어나 생사를 반복한다면 희생자 중 일부는 주변 나무로 윤회하지 않았을까?

한 희생자의 치아 ⓒ심규상　　　　공주 살구쟁이 유해 발굴 현장 ⓒ심규상

아무도 몰랐던 유해 존재 알려준 나무뿌리

감춰져 있던 유해의 존재를 인간 세상에 알린 것 또한 나무다. 진실화해위원회는 지난 2009년 이곳 인근 야산기슭에서 모두 4개의 구덩이에서 317구의 희생자 유해를 수습했다. 암매장지 위치를 알려준 인근마을 주민도 5번째 구덩이가 존재한다는 사실을 알지 못했다. 영원히 땅 속에 묻힐 뻔한 망각의 역사를 나무뿌리가 일깨워 준 셈이다.

당시 유해 발굴도중 발굴 예정지 밖에서 굴착기로 배수로를 정비하던 중 나무뿌리에 사람의 뼈가 엉겨 붙어 드러났다. 조사결과 배수로 위쪽에서 다수의 사람의 뼈가 매장돼 있는 것으로 나타났다. 지금의 5번째 구덩이에 묻힌 유해 발굴은 이렇게 시작됐다.

"약 80~90여구의 유해가 있는 것으로 보입니다. 비가 와도, 휴일에도 발굴 작업을 계속할 겁니다. 유해 발굴 결과에 대한 현장설명회는 23일 오후에 할 예정입니다."(박선주 명예교수)

내주 중 최소 80여 명의 유해가 모습을 드러낼 것으로 보인다. 희생자들의 유해는 살아남은, 혹은 살아있는 사람들에게 무엇을 말하려는 걸까. 어떤 기억을 되살리려는 걸까.

| 추가 발굴 현장설명회 |

"유해 최소 61구, 온전한 게 없어…
상태 매우 나빠"

공주 왕촌 희생자 유해 추가 발굴 현장설명회

2013.10.23 | 심규상 기자

5번째 구덩이(세로 12.5m × 가로 3m) 속에서 61구의 유해가 모습을 드러냈다. 공주 왕촌 살구쟁이 민간인 희생자 유해추가발굴단(단장 김도태 충북대 교수)은 23일 오전 11시 현장에서 유해 발굴 설명회를 개최했다.

발굴단은 현재까지 발굴된 희생자 유해는 모두 61구로 17~25세로 추정된다고 밝혔다. 이에 따라 이곳에서 5년 전 발굴한 317구를 합쳐 왕촌 살구쟁이 희생자는 최소 378구로 늘어났다.

그러나 박선주 책임조사원(충북대 명예교수)은 "지표면과 유해 사이의 거리가 불과 30~50 센티미터에 불과해 대부분 뼈가 삭아 없어지고 온전한 사지 뼈가 없다"며 "유해보존 상태가 매우 나쁘다"고 말했다. 사망원인은 모두 헌병대 또는 경찰에 의한 사살 또는 확인사살로 추정했다. 출토된 탄피와 탄두, 탄창 등 총기류(59점)가 모두 M1 소총과 카빈소총이기 때문이다.

희생자는 공주형무소에 수감돼 있던 정치범 또는 보도연맹원으로 보인다. 28점의 단추 중에는 흰 단추와 군청색 단추가 섞여 있다. 발굴단은 흰 단추는 보도연맹원, 군청색 단추는 당시 공주형무소 수감 정치범으로 보고 있다.

안경 한 점도 발견됐다. 특히 서로 다른 사람의 것으로 보이는 보철을 한 치아도 두 점이 출토됐다. 박 책임조사원은 "당시 치아에 보철을 한 경우는 드문 경우"라며 "유가족들의 증언이 있을 경우 희생자를 특정할 수 있는 가능성도 있다"

공주 왕촌 5번째 구덩이에서 드러난 희생자 유해와 치아 ⓒ심규상

공주 왕촌 5번째 구덩이 속에서 발굴된 탄피와 희생자 유해 ⓒ심규상

고 말했다. 드러난 유해는 오는 27일까지 수습한 후 5년 전 이곳에서 발굴한 317구의 유해와 함께 충북대 추모관에 함께 봉안할 예정이다. '진실화해를 위한 과거사 정리위원회'(이하 진실화해위원회)는 지난 2009년 이곳에 있는 네 개의 구덩이에서 모두 317구의 유해를 발굴한 바 있다.

희생자가 더 매장돼 있을 가능성도 배제할 수 없다. 인근 마을에 사는 이종구씨는 "1950년 당시 끌려와 죽은 사람이 17도라꾸(트럭)라고 들었고 매장지 맨 위쪽에 여성 세 명이 따로 묻혀 있었다"고 증언했다. 한 트럭을 최소 30명으로 계산하더라도 희생자가 500명에 이른다. 진실화해위원회도 이곳에서 최소 400~500여 명이 희생된 것으로 추정하고 있다. 게다가 여성 희생자의 매장지는 아직 발굴되지 않았다.

박 책임조사원도 "미발굴 유해가 더 있을 가능성을 배제할 수 없다"며 "특히 여성 희생자 매장지가 존재했다는 구체적 증언이 있는 만큼 추가 확인 과정이 필요하다"고 강조했다.

유가족들은 유해 발굴지가 역사적 교훈장으로 조성되기를 바라고 있다. 곽정근 공주유족회장은 추모공원을 조성해 작은 위령비라도 세워 희생자들을 위로할 수 있기를 소망한다며 관할 자치단체 등의 관심과 배려를 바란다고 말했다.

한편 진실화해위원회는 지난 2010년 공주 상왕동 살구쟁이에서 1950년 7월 9

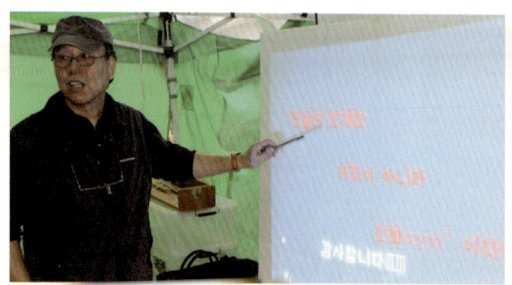 

박선주 유해 책임조사원(충북대 명예교수)이 추가 유해 발굴 현장 설명회를 하고 있다. 박 책임조사원이 설명을 바친 후 '진실의 반대는 거짓이 아니라 신화'라고 소감을 밝히고 있다. ⓒ심규상

희생자 유가족인 정중현(74)씨가 드러난 유해를 보며 눈물을 흘리고 있다. 정 씨의 아버지(정몽길)는 여순항쟁 당시 반란군에게 밥을 먹었다는 이유로 끌려가 3년 형을 받고 공주형무소에 수감됐다. 출소를 3개월 앞둔 1950년 7월 초, 이곳에서 총살됐다. ⓒ심규상

일께 공주형무소 재소자와 국민보도 연맹원 등 최소 400여 명을 공주 CIC분견대, 공주파견헌병대, 공주지역 경찰 등이 집단학살한 일은 '진실'이며 '명백한 불법행위'라고 밝힌 바 있다. 이에 따라 국가와 지방자치단체에 ▲희생자 위령제 봉행 및 위령비 건립 등 위령사업 지원 ▲유해 발굴과 유해안치장소 설치 지원 등을 권고했다.

| 추가 발굴 현장 |

"유해 18구 추가 발굴… 금도금 치아도 나왔다"

희생자 유해 396구로 늘어나

2013.10.25 | 심규상 기자

　공주 왕촌 살구쟁이 5번째 구덩이에서 61구에 이어 18구의 유해가 추가 발굴됐다. 5번째 구덩이(세로 12.5m×가로 3m)에서만 모두 79구의 유해가 발굴되면서 지난 2009년 발굴 유해에 더해 살구쟁이 골짜기에서 발굴된 희생자 유해는 모두 396구로 늘어났다.

　'공주 왕촌 살구쟁이 민간인 희생자 유해추가발굴단'(단장 김도태 충북대 교수)의 박선주 명예교수(책임조사원)는 "24일 18구의 유해가 추가로 드러나 5번째 구덩이에서 모두 79구의 유해가 발굴됐다"고 25일 밝혔다. 박 교수는 "먼저 드러난 61구의 유해를 수습하자 아래에서 18구가 매장돼 있었다"고 말했다. 1950년 7월 군경이 이들을 총살한 후 한 구덩이에 겹겹이 매장한 것이다.

　희생자의 신원을 추정할 만한 특징적인 유품도 추가 발굴됐다. 금도금을 한 5개의 치아가 드러난 것이다. 이에 앞서 보철을 한 치아도 두 점이 출토됐다. 유가족을 통해 치아에 금도금이나 보철을 했다는 증언이 나올 경우 희생자의 신원을 확인할 수 있을 만한 결정적인 유품이다. 지난 2009년 유해 발굴 과정에서는 의족이 출토되기도 했다.

　박 교수는 5구덩이에 대한 유해 발굴 작업은 오늘로 마무리됐다며 "27일까지 현장 원상복구 등 정리를 할 예정"이라고 말했다.

　지난 1950년 7월 9일께 공주 CIC분견대, 공주파견헌병대, 공주지역 경찰 등은

공주 왕촌 살구쟁이 골짜기 5구덩이에서 추가 발굴된 희생자 유해. 이번 발굴에서 금도금 치아가 발굴됐다. ⓒ모소영

공주 왕촌 살구쟁이 골짜기 5구덩이에서 추가 발굴된 희생자 유해 ⓒ모소영

공주형무소 재소자와 국민보도 연맹원 등 최소 400여 명을 이곳에 끌고 와 집단 총살했다. 이에 따라 국가와 지방자치단체에 ▲희생자 위령제 봉행 및 위령비 건립 등 위령사업 지원 ▲유해 발굴과 유해안치장소 설치 지원 등을 권고했다. 유가족들은 주변 주민들에 의해 제기된 여성 희생자 유해 추가발굴과 위령비 건립 등 추모공원 조성을 바라고 있다.

| 인터뷰 |

유해 발굴 1등 공신은 '마을 어르신들'이었다

[인터뷰] 살구쟁이 유해 발굴 현장에서 만난 석장리 사람들

2013.10.28 | 심규상 기자

"자 증말 고생들 했어유."

27일 공주 왕촌 살구쟁이에 묻힌 유해 발굴이 마무리됐다. 1950년 군경에 의해 억울하게 짧은 생을 마감한 79구의 유해가 모습을 드러냈다. 14일 동안 아침부터 해질녘까지 하루도 쉬지 않고 유해 발굴 작업을 벌였다. 그래도 예상보다 작업 속도가 빨랐다. 유해 발굴 현장을 총지휘해 온 박선주 충북대 명예교수가 비법(?)을 공개했다.

"40여 년간 발굴 현장을 누볐던 석장리 마을에 사는 어르신들 덕분입니다. 정말 베테랑이에요."

박 교수가 말한 '석장리 어르신들'은 김종근(76), 김희환(73), 박홍래(79), 전은성(60)씨 등 4명이다. 박 교수가 다시 이들을 치켜세웠다.

"한국의 어지간한 구석기 문화재 발굴현장은 다 참여했어요. 유물발굴에 관해서는 최고 전문가예요."

'석장리 어르신들'의 주업은 농업이다. 공주 금강변에 있는 작은 농촌마을에서 대대손손 땅을 일구며 논농사와 밭농사로 삶을 잇고 있다. 이들이 유물 발굴 최고 실력자라고? 이들의 얘기를 듣기에 앞서 공주 석장리에 대한 약간의 상식이 필요하다. 한반도 구석기시대 유물의 발굴은 1964년 공주 석장리 금강 변에서 시작됐다. 한반도에는 구석기 시대가 없다던 학설을 보기 좋게 뒤엎은 곳이 석

40년째 문화재 발굴을 해온 석장리 주민들. 28일 공수 살구쟁이 유해 발굴을 마친 후 한자리에 앉았다. 왼쪽부터 전은성(60), 김희환 (73), 박홍래(79), 김종근(76) ⓒ 심규상

장리다. 교과서에 처음으로 구석기 유물 분포지역으로 소개된 곳도 석장리다.

40년간 주업 같은 부업, 우리는 '자칭 문화재발굴 전문가'

석장리 구석기 유물발굴은 1964년부터다. 박홍래(79)씨는 서른 살 때 석장리 유물 발굴 일을 처음 접했다.

"1964년에 석장리 유물발굴이 처음 시작됐어. 이전에는 동네에 품앗이 외에 품을 파는 일 자체가 없었어. 내다 파는 건 나무뿐이었어. 산에서 나무를 해다 공주읍내에 갖다 팔았어. 구석기 유물발굴을 하는데 일꾼이 필요하니께 인근 동네사람들이 죄 동원됐지. 나무장사보다 돈벌이가 낫더라구. 그때부터 농사짓다 틈나는 대로 발굴현장에서 일당 받고 날품을 팔게 됐지."

같은 마을 김종근(76)씨가 얼른 박씨의 말을 받았다.

"처음엔 동네 처녀 총각까지 다 불러들였지. 발굴하는데 인력이 부족했어. 어떤 역할을 했냐고? 역할은 무슨… 그냥 땅 파고 또 파서 유물을 파내는 일이지."

인근 마을에 사는 김희환(73)씨는 스물네 살 되던 해부터 석장리 유물발굴 현장에서 일했다.

석장리 주민이자 문화재발굴 숨은 실력자인 박홍래(79) 씨, 김희환(73) 씨, 김종근(76) 씨, 전은성(60) 씨 ⓒ심규상

"기억에 남는 유물들이야 많지. 주먹도끼, 찍개, 몸돌… 발굴된 구석기 유물은 전부 인부들이 찾은 거야. 교수들이야 일시키고 분석만 하지 직접 땅은 안 팠으니까…."

박 교수와 인연을 맺은 곳도 석장리 발굴현장이다.

"박 교수님은 그때 대학원생이었지. 유해 발굴하러 와서 같이 일하면서 알게 됐으니… 세월 참 빠르네 그려."

단양 금굴-구낭굴, 제천 점말동굴, 청원 두루봉 동굴…

이렇게 시작된 유물발굴이 40년 동안 주업 같은 부업이 됐다. 우선 석장리 유물발굴이 1992년까지 모두 12차례에 걸쳐 진행됐다. 경험이 쌓이다보니 학계에서도 단순 노무자가 아닌 기술직으로 분류했다. 일반 노무자에 비해 일당도 높았고 현장의 대우도 달라졌다. 농사일을 하다가도 불러 주기만 하면 전국 어디든 달려갔다. 이들의 손을 거친 문화재 발굴 현장만 어림잡아 40여 곳이다. 교과서와 뉴스에서만 보고 들었던 지명이 이들 입에서 술술 쏟아져 나왔다.

"그걸 어떻게 기억해. 못하지. 대충 기억나는 곳? 어디 보자 경기도 연천 전곡리, 도라산역 부근, 단양 금굴-구낭굴, 제천 점말동굴, 청원 두루봉 동굴, 전라도 어디더라… 전국을 다 다녔지. 중국하고 러시아? 서긴 문화재 발굴하러 간 건 아니고 구석기 문화 학술 발표하는 데 따라가 봤어."

선문가늘이 이늘을 찾는 데는 그럴만한 이유가 있다. 지형에 따라 어디를 어떻게 발굴해야 하는지, 발굴 방법은 물론 발굴 기간까지 판단해 낸다. 그들만의 유물 발굴 노하우도 수두룩하다. 일례로 이들은 비가 올 때도 발굴작업을 할 수 있는 초간편 비가림 시설을 고안해 사용하고 있다.

"발굴 자업이 끝나면 깁스로 두꺼운 책사토 만는 '발굴보고서'가 배달돼. 책장을 넘기며 '이건 내가 찾아낸 거고 요건 전씨가 발굴한 거고' 생각하지. 그땐 참 뿌듯하고 기뻐. 여러 학자들과 술 마시며 정도 많이 들었어. 돈 벌려고 한 일이지만 보람을 느끼지." (김희안 씨)

"엉망이고 우리 눈에 안 차… 인자 그만해야지"

이들도 속상할 때가 많다. 현장에서 사정을 잘 모르는 관계자들이 인간적인 대접을 하지 않을 때도 많다.

"아이엠에프(IMF) 오고부터 노임 단가가 뚝 떨어졌어. 지금은 일반 근로자들하고 품삯이 똑 같아. 타지를 가도 숙박비에 담뱃값도 우리가 내야 돼. 근래엔 발굴하는 곳이 부지기수로 늘어나서 발굴작업도 대부분 직접 해. 하는 것 보면 다 엉망이고 우리 눈에 안 차지…. 우리도 나이도 있고 인자 그만해야지."(박홍래씨)

"석장리 땜이 품 팔아 애들 가르치고 어려운 시절 잘 보냈어. 고마운 일이었지. 근데 마을 농지가 대부분 문화재보호구역으로 묶이면서 재산권행사에 제한이 많아. 4대강 공사한다고 금강변 농지 보상할 때도 다른 사람들보다 보상금이 한창 적게 나왔어. 땅값 시세도 옆 동네하고 평당 20만 원씩 차이가 나. 석장리 문화재가 주민들 발목을 잡으니 원……." (전은성 씨)

공주 왕촌 살구쟁이 유해발굴 현장에 세운 솟대 ⓒ심규상

14일 동안 공주 왕촌 살구쟁이 민간인 희생자 유해 추가 발굴을 함께 한 발굴조사단 ⓒ심규상

살구쟁이, 열네살 때 들었던 생생한 총소리

이들이 왕촌 살구쟁이 유해 발굴에 뛰어든 것은 지난 2009년이다. 당시 발굴단장을 맡은 박 교수의 요청으로 일을 시작했지만 유해수습만을 위한 발굴은 처음이었다.

"고인돌 주변이나 구석기 동굴에서 문화재 발굴을 하다 유해를 찾아낸 적은 있지. 그치만 이번처럼 유해만 무더기로 찾는 발굴을 한 것은 (2009년) 그때가 처음이야."(박홍래 씨)

옆자리에 앉은 김씨가 소주잔을 벌컥 들이켰다. 목소리도 가라앉았다. 그때의 꺼림칙하던 기억이 떠오른 모양이다.

"말도 마, 처음 유골을 파내는데 어찌나 무섭던지… 기분도 안 좋고… 한참동안 일이 손에 안 잡히더라고. 근데 박 교수님이 데려온 젊은 여학생들이 얼굴색 하나 안 변하고 척척 유골을 만지는 거야. 어린 학생들한테 우리가 배웠지, 많이 배웠어."

이들에게 공주 살구쟁이는 어린 시절부터 넘어설 수 없는 두려움의 대상이었다. 시선조차 둘 수 없는 금기의 땅이었다.

"전쟁 나던 해니까 중학교 다니던 14살 때였어. 아침부터 요란하게 총소리가 나는 거야. 끊겼다 또 나고 끊겼다 또 나고… 우리 동네하고 여기 살구쟁이가 징을 건너면 바로거든. 어른들 말이 빨갱이들을 총살하는 거라고 했어. 그 때 기억이 지금도 생생해."(박홍래 씨)

"예전에는 공주 읍내를 가려면 배를 타고 강을 건너야 했거든. 배 타고 강을 건너면 바로 살구쟁이 앞에 닿았어. 무서워서 살구쟁이 쪽으로는 고개를 못 돌렸어."(전은성 씨)

"수백 명이 죽어 묻혀 있다는 걸 알고부터는 한 번도 가본 적이 없어. 무서워서…"(김희환 씨)

평생 피해다니던 땅… 우리 손으로 땅팔 줄 꿈에도 몰랐다
이들이 이구동성으로 다시 말한다.

"평생을 피해 다니던 땅을 우리 손으로 파서 유해를 수습할 줄을 정말 꿈에도 생각 못했어. 이번에는 하나도 안 무서웠어."

유물 발굴과 유해 발굴 작업은 어떤 차이가 있을까?

"다른 유물 발굴 작업보다 힘은 덜 들어, 대신 신경을 무지 써야 해, 살짝만 잘못 건드려도 뼈가 부서지거든. 머릿속으로 뼈 조심, 뼈 조심하면서 일을 해."

"가장 기억에 남는 유해? 2009년에 발굴 때 의족을 한 유해가 나왔는데 어찌나 안쓰럽던지. 첫 번째 구덩이 맨 오른쪽에서 나왔어."

유해 발굴을 끝낸 이들은 살구쟁이 매장지가 있던 맨 위쪽에 투박한 솜씨로 솟대를 만들어 세웠다. 하늘과 가장 가까운 긴 장대 꼭대기에 날지 못하는 나무새를 조각해 올려놓았다. 무릎 높이만한 키 작은 솟대도 있다. 땅 속 구덩이에 오랫동안 묻혀 있던 희생자 혼백들과 쉽게 다가가기 위한 배로 보였다. 새의 머리가 향하는 곳은 석장리 박물관이 있는 마을 쪽이다.

"땅속에 있던 억울한 혼령들이 하늘도 올라갔으면 하는 거지 뭐… 우리 마을도 잘 되게 해주고… 유물발굴은 못하더라도 유해 발굴은 해야지."

| 최종 보고서 |

"유해는 80구, 완전한 뼈 단 하나도 없다"

공주 왕촌 민간인 집단희생 5구덩이 최종 유해 발굴 보고서

2014.01.10 | 심규상 기자

공주 왕촌 살구쟁이 다섯 번째 구덩이에서 발굴된 유해가 당초 알려진 것보다 1구 많은 80구로 최종 확인됐다. 이에 따라 공주 왕촌 살구쟁이에서 발굴된 유해는 지난 2009년 발굴 유해(4개 구덩이)을 합쳐 모두 397구로 집계됐다.

공주시와 충북대산학협력단으로 구성된 '공주왕촌 유해 발굴단'(단장 김도태 충북대 교수)은 최근 지난해 10월 벌인 공주왕촌 민간인 집단희생 5구덩이에 대한 유해 발굴 최종 보고서를 내놓았다. 조사단은 책임연구원인 박선주 충북대 고고미술사학과 명예교수와 박데비 연구원이 작성한 보고서를 통해 "발굴된 희생자 유해는 출토된 허벅지 뼈와 정강뼈를 바탕으로 80구 확정했다"고 밝혔다. 최종감식과정에서 현장 발굴 때 추정한 것보다 1구가 늘어난 것이다.

두터운 사지뼈도 모두 삭아 부서졌다

유해 보존 상태는 매우 나쁜 것으로 나타났다. 보고서는 "이 지역은 일 년 내내 햇빛이 들지 않고 늘 땅이 젖어 있으며 물이 빠지지 않는 곳인데다 뼈를 삭이는 박테리아의 활동이 왕성한 곳"이라고 썼다. 토양검사결과 토양은 산성 성분이 높아(pH 5.4) 유해의 뼈대가 보존되기 어려웠으며, 유해의 존재 가능성을 가늠하는 토양 내 유기물 잔존율은 16.45(g/kg)으로 매우 높았다. 보고서는 이어 "출토된 뼈의 대부분은 머리뼈와 사지뼈인데 겉조직과 속 조직이 모두 삭아 뼈

공주 왕촌 살구쟁이 5번째 구덩이에서 발굴된 희생자 유해 ⓒ심규상

대가 얇아졌고 공기 중에 노출되면서 조각으로 부서졌다"며 "완전한 형태의 뼈는 하나도 남아 있지 않다"고 명시했다.

박 명예교수는 "아래턱의 경우 몸체는 삭아 없어졌고 비교적 몸체가 두터운 사지뼈도 모두 삭아 몸체 안의 빈 공간은 흙이나 나무뿌리로 채워져 있었다"고 말했다. 이어 "지난 2009년 진실화해를위한과거사정리위원회(아래 진실화해위원회)가 인근 지역에서 발굴한 유해에 비해 부식정도가 훨씬 심하다"고 덧붙였다. 이는 유해 발굴이 늦어지면서 유해훼손이 빠르게 진행됐음을 의미한다. 또 유해 발굴이 더 늦어졌을 경우 심한 훼손으로 진실규명이 쉽지 않았을 것임을 예상하게 한다.

박 명예교수는 "전국 각지에 남아 있는 한국전쟁 전후 민간인 집단희생자의 경우 공주 왕촌의 경우처럼 지질에 따라 유해 부식이 매우 빠르게 진행될 수 있다"며 "정부의 조속한 유해 추가발굴이 요구된다"고 강조했다. 희생자는 모두 남자로 판별됐다. 이중 17~22세로 추정되는 유해도 5구가 나타났다. 하지만 80명 중 46명이 관련 유해가 남아 있지 않아 나이식별이 불가능했다.

구덩이 안에 앉게 한 후 뒷머리 조준 사살

희생자들은 구덩이 안에서 등을 마주한 채 손을 뒤로 깍지를 낀 후 구덩이 벽면을 따라 일렬로 무릎을 꿇고 앉은 자세로 사살된 것으로 확인됐다. 구덩이 안쪽에서만 총탄류(M1, 카빈 탄피 등 79개)가 발견된 것으로 보아 뒷머리에 조준사살 또는 확인사살을 했을 가능성이 아주 높은 것으로 추정되고 있다.

유품으로 출토된 51개의 모양과 색깔이 다른 단추는 희생자들의 신분이 공주형무소 재소자(갈색 단추) 또는 예비 검속된 보도연맹원(백색 단추)임을 말해 주고 있다. 이 밖에 금, 은, 청동을 사용한 보철 치아 12개가 출토됐다.

조사단은 보고서 말미에 "공주 왕촌 유해매장지는 다른 곳보다 잘 보존돼 있고 접근성이 좋아 시민들의 인권과 역사교육을 위한 장소로 활용하는 것이 바람직하다"고 적시했다.

지난 2009년 진실화해위원회는 이곳에서 317구의 유해를 발굴했다. 하지만 발굴도중 추가 확인된 5구덩이 유해에 대해서는 발굴조사를 미뤄오다 지난해 10월 충남도의 예산지원으로 뒤늦게 이루어졌다.

이와 관련 진실화해위원회는 지난 1950년 7월 9일께 공주 CIC분견대, 공주파견헌병대, 공주지역 경찰 등이 공주형무소 재소자와 국민보도 연맹원 등 최소 400여 명을 이곳에 끌고 와 집단 총살했다고 밝혔다. 이에 따라 국가와 지방자치단체에 ▲희생자 위령제 봉행 및 위령비 건립 등 위령사업 지원 ▲유해 발굴과 유해안치장소 설치 지원 등을 권고했다.

공주 유족회장이 안희정 찾아온 까닭은?

"정부도 외면하던 유해수습, 안 지사가…" 서울에서 태안까지 달려와

2014.05.30 | 신문웅 기사

"회장님, 먼저 찾아 봬야 하는데 죄송합니다."(안희정 후보)

"감사 인사를 이제서야 드리게 돼 죄송합니다."(곽정근 공주 민간인희생자 유족회장)

30일 오후 충남 태안군 태안읍 국민은행 앞. 안희정 새정치연합 충남도지사 후보와 같은 당 이수연 태안군수 후보 등의 정당 연설회가 예정돼 있었다. 안 후보가 연설을 위해 유세 차량으로 가던 중 한 노신사와 마주섰다. 첫 만남이었지만 이들은 한동안 서로 맞잡은 손을 놓지 못했다. 서로 마주한 눈에서는 금방이라도 눈물이 흘러내릴 것 같아 보였다. 잠시 숙연한 침묵이 이어졌다. 안 후보는 정중히 인사한 후 다시 다른 사람들과 인사를 나누기 위해 인파 속으로 사라졌다. 짧고도 긴 첫 만남이었다.

안 후보를 처음 만난 노신사는 곽정근 한국전쟁민간인희생자 공주유족회장(82)이었다. 태안군 원북면 방갈리가 고향인 곽 회장은 안 후보가 고향 태안에서 유세가 있다는 소식을 듣고 이날 자택이 있는 서울에서 한걸음에 달려왔다. 오전에 도착한 곽 회장은 선산에 다녀온 후 안 후보의 얼굴을 보기 위해 아스팔트 길에 쪼그려 앉아 한참을 기다렸다고 한다.

안 후보와 무슨 인연이 있었던 걸일까? 곽 회장의 형은 1949년 보도연맹과 관련이 됐다는 이유로 경찰에 끌려갔다. 공주 교도소에 수감된 그의 형은 만기 출

안희정 지사 후보와 곽정근 회장이 손을 잡고 서로를 격려하고 있다. ⓒ신문웅

소를 앞두고 연락이 끊겼다. 6·25전쟁이 발발한 직후였다. 후에 알아보니 그의 형은 1950년 7월 9일께 공주형무소에 수감된 정치범들과 함께 군인과 경찰에 의해 인근 공주 왕촌 야산으로 끌려가 집단 학살된 후 암매장됐다. 희생자는 약 500여 명.

집단희생자들의 유해를 수습하기 시작한 것은 지난 2009년이다. 진실화해위원회는 같은 해 이곳에서 317구의 희생자 유해를 수습했다. 하지만 발굴 도중 인근에서 수십여 구의 유해가 추가 발견됐다. 하지만 나머지 유해에 대해서는 예산 부족을 이유로 수습하지 않았다. 곽 회장 등 유족들은 정부와 공주시를 오가며 유해수습을 요청했지만 받아들여지지 않았다. 그렇게 5년 가까이 유해가 방치됐다. 곽 회장 등 유족들의 하소연에 귀 기울여준 사람은 안희정 충남도지사였다. 충남도는 지난 해 초 안 지사의 지시로 추경예산에 유해 수습비용으로 3000만 원을 배정하고 공주시를 통해 이를 집행하도록 했다. 이렇게 늦게나마 추가 수습된 유해는 61구였다.

곽 회장은 이날 "남아 있는 유해를 수습하지 못해 하루도 마음이 편치 못했다"며 "안 지사가 정부도 외면하던 유해수습에 발 벗고 나서 유가족들의 한을 풀어줬다"고 말했다. 이어 "마음으로만 갖고 있던 고마운 마음을 전하기 위해 오늘 유세 소식을 듣고 달려오게 됐다"고 덧붙였다.

곽 회장과 짧지만 의미 있는 첫 만남을 가진 안 후보는 연설을 통해 "좌익이라고 친북, 종북, 좌빨이라고 나누는데, 2014년 충청 대표선수 안희정에게 한 번의 기회를 더 준다면 좌우가 아닌 화합과 소통의 대한민국을 만드는 지도자가 되겠다"고 목소리를 높였다. 곽 회장을 비롯 주변 시민들의 박수갈채가 터져 나왔다.

'공주지역 군경 학살' 민간인 위령제…
"정부 명예회복 나서야"

박수현 의원 추도사… 안희정 지사·공주시장 또 불참

2014.07.11 | 심규상 기자

1950년 한국전쟁 시기 충남 공주지역에서 군경에 학살된 희생자들의 아홉 번째 위령제가 11일 열렸다. 한국전쟁민간인희생자 공주유족회는 11일 오후 2시 공주대 산학협력관 강당에서 9번째 공주지역 민간인 희생자 합동위령제를 개최하고 고인들의 넋을 위로했다.

이날 위령제에서 박수현 국회의원은 추도사를 통해 "국가만이 공권력에 의해 억울하게 희생된 희생자들의 원한을 풀고 유족들의 눈물을 그치게 할 수 있다"며 "정부가 나서 유족들의 명예회복과 손해 배상이 이루어져야 한다"고 강조했다. 이어 "희생자 암매장지인 공주 왕촌 살구쟁이는 평화와 인권 교육의 터전이 될 수 있도록 해야 한다"며 "우금티(고개) 동학 갑오년 영령들과 함께 왕촌이 평화와 화해의 장이 될 수 있도록 앞장서 나가겠다"고 말했다.

박수현 의원 "평화와 인권 교육 터전 만들 것"

곽정근 공주유족회장은 인사말에서 "처참한 모습으로 묻혀 있던 유골도 작년까지 모두 397구 발굴했다"며 "하지만 희생터에 위령공원을 조성하고 위령비를 세우고 유적지로 조성 보전시켜 나가야 한다"고 말했다.

이날 지난 6.4 지방선거에서 당선된 오시덕 공주시장(새누리당)은 위령제에 불참했다. 지금까지 전·현직 공주시장은 지난해 서면으로 보내온 의례적인 추도

충남 공주지역 한국전쟁민간인인희생자 위령제에서 한 유가족이 희생자 이름을 어루만지며 눈물을 흘리고 있다. ⓒ심규상

11일 한국전쟁민간인희생자 공주유족들이 위령제에 참석해 헌화하고 있다. ⓒ심규상

사 외에 단 한 번도 위령제에 참석하거나 유가족들을 만나 위로의 말을 건넨 적이 없다.

오 시장도 이날 서면 추도사에서 "이런 불행한 사건이 되풀이 되지 말아야 한다"고 밝혔지만 위령제에는 시청 실무자조차 참석하지 않았다. 안희정 충남도지사도 미리 추도사를 보냈으나 아무도 참석하지 않았다. 안 지사도 공주는 물론 충남도내 민간인희생자 위령제에 단 한 번도 참석하지 않고 있다.

지수걸 공주대 역사교육과 교수는 "왕촌 학살사건은 전쟁과 같은 비상 시기에도 최소한의 인권은 보장해야 한다는 것을 일깨우고 있다"며 "이를 위해 평화감수성을 기르는 교육이 필요하다"고 말했다. 이어 "위령제 형식을 역사축제 형태로 전환할 필요가 있다"며 "유족과의 대화, 증언 및 답사, 역사재판, 모의수업 등을 통해 사건 자체에 대한 사유의 수준을 높여 나가야 한다"고 덧붙였다.

이날 위령제에는 유가족을 비롯해 김광년 한국전쟁전후민간인희생자전국유족회 공동대표 의장 등 약 100여 명이 참석했다.

한편 진실화해위원회는 지난 2010년 공주 상왕동 살구쟁이에서 1950년 7월 9일께 공주형무소 재소자와 국민보도 연맹원 등 최소 400여 명을 공주 CIC분견대, 공주파견헌병대, 공주지역 경찰 등이 집단학살한 일은 '진실'이며 '명백한 불법행위'라고 밝힌 바 있다. 이에 따라 국가와 지방자치단체에 ▲희생자 위령제

박수현 국회의원이 추도사에서 "공주 왕촌 살구쟁이와 우금티를 평화와 인권 교육의 장으로 만들겠다"고 말하고 있다. ⓒ심규상

공주유족회는 위령제가 끝난 직후 (가칭) '사단법인 한국전쟁민간인희생자 공주유족회 발기인총회'를 개최하고 사단법인 설립 추진을 결의했다. ⓒ심규상

봉행 및 위령비 건립 등 위령사업 지원 ▲유해 발굴과 유해안치장소 설치 지원 등을 권고했다.

공주유족회 사단법인 된다

공주유족회가 사단법인으로 거듭난다. 공주유족회는 11일 오후 위령제가 끝난 직후 (가칭) '사단법인 한국전쟁민간인희생자 공주유족회 발기인총회'를 개최하고 사단법인 설립 추진을 결의했다. 유족회는 이날 총회에서 설립취지문과 정관 채택, 임원선출, 사업계획서 등을 심의 의결했다. 이들은 사단법인을 설립하고 주요사업으로 위령공원 조성사업, 위령제 봉행사업, 전국합동 추모관 건립 협조, 미신고 유족의 활동선도를 벌여나가기로 했다. 유족회는 관련 절차를 밟아 충남도에 사단법인 설립신고서를 제출할 예정이다.

유족회는 이날 채택한 설립취지문에서 "왕촌 살구쟁이를 위령공원으로 만들어 억울한 영혼을 위무하고 화합과 상생을 다짐하는 역사적인 유적지로 만들겠다"고 말했다. 또 "아직도 참여하지 못하는 90% 유족에게도 적극 알려 인권보장과 사회정의 구현에 힘쓰겠다"며 "이를 위해 사단법인을 설립하고자 한다"고 밝혔다.

| 충남도 관심 촉구 및 안 지사 첫 간담회 |

파헤친 땅에서 유해, 충남도·대전시는 왜 침묵하나

안희정·권선택의 무관심… 6·25 민간인희생자 외면 언제까지?

2014.10.16 | 심규상 기자

"국가가 재소자와 보도연맹원들을 집단 살해한 것으로 명백한 범죄행위다. 적법한 절차 없이 집단 처형한 행위는 '정치적 살해'라고 밖에 볼 수 없다."

충남과 대전 곳곳에서 벌어진 6·25 당시 국군과 경찰에 의해 집단 살해된 민간인 희생사건에 대한 정부의 공식 조사보고서 중 일부다. 보고서 작성기관은 '진실화해를 위한 과거사정리위원회'(이하 과거사정리위원회)다. 작성 시기는 지난 2010년이다. 이 기관은 보고서 말미에 힘주어 이렇게 권고했다.

"국가는 희생자와 유족들에게 진심으로 사과해야 한다."

"국가와 지방자치단체는 희생자 위령제 봉행, 위령비 건립 등 위령사업을 할 수 있도록 지원방안을 마련해야 한다."

그로부터 4년여의 시간이 흘렀다. 중앙정부와 지방정부는 '명백한 국가범죄행위'에 대한 권고를 받아들였을까? 2000년 중반, 충남지역에만 8개시군(공주, 태안, 서산, 홍성, 부여, 아산, 부여, 예산)에 유족회가 결성됐다. 하지만 4년여가 흐르는 동안 유족회는 오히려 하나 둘 사라져 가고 있다.

하나 둘 사라져 가는 유족회… 이유는?

"정부와 자치단체의 무관심, 지역주민들의 외면에 지쳐 활동을 접었습니다."(부여유족회원)

지난 13일 안희정 충남지사(왼쪽 세 번째)가 참석한 가운데 충남도민의 인권 보호와 증진을 목적으로 한 도민인권선언을 발표하고 있다.
ⓒ 충남도

"과거사정리위원회 권고가 있은 뒤로 오히려 추모제 지원비(위령제 봉행)마저 뚝 끊겼습니다."(공주유족회 회원)

"억울하게 죽은 부모형제의 위령제를 유가족들의 호주머니를 털어 치르고 있습니다."(태안유족회원)

한국전쟁민간인희생자공주유족회는 올해로 9번째 위령제를 지냈다. 하지만 안희정 충남지사는 단 한 번도 행사에 모습을 보이지 않았다. 서산 위령제에도, 태안위령제에도, 충남지역민이 가장 많이 희생된 대전산내위령제에도, 안 지사는 모습을 드러낸 적 없다. 매년 대신 읽을 사람도 없는 형식적인 '추도사'만이 위령제자료집을 차지하고 있다. 중앙정부에 지원을 제안한 적도 없다. 도지사가 관심이 없으니 시장 군수들도 마찬가지다.

유감스럽게도 안 지사의 추도사는 몇 년째 몇 글자만 바꾼 판박이다. '소명의식을 갖고 과거의 진실을 밝혀 더 나은 도정을 만들어가겠다'는 약속은 해마다 추도사에서 뿐이다. 안 지사는 수년 째 시군 유가족모임의 간담회 요청마저 받아들이지 않고 있다. 충남도는 지난 7월 유가족들의 위령제지원조례제정 요청마저 외면하고 있다.

안 지사는 지난 2011년 〈중도일보〉에 현충일 추념기고를 보냈다. 그는 이 글

권선택 대전시장 ⓒ장재완

에서 "현충일과 6·25 역시 모든 국민이 기억하고 추념해야 할 매우 중요한 기념일이므로, 도 차원에서도 예우를 다해 챙겨 나가고자 한다"고 밝혔다. 이어 "우리가 앞으로 지켜나가야 할 가치는 보수와 진보의 낡은 잣대가 아닌 '강한 자 바르게, 약한 자 힘주는' 참다운 정의의 실현"이라고 강조했다. 하지만 안 지사의 글에는 그 때나 지금이나 누명과 한을 안고 살아가고 있는 '약한 자'인 민간인집단희생자와 유가족들은 들어 있지 않다. 충남도는 지난 12일 충남인권선언을 선포했다. 여기에 적시된 '약자 및 소수자의 권리'에 집단 살해된 민간인 희생자와 극심한 정신적 고통을 받고 있는 유가족들이 들어있을 리 없다.

민선 6기 대전시 "예산 없다"

대전시장은 어떠할까? 유가족들은 15번 째 대전 산내사건 희생자합동위령제를 연 지난 6월까지 위령제 자리에서 대전시장을 단 한 번도 만나지 못했다.

과거사정리위원회가 '국가 범죄'로 결론짓고(2010년), 법원이 '국가는 불법행위로 인한 손해를 배상하라'는 판결(2012년)을 내린 후에도 마찬가지다. 대전시(당시 염홍철 대전시장)가 산내위령제에 지원하는 예산은 매년 280만 원이 전부다. 나머지 1300여만 원의 비용을 제주도에서, 전남에서, 경북에서, 서울에서, 충남에서 찾아온 유가족들이 십시일반 돈을 보태 마련하고 있다. 최고 7000여

명에 이르는 가장 많은 희생자, 가장 많은 유가족들이 있지만 자치단체 지원금은 전국 최저 수준이나. 경남지역의 경우 민간인희생사건이 있은 창원시와 창녕군, 거제시, 진주시, 산청군에서 위령제 비용을 지원하고 있다.

권선택 대전시장이 이끄는 민선 6기 대전시정도 별반 다르지 않다. 권 시장은 15일 국가인권위원회 대전인권사무소 개소식에서 축사를 통해 "인권의 사각지대를 없애겠다"고 말했다. 하지만 대전시 관계자는 최근 내년부터 위령제 예산을 증액해 달라는 유족회 요청에 일언지하에 "예산이 없다"고 거절했다. 연내 위령제지원조례 제정요청에는 '(조례 제정 요청은) 금시초문'이라는 입장이다.

대전 산내 골령골에는 지금 이 시간 농사를 짓느라 파헤친 땅 곳곳에서 희생자들로 보이는 유해가 나뒹굴고 있다. 대전시와 대전동구청은 더 이상의 현장훼손을 막기 위한 10여 년 가까운 자치단체 명의의 안내판 설치 요청에도 답하지 않고 있다. 지난 2010년에는 진실화해위원회에서 관련 예산을 지원하자 이를 반납하기까지 했다. 대전산내사건희생자유족회는 대전시는 물론 충남도에 유해훼손 방지를 위한 '자치단체 공동 안내판 설치'를 제안하고 있다.

| 충남도의 관심 |

안희정 "평화시대 위해 전쟁 상처 보듬겠다"
충남 6·25 민간인희생자 유가족 위로

2014.12.04 | 심규상 기자

안희정 충남지사가 6·25 전쟁 당시 군인과 경찰에 의해 숨진 민간인희생자 유가족들을 만나 "희생자들의 넋을 잘 위로하겠다"고 말했다. 안 지사는 4일 오전 11시 충남도청에서 대전충남 지역 6·25 한국전쟁 민간인희생자 시군 유족회장들과 만난 자리에서 "가슴 아픈 사연을 안고 살아가고 있는 여러분들과 똑같이 가슴 아프게 생각한다"며 이같이 말했다. 안 지사는 "6·25 전쟁이후 수십 년이 지났지만 정전협정(일시적으로 전투를 중단하기로 합의하여 맺은 협정) 상태로 이념의 차가운 기운이 채 가시지 않았다"며 "전쟁 자체가 일어나지 않도록 하기 위해서라도 민간인 희생자들의 넋을 위로하고 같은 일이 반복되지 않도록 다짐하는 일이 필요하다"고 강조했다. 그는 "희생자 위령사업은 정치나 이념의 문제가 아닌 평화를 가꾸는 일로 시군과 협조해 도차원에서 전쟁과 폭력의 시대를 극복하고 평화의 시대를 준비하는 길을 잘 찾아보겠다"고 덧붙였다.

앞서 공주유족회(회장 곽정근), 대전유족회(회장 김종현), 부여유족회(회장 이중훈), 서산유족회(회장 명장근), 아산유족회(회장 김장호), 예산역사연구소(소장 박성묵), 태안유족회(회장 정석희), 홍성유족회(회장 황선항) 등 대전충남 지역 8개 유족회장 및 관계자들은 이날 안 지사에게 "희생자 위령사업은 죽은 자에 대한 산 자들의 최소한의 도리이자 예의"라며 "서럽고 억울한 희생자와 유가족들의 한을 풀어 달라"고 건의했다.

4일 오전 11시 안희정 충남지사가 대전과 충남 7개 시군 지역 6·25 한국전쟁 민간인희생자 유족회장들과 만나 위로하고 있다. ⓒ심규상

 이들은 ▲6·25 민간인희생자 위령사업 지원을 위한 협의체 구성 ▲위령사업 지원조례 제정 ▲시군 평화공원 조성 및 추모비 건립지원 ▲시군 위령제 참석 ▲충남도민과 학생들을 상대로 한 인권평화교육 등을 각각 요청했다.
 한편 정부기관인 진실화해를위한과거사정리위원회(2010년 활동 종료)는 대전과 충남지역에서 1만 5000여 명이 6·25 한국전쟁 당시 국민보도연맹과 부역혐의 등으로 군인과 경찰 등 국가공권력에 의해 억울하게 희생된 것으로 추산된다고 밝혔다.

| 조례 제정 |

공주시 민간인 희생자 위령사업 지원조례 제정 필요

배찬식 의원 5분 발언 통해 주장, 유족들 "조례 꼭 통과됐으면…"

2015.07.01 | 김종술 기자

　배찬식 의원은 공주시의회 제175회 1차 본회의 5분 발언을 통해 '공주시 6·25 전쟁 민간인 희생자 위령사업' 지원에 필요한 조례 제정이 필요하다며 공주시의 적극적인 검토를 요구했다. 1일 오전 11시, 공주시의회 제1차 정례회 방청을 지켜보던 한국전쟁직후민간인희생자 곽정근 공주유족회장과 회원들의 박수가 터져 나왔다. 다른 자치단체에선 조례 제정은 물론 추모공원까지 조성된 마당이라, 그동안 공주시로부터 냉대를 받아왔던 유족들의 눈시울이 붉어지기도 했다.

　국군과 경찰은 1950년 7월 9일 공주지역 국민보도연맹원 200여 명과 공주형무소에 수감 중이던 재소자 300여 명을 충남 공주시 상왕동 살구쟁이(살구나무가 있는 언덕이란 의미)에서 적법한 절차 없이 집단 학살했다.

　'진실화해를 위한 과거사 정리위원회'는 지난 2010년, 공주 왕촌 살구쟁이에서 1950년 7월 9일께 공주 CIC분견대, 공주파견헌병대, 공주지역 경찰 등이 공주형무소 재소자와 국민보도연맹원 등 최소 400여 명을 집단학살한 일은 '진실'이며 '명백한 불법행위'라고 밝혔다.

"헌법에 보장된 생명권, 공정한 재판권리 빼앗은 행위"

　5분 발언에 나선 새정치민주연합 배찬식 의원은 "일어나지 않아야 할 우리 현대사의 슬픈 비극으로 전국에서 수만 명의 민간인이 집단학살을 당했다"면서

세175회 공주시의회 제1차 정례회에서 배찬식 의원이 5분 자유발언을 통해 '공주시 6·25전쟁 민간인 희생자 위령사업 지원에 필요한 조례 제정'이 필요하다"고 주장하고 있다. ⓒ김종술

한국전쟁직후민간인희생자 곽정근 공주유족회장과 회원들이 방청하고 있다. ⓒ김종술

"전쟁이라는 국가위기와 비상사태였다고 하더라도 적법한 근거와 절차가 없는 행위는 불법이다"라고 말했다. 이어 "헌법에 보장된 국민의 기본권인 생명권을 침해하고 적법한 절차와 공정한 재판을 받을 권리를 빼앗은 행위다"라고 목소리를 높였다.

그는 이어 "유족들은 2006년부터 '한국전쟁 후 민간인희생자 공주유족회'를 조직하여 매년 7월 9일 고인들에 대한 위령제를 지내고 있다"며 "과거사 위원회가 '희생자 위령제 봉행 및 위령비 건립 위령사업 지원을 할 수 있도록 지원방안'을 마련하는 것이 필요하다는 권고를 한 만큼 '공주시 6·25전쟁 민간인 희생자 위령사업 지원에 필요한 조례 제정'이 필요하다"고 주장했다.

의회 사무실에서 만난 배 의원은 "아버지도 참전 유공자이다. 6·25 때 군대를 다녀온 후 다시 징집되어 미군에서 군속으로 근무하셨다"면서 "작년 12월에 작고하실 때까지 살아생전에 국방부와 국회 등 많은 곳을 발로 뛰어다니면서 고생하셨지만 보상받지 못하고 돌아가셨다"고 밝혔다. 이어 "이분들이 겪고 있는 고통을 생각해서 발의안을 준비하고 오늘 첫발을 디딘 것이다"라며 "향후 동료 의원들과 힘을 합쳐서 꼭 성사시킬 것이다"라고 약속했다.

곽정근 공주유족회장은 "전국적으로 유족회가 자치단체의 도움을 받고 있음에도 그동안 공주시에서는 냉대를 받아 왔다"면서 "수차례 유해 발굴부터 위령제까지 재정지원이 없어서 어렵다고 도움을 요청했는데 최근에 긍정적으로 받아들여져서 다행이다"라고 말했다. 이어 "오늘 의회가 시작되면서 5분 발언을 통해 발의가 이루어진다는 것을 알고서 관심과 호응을 드리기 위해 왔다"고 덧붙였다.

그는 이어 "2009년과 2013년 2번에 걸친 왕촌 유해 발굴로 397구가 발굴되어 충북대학교 추모관에 모셨다. 전국 최대 규모의 발굴로 100% 발굴이 끝난 곳은 공주뿐"이라며 "대규모 발굴 과정에서 공주시는 아무도 와보지 않았다, 지금 생각해도 가슴 아픈 일이다"라고 말했다. 아울러 그동안 회비를 걷어서 위령제를 진행하는 등 열악한 환경에서 해왔다면서 "공주시장이 위령제에 단 한 번도 참석하지 않아 서러웠다"고 말하며 눈시울을 붉혔다.

끝으로 곽 회장은 가까운 홍성군은 군에서 땅과 비용을 제공해서 돌아오는 13일 날 제막식을 할 예정이라며 "공주도 내년부터는 왕촌 살구쟁이 장소에 위령비를 세우고 위령 공원을 만들어 학생들과 2세들이 기억하고 기념할 수 있도록 할 예정이다. 조례까지 꼭 통과되어 도움이 되면 좋겠지만 안 된다면 유족이 갹출을 해서라도 성사시킬 것이다"고 강한 의지를 표명했다.

| 2015년 제10회 위령제 |

"전쟁 유골 수습 안 해 마음 쓰려…
영혼 인사 왔다"

공주 왕촌 살구쟁이 민간인희생자합동위령제

2015.07.10 | 심규상 기자

살구나무 그늘 아래 오순도순 모여 살던 따순 이름 마을 있었지요. 살구 한줌씩 나누며 늘 함께 웃었지요…(류지남 시인의 「살구쟁이 마을 민간인 학살 65주년에 부쳐」)

살구나무가 많아 살구쟁이로 불리던 골짜기. 하지만 1950년 7월 이곳이 죽음의 골짜기로 변했다. 보도연맹원과 공주형무소 수감 정치범 등 500여 가까운 민간인들이 군경에 의해 살해됐다.

9일 오전 11시 열린 열 번째 희생자 합동위령제는 살해된 살구쟁이 현장(공주시 왕촌면)에서 열렸다. 유가족들의 슬픔은 아침부터 내린 비로 더욱 커졌다. 총살되기 직전 트럭에 실려 고통스러운 표정을 짓는 희생자들의 모습이 담긴 사진이 내걸렸다. 사진을 올려다보는 유가족들의 표정도 일그러졌다.

곽정근 공주유족회장의 인사말도 침울했다. 그는 "공주에서 희생된 500여 명 중 대다수가 아직 미신고 유족"이라며 "그런데도 과거사법은 국회를 통과하지 못하고 잠자고 있다"고 지적했다. 이어 "그나마 공주시의회에서 희생자 위령사업 지원 조례안을 준비한다고 한다"며 "여야 의원들의 협조가 있기를 바란다"고 말했다. 그는 "이곳 살구쟁이 왕촌에 위령비를 세우는 일"이라며 "학생과 시민들의 인권과 평화를 위한 교육현장이 되길 바란다"고 덧붙였다.

1950년 7월, 공주형수 수감 정치범으로 보이는 사람들이 공주 왕촌 살구쟁이 앞에 멈춰서 있다. 이날 국군과 경찰은 500명의 보도연맹원과 공주형무소 수감 정치범을 살해한 후 암매장했다. ⓒ심규상

희생자중 대부분은 명예회복이 이루어지지 않은 진실구명 미결정 상태다. 특별법 제정이 필요한 이유다. ⓒ심규상

안희정 지사(장진원 도 인권증진팀장 대독)는 추도사를 통해 "평화와 상생의 대한민국을 위해 후손으로서 함께 노력해 나갈 것을 다짐하고 제안한다"라고 말했다. 오시덕 공주시장은 추도사(명규식 공주시부시장 대독)에서 "억울하게 희생된 분들의 넋을 위로하고 한을 풀어드릴 수 있기를 기원한다"라고 밝혔다. 박수현 국회의원과 이해선 공주시의회의장도 추도사를 보내 유가족들을 위로했다.

희생자와 유가족들의 마음을 다독인 또 한 사람이 있었다. 인근 왕촌 마을에 사는 이종구(88)씨다. 그는 인사말을 통해 "희생된 영혼들과 고별인사를 하기 위해 작정하고 이 자리에 나왔다"고 말문을 열었다. 그는 농사를 짓기 위해 반평생 동안 암매장지를 오갈 수밖에 없었다며 "그 때마다 깔(풀)지게를 내려놓고 다리쉼을 하며 영혼들과 많은 이야기를 나누었다"고 말했다. 이씨는 양민들이 억울하게 희생되는 것을 보고 전쟁이 무섭구나했는데 전쟁이 끝났는데도 유골을 수습하지 않아 마음이 쓰렸다고 회상했다. 그는 "늦게나마 유해를 수습했다는 얘기를 전해 듣고 오늘 영혼들과 인사를 하러왔다"고 소개했다. 이씨는 손수 술과 육포, 대추 등 준비해온 음식을 올린 후 "편히들 쉬십시오"라고 말했다. 이씨는

암매장지 인근 마을에 사는 이종구(88)씨가 "희생된 영혼들과 고별인사를 하기 위해 왔다"며 절하고 있다. ⓒ심규상

9일 오전 11시 열린 열 번째 희생자 합동위령제 ⓒ심규상

행사가 모두 끝난 이후에도 유가족들을 일일이 찾아 술을 권하며 위로했다. 유기족들도 박수로 화답했다.

박남식 공주민주단체협의회장은 "아픔을 함께하는 이웃이 있다는 사실에 감사드린다"며 "공주지역 시민사회단체도 진실을 지키고 기억하는 일에 함께 하겠다"고 약속했다.

지수걸 공주대 참여문화연구소장은 "현충일을 전후해 국군 유해 발굴 소식이 언론마다 대서특필됐다"며 "하지만 부끄러움을 아는 국가와 사회라면 전국 방방곡곡에 방치돼 있는 수많은 민간인 희생자 유해를 먼저 발굴하는 것이 도리이자 순서"라고 꼬집었다. 그는 "풍광이 수려한 금강 변에 위치한 왕촌 살구쟁이는 전쟁 피해자 위령공원이나 상징 조형물이 입지하기 좋은 장소"라며 "동학군의 희생된 우금티 사적지와 더불어 평화인권 교육 장소로 거듭나길 바란다"고 강조했다. 이날 위령제에는 김광년 전국유족회장을 비롯 유가족과 공주지역 시민 등 100여 명이 참석했다.

| 공주시 조례 제정 |

공주시의회 '민간인 희생자 위령사업 조례' 제정

유족회장 "조례 제정 환영"

2015.10.27 | 심규상 기자

공주지역에서 6·25전쟁 당시 희생된 무고한 민간인 희생자를 추모하기 위한 위령사업 지원 조례안이 제정됐다. 공주시의회는 27일 오전 본회의를 열고 '공주시 6·25전쟁 민간인 희생자 위령사업 지원에 관한 조례안'을 통과시켰다. 조례안에는 지원사업으로 진상조사와 법적 판단을 통해 확인된 희생자에 대한 ▲위령사업 ▲자료의 발굴 및 수집, 간행물 발간 ▲평화인권을 위한 교육사업 ▲바른 역사교육 사업 등을 담고 있다. 앞서 지난 22일 열린 해당 상임위(행정복지위원회, 위원장 우영길)에서는 조례안을 놓고 논쟁을 벌였다. 먼저 공주시에서 부정적 의견을 내놓았다.

공주시는 배찬식 의원이 대표 발의한 조례안에 대한 사전 의견을 통해 "희생자 대부분이 공주시만이 아니라 다른 지역 사람이 포함돼 있다"며 "지방보조사업보다는 국가보조사업 추진이 바람직하다"고 밝혔다. 이어 "6·25 전쟁 희생자 말고도 해방 직후 우리 지역에서 희생된 사례가 있다"며 "다른 지역과의 형평성 문제 등을 고려, 신중한 검토가 필요하다"고 역설했다.

공주시 관계자는 22일 상임위원회에서 "자치단체 재정이 열악하다"며 "가급적 국가 차원의 보조가 더 앞서야 된다"고 말했다. 지방자치단체가 할일이 아닌 국가사업이라고 선을 그은 것이다. 다른 의원들도 '예산이 소요되는 만큼 좀 더 논의를 거쳐서 했으면 한다'며 제동을 걸었다. 하지만 이는 사실과 다르다는 반박이 나왔다.

곽정근 한국전쟁민간인희생자 공주유족회장(아래 공주유족회) 27일 "지난 2007년 진실화해위원회 요청에 따른 주민 구술 전수조사에 따르면 공주읍과 유구면 등 11개 면에서 267명의 보도연맹과 부역혐의 등으로 희생된 것으로 나타났다"며 "오히려 희생자 대부분이 공주시민이었다"고 지적했다.

배 의원도 지난 상임위 회의에서 "살구쟁이에서 희생된 민간인의 유골가운데 134명의 인적사항이 파악됐다"며 "이들 중에는 형무소 수감 정치범 외에 다수의 민간인이 포함되어 있다"고 말했다. 배 의원은 또 "다른 지방자치단체의 경우 이미 수십여 곳에서 6·25전쟁 민간인 희생자 지원조례가 제정돼 시행하고 있다"며 강조했다.

김영미 의원은 "다른 사건 희생자의 경우 다른 법률과 규정에 의해 이미 지원사업이 이루어지고 있다"고 밝혔다. 배 의원은 "조례제정으로 우리 지역에서 발생한 무고한 민간인 희생자를 추모하고, 평화와 인권회복에 기여할 것으로 기대한다"고 말했다. 곽정근 공주유족회장은 매년 유족들이 십시일반 돈을 모아 위령제를 지내왔고, 사건이 일어난 지 65년 동안 위령비마저 마련돼 있지 않다"며 "늦었지만 조례제정을 환영한다"고 말했다.

한편 공주 왕촌 살구쟁이 등에서는 1950년 7월 9일 군경에 의해 공주형무소에 수감된 보도연맹원과 수감 정치범 등 최소 500명에서 최대 600여 명이 살해됐다. 현장에서는 4개의 구덩이에서 모두 396구의 유해가 발굴됐다.

| 위령제 예산 전액 삭감 |

황당한 공주시,
누가 희생자 위령제 지원예산 막았나

6·25전쟁 민간인 희생자 위령사업 300만원 '전액 삭감'

2016.12.09 | 심규상 기자

　공주시(시장 오시덕)가 담당 부서가 요청한 6·25전쟁 당시 희생된 무고한 민간인 희생자를 추모하기 위한 위령 사업 지원 예산 전액을 삭감했다. 이를 놓고 반인권적이라는 지적과 함께 공주시 행정이 사회적 약자를 홀대한다는 불만이 터져 나오고 있다.

　공주시 시정부서는 최근 내년 예산과 관련 '공주시 6·25전쟁 민간인 희생자 위령사업' 관련 추모제 지원비로 300만 원을 반영해달라고 예산부서에 요청했다. 희생자 1인당 약 1만 원에 해당하는 액수다.

　이는 지난해 10월 제정된 '공주시 6·25전쟁 민간인 희생자 위령사업 지원에 관한 조례'가 제정된 데 따른 것이다. 조례에는 지원사업으로 희생자에 대한 ▲위령 사업 ▲자료의 발굴 및 수집, 간행물 발간 ▲평화인권을 위한 교육사업 ▲바른 역사교육 사업 등을 지원하도록 하고 있다. 그러나 공주시 보조금심의위원회는 공주시 시정부서의 의견과는 달리 관련 요청 예산 전액을 삭감, 반영하지 않았다. 이에 따라 '한국전쟁 전후 민간인희생자 공주유족회'는 예년처럼 유가족들의 쌈짓돈으로 추모제를 치르게 됐다.

공주시민 아니면 추모 사업 지원할 수 없다

　논란은 공주시 보조금심의위원회가 터무니없고 사실과 다른 이유를 내세워

공주 왕촌 살구쟁이에서 수습된 민간인 희생자 유해. 이곳에서는 모두 397구의 유해가 수습됐다. ⓒ심규상

보조금을 반영하지 않았다는 데 있다. 보조금심의위원회는 예산 삭감이유로 희생자 대부분이 공주지역민이 아닌 다른 지역 사람이라며 "공주시가 아닌 중앙정부예산으로 사업을 추진하는 것이 바람직하다"는 의견을 밝혔다. 공주에서 억울하게 죽임을 당한 사람이 공주시민이 아닐 경우 추모 사업 지원조차 할 수 없다는 이기적인 행정논리가 등장한 것이다. 게다가 이 같은 주장은 지난해 조례제정 과정에서도 제기됐지만, 사실이 아닌 것으로 확인된 바 있다. 때문에 조례 또한 큰 무리 없이 제정됐다. 실제 지난 2007년 진실화해위원회 요청에 따른 주민 구술 전수조사에 따르더라도 공주읍과 유구면 등 11개 면에서 267명이 보도연맹과 부역 혐의 등으로 희생된 것으로 나타났다. 즉 300여 명인 희생자 중 대부분이 공주지역민이었다.

사실과 다른 주장 되풀이하는 공주시 공직자 누구

그런데도 사실과 다른 주장으로 또다시 예산지원을 가로막은 것이다. 희생자들이 자기 지역민이 아니라는 이유로 추모제 예산을 지원하지 않는 곳은 전국에서 공주시가 유일하다. 복수의 보조금심의위원에 따르면 공주시청 모 담당관이 이 같은 주장을 한 것으로 알려졌다.

곽정근 공주유족회장은 "국가에 의해 억울한 죽임을 당하고도 매년 유족들이 십시일반 돈을 모아 위령제를 지내왔다"며 "지난해 조례제정으로 내년부터는 조금이나마 예산을 지원받을 것으로 기대했는데 매우 안타깝다"고 말했다. 이어 "공주시는 사실과 다른 주장을 내세워 조례를 무력화시킨 공직자가 누구인지 밝혀야 한다"고 강조했다.

한편 공주시 시민소통새마을팀이 지난달 벌인 '일본 자매도시 방문 및 일본 백제역사 탐방' 사업(예산 2000만 원)의 경우 법적 근거가 없는데도 지난 3월 예산을 먼저 반영했고, 이후 지난 6월, 관련 조례를 제정하는 편법을 사용했다. 공주시가 힘 있는 지역 인사들에 대한 해외 연수 사업은 적극적이지만 사회적 약자나 억울한 일을 당한 시민들에 대해서는 매우 인색하고 반인권적이라는 지적이 나오는 이유다.

| 사라진 안내판 |

감쪽같이 사라진 공수 '집단 학살지' 현장 안내판

공주유족회, 공주시에 "누가, 왜 훼손했는지 밝혀달라"

2016.12.12 | 심규상 기자

충남 공주시 왕촌 살구쟁이(상왕동) 민간인 집단학살 사건을 알리는 현장 안내판이 사라졌다. 사건 희생자 유가족 모임인 공주유족회는 공주시에 사라진 경위를 조사해 행정 조치를 취해달라고 요청했다.

'한국전쟁 전후 민간인희생자 공주유족회'(아래, 공주유족회) 관계자는 지난 10일 공주 왕촌 현장을 방문했다가 깜짝 놀랐다. 몇 달 전까지 서 있던 집단 희생 사건의 진실을 기록한 현장 안내판이 감쪽같이 사라진 것이다. 주변을 샅샅이 뒤졌지만, 흔적조차 찾을 수 없었다.

현장 안내판은 지난 2008년 12월, 국가기구인 '진실·화해를 위한 과거사정리위원회'와 '공주시'가 수백만 원을 들여 만든 것이다. 양쪽 면에 사건 개요와 사건 직전 모습이 담긴 당시 희생자 사진, 유해 매장지에 대한 설명 등을 기록, 2차선 도로변 입구에 세웠다. 이후 새겨 놓은 글귀가 흐려져 선명하게 보수 작업을 벌이기도 했다.

12일 공주유족회는 공주시에 사라진 안내판의 행방을 찾아 달라고 신고했다. 다른 한편 경찰에 공공물을 훔치거나 훼손한 사람을 밝혀 줄 것을 수사 의뢰하는 방안도 검토 중이다. 공주유족회는 현장 안내판이 있던 인근 땅이 중장비를 이용, 정돈된 것으로 보아 공사과정에서 훼손됐을 가능성도 배제하지 않고 있다.

지난 2008년 12월, 국가기구인 '진실과 화해를 위한 과거사정리위원회'와 '공주시'가 수 백만 원을 들여 세운 집단희생사건 현장 안내판, 하지만 감쪽 같이 사라졌다. ⓒ심규상

현장 안내판이 서 있던 2차선 도로. 누군가에 의해 현장 안내판이 뽑혀 사라졌다. ⓒ심규상

 곽정근 공주유족회장은 "누군가 불순한 의도로 사건의 진실을 기록한 현장 안내판을 훼손한 것으로 보인다"며 "반드시 찾아 법적 책임을 물어야 한다"고 말했다. 공주시 관계자는 "경위 확인 후 조치 방안을 모색해보겠다"고 말했다.

 진실·화해를 위한 과거사 정리위원회는 지난 2010년 공주 상왕동 살구쟁이에서 1950년 7월 9일께 공주형무소 재소자와 국민보도 연맹원 등 최소 400여 명을 공주 CIC분견대, 공주파견헌병대, 공주지역 경찰 등이 집단학살한 일은 '진실'이며 '명백한 불법행위'라고 밝힌 바 있다. 이에 따라 국가와 지방자치단체에 ▲희생지 위령제 봉행 및 위령비 건립 등 위령 사업 지원 ▲유해 발굴과 유해안치장소 설치 지원 등을 권고했다. 하지만 공주시는 지난 2015년 관련 희생자 위령 사업 지원조례가 제정됐는데도 아무런 관심을 기울이지 않고 있다.

| 훼손된 안내판 |

공주 '집단학살지' 안내판 찾아냈지만… 크게 훼손
공사 위해 잠시 뽑아놓은 안내판, 인근 토지 소유주가 가져가… 이유가 '황당'

2016.12.14 | 심규상 기자

사라진 충남 공주시 왕촌 살구쟁이(상왕동) 민간인 집단학살 사건을 알리는 현장 안내판은 인근 토지 소유주가 갖고 있었던 것으로 확인됐다. 하지만 심하게 훼손됐다. 공주시는 안내판을 훼손한 관계자들에게 원상회복하게 하는 방안을 강구중이다.

'한국전쟁 전후 민간인희생자 공주유족회'(아래 공주유족회)는 최근 지난 2008년 국가기구인 '진실·화해를 위한 과거사정리위원회'와 공주시가 수백만 원을 들여 만든 집단학살 사건 관련 현장 안내판이 사라졌다며 공주시에 안내판을 찾아달라고 요청했다. 안내판 양쪽 면에는 집단 학살 사건 개요와 사건 직전 모습이 담긴 당시 희생자 사진, 유해 매장지에 대한 설명 등을 기록돼 있었다.

공주유족회 관계자는 지난 10일 공주 왕촌 현장을 방문했다가 몇 달 전까지 서 있던 안내판이 사라졌다는 사실을 인지하게 됐다(관련 기사 : 감쪽같이 사라진 공주 '집단 학살지' 현장 안내판)

무단으로 가져간 이의 황당 답변… "유해 발굴 끝나서"

공주시 시정담당 부서는 행방 찾기에 나서 지난 13일 오후 인근 토지 소유주 집에서 안내판을 찾아냈다. 관계자들에 따르면 이 안내판은 한 공사업체가 주변에서 하천 공사를 위해 잠시 뽑았는데 공사 후 다시 세우려 했다. 하지만 주변 농

공주 민간인 집단학살 사건의 진실을 알리는 현장 안내판이 심하게 훼손된 상태로 발견됐다. 다리가 부러지고 안내판 또한 흉하게 망가졌다. ⓒ김종술

지 소유주 등이 '세울 필요가 없다'고 해 그대로 현장에 남겨 두고 철수했다. 그런데 이 안내판을 주변 농지 소유주가 집으로 무단으로 가져갔다. 이 과정에서 한쪽 지지대가 부러지고 사건 진실을 기록한 안내판 또한 흉하게 훼손됐다. 안내판을 훼손한 주변 농지 소유주는 안내판의 행방을 묻는 시청 관계자에 처음엔 '모른다'고 했다가 뒤늦게 보관 사실을 알려왔다.

공주시청 관계자는 해당 토지 소유주가 훼손 이유에 대해 "유해 발굴이 끝나더는 필요가 없는 것으로 알았다"고 답했다라고 전했다.

이에 대해 곽정근 공주유족회장은 "사건의 진실을 설명하고 있는 안내판을 유해 발굴 여부가 연관시킨 것 자체가 이해가 되지 않는다"라고 말했다. 이어 "공주시는 안내판을 훼손한 사람에게 상응하는 조처를 해야 한다"라고 강조했다. 공주시 시정 담당 관계자는 안내판을 훼손한 주체가 확인된 만큼 원상회복하게 하는 방안을 모색하고 있다고 밝혔다.

진실·화해를 위한 과거사 정리위원회는 지난 2010년 공주 상왕동 살구쟁이에서 1050년 7월 9일께 공주형무소 재소자와 국민보도 연맹원 등 최소 400여 명을 공주 CIC분견대, 공주파견헌병대, 공주지역 경찰 등이 십년학살한 일은 '진실'이며 '명백한 불법행위'라고 밝힌 바 있다.

이에 따라 국가와 지방자치단체에 ▲희생자 위령제 봉행 및 위령비 건립 등 위령 사업 지원 ▲유해 발굴과 유해안치장소 설치 지원 등을 권고했다.

| 2017년 제12회 위령제 |

과기사 관련 특별법을 조속히 제정하라
한국전쟁 시기 공주지역 민간인 희생자 합동위령제

17.07.09 | 김종술 기자

　한국전쟁 시기 공주지역에서는 민간인 집단 학살이 벌어졌다. 보도연맹사건 관련 학살 피해자 135명, 부역 혐의 학살 피해자 117명, 지방 좌익에 의한 학살 피해자 68명, 인민군에 의한 학살 피해자 28명 등 365명의 사상자가 발생했다.
　제12회 한국전쟁 시기 공주지역 민간인 희생자 합동 위령제가 9일 충남 공주문화원에서 열렸다. 이 자리에는 전국유족회원들과 공주시우금티기념사업회, 공주농민회, 공주희망꿈학부모회 등 지역단체, 김정섭 전 공주시장 후보, 김영미 공주시의회 임시의장, 배찬식 의원 등 100여 명이 참석했다.
　오전 10시 30분 식전 행사로 '산 자와 죽은 자' 영화 상영으로 시작을 알렸다. 당시 억울하게 희생당한 영혼의 넋을 달래기 위해 홍성문화연대의 '진혼무'를 추며 희생자를 추모했다. 그리고 전통제례 방식으로 합동 위령제가 열렸다.
　곽정근 한국전쟁 희생자 공주유족회장은 "어느 날 갑자기 사랑하는 부모·형제를 잃고서도 언제 어디서 희생되었는지 알길 조차 없이 50년을 지냈다. 금강 변 야산에서 500여 명이 집단 살해된 현장을 찾아내고 공주시민과 민주단체 회원들의 도움을 받아 지난 2006년 첫 번째 위령제를 지냈다. 국가공권력이 저지른 만행으로 처참한 모습을 세상에 밝혀내고 아픈 상처를 하나씩 치유하고 있다"고 말문을 열었다.
　그는 이어 "2009년과 2013년 400구에 달하는 유해를 발굴하여 임시 안치소인

억울하게 희생당한 영혼의 넋을 달래기 위해 홍성문화연대의 '진혼무'를 추며 희생자를 추모했다. ⓒ김종술

곽정근 한국전쟁 희생자 공주유족회 회장이 인사말을 하고 있다. ⓒ김종술

추모관에 봉안 중이며 사법부에서도 유족에 대한 배·보상 결정을 내렸다. 그러나 397구의 유해는 세종시 추모의 집으로 옮긴 채 여전히 임시로 안치된 상태다. 500명 젊은 생명의 집단학살지에 영혼들의 영원한 안식처이자 역사교훈의 장소로 거듭날 수 있는 위령 공원, 즉 평화공원이 들어서야 한다"고 요구했다.

끝으로 "우리에게는 무엇보다 시급한 과거사 관련 특별법이 하루속히 제정되어야 한다. 지난날 한시적으로 제정되어 5년 만에 소멸한 진실화해를 위한 과거사정리법은 노무현 대통령의 영단으로 억울한 죽음을 밝혀내고 희생자에 대한 명예 회복과 위로의 뜻을 전했지만, 100만 희생자의 1%에도 못 미치는 극소수에 미치고 말았다. 역사의 진리에 따라 같은 뜻을 가진 새 정부가 들어섰고 머지않아 입법의 결실을 맺을 수 있기를 기원한다"고 말했다.

김영미 공주시 임시의장은 "그동안 의회에서 관심이 부족했다. 이 자리를 빌려 사과드린다. 배찬식 의원이 지원조례를 만드는데 1년 이상이 걸릴 정도로 고생을 많이 했다 조례가 지정되고 예산확보까지 어려움이 많았다. 앞으로 더 큰 관심으로 유족들의 마음을 가슴에 세기겠다"고 약속했다.

박종우 공주민주단체협의회 대표는 "67년 전 바로 오늘 한국전쟁 직후 억울한 죽임을 당한 왕촌 살구쟁이를 비롯해 의당면, 유구읍, 장기면, 탄천면 등 민간인 희생자 합동위령제를 이어오고 있다. 금강의 강물이 흘렀어도 무관심과 무지 속

김영미 공주시의회 임시의장이 추도사를 하고 있다. ⓒ김종술

박종우 공동대표가 공주민주단체협의회를 대표해서 추도사를 하고 있다. ⓒ김종술

에서 위령비 하나 제대로 세우지 못하고 국가배상도 미완의 상태다"고 안타까워했다.

그는 이어 "비록 과거 아픈 역사의 상처이지만 자라나는 아이들에게 바른 가치관과 역사관을 심어주기 위해서는 전쟁피해자 위령 공원과 기념 조형물을 설치하는 것이 현재를 살아가는 어른들의 몫이다. 올해 꼭 하고 넘어가야 할 것을 내년으로 미루지 않았는지 공주시는 한번 돌아보길 바란다. 고인의 못다 이룬 뜻을 받들어 큰 자긍심을 갖고 당신께서 남기신 훌륭한 정신을 굳건히 이어 나가겠다"고 목소리를 높였다.

김광년 한국전쟁후민간인희생자전국유족회 회장은 "국가 공권력에 의해 아버지를 잃고 가족들은 이 땅에서 이등 국민으로 취급당하면서 살아왔다. 어디에도 하소연하지 못했다. 피맺힌 통한의 세월을 죽지 않고 여태까지 살아 견뎌온 것을 생각하면 기적이 아닐 수 없다. 우리는 박정희 정권과 전두환 정권, 노태우 정권 그다음 정부에서도 진실규명은커녕 아버지의 억울한 죽음에 대해 감히 입도 벙긋하지 못하고 가슴앓이 하면서 살아왔다"고 강조했다.

그러면서 "오늘 추모제는 당시 억울하게 가신님들의 넋을 기리고 삼가 명복을 빌며 누가 우리 유족의 피맺힌 눈물을 닦아주겠는가, 이젠 우리가 나서야 하고,

곽정근 한국전쟁 희생자 공주유족회 회장이 제례를 올리고 있다. ⓒ김종술

참석자들은 추모식이 끝나고 희생자의 넋을 달래기 위해 헌화하고 있다. ⓒ김종술

우리 자식들이 나서야 한다. 다시 한번 희생자 영령님들을 마음 깊이 추모한다"고 호소했다.

　추도사와 함께 헌화가 이어졌다. 참석자들은 점심 후 공주문화원에서 유족회 총회를 이어갔다.

| 충남 NGO대상 특별상 수상 |

'박근혜 퇴진' 촛불시민, 충남 NGO대상 '특별상' 받아

곽정근 공주유족회장 등 수상

18.02.06 | 이재환 기자

6일 충남 내포신도시 공익활동지원센터에서는 충남시민사회신년회가 열렸다. 이날 신년회에서는 지난 한 해 동안 충남시민사회에 기여해 온 시민사회 단체와 활동가들에 대한 시상도 이루어졌다.

수상자로는 곽정근 공주유족회장, 조상연 당진참여연대 회장, 우삼열 아산이주노동자센터 소장이 선정됐다. 단체로는 당진환경운동연합이 단독 수상했다.

특히 작년 박근혜 퇴진 촛불을 밝혔던 '촛불시민'도 수상 명단에 당당히 이름을 올렸다. 촛불시민들이 특별상을 수상한 것이다. 충시민재단은 촛불시민에게 상을 수여한 이유로 "촛불 정신은 우리의 현재이자 미래의 도도한 가치이다. 촛불시민혁명의 완수를 염원하며 이를 길이 새기고자 한다"고 밝혔다.

촛불 시민을 대신해 수상을 한 방효훈(민주노총충남본부)씨는 "재작년 겨울과 올 봄, 우리 모두 행복했다"며 "거리에서 젊음을 새롭게 느끼고 새로운 사회에 대한 꿈을 꾸었다. 그 꿈과 희망은 앞으로도 계속되어야 한다"고 밝혔다.

우삼열 아산이주노동자센터 소장은 충남도의회가 최근 충남인권조례 폐지안을 가결한 것에 대해 유감을 표명했다. 우 소장은 충남인권위원회 위원으로도 활동 중이다.

우삼열 소장은 "충남인권조례 폐지안이 지난 2월 2일 가결되어 마음이 무겁다"며 "우리 충남에서 이런 슬픈 일이 일어난 것이 가슴이 아프다. 도 행정에서

충남 NGO 대상을 수상한 수상자들. 왼쪽부터 사회자 김지훈 충남공익활동 지원센터장. 조상연, 우삼열, 당진환경운동연합, 방용훈 씨이다. ⓒ이재환

재의를 요구할 것이라는 이야기가 있는 데 힘을 실어 주시길 바란다"고 밝혔다.

한국전쟁전후민간인희생자 공주유족회 곽정근 회장은 한국전쟁 민간인 희생자 유해 발굴, 공주유족회와 충남유족회 결성 등 풀뿌리 인권을 가꿔온 공로가 인정되어 충남 NGO상을 수상했다.

충남 태안에서 태어난 곽정근(86세) 회장은 1950년 18세의 나이로 6·25를 겪었다. 곽 회장의 형님은 1949년 보도연맹에서 활동했다는 이유로 공주형무소에 수감됐다. 1950년 만기 출소를 앞둔 1950년 7월 9일 공주 왕촌 야산으로 끌려가 학살 후 암매장 당한 것으로 알려졌다.

곽 회장은 지난 2003년 한국전쟁전후민간인희생자 공주유족회 결성을 주도했다. 2009년 공주시 왕촌에서 317구의 유골을 발굴하는 데도 큰 기여를 했다. 곽 회장은 이날 개인적인 사정으로 시상식에 참석하지 못했다. 수상은 최만정 아산시민연대 대표가 대신했다.

| 2018년 제13회 위령제 |

'왕촌 살구쟁이' 희생자 위령제, 공주시장 첫 참석
제13회 한국전쟁기 공주지역 민간인 희생자 위령제

18.07.07 | 김종술 기자

한국전쟁 직후인 7월 초 경, 공주형무소에 수용된 정치범을 비롯하여 보도연맹에 가입한 민간인 600여 명이 군과 경찰에 의해 집단 학살된 뒤 충남 공주시 왕촌 살구쟁이에 암매장 사건이 발생했다. '왕촌 작은 살구쟁이' 민간인 희생자 유족들은 해마다 위령제를 지내고 넋을 위로하고 있다.

7일 오전 11시부터 충남 공주시 공주문화원에서 6·25 당시 억울하게 죽어간 고인들의 넋을 달래는 13번째 위령제가 열렸다. (사)공주유족회와 공주민주단체협의회, 공주대학교 참여문화연구소 주최로 개최됐다.

'보수 텃밭' 공주시의 첫 더불어민주당 당선자인 김정섭 공주시장이 참석해 눈길을 끌었다. SBS〈그것이 알고 싶다〉에서 방영된 보도연맹 영상 상영 이후 충남문화연대 윤혜영 외 8명의 진혼굿이 식전 행사로 열렸다.

이 자리에는 곽정근 공주유족회장을 비롯해 박병수 공주시의회 의장, 이창선 부의장, 이상표 의원, 김동일 충남도의원, 박남식 우금티기념사업회 이사장, 최운주 공주농민회 회장, 지수걸 공주대학교 참여문화연구소 교수, 신경미·정선원 공주민주단체협의회 공동대표, 원효사 혜월 스님과 전국 유족회, 태안, 경북, 대전, 홍성, 청주, 청주, 충주, 충남, 임실, 해남, 창원, 아산 등 유족회장 및 유족들이 참석했다.

곽정근 공주 유족회장은 "1950년 7월 9일 그날도 오늘처럼 강물은 무심히 흘

곽정근 공주유족회장이 전통 제례를 올리고 있다.
ⓒ김종술

홍성문화연대 윤혜영씨가 진혼굿을 하고 있다. ⓒ김종술

렀고 초여름의 녹음이 짙어만 갈 것이다. 그러나 이날이 우리에게는 하늘이 무너지고 땅이 꺼지는 슬픔의 날이었다. 혈육이 생사로 갈리는 운명을 안고서도 언제 어디에서 죽었는지조차 모르고 55년이란 세월을 허망하게 살아왔다. 68년이란 세월이 흘러가면서 유년기에 비운을 맞은 유족 1세대는 70~80세의 노인이 되었다. 공주 유족회는 위령비(탑) 건립을 위해 공주시와 시민들의 협조를 부탁한다"고 인사말을 했다.

김정섭 공주시장은 "6·25 힘든 시기에 400여 명이 넘은 민간인이 공권력에 의해서 살구쟁이에서 온종일 집단 학살되었다. 죄에 유무를 판정받지 못하고 억울하게 공권력에 의해 희생당한 것을 저는 잘 기억하겠다. 68년 전에 이런 아픔들이 벌어진 것을 잊지 말고 앞으로 이런 일이 되풀이되지 않도록 해야 한다. 판문점에서 남북 정상 회담이 열리고, 중·미, 미·북 정상 회담이 열리면서 북에 있는 미군 유해가 전해지고 있다"고 말했다.

그는 이어 "공주시의회에서는 '공주시 6·25전쟁 희생자 위령 사업 지원 등에 관한 조례'를 만들어 지원하고 있다. 저는 시장으로서 법에 근거해서 앞으로 진상 규명과 명예회복, 기념사업을 벌여나가는데 성의를 다하겠다. 공주시장으로서 민족사회기 비극으로 돌아가신 영령들을 진심으로 추모하며 영원한 안식을 빈다"고 안타까워했다.

공주시장을 비롯한 유족들 200여 명이 참석한 가운데 애국가를 부르고 있다. ⓒ김종술

공주시장으로서는 처음으로 참석한 김정섭 시장이 추도사를 하고 있다. ⓒ김종술

    강병현 전국 유족회장은 "국가공권력에 의해 억울하게 희생되신 영령들께 백만 유족을 대신해 삼가 머리 숙여 명복을 빈다. 공주유족회는 곽정근 회장을 중심으로 전국 어느 지역보다 적극적으로 진상규명과 명예회복을 위해 힘을 모으고 실천하고 있다. 공주지역 많은 시민단체와 활동가들이 함께 민간인 희생자의 뜻을 기리는 활동을 하여 충남 NGO 대상을 수상하기도 했다. 김정섭 공주시장이 어려운 자리에 참석하여 유족들에게 용기를 주신 것에 대해 고맙다"고 감사 인사를 전했다.

    최운주 공주농민회장은 "시민들의 촛불 혁명 이후 민주주의는 한층 더 발전하고, 판문점 선언 등으로 평화롭고 정의로운 사회, 전쟁 없는 통일로 한발씩 나아가고 있다. 희생자의 넋을 위로하고 그 유족의 고통을 치유하는 길은 올바른 진실 규명과 역사적 잘못이 되풀이되지 않도록 왕촌살구쟁이 희생지에 평화공원이 조성되기를 바란다"고 추도사를 했다.

    공주 왕촌 민간인학살은?

    한국전쟁 직후인 7월 초 경, 공주형무소에 수감된 정치범을 비롯하여 보도연맹에 가입한 민간인 600여 명이 군과 경찰에 의해 집단 학살된 뒤 왕촌 살구쟁이에 암매장됐다. 보도연맹이란 해방 후 이승만 정권이 정권유지를 위해 고안해

최운주 공주농민회장이 추도사를 하고 있다. ⓒ김종술

(사)한국전쟁전후민간인희생자전국유족회 강병현 회장이 추도사를 하고 있다. ⓒ김종술

낸 좌익 포섭단체로 정식명칭은 국민보도연맹이다. 조직 결성의 대외적인 명목은 "개선의 여지가 있는 좌익세력에게 전향의 기회를 주겠다"는 것이었고 조직의 이름도 "보호하여 지도한다"는 뜻의 보도연맹으로 했다.

국민보도연맹은 대한민국 절대지지, 북괴 정권 절대 반대, 공산주의 배격 봉쇄, 남북로당 폭로 봉쇄 등을 목적으로 하는 단체였다. 외견상 민간단체의 성격을 띠고 있었으나 실질상 정부기관이었고, 창설목적 역시 좌익세력의 보도라기보다는 민족진영과 같은 반정부세력을 단속, 통제하는데 있었음이 드러났다.

김기진의 책 『끝나지 않은 전쟁 국민보도연맹』에 따르면 보련 가입이 거의 강제적이었고 지역별 할당제가 있어 사상범이 아닌 경우에도 등록되는 경우가 많았다고 한다. 연맹원 모집은 주로 좌파경험이 있는 자들이나 사상범(양심수)을 대상으로 했지만, 실제로 보도연맹에 가입하면 쌀, 식량 등의 배급이 원활하게 이루어졌기 때문에 사상에 관계없이 식량 배급을 타기 위해 등록한 사람들이 많이 있었다고 알려지고 있다.

2009년도에 학살지 발굴 작업이 벌어지면서 덮어졌던 진실이 세상 밖으로 나왔다. 왕촌에서 2009년과 2013년 2회에 걸쳐 397구의 유해 발견됐다. 왕촌에서 억울하게 학살당한 600여 명의 영혼에 대한 유해발굴작업이 2009년 6월 '왕촌 작은 살구쟁이' 현장에서 본격적으로 실시되었다.

(사)한국전쟁전후민간인희생자전국유족회 유족들이 넋을 위로하기 위해 헌화하고 있다. ⓒ김종술

김정님 통수시상과 곽정근 공주 유족회장이 시화전을 돌아보며 이야기를 나누고 있다. ⓒ김종술

 진실화해를위한과거사정리위원회와 공주유족회, 공주민주단체협의회가 공동으로 '2009 왕촌위령제 및 개토제' 발대식에 이어 유해 발굴 설명회, 추모시, 천도제, 바라춤, 위령제, 개토제, 왕촌 발굴현장 시삽 등을 진행하였다. 왕촌 현장은 2001년 지면으로부터 약 30㎝ 내에서 일부 유골과 탄피가 발견되었고 2006년에도 시민단체들이 첫 위령제를 개최했다. 그리고 2009년 6월부터 발굴 작업에 착수해 8월에 마무리하였다.
 발굴 작업 현장에서 진실화해위원회 박선주 충북대 박물관 팀 책임연구원 교수는 "두 손이 머리 뒤쪽 혹은 허리 뒤쪽으로 묶인 채 무릎을 꿇은 자세에서 머리에 총탄을 맞고 죽은 걸로 추정된다"고 말했다. 두개골과 뼈들이 구덩이 양쪽으로 질서정연하게 발굴된 점으로 미루어 "저항하지 못하도록 완벽히 제압했을 것으로 보인다. 한두 번 죽여 본 솜씨가 아니다"고 말했다. 또 "이 정도 깊이는 결코 깊지 않으며 추측컨대 시체가 보이지 않을 정도로만 흙을 덮어놓은 것 같다"고 말해 현장에 있던 교수와 학생들을 안타깝게 만들었다.
 이어 유족들과 참석자들은 희생자들의 넋을 위로하기 위해 제례를 지냈다. 그리고 대전충남작가회의와 충남민예총은 공주 문화원 입구에서 '우리는 살구쟁이를 알고 있다'는 내용으로 시화전을 가졌다. 다음은 참석한 작가와 제목이다.

'세상에서 가장 긴 무덤' 김석영, '망월 묘지' 조성국, '시월 열전3' 이중기, '한라의 띠 풀' 이애자, '견 벽 청 야' 울력(공동창작), '대가리' 고희림, '가창골' 송광근, '독수리에게' 김광렬, '꽃그늘로 오시는 임' 김영호, '칠백 열 아홉' 표성배, '악순환' 김규성, '벌초' 김희정, '건너가는 하루' 장자순, '그때나 지금 이나' 김석교, '박산 골짜기' 이규석, '금남로 사랑' 김준태, '양파' 김영란, '편지' 박관서, '노근리 모자 상' 송진권, '그해 봄은' 이태흠, '울컥, 피는 바다' 신기훈, '대전에서' 김경훈, '1950.7. 나비가 되어' 김홍정 작가.

다음은 「다시 살구꽃 피는 마을」 살구쟁이 잠드신 넋을 기리며라는 류지남 대전충남작가회의 전 회장의 글이다.

크낙한 살구나무 근리에 모여 앉아 따수운 마음들 오순도순 나누며 살던 착하고 아음다운 마음이 있었지요 너나 가릴 것 없이 함께 가간했으나 둥글둥글 살아가는 곰강마을 있었지요

그러던 어느 여름 날, 날벼락이 치듯 군인, 경찰, 미군들 승냥이처럼 몰려와 총으로, 군홧발로 으깨어 땅에 묻었지요 노인도 여인도 아이도 어둠에 묻었지요

그러나 어찌 진실을 땅에 묻을 수 있나요 살구씨처럼 세월 견디신 넋들 다시 살아나 총소리에 쇠사슬에 쫓겨 줄행랑을 놓았던 열네 살 벌거숭이처럼 부끄러운 마음들 오늘, 이렇게 다시 일으켜 세워 주시나니

서, 질긴 휴전선 철주망도 훌훌 걷어내고 더 이상 미움도 죽임도 없는 싸움도 없는 화해와 상생과 용서가 살구꽃처럼 피어나는 아름답고 황홀힌 큡 상 차려 올리나니 아프고 고운 님들이시어 부디 흠향하소서

| 공주시장 간담회 |

김정섭 공주시장 "민간인 희생자 추모사업 적극 지원"
한국전쟁민간인희생자 공주유족회 임원들과 첫 만남

18.10.11 | 심규상 기자

　김정섭 공주시장이 1950년 충남 공주에서 발생한 한국전쟁민간인희생자들에 대한 추모 사업에 적극 나서겠다고 밝혔다. 김 시장은 11일 오후 공주시청 회의실에서 곽정근 한국전쟁민간인희생자 공주유족회장 등 임원들과 간담회에서 "사건의 진실을 알리고 명예회복을 위해 힘써온 유족회의 노력에 감사드린다"며 "시민들이 마음으로 추모할 수 있도록 지원 방안을 모색하겠다"고 말했다.

　김 시장은 이를 위한 방안으로 "희생자 유해발굴지가 인권 체험과 추모의 공간으로 잘 활용되도록 작은 위령비라도 건립될 수 있게 유족회와 함께 방안을 모색해 보겠다"고 밝혔다. 김 시장은 또 "위령제 지원 예산 현실화와 사건의 진상을 알리는 백서 발간에도 관심을 갖겠다"고 덧붙였다. 공주시장이 군경에 의해 희생된 유족회 임원들과 만나 희생자 종합지원 방안을 논의한 것은 이번이 처음이다. 공주 왕촌 살구쟁이 등에서는 1950년 7월 9일 군경에 의해 당시 보도연맹원 등 민간인과 수감돼 있던 정치범 등 최소 400명에서 최대 600여 명이 살해됐다. 공주시 왕촌 살구쟁이에서만 4개의 구덩이에서 모두 396구의 희생자 유해가 발굴되기도 했다.

　곽정근 공주유족회장은 이 날 김 시장에게 13년여 동안의 유족회 활동 과정을 설명한 후 "사건이 일어난 지 68년이 지났지만 위령비마저 세우지 못했다"며 "희생자들이 묻혀 있던 현장에 작은 위령비를 세워 억울한 원혼을 위로할 추모 공

김정섭 공주시장(가운데)이 곽정근 공주유족회장 등 유족회 임원들(오른쪽)을 만나 희생자 위령사업 방안을 논의하고 있다. ⓒ심규상

간을 마련하는 게 마지막 소원"이라는 말로 관심과 지원을 요청했다.

곽 유족회장은 또 "매년 유족들이 십시일반 돈을 모아 위령제를 지내고 있다"며 "위령제 지원 예산을 현실화해 달라"고 말했다. 그는 특히 "최소 500여 명의 희생자 중 60여 명만이 명예회복을 신청했다"며 "아직까지 신고하지 않은 미신고 유족들이 나설 수 있도록 행정차원의 홍보와 독려가 필요하다"고 강조했다.

희생자 위령사업 지원은 자치단체의 책무

이날 김 시장은 "'6·25전쟁 민간인 희생자 위령사업 지원에 관한 조례'에 따라 희생자 위령사업을 지원하는 것은 자치단체의 책무"라며 "위령사업은 물론 다시는 억울한 희생이 없도록 유해매장지가 인권평화 체험 공간으로 잘 활용되도록 방안을 찾아보겠다"고 밝혔다. 지난 2015년 제정된 '공주시 6·25전쟁 민간인 희생자 위령사업 지원에 관한 조례'에는 희생자에 대한 ▲위령사업 ▲자료의 발굴 및 수집, 간행물 발간 ▲평화인권을 위한 교육사업 ▲바른 역사교육 사업 등을 담고 있다. 한편 지난 2010년 정부 기관인 '진실화해를 위한 과거사 정리위원회'는 공주 왕촌 살구쟁이에서 1950년 7월 9일경 공주형무소 재소자와 국민보도연맹원 등 최소 400여 명을 공주 CIC분견대, 공주파견헌병대, 공주지역 경찰 등이 집단학살한 일은 '진실'이며 '명백한 불법행위'라고 밝혔다.

살구쟁이에
　　얽힌 기억

| 곽정근 유족회장을 통해 본 공주유족회 발자취 |

곽정근 유족회장이 걸어온 12년

"마지막 소원? 유해 발굴 현장에 위령비 하나 세웠으면…"

정리 : 심규상 오마이뉴스 기자

"벌써 12년이 흘렀네요. 공주유족회장을 맡아 일한 지…"

지난 2001년. 곽정근 회장(86, 서울시 강남구 자곡동)이 황혼기를 앞둔 때였다. 어느 날 우연히 1950년 전쟁 때 군경에 의해 희생된 사람들이 묻힌 대전 산내 골령골 유해 매장지에 대한 신문 보도를 접했다. 대전으로 내달렸다. 당시 공주형무소에 수감돼 있다 희생된 형님의 유해를 찾기 위해서였다.

"공주형무소에 갇혀 있던 사람도 다 대전에서 희생된 줄 알았어요. 그래서 대전으로 쫓아다녔죠."

대전 산내 골령골에서 다시 공주 왕촌 살구쟁이로

그는 충남 태안군 원북면 황촌리에서 태어났다. 일찍 아버지를 잃었지만, 형인 곽우근이 아버지 역할을 대신했다. 그 덕에 원북초등학교를 졸업하고 서산농림중학교(1948년 6년제)에 진학했다. 거리가 멀어서 유학이었다.

이듬해 어느 날, 형이 당시 태안경찰서로 끌려갔다. 외가 쪽 사람들도 연행됐다. 정치 활동을 했다는 게 이유였다. 금방 석방될 줄 알았던 형은 서산지원에서 국가보안법위반으로 1년 6개월의 형을 받고 공주형무소로 이감됐다. 농사를 짓다가 영어의 몸이 된 형은 1950.5.29 마지막 보낸 편지에서 "소를 팔아서 학비도 대고 학교를 절대 중퇴하지 말라"고 쓴 눈물의 편지이자 유서를 지금도 간직하

곽정근 회장

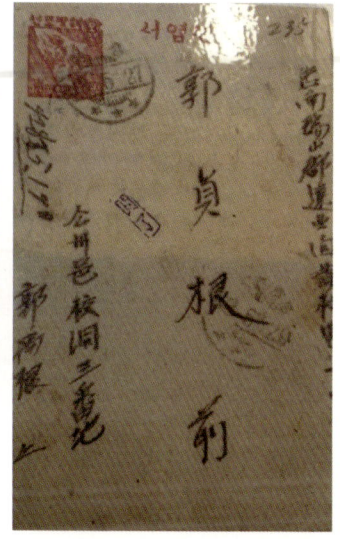

공주형무소에서 곽우근(형)으로부터 온 편지

고 있다. 전쟁이 터지자 군경은 공주형무소에 수감돼 있던 정치범들을 어디론가 끌고 가 불법 살해했다. 형의 행방을 찾던 중 다른 보도가 나왔다. 공주형무소에 수감된 정치범들이 희생된 유해 매장지가 발견됐다는 보도였다. 대전이 아닌 공주 왕촌 금강 변 살구쟁이였다.

2006년. 시민단체인 공주시민연대가 나서 '공주형무소 희생자 합동위령제'를 봉행한다는 연락이 왔다. 열일을 제쳐놓고 달려갔다. 하지만 유족은 곽 회장을 포함해 부산 사는 김중구 씨와 광양 사는 김기씨 등 세 명뿐이었다.

유족 없는 위령제를 지켜본 그는 고심했다. 이어 유가족들을 수소문하기 시작했다. '진실화해위원회'를 찾아가 진실규명 신청자 명단도 받았다. 유족들에게 직접 편지도 보냈다. 그는 2007년 기꺼이 초대 유족회장을 맡았다. 곽 회장의 노력으로 다음 해 위령제에는 열 명 남짓이 모였다. 해를 거듭할수록 유족들이 늘어났다. 지난 해 열린 13번째 위령제에는 유족회 회원과 시민단체 회원 등 150여명이 참석했다. 그는 지속가능한 유족회를 위해 사단법인으로 전환(2015년)시

왕촌 살구쟁이 입구에서

컸다. 특히 지역시민사회와 연계를 위해 이사회에 공주지역시민단체 관계자를 포함시켰다. 때문에 공주유족회는 지금도 지역 사회와 함께 호흡하고 있다.

유족회원 없는 위령제 접하고 유족 수소문해 직접 편지

2010년은 곽 회장과 유족회원들에게 잊을 수 없는 시간이었다. 진실화해위원회에서 공주형무소에 대한 진실규명 결정이 내려진 것이다. 진실화해위원회는 "국민의 생명과 재산을 보호해야 하는 국가가 수감된 재소자들을 좌익전력이 있거나 인민군에 동조할 것이 우려된다는 이유만으로 절차 없이 사살한 것은 명백한 불법행위"라며 "이에 대한 책임은 당시 이승만 대통령과 국가에 귀속 된다"고 밝혔다. 또 국가에 대해 ▲유족에게 사과할 것 ▲위령사업 지원 ▲평화인권교육 강화 등을 권고했다. 억울한 죽음을 당한 고인들의 명예회복이 이루어진 순간이었다. 곽 회장은 국가를 상대로 민사소송을 주도, 3심을 거치는 동안 만 4년에 걸친 긴 소송 끝에 유가족들의 일정액 보상을 받도록 꾀했다.

진실화해위원회의 '진실' 결정은 곽 회장의 유해발굴을 위한 노력이 없었다면 힘겨운 일이었다. 진실화해위원회가 활동을 시작하자 곽 회장은 우선 왕촌살구쟁이 유해발굴을 강도 높게 요청했다. 토지소유주와 접촉해 발굴을 위한 토지사용 동의를 받아냈다. 진실화해위원회는 2009년 공주 왕촌 유해발굴 작업을 시작, 317구(유품 1,170점)의 희생자 유해를 수습했다. 땅 속에 묻혀있던 그 날의 진실이 그렇게 드러났다. 발굴 결과 군경은 재소자를 구덩이 안에 몰아넣고 쭈그려 앉은 자세에서 총살한 후 그대로 매장한 것으로 나타났다.

진실화해위원회는 2009년 공주 왕촌을 포함, 전국 13곳에 대한 유해발굴을 끝으로 유해발굴 작업을 중단했다. 활동기한이 종료됐기 때문이다. 때문에 당시 진실화해위원회가 '우선 발굴 대상지'로 선정한 약 40여 곳의 유해매장지가 그대로 남아 있다. 곽 회장이 바짝 서두르지 않았다면 진실규명도, 유해발굴도 기약 없이 미뤄질 수밖에 없었던 셈이다.

예기치 못한 일 생길 때마다

그런데 유해 발굴 도중 예상치 못한 일이 벌어졌다. 발굴 예정지에 없던 새로운 유해 매장지(5번째 구덩이)가 확인된 것이다. 발굴 팀은 추가 발굴 예산 지원을 요청했지만 여의치 않자 남은 유해를 남기고 철수했다. 당시 '유해 발굴 보고서'(2009년 말)는 당시 상황을 이렇게 기록했다.

"진실화해위원회가 제시했던 조사지역 내 4개 지점(구덩이) 이외에 조사지역 밖에 다수의 유해가 매장되어 있는 것이 밝혀졌다. 하지만 시간과 예산상의 문제로 다음을 기약할 수밖에 없음을 아쉬워하며 이에 대한 조사가 반드시 계속돼야 할 것이다."

곽 회장은 공주시장과 충남도지사를 번갈아 만나며 추가 유해발굴을 요청했다. 2013년 안희정 충남도지사의 화답으로 4년 후에 추가 유해발굴이 이뤄졌다. 추가 발굴된 유해는 80구(유품 157점)에 이른다. 왕촌에서만 모두 397구의 유해가 확인됐다. 곽 회장은 유해 발굴이 마무리되자 '공주시 민간인 희생자 위령사업 지원 조례'에 나섰다. 공주시와 공주시민들에게 사건에 대한 관심과 지원을 이끌어내기 위해서였다. 당시 배찬식 시의원의 대표 발의한 조례안에 공주시는 "희생자 대부분이 다른 지역 사람이고 국가가 할 일"이라며 반대하고 나섰다 곽 회장은 공주시의회에 희생자의 인적사항이 명시된 진실화해위 조사서를 제시하며 희생자 상당수가 당시 공주 주민임을 설명하고 위령사업 지원은 지방자치단체의 몫이라고 강변했다. 결국 공주시는 '공주시 민간인 희생자 위령사업 지원 조례'를 제정했다. 그는 유가족을 규합해 1, 2차 국가배상 소송을 주도하여 56억여 원의 위자료를 받아내기도 했다. 이 중 약 2억5천만원을 모아 유족회 운영기금으로 활용 중이다.

곽 회장은 올해 유족회장직을 내놓았다. 유족회 일에 매진해온지 12년 만이다. 곽 회장은 "유족회원들과 공주시민사회의 도움으로 어려운 시기 유족회를 잘 발전시킬 수 있었다"며 공을 회원들과 지역시민사회에 넘겼다.

못 다한 숙제… 위령비 하나 세웠으면…

하지만 그는 못 다한 숙제가 남아 있다며 못내 아쉬워했다.

"유해발굴 현장에 위령비 하나 세우는 게 소원입니다. 자산공사를 뛰어다니며 부지마련을 위해 노력했지만 뜻을 이루지 못했습니다. 다른 하나는 유해발굴지를 시민들의 역사교육을 위한 장소로 활용하도록 복원하는 일입니다. 다른 어느 지역보다 접근성도 좋고 유해보존 상태도 좋아 인권을 가르치는 교육시설로 활용했으면 합니다."

곽 회장은 남은 과제를 후임 회장과 회원들에게 넘겼다. 그러면서도 유족회 고문에 걸맞게 여력이 되는 한 끝까지 돕겠다는 약속도 잊지 않았다.

곽 회장은 50년대에는 조봉암 선거운동, 60년대에는 노동운동, 2000년대 이후 유족회 활동을 이끌었다. 현재 한국전쟁 전후 민간인 희생자 전국유족회 상임고문과 공주유족회 고문, 죽산 조봉암 선생 기념사업회장을 맡고 있다.

| 유족인터뷰 – 명하근 |

어느 날 '오형제'에게 닥친 비극
고 명하근의 유족 명환주 씨의 증언

증언 채록 송성영, 글 정리 심규상

명하근. 그의 아버지는 3·1운동에 연루됐다 일찍 세상을 떴다. 둘째 하근을 비롯해 아들이 다섯이었다. 어머니 집은 아버지 고향 옆 동네인 청양 비봉면이었다. 어머니 집안이 넉넉해 농사를 지으며 어머니를 모시고 오형제가 살아가는데 큰 어려움은 없었다.

첫째인 춘근은 한문 공부를 열심히 했다. 서울 마포형무소에 시험을 쳐 합격했다. 그러다 고향과 가까운 공주형무소로 전근했다. 오형제에게 닥친 비극의 출발점이기도 했다.

1949년. 공주형무소에서 폭동사건이 발생했다. 춘근은 또 다른 16명의 교도관(당시 간수)들과 함께 폭동에 가담한 죄로 체포돼 징역 6개월형을 받았다. 출소한 춘근은 정산면 마티리에서 농사일을 했다. 보도연맹에도 가입했다. 대한민국 정부를 지지하고 공산주의를 배격하겠다는 서약이었다.

1950년 전쟁이 터지자 보도연맹 가입자에 대한 검속이 시작됐다. 반정부 활동을 벌일지 모른다는 불안감으로 보도연맹원을 살해하기로 한 것이다. 공주경찰들이 춘근이 사는 집에도 찾아갔다. 마침 춘근은 집에 없었다. 경찰은 춘근을 더 찾지 않고 되돌아갔으나 춘근은 스스로 공주경찰서로 찾아갔다. 그 길이 자신은 물론 춘근 형제의 운명을 가르는 비극의 길이 될 줄은 누구도 짐작조차 할 수 없었다.

명환주

경찰은 춘근을 공주 왕촌 살구쟁이로 끌고 가 총살했다.(음력 5월 25일 제사) 둘째 하근과 셋째 홍근, 넷째 예근이 시신을 찾으러 살구쟁이로 달려갔으나 허사였다. 미군 비행기의 폭격으로 살구쟁이 근처도 가보지도 못하고 되돌아왔다.

인민군이 내려왔다. 둘째 하근과 셋째 홍근은 인민위원회에서 활동했으며 셋째 홍근은 인민위원장을 맡았다. 넷째 예근은 아무 일도 맡지 않았다. 인민위원회 활동을 하면서도 첫째 춘근이 억울하게 총살된 것에 대한 보복행위는 일체 없었다. 인민위원회에서 마을 사람들을 괴롭힌 일도 없었다. 다시 인민군이 물러가고 9·28 수복이 됐다.

군인과 경찰은 인민군에게 부역한 사람들을 잡아들이기 시작했다. 인민위원장을 한 셋째 홍근과 넷째 예근이 먼저 붙잡혔다. 예근은 아무 일도 하지 않았다고 항변했지만 막무가내였다.

"큰형이 빨갱이였으니 너도 똑 같은 놈이라면서 개 패듯 팼다고 해요."(둘째 하근의 아들 명환주의 증언)

넷째 예근은 이듬해인 1951년 봄 칠갑산 기슭에서 총살됐다.

"지금 칠갑산 휴게소 바로 옆에 사태베기 땅이 있는데 거기가 넷째 작은 아버지(예근)가 묻힌 곳이에요. 서른일곱 명인가를 살해했대요."(둘째 하근의 아들 명환주의 증언)

셋째 홍근에 대해 마을 분들이 나섰다. '아무 일도 안했다'는 진정 덕에 곧 나왔지만 얼마 후 사망했다.

"유치장에서 나올때 경찰이 소총으로 가슴을 찔렸는데 가슴이 새까맣게 멍들었어요. 그것 때문에 돌아가셨어요."(둘째 하근의 아들 명환주의 증언)

다섯째 윤식도 경찰서에 끌려가 매를 맞고 나왔다. 당시 10살이었던 환주는 경찰의 만행을 직접 목격하기도 했다.

"아버지(하근)는 도망갔거든요. 근데 경찰이 할머니를 한겨울에 물구덩이 위에 놓고 발로 누르면서 '아들 숨긴 곳을 대라'고 소리치는 걸 봤어요."

자수한 아버지 하근은 무기징역형을 받고 공주형무소에 수감됐다. 그러다 병보석으로 3년 만에 출소했다.

"하두 맞아서 어깨가 멍들었는데 줄줄줄 피고름이 흘러나왔어요."

몸이 좀 회복되자 다시 붙들려 갔다. 공주형무소에서만 꼬박 10년형을 살고 병보석으로 출소했다.

환주는 명예회복을 위해 1978년 아버지와 아버지 형제들에 대한 재심을 청구했다. 법원은 그때서야 하근 형제들의 좌익 혐의에 대해 무혐의 처리했다. 세 명의 형제가 목숨을 잃고 또 다른 한 명이 10년 형을 살고 나온 뒤였다.

팔순이 넘은 명환주에게 바람을 물었다.

"하루아침에 벼락을 맞은 거지요. 그래서 우리 사촌들이 공부한 사람들이 하나 없어요. 억울하게 돌아가신 분들의 유해발굴과 위령탑 건립, 명예회복이 꼭 됐으면 합니다."

| 유족 인터뷰 – 소재성 |

깃발 없는 기수 역할 한 아버지, 높이 평가합니다
고 소구섭의 유족 소재성의 증언

구술·정리: 정선원, 심규상

　소재성(1940년 생, 대전 유성구)의 아버지 소구섭이 경찰에 체포됐다. 전쟁이 나던 1950년 초였다. 1년 가까운 도피 생활을 한 뒤였다. 병보석으로 풀려났지만 전향서와 국민보도연맹 가입서에 도장을 찍어야만 했다.
　6·25가 터지자 보도연맹에 가입했다는 이유로 예비검속이 시작됐다. 소구섭은 또 경찰에 연행됐다. 계룡면 중장리 갑동에서는 소씨 집안에서 소병완, 소병우가 연이어 붙잡혀갔다. 집안 아저씨인 소병완은 면직원이었고 호적계에 근무했다. 소병우는 서울에서 살다가 고향인 금대리로 돌아와 살고 있었다. 이들은 공주경찰서를 거쳐 공주형무소에 수감됐다.
　"잡혀가신 날이 음력으로 1950년 5월 10일 새벽이고, 양력으로는 6월 25일 입니다. 그날 이후 다시는 돌아오지 못한 거죠. 어머님이 잡혀 가신 그날 제사를 지냈습니다."
　소구섭은 당시 5년제 학교인 휘문중을 나오고 전주사범 1년을 수료했다. 교사 자격을 취득한 그는 논산군 광석면, 강경 중동초, 안면도에서 교사로 일했다. 그러면서도 밤에는 야학을 운영해 전근을 가는 곳마다 마을 사람들에게 존경을 받았다. 그런 그를 죽음의 구덩이로 끌고 간 것은 좌익 활동에 참여했다는 게 전부였다. 그가 아버지 소구섭에 대해 말했다.
　"아버지는 자신의 이상을 꽃피우려고 했죠. 헌법에도 양심과 사상의 자유는

있는데, 그 당시 보장되지 못
했던 사회 환경이 만족하지 못
했던 거죠. 아버님은 야학도
많이 하고 봉사도 많이 하면서
깃발 없는 기수 역할을 많이
했습니다. 큰 뜻을 이루지는
못했지만 그런 이상을 추구하
고 실현하려고 했던 것에 아버
님을 높이 평가합니다."

소재성

아버지가 살해당하자 소재성의 맏형 소재륜은 민청(민주청년동맹)에서 활동했다. 집안사람인 소재훈(당시 23세)은 계룡면 인민위원회에서 근무했고, 소재현(당시 21세)은 충남도 인민위원회에서 일했다.

"아버지가 그렇게 되었다고 보복을 하지 않았어요. 인공 시기에 우리 형제들은 복수를 할 생각조차 하지 않았죠."

인민군은 머물지 않고 잠깐 마을을 지나갔다.

"인민군을 못 먹게 만든다고 비행기가 날아와서 농협창고를 폭격하는 걸 봤어요. 인민군들이 지나가는데 기관총 사격해서 살상하는 것도 목격했고요."

후퇴했던 군·경이 돌아오자 다시 검거가 시작됐다. 경찰과 서청단원들에게 인민위원회에 근무했던 소재훈과 소재현, 북한군 식사를 해주었던 소재성의 어머니와 소병완의 둘째 딸도 검거됐다. 이들은 소재륜이 있는 곳을 대라며 총 개머리판으로 때리고 몽둥이질을 해댔다.

"개머리판으로 때리기도 하고… 그런 모습을 눈으로 직접 봤어요."

소재훈과 소재현은 부역죄로 사형선고를 받았다. 이들은 사형에서 감형을 받아 몇 년 후에 석방되었다. 하지만 두 사람은 고문후유증으로 오래 살지 못했다.

소구섭 동생 소인섭은 형의 전력으로 학교에서 교사직을 박탈당했다. 결국 마을을 떠났다. 소재성 가족들은 마을을 뒤로 하고 1951년 봄에 충남 논산군 광석면으로 이사했다. 소재성과 여동생은 함께 고아원에 가서 밥 신세를 져야만 했다. 그러면서도 가족들은 어머니의 뜻에 따라 배움의 길을 놓지 않았다. 그의 어머니는 옥천의 풍산홍씨로 전쟁 이후 아들과 딸을 각각 한 명씩 잃어 한을 가슴에 묻고 살아야 했다. 어머니께서는 어떻게든 굶기지 않고 먹여 살리려고 떡 장사도 하고 별 장사를 다 해야 했다.

첫째 소재륜은 품팔이도 가면서 학교 가는 것은 모두 포기했다. 그러다 부평경찰학교에 입학해 1961년에 경찰이 됐다. 연좌제로 파면을 당했다가 후에 복직해 경찰로 정년퇴직했다. 둘째 소재곤(1935년생)은 대전상고 야간을 나와 건국대 법학과 야간을 다녔고 대전에서 자동차부품회사를 운영했다. 대전상고 야간을 나온 셋째 소재성은 공주교대를 거쳐 초등학교 교사 발령을 받았다. 이후 중등교원 자격시험에 합격해 중학교 교사를 하다가, 중학교 교장으로 정년퇴임했다.

"고등학교 다니면서 가정교사를 하면서 생활비를 벌었죠. 제가 졸업한 1966년도 때는 교사가 부족했어요. 고등학교 졸업한 사람도 양성해서 내보내고 그랬지요. 대학 나오면 보수교육을 받아서 교사로 발령을 냈죠. 저는 공주교육대학을 졸업하고, 초등학교 4년 근무하다가 검정 봐서 중등학교로 갔습니다."

그가 공주유족회 활동을 시작한 건 2007년부터다. 그의 아버지가 왕촌 살구쟁이에 묻혀 있을 거라는 생각도 하지 못했다.

"생각도 못했고 그냥 마티고개 근방이라고 알고 있었죠. 발굴되기 전까지는 왕촌인지 전혀 몰랐어요."

공주유족회 이사로 일해 온 그는 최근 곽정근 회장에 이어 유족회를 이끌 후임 회장에 선임됐다.

"학살터에 위령탑을 세워야죠. 곽정근 현 회장님의 뜻이기도 하고요. 아직도 영혼들이 구천에 맴돌고 있는데… 위령탑을 세워 말 그대로 내가 살아있는 기간 동안에라도 진실화해가 이루어졌으면 하는 바람입니다."

| 유족 인터뷰 – 정중현 |

밥해 줬다는 이유로 잡혀간 아버지
출소 3개월 앞두고 왕촌 살구쟁이로 정중현의 아버지 정몽길

증언 채록·정리: 정선원

정중현의 아버지 정몽길(鄭夢吉, 호적상 생년월일 1911년 1월 20일)은 순천시 내에서 약 8km 떨어진 농촌마을인 월평마을(순천시 인월동 인월리)에서 살고 있었다. 바로 옆 농촌마을인 수동마을에서 정기명(30대 중반, 농업) 씨가 주변 마을에서 좌익 우두머리 격이었다. 정기명과 아버지 정몽길은 가까운 친척 사이로 정기명이 먼저 경찰에 잡혀갔다. 정몽길은 정기명에게 밥을 해줬다는 이유로 잡혀가 3년형을 받고 공주형무소에 수감됐다. 1950년 10월이 출소예정일이었다.

월평마을은 당시 약 40호 정도로 타성인 이씨, 김씨가 3호 정도였고 나머지는 정씨였다. 마을에는 머슴살이, 소작농이 많았다. 같은 정씨 집안에 5촌 당숙 되는 분이 주변마을에서 큰 지주였다. 정몽길의 형도 마을에서 정미소를 하면서 비교적 잘 살았다. 정몽길은 논 8마지기와 밭 4마지기였는데 생활은 월평에서는 조금 나은 편이었다.

월평마을과 수동마을에서 재판을 받고 형무소에 수감된 이는 정기명과 20대 정씨 청년(정기명의 추종자, 월평마을 출신) 그리고 정몽길이었다. 정기명과 20대 청년은 대전교도소에 수감되었다가 행방불명됐다. 월평마을 안에 임씨네 큰 묘가 5~6개 있었고 그곳이 아이들 노는 공터이기도 했다. 그 공터에서 경찰이 도망간 식구들을 찾아내라고 묶어놓고 고춧가루 물을 먹이면서 고문을 했다. 그

러나 정씨네 동네사람들은 함구했다. 때문에 세 사람을 빼고는 6·25 이후 좌익·우익 갈등 속에서도 피해를 입지 않았다.

자택인 전남 순천에서 만난 정중현(鄭仲鉉, 1943년생) 씨는 "누군가 입을 열었으면 마을이 몰살되었을 것"이라며 "월평마을은 동족마을로 비교적 친목이 잘되어 있어 함구했고 이후 숨어서 살아남은 좌익 활동자를 집안의 우익 경찰 간부가 잘 봐준 것 같다"고 말했다.

아버지 정몽길이 공주형무소에 수감되어 있을 때, 큰아들 정태훈과 둘째아들 정동석이 1949년 겨울과 1950년 봄에 두 차례 면회를 다녀왔다. 아버지가 천식이 심해서 천식약도 같이 보냈다. 1950년 봄에 둘째아들이 아버지를 만날 때는 큰아버지가 서대문형무소에 있는 큰아버지의 둘째아들을 면회하고 당시 서울에서 생활하고 있었던 둘째형 정동석과 같이 공주에 와서 아버지의 면회를 했다. 이때 진외가쪽에 헌병생활을 하고 있는 분이 있어 공주형무소에서 특별면회를 했다. 6·25 이후 아버지와 소식이 두절되어 네 살 위인 둘째형님이 공주형무소를 찾아 갔는데, 형무소 수위로부터 "자동차를 타고 간 것만 알지 어디서 어떻게 되었는지는 모른다"는 대답을 들었다.

정중현은 삼형제의 막내다. 아버지가 돌아가신 뒤 모두 교육을 제대로 못 받았다. 첫째형은 도사초등학교를 졸업하고 10대 후반부터 농사를 지었다. 둘째형은 당시 집에서 순천시내까지 8km를 걸어서 매산학교 야간부를 다니다가 형이 군대에 가자 학비도 감당하기 힘들어 중퇴를 하고 농사를 지었다. 이후 서울에 올라가서 버스조수, 버스 운전기사로, 자가용 운전기사로 생활했다.

정중현은 여순사건 후에 초등학교 1학년을 봄에 입학했다가 가을에 그만뒀다. 이후 5학년으로 들어갔다가 도중 중단했다. 중앙통신강의록으로 중학교 공부를 하다가 순천에서 18살에 한의원에 점원으로 일했고, 서울에 있는 친척집 병원에서 조수로 일하다 63년 1월에 지원해서 군에 입대했다. 군에 입대할 때 연좌제 이야기는 없었다. 제대 후에 서울에서 채소장사도 했고 택시회사에 1년 정도 일하다가 서른 살에 순천시청에 운전직으로 특별 채용되었다. 이후 58세 정년 3년 전에 개인택시 면허가 나와 이후 20년 동안 개인택시를 했다. 시청에 입사할 때 신원조사서가 필요해서 순천경찰서에 들렸는데 경찰이 "월평이면 좌익이 많았는데!" 했지만 별 문제는 없었다.

지주 집안 5촌 당숙의 아들은 우익으로 경찰에 투신했다가 여순사건

정중현

뒤에 그만두었다. 큰집 후손은 삼형제였다. 큰집의 첫째는 순천 포목점에서 점원생활을 하다가 좌익활동으로 쫓기면서 행방불명됐다. 큰집의 둘째는 당시 20대 초반으로 장가를 가서 딸이 하나 있었는데 순천농업학교를 다니면서 학생회장을 했고 좌익혐의로 서대문형무소에 수감됐다. 6·25 이후에 서대문형무소에 수감되었다가 살아나서 서울에서 고향 사람 집에서 밥을 얻어먹고 '북으로 간다'고 했는데 소식이 끊어졌다.

장준표 여순사건 유족회 순천회장이 정중현 씨의 집 앞에서 살고 있었다. 장씨를 통해 '진실화해를 위한 과거사위원회' 활동은 알고 있었지만 자식들이 불이익을 받을까 하는 우려와 아버지 사망에 대한 명확한 서류가 없어서 그동안 신고를 미뤘다. 그러다 안희정 지사 때 아버지의 명예회복을 바라면서 충남도에 진실규명 신고를 했다.

정중현 씨는 "아버지가 돌아가시면서 어머니가 38세에 혼자되신 것과 초등학교를 제대로 다니지 못한 게 평생의 한"이라며 "지금이라도 아버지의 명예회복을 바란다"고 강조했다.

| 유족 인터뷰 – 정혜열 |

호적에서조차 아버지 어머니 이름이 없었어요
군경에 부모 모두 살해당한 정혜열 유족회원

면담·정리: 성선원, 심규상

1950년 12월 8일 대전지방법원 공주지원. 부역(附逆) 혐의로 공주형무소에 수감된 이정기(여, 41, 충남 공주군 계룡면)에게 검사와 판사가 모두 '사형'을 외쳤다. 6·25 발발 직후 공주군 계룡면 여성동맹위원장을 맡아, 인민군에게 고추장, 호박, 마늘을 제공했다는 혐의였다. 정혜열(당시 18세, 현 86·서울시 은평구 갈현1동)은 공주형무소를 오가며 어머니 이정기를 면회했다. 재소자들이 광목천으로 손이 묶인 채 트럭에 실려 있었다. 어머니도 있었다. 장티푸스에 걸려 얼굴이 엉망이었다. "어머니!"하고 외쳤지만, 어머니는 숙인 얼굴을 약간 들기만 했다. 정혜열이 어머니를 본 마지막 순간이었다. 공주형무소 간수는 어머니가 대전형무소로 이감 갔다고 했지만 실제는 김천 방면에서 군인들에 의해 살해됐다. 이정기는 평안북도 철산군 차안면 유정리 출신이다.

"어디서 어떻게 돌아가셨는지 몰라요. 공주형무소에서 하는 말이 김천 근방 어디서 돌아가셨다는 거예요."

이정기는 일제강점기 내내 독립운동을 했던 남편을 옥바라지했다. 하지만 남편마저 전쟁 초기 대전 산내 골령골에서 학살됐다. 무남독녀인 정혜열이 전쟁으로 하루아침에 부모를 모두 잃고 천애고아가 된 것이다. 그의 아버지이자 이정기의 남편 정상윤은 평북 철산군 자안면 유정리가 고향으로 대지주의 집안이었다. 그의 선친은 무역으로 모은 재산으로 어렵고 가난한 사람들을 도왔다. 산모가 생기면 쌀 대두 1말, 미역 1달분을 돌렸다. 정상윤은 일제강점기 일본 명치대(明治大) 3년 재학 중 국내에서 신간회 결성을 주도했다. 그는 '신간회 철산지회' 사건으로 1929년 11월, 신의주지방법원에서 치안유지법 및 출판법 위반으로 징역 5년을 선고 받았다. 2심에서는 집행유예, 최종심에서는 보석으로 석방, 1년 8개월 동안 옥고를 치렀다. 1927년 출범한 신간회는 민족유일당 협동전선 방침을 갖고 좌·우가 합작한 일제 강점하 최대 규모의 반일사회운동단체였다.

정혜열

해방 후 정상윤은 공주인민위원회 위원장을 맡았다. 그는 1949년에 검거되어 대전형무소에 수감되었다. 그러다 1950년 6·25 발발 직후 대전 산내에서 대전형무소 재소자들과 함께 집단 학살됐다.

"8·15 해방되던 때 생각이 나요. 저희 집에서 태극기를 그리고 막걸리를 백여 말을 사 동네 사람 다 모아서 집에서 잔치를 했어요. 풍장 치면서…. 아버지가 공주인민위원장 하실 때 공주 산성에서 대중연설을 했는데 그 광경이 훤하게 떠올라요. 아버님이 서북청년단하고 깡패들에게 테러를 당해 이도 부러지고 그랬어요. 제가 12살부터 '이승만 물러가라'면서 살았어요."

테러가 심해지자 그의 아버지는 서울로 올라가 활동했다. 그러다 김구 선생이 사망한 1949년 6월에 체포됐다.

"아버지가 잡혀가던 날도 생각이 나요. 을지로 재래시장 하꼬빙에서 체포됐는데 제가 마침 화장실 갔다가 들어오려니까 아버님이 눈짓으로 오지 말라는 거예요. 이게 아버님과의 마지막 대화입니다."

부모가 숨지자 마을 청년들이 구장과 짜고 재산을 가로채기 위해 정혜열을 괴

롭혔다. 지서와 CIC(특무대), 육군첩보부대인 HID에 빨갱이 활동을 했다고 밀고해 조사를 받았다. 많지 않은 나이였지만 어렵게 부모의 재산을 지켰고 결혼을 했다. 그런데 나중에 알고 보니 서류상 정혜열의 부모는 정상윤, 이정기가 아니었다.

출소한 독립운동가들. 1930년 출소 후 동지들과 함께(뒷줄 왼쪽 세 번째가 정상윤)

"10여 년 전 제적등본을 떼보니까 아버지가 없는 거예요. 내가 엉뚱하게 막내삼촌 밑으로 돼 있더군요. 본적도 없애고…. 1·4후퇴 때 북에서 넘어온 사람들 호적을 없애고 정정해주는 때에 막내삼촌이 저를 북에서 내려온 걸로 해가지고 올린 거예요. 아버지와 어머니 이름 자체가 호적에 빠져 있는 거예요."

그는 호적 정정과 함께 독립운동을 한 아버지의 명예를 회복하는 데 주력했다. 그는 지난 2017년과 2018년 국가보훈처를 찾아 부친을 독립유공자로 인정해달라고 신청했다. 보훈처는 '광복 이후의 행적 이상(異常)'으로 독립유공자 포상대상에서 제외했다. '광복 이후의 행적 이상'은 '해방 후 좌익 활동을 했음'을 의미한다. 특히 국가보훈위원회는 지난 해 사회주의 계열 독립운동가 중 북한정권 수립에 기여하지 않은 인물들 위주로 정부포상을 검토하겠다고 밝혔지만 정작 정씨의 부친이 다시 서훈을 신청하자 재조사를 이유로 판단을 보류했다.

2019년 정부는 3·1운동 100주년을 앞두고 정상윤에게 애족장을 수여했다. 정혜열은 "문재인 대통령이 후보시절 내건 '사회주의자였다 하더라도 독립운동가로 인정되어야 한다'는 공약을 지켰다"며 환하게 웃었다.

살구쟁이 유가족 최황삼 할머니 이야기

2009.06.16 | 홍차

2009년 6월 15일, 탄천면 남산리에 사는 최씨 할머니(82세)를 만났다. 최 할머니의 부군은 1950년 한국전쟁 발발 후 보도연맹원으로 검속되었다가 왕촌 살구쟁이에서 학살당한 김**(당시 24세)씨이다.

최 할머니. 1928년 논산군 광석면에서 출생했다. 6남매 중 둘째였고 아버지는 부잣집 마름이었다. 소학교 졸업하고 집안일 거들던 중 어머니가 정신대에 보내지 않으려고 일찍 시집을 보냈다. 1944년 봄, 열일곱 꽃다운 나이에 탄천면 남산리 경주김씨 가의 7대 종부가 되었던 것. 시아버지는 근처 광산을 운영하고 있었고 남편은 당시 열여덟 살. 논산의 중학교를 졸업하고 항공학교 입학을 기다리던 중이었다.

"처음엔 신랑 마빡도 지대로 못 쳐다봤어. 무어 알기나 했간디. 시집이라구 오니 시어른이 모다 일곱 분이여. 끼니때마다 밥상 다섯 개씩 차리내니라구 욕봤지, 뭐."

남편은 1950년 여름에 누가 잠깐 부른다 해서 나갔다가 그길로 영영 돌아오지 못했다.

"배껕에서 누가 좀 보자 해서 나갔다가 그 길루 잽히갔어. 음력 5월 스무이튿 날이었어. 델꼬 있던 머슴 생일이 그날이라, 찰밥 한 거를, 들어오면 먹게 할라고 웃목에다 놔뒀던 거이 생각나. 탄천면사무소 뒷방에서 사흘을 갇혀 있었는디 그 동안은 시어른이 먹을 것을 갖다줬어. 사흘째 되는 날, 잡아간 사람들을 죄 죽인다는 소문이 돌더라구. 허서 벤또 밑이다 모닝가라구 벤시를 써넣어 갖다줄 라구 혔어. 그랬더니 시어른이, 젊은 새댁이 무슨 바깥출입이냐구 펄쩍 뛰며 당신이 가신 거여. 가도 보도 못했디야. 눈을 짜매고 짐차로 싣고 갔다구 허드랴. 츰엔 어데로 간지도 몰랐어. 나중에야 청벽 있는 디서 강에 떨자가 쥑있다고도 하고 왕굴에서 쥑있다고도 허대. 얼마 더 있다가 시체 찾아가라고 연락이 있이. 그띠두 나는 못 갔어. 시어른이 갔다 왔는디, 700명 묻은 구뎅이라 허드랴. 구뎅이가 몇 구뎅이 되는디 골짝이 떡시루 가라앉듯 폭 니리앉았디야. 새끼손가락 하나가 땅 위에 쏘옥 나와 있어서 지팽이루 건드려 보니께 똑 부러지드랴."

묻히지도 못한 채 땅 위에 나와 있더라던 새끼손가락 하나. 그 손가락 하나를 머릿속에 그려보는데 생각지도 않게, 오래전에 보았던 다른 새끼손가락이 오버랩된다. 억센 힘에 의해 바깥으로 접질린 손가락이다. 이 영상이 떠오르자마자 오른쪽 새끼손가락에 이상한 감각이 느껴졌다. 무엇에 맞은 듯 실제로 손가락 관절이 뻑뻑하다. 지금까지도 그렇다.

"해방 디구 나서 일이여. 초촌에 이ㅇㅇ이라는 이가 있었어. 그이가 좌익이었어. 일정 때버텀 운동을 많이 혔어. 그이가 광구뎅이에 숨어 있었는디 밥을 메칠 굶었던 모양이라. 한날 (남편이) 나버러 밥을 싸 달라능겨. 암만 그래두 밥은 먹어야 헐꺼 아니냐구. 혀서 무우 짠지에다 밥 좀 퍼 담구 혀서 벤또를 싸 줬어.

멫번 싸 줬어······. 그 일루다 잽혀 가서 공주형무소에서 서너 달 살았어. 3개월인가 집행유예 받구 나왔어. 말허자믄 보도연맹에 가입허구서 출소헌 겨. 아들 생일이 (1949년)음력 9월 23일인디 아들 낳구 1주일 되던 날 나온겨. 옛날 사람들은 요즘 사람 같잖여. 말이 읎어. 기냥 이러구 디리다만 보더니 허는 말이, "감옥에서 꿈을 꿨는디, 대밭이 부처가 서 있는디, 이러커구 두 팔에다 '龍宮(용궁) 龍宮(용궁)' 자를 써 붙이구 있더마는 야아를 볼라구 그랬능게비다." 허더라구. 그러구 또 암말 읎어. 한 3년 동안은 하루두 안 빼놓구 꿈에 뷔었어. 한번은 사램들을 아주 여럿 델꼬 왔는디 다들 흰옷을 입구 있더라구. 그라더니 배가 고 프다구 밥상을 좀 차리달리야. 혀서 이리저리 채리 가꾸 내갔지. 다 먹구 나서는 아주 잘 먹었되믄서 인사허구서는 그 사램들하구 같이 갔어. 그러구부터는 꿈에 두 일절 안 뵈능겨. 보구 접어두 뵈질 않어. 쥑이는 것두 그려. 월매나 죄를 지얐 는지. 알구라두 죽었으면 억울하든 안 한디 그렇기 생사람을 말두 없이 잽어다 쥑있으니⋯⋯. 우리 손자가 인물이 좋아. 군인 가서 특기생으루 대전을 갔어. 특 수훈련을 받구 배치를 받는디 그길루 풀리면 아주 좋디야. 헌디 지서구 면이구 기냥 전화가 와 쌓더니 고만 받아주질 않는겨. 죽은 사람은 그렇다 치더래두 손 자가 무슨 죄가 있다구 젊은 사람 앞길을 그리 막는디야. 벌써 한 10년 전 일이 구마는 그거 생각하믄 시방까지두 분햐. 펭생에 원통한 일이 바로 그거여."

왕촌 현장사진의 주인공, 그는 누구일까

2009.06.24 | 철조망

조금 전에 공주유족회 황길웅 총무님을 뵈었습니다. 발굴 소식을 듣고 이번에는 부인과 함께 내려오셨더군요. 그의 선친인 피해자 황모씨는 정부수립 전 전북 완주군 용진면 구억리라는 장수황씨 동족마을 구장을 하시다가 1948년 봄 단정단선 반대투쟁 때 지서습격사건 등에 관여한 혐의로 5년형을 선고받고 공주형무소에 복역 중이었던 분입니다.

인터뷰 과정에서 들은 이야기 가운데 가장 가슴이 아팠던 대목은 아직도 자신의 아들들에게 할아버지가 어떻게 돌아가셨는지 이야기를 전혀 하지 않았다는 이야기였습니다. 흉허물 없이 지내는 자신의 친한 친구들조차도 자기 집안의 내력을 전혀 모르고 있다는 이야기를 하실 때도 가슴이 아렸습니다. 그때부터 몸에 밴 '자기검열 의식', 특히 사모님의 강경한 거부감 때문에 동영상 촬영은 고사하고 사진도 한 장 찍을 수 없었습니다.

인터뷰 도중에 《픽쳐포스트》지에 게재된 현장 사진 가운데, 트럭 위에서 머리를 쳐들고 고통스러운 표정을 짓고 있는 분이 자신의 선친이 아닌지, 꿈에도 나타나고 자꾸 걸린다고 하시길래, 확대된 사진을 보여드렸습니다. 그랬더니, 얼굴 윤곽선은 비슷하나 콧등 생김새 등이 아닌 것 같다고 말씀하시더군요. 저는 사진을 보여드리면서 제발 아니었으면 좋겠다는 생각을 했습니다. 만약 그 사진의 주인공이 그 분의 선친이 맞다고 한다면, 상상만 해도 가슴이 저려옵니다. 특종놀음을 좋아하는 기자들의 경우 아쉽게 생각할는지 모르겠으나, 저는 참으로 다행이라는 생각을 많이 했습니다.

물론 그것이 사실이라고 한다면, 그건 단연 특종감일 겁니다. 〈태극기 휘날리며〉는 '국군 전사자 유해발굴'을 모티브로 한 영화인데, 상상력이 풍부한 작가를 만나는 경우, 〈태극기 휘날리며〉보다 훨씬 이야기성이 풍부한 영화가 만들어질 수 있을 거라 믿어집니다. 흥미로운 사실은 〈태극기 휘날리며〉라는 영화의 모티브를 제공한 분이 바로 살구쟁이 발굴 책임자이신 박선주 교수라는 겁니다. 관심이 있으신 분들은 그걸 모티브로(있을 수 있는 이야기라 여겨집니다) 소설을 한번 써보면 어떨까 하는 생각을 잠시 해봤습니다. 확대된 사진 속에 선명하게 보이는, M1총을 들고 희쭉 웃고 있는 군인을 보시면서, 씁쓸한 웃음을 지으시더군요.

인터뷰를 마치면서, 그때의 대한민국과 지금의 대한민국이 다르듯이, 그때의 좌익은 지금의 좌익이나 북한공산집단과 다르다는 이야기를 하면서, 그래도 아들들에게는 당시 할아버지의 꿈과 희망이 무엇이었는지, 어떤 국가, 사회, 마을을 만들고자 했는가를 이야기해 줘야 되는 것이 아니냐고 말했더니, 아직 '세상이 안 바뀌었다'고 말씀하시면서 말끝을 흐리시더군요. 이 같은 생각은 다른 유족 분들의 경우도 마찬가지인 듯싶습니다.

오늘 제 나름대로 정한 인터뷰의 주제는 '동족마을의 한국전쟁과 전쟁피해'였는데, 큰 성과는 없었습니다. 황씨 동족마을은 반촌(班村)이라 하기는 뭣하나, 전쟁 시기까지 마을 내에 서당이 있었을 만큼 향학열이 높은 마을이었으나, 동족적 질서가 강력했던 마을은 아니었던 듯합니다. 당시 그 마을은 소문난 '민주부락'이었는데, 전쟁이 끝난 뒤 성상년 남자들은 씨가 말랐고, 남은 건 남편 잃은 아주머니들과 노인 및 아이들뿐이었답니다. 그 뒤의 생활은 말을 안 해도 다 상상할 수 있는 그대로였던 듯싶습니다.

단정단선 반대투쟁 시기 그 분의 선친이 검거될 무렵, 우익청년단이 황씨 마을을 습격하여 마을이 쑥대밭이 되었다는 말씀도 하시더군요. 당시 마을 습격을 주도한 이들이, 봉심면내에 전씨 성을 가진 우익청년단의 간부들이었다는 점, 아마 이름도 알고 있으실 것으로 추정되나 그 말씀은 하지 않으시더군요. 옆 마을에 큰 지주도 하나 있었던 안동권씨 동족마을이 있었는데, 당시 흔히 있었던 양 성씨 간의 갈등은 없었던 듯합니다. 동네에 일본서 대학을 나왔다는 모 인사의 영향으로 해방 후 좌익세가 강력했다고 말씀하시나 그게 누구인지는 언급하지 않으셨습니다.

아무튼지 오늘 인터뷰를 통해서 확인한 중요한 사실은, 한국전쟁의 성격이나 학살 피해 실태를 언급할 때, 동족마을 간, 혹은 성씨나 문중 간 대립 관계를 중시해야 한다는 견해가 용진면이나 구억리 사례의 경우는 잘 맞지 않는다는 점입니다. 제가 지난번 〈공주의 민주부락과 한국전쟁〉이라는 글에서도 밝혔듯이 일부 지역에서 마을 간, 문중 간 대립이 나타난 것은 정부수립 이후 좌익들이 지하운동을 하는 과정에서 몇몇 마을이나 문중들이 이들의 '피난처'(조직 보위를 위한 은신처) 역할을 수행했기 때문인데, 이런 가설은 구억리 사례를 통해서도 어느 정도 확인할 수 있다고 판단됩니다.

희생자들의 살과 뼈

2009.06.16 | 촌놈

　살구쟁이에서 집으로 돌아오면 발부터 씻습니다. 고무신을 신은 관계로 발에 온통 흙이 묻어 있기 때문입니다. 흙이 참 곱습니다. 학살현장에서 묻혀온 흙입니다. 문득 그런 생각이 듭니다.
　'이 흙은 희생자들의 살과 뼈가 아닐까?'
　살구쟁이에서 희생된 사람들의 살은 증언자들의 말대로라면 이미 그해 여름 일부는 짐승들에게 뜯어 먹히고 썩어 문드러져 거의 다 녹아 내렸습니다. 시신을 구덩이에 묻었다기보다는 살짝 덮어 놓았기 때문입니다. 남아 있던 뼈들 또한 오랜 세월동안 삭아 버렸을 가능성이 크다고 합니다.
　아시겠지만 현장 자체가 습기 많은 토양입니다. 손으로 만지면 뭉쳐질 정도로 찰진 흙입니다. 습기 많은 토양은 뼈조차 부식되는 토양이라고 합니다. 머리뼈조차 녹이는 토양이라고 합니다. 하여 아직까지는 발굴된 뼛조각들 대부분이 머리뼈보다도 더 강한 정강이뼈와 같은 단단한 뼛조각들이 대부분입니다.
　굳이 풍수를 따지지 않더라도 사람이 죽으면 물이 잘 빠지는 마사토에 묏자리를 쓰는 이유가 여기에 있다고 봅니다. 뼈가 쉽게 썩지 않고 오래 보존되기 때문이 아닐까 싶습니다. 하여 풍수적으로 좋은 자리에 나온 뼈들은 누렇습니다. 오랜 세월이 지나도 머리뼈는 물론이고 신체 부위의 뼈들이 고스란히 남아 있는 경우가 많습니다. 하지만 습기가 많은 곳의 뼈들은 살구쟁이 학살 현장에서 발굴되고 있는 뼛조각들처럼 거무튀티합니다.

　발굴현장에서 얼마나 더 많은 뼛조각들이 나올지 모르겠지만 이러저런 정황으로 놓고 볼 때 우리가 예상하고 있는 희생자 수만큼의 유해 발굴은 어렵지 않을까 싶습니다. 더욱이 7월 말까지라면 말입니다. 유해들을 구덩이 묻었다 하지만 녹아 내려 곳곳에 흩어져 있으니 발굴현장 전체, 산의 일부가 희생자들의 살과 뼈로 이뤄진 것이 아닌가 싶습니다. 신 흙을 밟고 오늘 때마다 희생자들의 살과 뼈를 밟는다는 느낌이 드는 이유이기도 합니다. 고무신을 신고 오르면 그 느낌이 더욱더 생생해집니다.

　정해진 기일 내에 발굴해야 하는 현실적인 어려움이 많겠지만 굴삭기로 흙을 거둬 낼 때 아쉬움이 많습니다. 유해 추정지에서 벗어난 곳에서 뼛조각이 나올 때도 그냥 굴삭기로 거둬내는 것을 목격했습니다. 여전히 그 주변에서 굴삭기로 푹푹 떠내는 물길 작업을 계속하더군요. 아는 바라고는 쥐꼬리만큼도 없는 비전문가가 괜한 걱정 계속해 봅니다.

　장마를 대비한 발굴 현장 윗부분의 물길 작업뿐만 아니라 발굴현장에서도 표면 흙을 거둬낼 때 굴삭기 작업을 시행하더군요. 굴삭기 작업을 할 때 얇게 머리뼈들이 묻혀 있다면 바스러지지 않았을까 염려가 됩니다. 단 한 사람의 머리뼈라도 온전히 보존할 수 있다면 어떨까 싶습니다.

　굴삭기로 거둬낸 흙더미 또한 의심스럽습니다. 오랜 세월동안 유해들이 뒤엉켜 쓸려갔었기에 거둬낸 그 흙더미에서도 분명 뼛조각이나 유품, 탄피 등이 뒤섞여 있을 것이기 때문입니다.

　현장의 흙 속에 금가루가 뒤섞여 있다면 어떠했을까 생각해 봅니다. 흙을 밟는 것조차도 조심하지 않았을까? 그 위로 무지막지한 굴삭기가 오락가락 했을까? 전문가들이 알아서 잘 하겠지요? 전문성 없는 생각을 하면서 흙발 씻고 고무신 탈탈 털어 마루장에 세워놓습니다.

왕촌학살 보도 그 이후…

2010 | 이영주 공주신문 취재부장

지난해 공주신문 창간 특집 기획으로 마련된 '왕촌학살' 보도 이후, 한국전쟁 당시 인민군으로부터 가족을 잃은 독자들에게 전화가 왔었다. '인민군들도 전쟁을 치르면서 수많은 사람들을 죽였고 내 가족도 죽였는데 왜 하필 국군도 아닌 인민군을 두둔하는 기사를 쓰느냐', '좌익 성향을 가진 것 아니냐'며 항의했다.

이처럼 왕촌학살 사건에 대한 해석과 평가는 보는 이들의 관점과 입장에 따라 각기 다를 수 있음을 잘 알고 있다. 아울러 인민군으로부터 가족을 잃은 이들 독자들의 아픔과 상처 또한 모르는 게 아니다. 부족하지만 조금이나마 이들의 아픔을 이해하기 위해 1년간, 이 시대를 배경으로 한 역사책을 읽으며 나름 그 시대의 상황을 공부하고 이해하려 했다.

단언하건대 분명한 것은 인민군을 두둔한 게 아닌 참혹한 전쟁이 낳은 민간인 학살에 따른 역사의 증언과 증거, 현장을 토대로 진실을 이야기하자는 것이며 또 풀어내야 할 후손들의 임무이자 과제라는 것이다.

그간 반세기에 걸쳐 한반도에서 벌어져 왔던, 민족통일의 진로를 가로막는 이데올로기적 사상과 좌우익 이념의 대결구조 속에서 수많은 민간인들이 무차별적으로 사살당했다.

특히 한국전쟁 전후로 미국과 이승만 정권은 재판 절차도 없이 공주형무소 재소자 및 국민보도연맹원(좌파전향자로 구성된 조직)뿐만 아니라 전국 방방곡곡에서 백만에 이르는 민간인들을 '사상이 불안하다' 또는 '빨갱이'로 몰아 즉결 처분했다. 중요한 것은 이 사상자 가운데 물론 빨갱이도 있었겠지만 '내 편이 아닐 것'이라는 이유로 순수 민간인들을 야산 구덩이에다 몰살시켰다는 점이다.

사실 '빨갱이는 죽어도 돼'라는 그런 인식이 너무도 오랫동안 우리 사회를 지배해 왔다. 때문에 이런 이야기를 '내가, 혹은 우리 가족이 이렇게 당했어'라고 발설한다는 것 자체가 그러면 '너는 빨갱이구나'를 확인시켜 주는 셈이 된다.

게다가 이들 자손들은 '빨갱이 자식'이라는 낙대와 연좌제라는 굴레에 덧씌워져 공부도, 취직도 제대로 못한, 피눈물 나는 고통과 통곡의 세월을 살아왔다. 영문도 모른 채 죽었던 사람들, 그러나 살아남은 사람들조차 그 참상을 증언하기까지 무려 60여 년의 세월이 필요했다. 이것이 이념을 둘러싼 전쟁의 폐해다.

이런 가운데 늦었지만 지난 6월 11일부터 왕촌 유해발굴이 시작됐다. 진실화해를 위한 과거사정리위원회로부터 공주 왕촌 발굴작업을 의뢰 받은 충북대 박물관팀(팀장 박선주 교수)은 왕촌 학살지 땅속 1m에서 수많은 유해와 M1소총 탄피, 의족, 단추 등을 발굴했다.

이중 출토된 단추의 대부분은 4혈 갈색 단추와 2혈·4혈 백색 단추로 희생자의 대부분이 공주형무소 재소자이며 일부 예비검속으로 구속된 보도연맹원(흰색단추)이라는 증언과 일치한다.

늘상 집으로 들어가는 길목의 학살현장을 지나칠 때면 망자의 마음을 조금이라도 이해하려고 그때의 심정은 어땠을까, 서슬퍼런 공포 가운데 무슨 생각을 했을까, 이렇게 가까운 곳에 묻힌 이들은 무슨 말을 하고 싶었던 것일까 하며 당시 상황을 상상해본다. 가슴이 먹먹해진다.

공주지역 한국전쟁 피해자 유족회와 공주민주단체협의회가 '개토식' 때 밝힌 것처럼 세상에는 덮어둬야 할 일, 빨리 잊어버려야 할 일들이 참 많다. 덮어둘 일은 깨끗이 잊는 것이 삶의 지혜일 수도 있다. 하지만 정신과 의사들이 심리치료의 한 방편으로 과거의 아픈 순간들을 다시 재현하듯이 무조건 덮고 잊는 것이 능사일 리가 없다. 우리의 과거사 정리활동은 아픈 기억들을 다시 되살려내 과거의 상처를 치유하기 위한 지혜의 소산물일 수도 있다.

올해 말께면 유해발굴이 모두 끝난다. 일각에선 이명박 정부가 들어서면서 과거사 정리에 대한 관심이 미비한 점을 지적한다. 유족들은 지난 세월의 한을 풀기 위해서라도 특별법을 제정, 땅속에서 통곡하고 있을 유해를 더 발굴할 것을 거듭 촉구하고 있다.

1950년 여름, 전국을 휩쓸고 간 한국전쟁을 회상하며 말한 어느 유족의 생생한 울분이 귓가에 맴돈다.

"어느덧 70~80대가 된 유족들은 속이 바싹바싹 타 들어갑니다. 법을 개정해든지 해야지, 죽어 가는 유족들도 무지 많은데…. 한 맺힌 59년. 유족들은 하루하루가 바빠요."

공주유족회

희생자 명단

한국전쟁기 공주지역

유구읍
- 김천수
- 박덕중
- 박병덕
- 백이선
- 소구완
- 소병문
- 소병섭
- 양휴옥
- 오세억
- 오세표
- 오인종
- 이익상
- 정일배
- 정필각
- 정필준
- 정필창
- 장기현
- 지규옥
- 최정봉
- 최한갑
- 이재덕
- 이재만
- 임봉수
- 임칠수
- 임헌주
- 임헌주
- 박동은
- 박병호
- 김만세
- 김중관
- 김명환
- 김재복
- 이갑석
- 오종택
- 박동여

사곡면
- 김정은
- 우창규

우성면
- 남종열
- 박남복
- 김구현
- 김홍찬
- 김동원
- 김관국

장기면
- 최기석
- 정승환
- 정배근
- 정두환
- 장영덕
- 윤광현(부)
- 구자성
- 강원식
- 김근한(부)
- 김동석
- 김동수
- 김순동
- 김용찬
- 김재진
- 김정관
- 김창애
- 김창하
- 맹선면
- 박동술
- 박진태
- 박창근
- 박창선
- 박창선
- 김대섭

정안면
- 허개명
- 전상옥
- 장칠봉
- 임인수
- 이윤근
- 이상태
- 엄주동

의당면
- 이대하
- 이명렬
- 이보국
- 이상덕(부)
- 이상덕(형)
- 이석하
- 이성동
- 이순남
- 이장호
- 이호준
- 조성갑
- 한석중

364 | 공주유족회

민간인 희생자 영위

공주형무소 재소중 희생자

곽우근, 권몽원, 김귀삼, 김덕환, 김동태, 김상덕, 김상현, 김성희, 김영곤, 김용빈,
김인주, 김일문, 김수문, 김종필, 김주용, 김태현, 김태환, 김태연, 문재연, 박양래,
박인원, 박종익, 박중식, 손용암, 소병완, 송주섭, 심재동, 안병문, 안용현, 우태춘,
윤상순, 이광세, 이기범, 이목선, 이영기, 이옥열, 이정기, 이진근, 장경두, 장기용,
정기두, 정두환, 정선영, 정용부, 조송근, 조형봉, 최정태, 황동주

보도연맹(예비검속) 희생자

공주읍
송석진, 이창림, 유 혁
김종남, 박상규, 서경식, 서해욱, 안기호, 유영식, 이만중, 김창수

반포면
송기중, 송윤섭, 심우석, 심준석, 오세대, 이용준, 이중하
김대수, 신구현, 이명옥, 심명호, 정관익, 정원보, 홍사용, 홍순표
서병기, 유희종, 윤성록, 윤재덕, 윤청림, 이관용, 이광래 부

계룡면
곽소현, 김병철

| 발자취 |

(사)한국전쟁민간인희생자 공주유족회 발자취
(2001. 6. 5 ~ 2018. 6. 30)

〈2001년〉
- 6. 05 심규상 〈오마이뉴스〉 기자가 한국전쟁 당시 인민군 종군기자의 공주 금강 변 학살 보도에 나오는 학살지를 근 2개월에 걸쳐 수소문하던 중 이 날 공주민주단체협의회 회원들과 왕촌 살구쟁이가 학살지라는 사실을 입수
- 22 전민특위 대전 충남본부 회원들과 공주민주단체협의회 그리고 심규상 기자가 참여하여 학살지 현장을 확인한 결과 불과 20cm~30cm 아래에서 두 개의 두개골과 탄피 그리고 유골들이 묻혀 있음을 확인
- 25 〈오마이뉴스〉 '51년 만에 드러난 30cm 땅 아래의 진실' 보도

〈2006년〉
- 4. 15 곽정근, 김종현(대전 유족회장), 이계성(동 부회장) 심규상 기자, 4인 왕촌 희생지 현장 답사
- 8. 06 공주민주단체 협의회 주최 제1회 왕촌 위령제 거행, 유족 3명(곽정근, 김중구, 김기) 참석, 공주형무소유족회 준비위 구성
- 9. 13 진실화해위원회 농성 연3일 참가(곽정근)

〈2007년〉
- 6. 30 한국제노사이드연구회 주최 학술토론회 개최, 주제: '공주 형무소 등 재소자 학살사건의 진상과 배경'(공주대학교 연구관) 공주유족회 결성 (회장 곽정근, 부회장 김영국, 총무 황길웅)
- 7. 01 공주유족회와 공주민주단체 협의회 주최로 제2회 왕촌위령제

25 한국전쟁전후 민간인 집단희생관련 07년 피해자 현황조사 사업 공주
　　　　지역설명회 개최. - 공주시청 중 회의실, 회장, 총무 참석
11. 28 2008년 유해발굴 계획에 왕촌 포함 사실 확인(진실화해위원회)

〈2008년〉
 2. 18 유해발굴 계획에 관한 구체 안 청취(담당 노용석 박사)
　　28. 공주 시민연대 간부들과 업무협의(공주시 신관동 중국성-유해발굴 및
　　　　위령제 준비)
 7. 12 제3회 왕촌 위령제 봉행, 공주민협과 유족회 주최
　　16 〈공주신문〉 왕촌사건 특집보도(1~5면)
 8. 20 진화위. 공주 왕촌(공주시 상왕동 산29-19)을 유해매장 추정지로 지
　　　　정, 충남도지사에 '안내표지판' 설치요령 통보
 9. 10 충남도, 공주시에 유해매장추정지 표지판 설치비용(250만 원) 지급
10. 31 진화위 주최 '전국 형무소재소자 희생사건 유족간담회' 참석(회장, 총무
　　　　-대전 카톨릭문화회관)
11. 5 진화위 방문. 유해 매장추정지 안내표지판 설치장소변경 합의
　　19 회장, 총무, 전국유족회 사무국장, 공주시청 담당자(전정규) 합동으로
　　　　유해매장지 표지판 설치장소 현장답사

〈2009년〉
 1. 06 공주유족회 임시총회
　　　　　　※ 주요결정사항
　　　　　　① 진화위주관 유해발굴계획에 전원 찬동결의.
　　　　　　② 회칙제정 ③ 임원보선 ④ 결산보고
　　　　　　⑤ 진화위 미신고자에 신청서 제출 독려(용지배부)
　　　　　　※ 유해매장추정지 안내표지판 참관 및 기념촬영
　　19 총회결과 보고서 발송
 2. 09 공주유족7명 조사신청서 추가제출
　　10 유해매장지 토지주에 토지 사용승락 요청 공문 발송

16 토지주 사용승낙 의사 통보
3. 25 진화위 공주를 금년도 발굴 대상지역으로 최종 확정
4. 18 진화위 노용석 박사, 심규상 기자 및 회장, 유해매장지 현지답사 측량 범위 결정 공주시청에 통보.
5. 21 유골발굴 개토제 준비모임-노영석 박사, 박주선 단장 외 유관 인사 11명
6. 12 위령제 및 개토제 거행. ※ 유해 발굴작업 시작
　 18~7. 5 발굴지 3차 방문, 발굴단 격려 유족 각자 개별방문
7. 09 박주선 단장 유해발굴 상황 중간발표
　　　 KBS 2TV 뉴스타임(저녁8:00)을 비롯 14개 언론기관에서 보도(진화위 09.7.10자 '언론보도' 참조)
　15 유해발굴 도중 발굴 예정지 이외 지역에서 추가 유해 매장지 발견 안병욱 위원장, 이준원 공주시장, 박선주 단장, 지수걸 교수, 노영석 박사 참석, 예산상 애초계획 이상 작업 불능 결론 사실 확인
　16 진화위 안 위원장 긴급면담-회장, 총무(추가 발견 매장지 발굴 유보로 결론)
　20 유해발굴 종료, 발굴단 철수
　21 공주시 신관동 성당 주임신부 외 신도 30여 명 현장 내방 위령미사. 곽정근 회장, 황길웅 총무 부부 동참
8. 13 충북대학교(청주) 추모관 참배 추모관장 외 직원 등 8명과 오찬
　27 진화위 안병욱 위원장-전국유족회 간담회 개최(진화위 중회의실)
9. 17 진화위 집단희생국장에 형무소사건 조속처리 건의
　23 행정안전부 과거사 관련 권고사항 처리기획단 방문(유동배 경정)

〈2010년〉
2. 05 전국유족회 지역회장단 및 회원 50여 명 진화위 항의집회
　　 (대표 5명 김용직 상임위원 면담-형무소사건 '조사불능' '기각처리' 방침에 항의)
　09 공주, 대전, 청주형무소 사건 전원위 개최에 대비 2차 항의집회 20여

　　　　　　명 참석(그 결과 전원위 방침 수정 소위에 다시 회부)
　　　 23　진화위 전원위원회 회의 참관
3. 08　공주시청 방문(소재성 회원 동행)
　　　　　　① 2010년 위령제 정부 보조금신청서 제출
　　　　　　② 부시장(김갑연) 면담, 위령제 보조금지원 요청
5. 18　공주 출장 지수걸 교수·정선원 대표와 2010년 위령제 및 잔여유해 발굴문제 등에 관한 협의
　　　 26　유해발굴 지역유족회장단 회의–노용석 박사 청와대와의 협의사항 청취
6. 16　① 양평 위령제 참석
　　　　　　② 진화위 이영조 위원장 면담(진화위 종료에 따른 미결사항 조속처리 요청)
7. 12　제5회 위령제 거행–공주문화원 대강당
12. 28　공주시에 사회단체 보조금신청

〈2011년〉
2. 09　MBC 왕촌 현장 취재(잔여 유해 현황–노영석 박사, 박선주 교수, 강연석 기자, 소재성 부회장 참석 포크레인 작업 두개골 등 발견)
　　　 10　공주시 추모제 및 유해 발굴 예산지원 요청 부결통보
　　　 13　MBC 밤 11시 '시사매거진 2580' 공주 왕촌 미발굴 현황 보도
　　　 17　강창일 의원 주최 '한국전쟁 발발 60주년 기념토론회' 참가
　　　 21　공주시청에 '위령비 보조금 신청서' 재작성 송부
5. 03　2011년도 위령제 준비모임 – 지수걸 교수, 정선원 대표, 곽정근 회장, 황길웅 총무(공주대 비전하우스)
　　　 17　행정안전부 '과거사관련 업무지원단' 김효훈 과장 면담(애로사항 청취)
8. 29　충남도지사에 탄원서 제출
9. 05　충남도지사로부터 회신 접수
10. 22　국가대상 손 배상청구소송에 관한 설명회 개최(공주대학교)
11. 15～12.30까지 소송서류 접수

〈2012년〉

0. 07 법무법인 덕수에 국가 대상 배상청구소송 시규 세출 신성인 46명(가족 포함 89명)
5. 29 서울대 사회학과 김근식 교수팀(외2 연구원) 전국합동추모공원 후보지로 공주왕촌 답사(행안부 용역업무)
    22 제7회 위령제 준비회의(유족회, 공주민단협의회, 공주대참여문화연구소)
    25 공주사건 서울민사지법에 수장 접수
        접수번호 : 서울중앙지방법원 2012 가합 516001(보도연맹=B팀)
        접수번호 : 서울중앙지방법원 515992(형무소재소자=A팀)
6. 09 제7회 위령제 봉행
8. 29 형무소 사건 1차재판. 서울민사지법 562호
9. 17 '중단된 과거사청산 어떻게 할 것인가'-변호사 모임회 공청회 참가
    24 보도연맹사건 1차재판 서울민사지법 558호
    26 형무소 사건 2차재판
    27 올바른 과거 청산법 제정촉구 기자회견-전국유족회 및 과거사 피해단체 국회의원 30명-국회의사당 정론관
10. 29 보련 2차 재판
11. 12 추가수속 신청자(김순정 외 7명) 1차재판
    19 보련 3차 재판
12. 27 보련 1심 재판 선고(2명 기각 여타 승소-8.4.8.4)

〈2013년〉

1. 11 박갑주 변호사 초청 전국유족회 연석회의
    21 보련사건 서울고법에 원·피고 쌍방상소
4. 03 형무소사건 변론종결
5. 01 형무소사건 1심선고 (승소-8.4.20.5)
    07 2013년도(제8회)위령제 준비모임(유족회, 공주민주단체협의회, 공주대참여문화연구소)
    16 추가신청자 1심선고(승소-8.4.8.4)

21 형무소사건 서울고법에 원·피고 쌍방 상소
29 보련사건 5.31 재판예정일자 6.21로 연기통보 받음
6. 07 공주시장 면담 업무협조 의뢰(회장, 정희철 부회장)
24 '한국전쟁기 민간인 희생자 유골문제포럼' 참석
26 국회의원 박수현(민주당) 업무협조 의뢰
28 제8회 위령제 봉행 공주대학교 산학협력관 강당
8. 20 충남도지사 잔여유해 발굴비로 3,000만원을 공주시에 배정
29 안행부(과거사관련업무처리단 진실화해지원과) 방문, 공주시청, 안행부 승인요청방침 확인(고기석 사무관)
9. 16 잔여유해발굴계획 수립(박선주 교수, 심규상 부장, 유족회장-공주대)
10. 15 잔여유해발굴 개토제 거행 및 제2차 발굴 개시
23 '공주왕촌 민간인 집단희생자 유해 추가발굴조사 현장설명회, 11:00 / 보도진: KBS, MBC, 연합뉴스, 오마이뉴스, 아시아경제, TJB 외
25 B팀 서울고법 선고(고법재판 5차 진행)
27 발굴 종료-유해 80구, 탄피, 단추 등 유품 157점 발굴
우금티(동학농민회) 예술제 참석
30 충남지사(안희정)에 감사의 편지 발송
11. 06 박수현 의원 사무실 방문 - 위령공원 추진문제 협의
상왕동 846-1 토지 사용신청은 공공기관(지자체 등)이 인수요청함
20 B팀 대법원에 쌍방상소
이재오, 진선미 의원 주관 포럼 '독일사례로 보는 과거청산' 의원회관대강당)
14:00 전국유족회 청와대 앞 기자회견
12. 05 박수현 의원에 왕촌건 청원서 전달

〈2014년〉
2. 13 B팀 대법원 판결(항소 기각)
27 공주대 '역사기행 기획단(단장 국문과 김재일) 왕촌현장 탐방, 소재성 부회장 현장설명)

3. 21 곽정근 회장, 한국자산관리공사(KEMCO) 대전충남지역본부 방문, 안 촌위령비서립부지 확보문제 협의
4. 10 A팀 서울고법 선고
   28 A팀 쌍방 대법원에 상소
5. 20 B팀 국가 배·보상금 지급(총 17명(가족 포함 35명) 22억910만원)
7. 11 제9회 위령제 봉행(공주대학교 산학협력관 강당)
   사단법인 '한국전쟁공주왕촌 희생자유족회' 창립총회 개최
   추가 수속자(이경수5, 김영배1, 김태복2) 배·보상금지급 1억1천690만원
8. 01 법인설립허가 신청서 제출(충남도 자치행정과)
   김갑연 충남도 안전자치행정국장 면담
9. 18 충남도 자치행정과 담당관 면담-법인설립허가신청 관련규정 청취
   25 충남도로부터 설립허가서류 보완통보 받음
10. 07 대전유족회 사무실 개소식 참석
    공주시 상왕동 정영진 씨 댁 심방(공주시 상왕동 위령비 건립후보지 토지문제 협의
    16 정선원 대표 알선으로 옥룡동 김정석 씨 주택 법인사무실 임대 협의
    17 김정석(박현희) 씨 주택(옥룡2길 19-6 / 10.8평) 법인 사무실로 임대받기로 합의(제출용 서류)
11. 03 법인 허가신청서 보완서류 재작성 제출(충남도청 자치행정과)
    09 공주 우금티 기념행사 참가
    14 충남도 자치행정과 방문(법인신청업무협의)
    25 국회토론회(과거사재심과 국가배상 소송관련)
12. 01 충남도청 방문(서류보완 : 회의록, 회비납부명세 외)
    대전 국가자산관리공사 방문 공주국유지 불하규정 확인
    02 한국전쟁기민간인희생 유해발굴조사 보고회(다래헌)
    14 법인 임원회 개최(공주시 중국성)
    29 법인신청 취하서 발송
    31 비영리법인 고유번호증 수령(307-82-70039)-공주세무서

〈2015년〉

1. 06 미신고자 명단(19명) 금정굴재단에 발송
   14 행자부 한현 주무관 면담
2. 05 박수현 의원실(권재홍 보좌관) 업무협의
   09 공주시장 면담 위령비건립 문제 건의서 전달(곽정근, 소인섭)
      공주시의회 김동일 산업 건설분과위원장 면담
3. 26 공주시청 시정담당과 방문 업무협의(곽정근, 소인섭)
4. 25 2015 위령제 제1차준비회의(유족회 임원-공주민협)
5. 11 공주시로부터 건의서 회신 접수
   27 박수현 의원실 예방
   31 2015 위령제 제2차준비회의
      ○○○ 씨 토지문제 협의차 방문(회장, 총무)
6. 10 공주시의회의장, 배찬식, 윤홍중, 우영길 의원 면담(재정 및 조례제정 협조 의뢰-곽정근, 소인섭)
   18 국회 강창일 의원 주관 유해발굴 및 과거사법제정 토론회 참가(국회의원회관 제3세미나실)
7. 01 공주시의회 '한국전쟁희생자 위령사업지원 등에 관한 조례안' 상정(배찬식 의원 5분 발언)
   4 박수현 의원 면담 - 공주시 조례안 통과협조 의뢰(공주사무소)
   9 제10회 위령제 봉행(왕촌 살구쟁이 유해발굴지 현장)
   24 사단법인 발기인 모임-공주대 비전하우스(신청서 서명)
   29 법인허가신청서 제출(충남도)
8. 10 국회 강창일 의원 면담(전국유족회 위령사업지원관련)
   11 전국유족회 임시총회(대전)행자부 추천자문위원 선발
      오후, 대전국유재산관리청(KEMCO) 국유재산관리2팀(과장) 면담
      (1월초 공주시 상왕동 846-1 경작자와 동반 방문 예정 합의)
9. 09 충남도 연합회 창립(충남도의회 소회의실)
   17 심규상 이사와 충남도 자치행정과 방문 업무협의
10. 06 공주시의회 배찬식 의원 면담(조례관련협의)

10　공주사무실(옥룡동19-6)실사준비-정선원 이사 동반
　　16　공주시의회 배찬시 이인 그레인 빌의 참관, 소재성·심규상 이사 동반
　　　　도자치행정과 공주사무실 내방 실사(이철수 주무관)
　　18　왕촌국유지 연고자(정영진씨)와 1월초 자산공사 동반 방문 약속
　　19　박수현 의원실 방문-공주시 충남도의 유족회 지원 예산(5,000만원) 시
　　　　행보류방침 확인
　　27　공주시의회 '6·25전쟁 민간인희생자 위령사업 지원등에 관한 조례안'
　　　　통과(10. 22일 상임위 통과)
11. 04　사단법인 설립허가(충청남도지사)
　　07　법인설립허가증 수령
　　12　공주시장에 법인허가서 발급 통보
　　16　전 회원에 안내문 발송(법인허가 및 조례 통과)
　　20　법인등기 의뢰(공주시 이수양 법무사)
　　24　 배·보상금 (총 27명, 가족 포함 86명) 2,341,112,291원 결정
　　24　형무소재소자 배·보상금 23억4천여만 원 결정
　　29　공주시의회 배찬식 의원 면담
12. 02　충남도청-충남도연합회 간담회(김돈곤 행정국장실)
　　　　(신년도 도단위 위령제 거행, 예산 2,000만원 확보 외 3건 합의)
　　08　법인등기 필, 사업자등록 신청, 등록증 교부
　　10　은행계좌 전체 법인계좌로 이전
　　11　충남도청에 법인등기, 세무신고 결과 보고
　　19　제1차 이사회 개최
　　22　전국유족회 이사회

〈2016년〉
 1. 12　대전 자산관리공사 방문(심규상 이사, 정영진 씨 동반)
　　　　경작자 정영진 씨 국유지(상왕동 846-1) 매입신청서 제출
　　14　전국유족회 이사회 참석
　　22　공주시청 방문(소인섭 이사 동반) 위령사업 지원요청

2. 05　전 회원에 업무진행 안내문 발송
　　 17　공주시청 시정팀장 면담, 공주시의회 배찬식 의원, 권재홍 보좌관 면담
　　 22　자산공사 방문(매입진도 확인)
　　 26　제2차 이사회 개최
3. 09　전국유족회 이사회 참석
4. 18　행정자치부 자문위원회 개최
　　 26　행자부 과거사관련업무지원단장 면담(전국유족회 임원단)
5. 12　공주시 '민간인희생자 신고접수 업무처리지침' 읍·면에 시달 확인
　　 21　제4차 이사회 개최(공주 민주노총 사무실)
　　　　 위령비 건립추진계획 유보결정(부지문제 및 행자부방침유관)
　　　　 제11회 위령제 봉행계획 수립
　　 24　전국유족회 후원금 500만원 희사
6. 08　전국유족회자문위원(안병욱·이이화·허삼수·김민철) 초청 간담회(행자부위령시설 조성사업 관련)
　　 09　행자부 고재만 과장 유족회 내방 업무협의
　　 23　행자부 지원단장-유족회 임원 간담회
7. 09　제11회 위령제 개최(공주문화회관)
　　 15　공주시 황의병 시정담당관, 김성보 주무관 업무협의
　　 22　황길웅 이사 총무직 사퇴
8. 06　○○○ 씨와 면담 – 고가 매도 위해 장기보유 시사
　　 13　정선원 이사를 총무담당 이사로 결정
　　 20　제5차 이사회 개최
　　　　 유족회 총무업무 인계인수(황길웅 이사 → 정선원 이사)
　　 29　정세균 국회의장 및 심상정 정의당 대표 면담
9. 03　충남연합회 합동추모제 거행, 충남도청 문예회관
9. 22　과거사관련 입법토론회(민변 주최 국회도서관 회의실)
　　 29　전국유족회이사회
10. 09　충북대 임시 안치 유해 세종시 '추모의집'(세종시 전동면 539) 이전
　　 20　행안부 세종시 추모의집 유해 안착식 및 전국유족회 합동위령제(세종

　　　　시 추모의집 광장)
　　26　충남도 제2회 인권주간행사 참석
11. 16　공주시 위령제 보조금 부결통보 접수(심사위)
　　25　공주시청, 시의회 방문(17년도 위령비 예산협조 의뢰)
12. 09　언론사(오마이뉴스) 공주시 위령제 보조금 삭감 부당 보도
　　10　제6차 이사회 개최
　　　　상왕동 '매장지표시판' 도난(멸실) 발신
　　13　오마이뉴스 속보 훼손사실 보도 - 공주시 색출작업 총력
　　23　공주서에 (훼손자 : 토목업체 및 토지주) 고발장 발송
　　26　안내표지판 원상 복원(금강토건)

〈2017〉
1. 24　세종시 추모의집 참배(구정 앞)
2. 12　우금티 장승제('眞實糾明' 장승 건립)
　　18　충남도청 정기보고(예·결산 사업계획)
　　25　전 회원에 2016결산, 2017예산, 회비납부현황 보고
　　　　공주지청 ○○○ 기소유예 통보
3. 10　충남도유족연합회, 충남도지사에 공주 왕촌희생지를 '평화공원'으로 지정 조성건의문 제출
　　28　공주시청(자치행정과) 위령제 보조금 지급요청 협의
4. 21　공주시 보조금 관리지침 및 사업계획 서식 접수
　　26　국회 강창일 의원 주관 '역사와 미래위원회' 출범식 동참
　　　　'진실·화해를 위한 과거사정리기본법 개정안' 촉구
6. 20　과거사정리 기본법 개정을 위한 전국유족 결의대회
　　　　국회제2세미나실 -소병훈, 이용호 의원, 이이화 선생
7. 09　제12회 위령제거행(공주문화원)
9. 02　충청남도연합합동위령제(도청 문예회관 전국회원 700여 명 참석)
　　09　공주유족회 백서발간 협의
11. 22　공주시청 및 공주시의회 업무협의(소재성 이사 동반)

12. 20 우원식 민주당 원내대표 면담(특별법 제정건의)

⟨2018⟩
1. 18 새해인사 겸 업무보고 발송(전회원)
   25 유해발굴현장 경계선(줄) 설치 및 유해 발굴지 알림판 설치
   29 제8차 이사회 개최
4. 18 행안부 자문회의(2018 자문위원 재임명)
   19 공주시 자치행정과 방문(2018 보조금협의)
   28 제9차 이사회 개최
5. 17 행안부 자문회의
6. 09 제13회 위령제 준비 실무회의(민주노총사무소)
7. 07 제13회 위령제 봉행
9. 01 충남연합회 합동위령제(충남도청 문화회관)
9. 28 공주시청에 위령비 건립에 관한 건의문 제출
10. 11 유족회 임원진 공주시장 면담 통해 협조 요청(①보조금 인상 ②위령비 건립 ③백서 발간)
12. 27 전국합동위령제(국회의원회관 대강당)

⟨2019⟩
1. 02 소설가 김홍정, 공주 민간인희생사건 다룬 단편소설「파장」발표(《녹색평론》164호)
2. 14 전국유족회 정기총회
   23 제10차 이사회 개최
4. 27 7월 총회(위령제)에서 임원선거하기로 결정
6. 10 공주시에 위령제 보조금신청서 발송
6. 15 공주지역 민간인 희생사건 백서『작은 전쟁』발간
7. 6   제14회 위령제와『작은 전쟁』출판기념회 개최

| 유족회 설립 |

'유족회' 설립을 위한 안내문

　화창한 봄철을 맞이하여 귀하이 건강하심과 가내의 안녕을 기원합니다. 불초 본인은 『한국전쟁전·후 민간인희생자 범국민위원회 공주지역유족회(준)』의 한 사람입니다.

　이미 반세기가 넘은 한국전쟁은 우리민족 전체의 비극이지만 당시에 가족을 잃은 우리의 아픔은 더욱 컸습니다. 하물며 적군에 의한 전사도 아니요, 법에 의한 재판도 없이 무참히 살해된 영령들을 생각하면 통한의 정을 금할 길 없습니다. 더욱이 혈육을 그렇게 잃고서도 어느 날, 어떻게, 어디에 묻혀있는지조차 모르고 지내야 하는 모순 된 생활을 하여왔습니다.

　그러나 귀하도 아시는 바와 같이 이제 정부의 합법적인 조치로 2005년 12월 1일 '진실·화해를위한과거사정리위원회'(이하 '진실화해위')가 발족되어 적극적인 진상규명작업을 수행하고 있습니다. 물론 이와 같은 기구가 구성되고 활동이 있기까지에는 많은 시련이 있었고 특히 전국 유족들의 염원과 '범국민위원회'의 역할이 절대적인 도움이 된 것도 사실이며 앞으로도 긴밀한 유대와 협조가 요망된다 하겠습니다.

　현재 전국에는 38개의 지역별유족회가 구성되어 있고 이를 통합한 전국 협의회가 있으며 이들은 각기 진실규명과 위령사업에 적극적인 활동을 전개하고 있습니다. 그러나 우리가 연관된 공주지역은 유족들의 참여도가 극히 저조하여 미진한 상태에 있습니다. 이는 희생자의 대다수가 형무소 재소자였기 때문에 유족들이 전국에 산재해 있고 또한 이 지방의 특수한 지역적인 정서도 있는 것 같습니다. 다행히 '진실화해위'의 협조로 공식적인 명단이 확인된 몇 분이 이렇게 연결된 것을 감사히 생각하며 앞으로 유기적인 연락이 있게 되기를 바라는 마음에서 이 서신을 드리게 된 것입니다.

지금까지 확인된 공주형무소의 재소자들은 1950년 7월 7일 군인과 경찰이 약 700~800명으로 추정되는 인원을 트럭에 태워 공주 읍에서 대전방향으로 불과 2km 정도 떨어진 '공주시 왕촌'이라고 하는 강변의 야산에 15대 정도를 왕래하며 미리 파놓은 4개의 구덩이(폭 2.5m 길이 30m)에 온 종일 총성을 내며 집단으로 희생시켰으며 현장은 지금 오랜 세월에도 불구하고 특별히 유실이나 훼손됨이 없이 낙엽에 덮힌 채 잘 보존되고 있다는 사실을 알려드립니다. 이와 같은 사실은 한 언론인(오마이뉴스 대전지사 심규상 기자)의 몇 개월에 걸친 탐문으로 밝혀졌으며 객관적인 증거가 모두 확보되었습니다. 그리하여 작년 8월6일 공주시민연대와 범국민위원회의 주선으로 제1회 위령제를 현지에서 지냈습니다.

한편 '진실화해위'에서는 정해진 규정에 따라 지금도 성실한 조사가 진행되고 있습니다. 그러나 적은 인력과 예산으로 전국의 수천 건을 처리하고 있으므로 요원한 시일이 예상됩니다. 따라서 유족으로서는 조사에 병행하여 밝혀진 사실 위에서 유족대로의 제반 대책과 위령사업이 추진되어야 하겠습니다.

오늘은 인사와 더불어 이만 간략한 소식을 드리며 앞으로 관련기관과 협의하여 제2회 위령제를 겸한 모임의 기회를 갖고자 하오니 다시 통보를 드리면 바쁘시더라도 반드시 참석하여 좋은 의견을 나눌 수 있게 되기를 바랍니다.

깊은 관심과 유념이 있으시기 바라며 귀댁에 행운이 있기를 빕니다.

※ 참고로 작년 위령제의 기사를 '범국민위원회'홈페이지에서 내려받아 '별첨'으로 첨부하오니 참고하시기 바랍니다.

2007. 4. 30

한국전쟁전후 민간인 희생자 범국민위원회
공주지역유족회 준비위원회   회장 곽정근

제2015-3호

법인설립 허가증

1. 법인명칭 : (사)한국전쟁 민간인희생자 공주유족회

2. 소 재 지 : 충청남도 공주시 옥룡2길 19-6

3. 대 표 자
   가. 성   명 : 곽 정 근(郭 情 根)
   나. 주   소 : 서울특별시 강남구 자곡로 7길 30(자곡동)
   다. 생년월일 : 1933. 11. 12

4. 사업내용
   가. 공주사건 희생자를 위한 위령비 건립사업
   나. 공주사건 희생자의 위령제 봉행사업
   다. 임시 안치된 유해의 영구안장을 위한 사업
   라. 미신고유족에 대한 진실규명과 명예회복을 위한 사업
   마. 공주왕촌사건에 관한 간행물 출판사업
   바. 기타 위와 관련된 사업

5. 허가조건 : 이면기재

「민법」제32조, 「행정자치부 및 그 소속청 소관 비영리법인의 설립 및 감독에 관한 규칙」제4조의 규정에 의하여 위와 같이 허가합니다.

2015년 11월 4일

충청남도지사

위령비 건립에 관한 건의문

□ 요지

　1950년 7월 9일 공주시 상왕동(왕촌살구쟁이)에서 국가의 공권력(군인, 경찰)에 의하여 공주형무소 재소자와 보도연맹원 500여 명이 아무런 법적절차도 없이 집단 학살되었습니다. 이 사건은 인명과 인권을 경시한 민족사의 비극이었습니다.

　그 후 2000년대에 들어 민주화 정부가 들어서면서 '진실·화해를 위한 과거사 정리위원회'(이하 진실화해위원회)에 의하여 진실규명과 명예회복이 이루어졌고, 국가(대통령)의 사과와 민법에 의한 배 보상도 이루어 졌으며 유해발굴도 마쳤습니다. 그러나 50여 년 동안 암매장 되었던 현장에는 매년 유족들의 한 맺힌 위령제만 열릴 뿐 아무런 흔적도 비문도 없는 실정입니다. 500여 명 인명을 앗아간 그 자리에 위령비를 세워 억울하게 죽어간 원혼을 위무하고 다시는 이 땅에 그와 같은 비극이 없도록 하는 일은 민주 국가나 평화를 사랑하는 시민의 의무이자 책임입니다. 집단학살의 현장에 작은 공원이라도 만들어서 역사교육의 현장이 되도록 선처하여 주심을 바랍니다.

□ 현장상태

　집단학살의 현장은 공주시 상왕동 산29-19(속칭 왕촌살구쟁이)로서 금강이 내려다보이는 북향의 산 중턱입니다. 학살 피해자의 유해는 폭2m 길이 15~30m의 구덩이 5개에 암매장 되어 있었는데, 2009년 6월 12일부터 40일간 317구, 2013년 10월 14일부터 15일간 80구의 유해를 발굴하였습니다. 397구의 유해와 유품 1,327점은 현재 세종시 정동면에 있는 '추모의집'에 임시로 안치되어 있습니다.(발굴된 유해는 행정안전부 주관으로 2021년도에 준공을 목표로 대전시 낭월동에 준비중인 '전국합동위령시설'이 완공되면 그곳으로 이전할 계획임.)

현장에는 본회에서 조성한 50평 정도의 간이 평지와 유해 발굴지임을 알리는 안내판 그리고 허공에 높이 솟은 솟대 밑으로 발굴지점을 표시한 붉은 줄이 매어져 있습니다.

□ 건의사항

① 비록 전란기라고 하나 국가 공권력(군인,경찰)이 아무런 법직인 설차도 없이 순수한 민간인 수백 명을 집단학살한 사건의 현장은 그 자체만으로도 후세인들이 유적지로서 보전하여야 할 의무가 있다고 믿습니다. 그러므로 외람된 제안이오나 해당 지역 필지 또는 그 일부(별첨도면)를 '도시공원 및 녹지 등에 관한 법률(제15조 3항 가)'에 의거 '역사공원'으로 지정하여주심을 건의 드립니다.

다만 해당 임야가 민간인 개인소유의 재산이므로 그에 상응하는 절차가 따라야 할 어려움이 있습니다. 이에 관하여는 본회에서도 일정부분 매입을 포함한 적극적인 협조요청을 진행하고 있습니다. 동 임야의 소유주(양기호)께서는 2009년 유해 발굴 당시 발굴을 흔쾌히 허락해 주셨습니다. 양기호씨의 선친인 양재순씨는 독립운동의 유공자이며 공제의원 의사이자 공주제일교회 장로로서 사회적인 공익 활동에도 많은 이해와 협조가 있었던 분으로 알고 있습니다.

② 상기 ①항의 추진이 불가능할 경우 부득이 사건의 현장을 벗어난 공주시 산하 다른 지역 (주로 공원지역)에 적절한 위치를 선정 "한국전쟁민간인희생 위령비"를 세울 수 있도록 배려해 주심을 건의 드립니다. 그렇게 건립 부지를 확보해 주신다면 추모비의 건립비는 본회가 부담토록 하겠습니다.

참고로 전국의 지역별유족회와 관할지방자치단체간의 위령비지원 실태와 위령비 건립현황(공원용지활용포함)을 첨부하오니 업무에 참고하여주시기 바랍니다.

2018년 9월 28일

(사)한국전쟁 민간인희생자 공주유족회 회장 곽 정 근

공주시장 귀하

공주지역 한국전쟁 전·후 민간인학살 왕촌사건 위령제

1. 목적
　6·25 당시 억울하게 죽어간 고인들의 넋을 달래고 근현대의 역사를 공주지역 학생들 및 시민들에게 널리 알리어 다시는 이 땅에 이러한 일들이 없기를 바라며, 이번 위령제를 통하여 공주지역과 과거사 진상규명의 시발점으로 삼고 유족 발굴 및 유족회 결성, 구전자료 채록, 학술세미나 등의 사업을 통하여 공주지역 과거사 역사를 재정립하며, 더 넓게는 근현대사 사적지로서 발전시키고자 한다.

2. 개요
가) 행사명 : 한국전쟁 전·후 민간인학살 왕촌사건 위령제
나) 일시 : 2006년 8월 6일(일요일) 오전 10시
다) 장소 : 왕촌 말머리제(왕촌학살터)
라) 주최 : 공주민주시민사회단체협의회
마) 주관 : 왕촌사건 위령제 실행위원회
바) 후원 : 진실화해를 위한 과거사 정리 위원회, 한국전쟁전후 민간인학살 진상규명 범국민위원회

3. 행사내용
가) 추모공연
　- 공연명 : 통일의 소리

- 출연진 : 이걸재, 최병숙
- 공연시간 : 10분

나) 위령제
- 민간인 희생자에 대한 묵념(전체)
- 참석자 인사
- 초헌(참여 유족)
- 축문 낭독(시민협)
- 아헌(시민협 공동대표)
- 종헌(전국유족회 상임대표)
- 첨작(무순, 위령제 참여자 - 배경: 시낭송(전병철))

4. 공주지역 민간인학살 사업계획

가) 구전 및 유족 찾기 사업
나) 민간인학살지 발굴 조사
다) 학술조사
라) 위령제(문화행사 등)

추도(追悼)의 글
- 삼가 왕촌 말머리재 학살 영혼들의 명복을 비옵니다 -

이제야 모였구나
오늘 여기 모였구나
이천육년 팔월육일
삼천리 금수강산
충남하고 공주 금강
왕촌 말머리제에
아직도 못 다 푼
원통함과 원한으로
속절없는 손길 발길
온갖 시름 천근만근
떨어지지 않는 가슴
재촉하고 부여잡고
여기 함께 모였구나
무슨무슨 곡절이
이다지 깊길레
무슨 놈의 인생길이
이다지 서럽길레
무슨 놈의 역사가
이다지도 꼬였길레
아직도 온갖 누명
푸대접에 멸시까지

이 내 가슴 맺힌 설움
아직도 멀었구나
애고애고 애닯구나
한 맺힌 왕촌골아
때는 바야흐로
일천구백오십년
산도 좋고 물도 좋고
달도 좋은 칠월에
이게 무슨 일이더냐
이게 무슨 일이란가
홍익인간 앞세우고
민본에다 애민 붙여
동방에 예의지국
덕치주의 인내천에
민주주의 들먹이며
온갖 자랑 일삼더니
이런 억지 어디 있나
이런 행패 어디 있나
하늘이라던 사람 목숨
얼토당토 않는 핑계
이리 대고 저리 쏘고

저리 대고 이리 쏘고
아무 핑계 없는 이도
이리 쏘고 내버리고
저리 쏘고 내던지나
이럴 수가 어디 있나
세상천지에 이런 일이
어찌 또 있을손가
원통하고 원통토다
제주라 한라산이
분단국가 하지 말고
나라 통일 이룩하여
외국놈들 몰아내고
한민족 한 땅에서
오손도손 살자는 게
무슨 잘못이었길레
예까지 잡아두고
또 예까지 끌고 와서
이리 쏘고 저리 쏘고
내던지고 내버리나
이럴 수가 어디 있나
세상 천지에 이런 일이

어찌 또 있을손가
원통하고 원통토다
여수라 순천이라
명령 따라 사는 것이
군인이라 할지라도
같은 민족 같은 사람
죽이라는 명령이라
안 따르고 거부한 게
무슨 잘못이었길레
이리 쏘고 저리 쏘고
내던지고 내버리나
이럴 수가 어디 있나
세상천지에 이런 일이
어찌 또 있을손가
원통하고 원통토다
반쪽자리 나라라도
나라는 나라이니
과거는 묻지 말고
새로 다시 시작하자
보도연맹 가입하라
지엄하신 나라에서
시키길레 군말 없이
나라에서 하는지라
군말 없이 하였더니
이게 무슨 잘못이여

이리 쏘고 저리 쏘고
내던지고 내버리나
이럴 수가 어디 있나
세상천지에 이런 일이
어찌 또 있을손가
원통히고 원통토다
이유야 있든 없든
어른이고 늙은이고
맘에 들지 않으면
갓 난애도 상관없이
의심 가는 사람이면
눈에 띠는 사람이면
무작정 잡아다가
이리 쏘고 저리 쏙
내던지고 내버리나
이럴 수가 어디 있나
세상천지에 이런 일이
어찌 또 있을손가
원통하고 원통토다
소련 사람 속지 말고
이승만의 이간질과
친일파의 사기질에
휩쓸리지 말랬더니
오히려 억하심정
총으로 보답하고

또 총으로 숨겼으니
애고애고 원통하다
원통해서 못 살겠네
산천초목 동서남북
누구누구 할 것 없이
살아 있는 모든 것은
하나라도 소중하고
하나라도 귀중한데
한두 명도 아니고
일이십도 아니고
일이백도 아니고
팔백 명도 훨씬 넘는
삼천리 금수강산
파리목숨 웬말인가
금쪽같은 생명이요
생떼 같은 목숨인데
이리 쏘고 내버리고
저리 쏘고 내던지나
이럴 수가 어디 있나
파리보다 못한 목숨
억울하고 억울하다
이럴 수가 어찌 있나
원통하고 원통하다
억울하여 못살겠다
원통하여 못살겠다

죽은 자는 널렸는데
죽인 자는 하나 없고
죽인 자는 희희낙락
죽은 자가 잘못이라
괄시에 멸시까지
감추는 데 급급하고
죽은 것도 서러운데
죽은 자가 잘못이라
억지 쓰고 발뺌하며
몸은 커녕 뼈는 커녕
이름조차 못 찾으니
해도해도 너무하고
달도달도 너무한다
나라에서 시키길레
별말 없이 따랐더니

원수로서 보답하고
온갖 행패 저지르는
너희들은 누구이냐
짐승들도 개들도
너희보단 나으리라
이제라도 하루빨리
너희 죄를 시인하고
사과하고 사죄하라
안팎 다른 너희 얼굴
이제라도 반성하고
이제라도 맘잡으면
용서는 할 터이니
국민 위해 일한다던
너희들이 아니더냐
무작정 사죄하고

가슴 깊이 사죄하라
백배 사죄 천배만배
사죄하고 반성하라
두 눈들 부릅뜨고
방방곡곡 천하대지
산천초목 함께 모여
여기 지금 공주 하고
왕촌 말머리재에
죽창 같은 꽃주먹들
만화방창 뚜렷하니
에라에라 에라만사
에라만사 에라에라
이제는 만사형통
이루어지어다

2006년 8월 6일
왕촌학살사건 위령제 참가자 일동
대전충남민족문학작가회의 전병철

공주의 민간인 학살에 관한 보고서(첫째 글)

채록 : 이원하, 김선남, 글 : 김선남

이 글은 한국전쟁 전후 100만 명 이상으로 추정되는 민간인 대량 학살 중에서 공주에서의 학살을 간단히 개괄하고자 한다. 분류를 해 보자면 '왕촌 말재'에서의 학살, '여천 큰골'에서의 학살, 당시 전선이 '월봉'에 생김으로 인한 국군과 인민군에 대치 상황에 의한 폭격에 의한 학살, 인민군에 의한 보복성적인 인민재판으로 인한 학살을 구분할 수 있겠다.

광복 이후, 미군정과 이승만 정부의 정통성의 부재로 남한은 이승만에 의해 좌파와 전향적인 우파를 제외한 반정부 혐의자 약 50여만의 사람들을 국민보도연맹에 가입하게 했다. 이후 6.25가 발발한 후, 국민보도연맹의 지도를 맡고 있던 군인·경찰에 의해 인민군이 오기 전에 미리 그들을 계획적으로 학살하였다.

2001년 5월 28일, 북한의 해방일보는 아래와 같다.

한국전쟁 당시 인민군 종군기자는 "1950년 7월 7일 군인과 경찰이 공주 금강변 말머리재에서 애국자 및 남녀노소 800여 명을 무차별 살육했다."라고 썼다.

2001년 공주시민단체협의회 및 심규상 오마이뉴스 기자가 학살지를 발견하여 공주학살진상조사단을 구성, 2002년 한국전쟁전후 민간인 피학살자 유족증언대회 자료를 보면 다음과 같이 되어 있다.

우선 충남 공주시 옥룡동 왕촌3리 말재(말머리재) 골짜기에서 학살한 사건을 살펴본다. 이는 앞서 기술된 해방일보의 말머리재로 확인이 되고 있다. 목격자에 따르면 15트럭으로 옮겨진 700~800명 이상의 사람에 대한 대량학살이 자행되었다. 대한청년단 사람들이 와서 부역을 하고 암매장지로 추정되는 곳은 모두 4구덩이이며 각각 길이 30m, 폭 2.5m 정도이다. 피해자들은 공주형무소의 사상범들과 공주지역 민간인들이었을 것으로 보인다.

주민들의 증언을 살펴보면 공주형무소의 천여 명의 사람들은 왕촌에서 피살당했다 한다. 당시는 좌익 우익이 동시에 존재하고 있었고 인민군이 내려오기 전에 한국군들은 미리 상황을 알고 빨갱이라 하여 미리 죽였다. 이는 마을의 이장이 빨갱이라 생각하면 그대로 올리는 것으로 억울하게 죽은 자에 대한 애매함이 많았다. 한다.

율정리에서는 하룻밤 사이에 30여 명이 형무소로 끌려가 죽었다. 지서 혹은 소방대의 합작으로 끌려갔는데 지서로 데려간 후 차로 끌고 갔다. 그들은 어디로 갔을까? 당시 반장으로 계시던 분은(소방서에 있는 분, 보도연맹) 공주 교도소에 있다가 여천으로 끌려가 죽임을 당했다. 주민들은 여천 큰골(의당면 수촌리 630번지, 지금의 도살장 뒷골목)에서 보도연맹과 관련된 수백 명이 죽었다고 한다. 송장 투성이로 감나무가 시커멓게 되도록 죽였는데, 당시 도계장 옆에는 엿장수 집으로 술도 팔던 곳으로 사람들이 지나가다 들르는 곳이었다. 그러나 나무가 우거져서 보이지 않는 곳이었다. 여천, 점낙에서 청룡까지는 사람이 없었던 곳으로, 그때는 늑대가 떼 지어 나타나는 후미진 곳으로 그 곳에서 사람을 죽였던 것으로 보인다.

승헌사(낭시 19세)는 은골(청룡리 63번지, 예전 수촌)에서 남한군이 경기도 사람들을 데려와서 죽였는데 차가 너덧 왔고 수는 알 수 없으며 엄청 많은 것으로 보였다고 한다. 남한군이 후퇴하면서 보도연맹 관련해서 죽이는 것으로 알고 있다고 하신다. 이는 은골과 여천의 옛 지명과의 오해로 보여 자세한 조사를 필요로 한다.

육절리를 넘어서 니멍골 월봉은 당시의 전선이었다. 미군이 물러가면서 금강 다리를 끊어 버리자, 인민군이 월봉으로 모여들었다. 그곳은 인민군의 탄약 저장소가 있던 곳으로 금강 너머 산성공원 쪽은 국군이 배치되어 있어서 서로 계속 폭격을 가했다. 6.25의 참상이 가장 심했던 곳 중의 하나인 것이다. 목격자는 새벽 3시 잠을 자고 있었는데 폭격의 불덩어리가 마치 집에 들어오는 것같이 불을 뿜있나고 한다. 인민군이 강을 건너기 위해 여천 바로 위 산(지금의 닭장이 있는 곳, 도계장)에서 기다리고 있는데 미군의 폭격으로 수천 명이 새카맣게 타 죽었다.

양민은 피난을 가고 노인이나 아픈 분들은 피난을 가지 못하는 상황이었다고 한다. 증언자는 당시 15세로 집에 오고 싶어서 피난 가 있던 우성면에서 낮에는 못 오고 밤에 잠깐 들렀는데 폭격으로 인하여 길의 접근이 상당히 어려웠다고 한다. 와서 보니 집이 타면서 아래에는 사람들의 아우성 소리가 들렸다고 한다. 월봉의 반은 절단이 났다고 한다. 월봉에는 걸어서 십여 분 거리에 폭격 맞은 집 자리가 있고 인민군의 탄약저장소가 그곳에서 가까운 거리에 있어 당시의 상황을 짐작하게 한다.

인민군은 내려와서 피살자에 대한 보복성의 민간인학살을 했다. 당시 의당면 총무계에 계시던 분은 인민군이 후퇴하면서 인민재판(당시 월곡국민학교)을 통해 죽임을 당했다. 그런데 당시의 인민군은 매우 친절하고 함부로 사람을 죽이지는 않았다 한다. 인민재판을 통해서만이 가능하도록 공산당의 양민에 대한 지시가 사실임을 증명해 준다.

"어머니, 아버지 이렇게 하세요!"

이런 식으로 대했다고 한다. 그들은 인민재판을 통해, "이 사람은 이러한 죄로 사형을 해야 하오." "동의합니까?" "동의합니다." 하고 사형을 했다. 또한 후퇴를 할 때는 밤에 슬금슬금 가서 가는 줄 몰랐다고 한다. 인민군은 누런 옷을 입고 있어서 어머니 치마 안으로 들어가서 폭격으로부터 피하곤 했고, 그 당시 양민들은 무서워서 덜덜 떨었다고 한다.

공주지역 내의 민간인 대량학살에 관한 많은 연구와 주민들의 채록의 과정을 거쳐 보고서를 만들려고 한다. 우리의 과거를 알고 정체성을 찾아가는 밑거름이 되는 글이 되기를 바라본다.

〈참고서적〉
김선호, 2002, 경희대학교석사논문「국민보도연맹사건의 과정과 성격」
강정구, 한국전쟁전후 민간인학살개관
고양금정굴 공동대책위원회, 공주 말재골짜기 재소자 보도연맹학살사건
2002,『한국전쟁전후 민간인 피학살자 유족증언대회 자료』

[지역소식]

공주 왕촌 학살 희생자 추모 위령제

지난 8월 6일 공주 왕촌 말머리재에서는 50년 만에 처음으로 왕촌 학살 위령제가 공주시민사회단체협의회 주최로 진행되었습니다. 이날 행사에는 왕촌 유족, 대전산내유족회, 문경유족회 등 각지의 유족들이 참석했으며 행사를 준비한 공주시민사회단체협의회 소속 활동가, 공주농민회, 민노당, 극단 우금치, 민간인학살충북대책위, 진실화해위원회 조사관, 학살규명범국민위 활동가 등이 함께 했습니다.

위령제는 이걸재 선생의 구음소리와 참석한 모든 분들이 함께한 상여소리로 시작되어 전통제례로 올려졌습니다. 초헌은 왕촌사건 희생자 유가족인 곽정근, 김기, 김정구 유족이 진행했는데 김정구 유족은 미리 준비해 온 한복을 꺼내 놓고는 "이제 죄수복과 군복을 벗어달라, 이 옷 입고 편히 가라"며 오열하기도 했습니다. 아헌은 공주시민단체협의회 공동대표가, 종헌은 김종현 대전산내유족회장과 전국 각지의 유족들이 올렸으며 대전충남민족문학작가회의 전병철 님이 직접 작성한 축문을 낭독했습니다.

위령제 후에는 5년 전 왕촌 학살을 최초 발굴 보도했던 심규상 기자의 안내로 학살지 현장답사가 진행되었는데 현장이 많이 훼손되지 않은 상태였습니다. 현장 답사 후에는 공주 시내에서 식사를 하며 간담회를 진행했는데 공주지역 시민단체 관계자들과 충북대책위 박만순 운영위원장, 범국민위 이춘열 사무처장, 그리고 유족들의 발언이 이어졌으며 간담회 직후, 참석한 왕촌 유족들을 중심으로 '한국전쟁전후 민간인학살 희생자 공주지역 유족회(준)'를 결성하고 향후 적극적인 활동을 다짐했습니다.

– 《통한의 메아리》 2006년 8월(제32호),
한국전쟁전후 민간인학살 진상규명 범국민위원회

공주 왕촌 한국전쟁 희생자 추모제

천도제(구룡사 진명 스님)
무용 : 말 한마디(박선정)
추모제례
 - 묵념
 - 참석자 인사
 - 헌주
 - 인사말씀

한국전쟁 전후 민간인집단희생 관련 공주지역 피해자 조사 결과 보고
　　　　(지수걸 공주대 교수/ 경기충청지역 팀장 겸 공주시 조사책임자)

추모공연
아리랑(이걸재), 우리나라(퍼포먼스) (이원하)

간담회 : 진실화해위원회 위원(장), 유족, 공주민협회원 등
 - 일시 : 2008년 7월 12일(토) 오후 2시~오후 4시
 - 장소 : 왕촌 작은살구쟁이 희생지 현장
 - 주최 : 공주민주단체협의회(공동대표 김도석 이주성 장창수 정선원)
　　　　　공주유족회(곽정근 회장)
　　　　　공주지역 한국전쟁 희생자 추모사업회(가칭) (준비위원장 지수걸)
 - 후원 : 진실화해를 위한 과거사 정리 위원회
　　　　　한국전쟁 전후 민간인학살 진상규명 범국민위원회
 - 도움을 주신 분들 : 송성영 황건하 최병숙 이원하 김미복
　　　　　　　　　햇님스튜디오 공주민협 회원들

인사말씀

안녕하십니까!

저는 공주유족회장을 맡고 있는 곽정근입니다.

연일 찌는 듯한 무더운 날씨에도 불구하고 시간을 내시어 기꺼이 우리 공주 왕촌 추모제에 참석해 주신 모든 분들께 심심한 감사의 인사를 드립니다.

특히, 수십 년 동안 잊히고 묻혀야만 했던 한국전쟁 당시 공주지역의 학살에 대해 온갖 악조건에서도 굴하지 않고 여러 해 동안 조사하여 세상에 알리고, 그뿐 아니라 억울하게 희생당한 넋들을 위로하고 유족들의 한을 풀어드리는 추모제를 봉행하는 일에 온몸으로 헌신해주신 공주 지역 민주단체협의회 여러분들에게 유족을 대신하여 깊이 머리 숙여 고마운 마음을 드립니다.

지금 우리가 서 있는 이 자리에는 불과 50m도 안 되는 위쪽에 700~800명으로 추정되는 공주형무소 재소자의 유해가 잠들어 있습니다. 1950년 7월 9일 군경의 삼엄한 경비 속에 아침부터 이곳에선 요란한 총소리와 함께 미리 파 놓은 네 개의 구덩이에 무참히 희생된 것입니다. 그리고 같은 시기에 공주시 관내에는 이밖에도 의당면, 유구면, 장기면 등지에서 이른바 보도연맹이란 이름으로 희생되고 끌려가는 비극이 이어졌습니다.

그로부터 58년이 지난 오늘 과거사법이 시행되고 피해자 개개인에 대한 조사가 활발히 진행되고 있습니다. 그러나 정작 형무소 집단처형의 경위와 배경에 대한 직권조사는 아직도 요원한 것 같습니다. 진실화해위원회는 좀더 빠른 시일에 이 양자에 대한 철저한 조사로서 진상을 밝히고 이들 억울한 죽음에 대한 명예를 회복시켜 주시기 바랍니다.

그런 연후에 가해자 피해자가 아닌 용서와 화합을 이루고 역사와 우리 민족의 앞에 다시는 이런 일이 없도록 하는 교훈과 추모의 광장이 되도록 하는 유족, 당사자, 시민 모두의 협조가 있기를 기대합니다.

다시 한 번 이 자리에 먼 길을 왕림해 주신 모든 분들께 깊은 감사를 드립니다.

(곽정근 유족회장)

| 안내문 |

유해발굴에 관한 안내문

곽 정 근(한국전쟁전후 민간인 희생자 전국유족회 공주유족회장)

귀댁의 안녕을 기원합니다

지난 1월 16일 유족회 임시총회에서 논의 한바있는 유해발굴에 관한 문제가 그동안 진실. 화해를 위한 과거사정리위원회에서 모든 심의와 관련기관과의 협의를 끝내고 오는 6월 중순부터 발굴을 하게 되었습니다.

이로써 1950년 한국전쟁 초기 군경에 의해 희생되어 왕촌 살구쟁이에 묻혀있는 공주형무소의 좌익수 및 보도연맹원의 유해를 59년 만에 발굴하게 되는 것입니다. 발굴작업은 충북대학교 박물관장이신 박선주교수팀이 담당하게 되며 발굴된 유해는 충북대학교 「한국전쟁 민간인 희생자 추모관」으로 우선 봉안하게 됩니다.

발굴에 앞서 '개토제'를 아래와 같이 올리게 되오니 아래 일시와 장소를 잘 확인하시고 특히 유족께서는 빠짐없이 참석하여주시기 바랍니다. 또한 금년도 위령제는 시기가 역시 같으므로 개토제와 동시에 진행하는 것으로 하겠습니다.

이제 유골을 발굴 하므로서 영원히 미궁에 빠진 채 가슴에 담고 무덤까지 갈 수밖에 없었던 한을 한 가닥 풀고 비록 개개인에 대한 신원은 확인하지 못하더라도 억울하게 희생된 모습을 우리 눈으로 확인하고 법과 현실 앞에 확실한 증거를 제시할 수 있다는데 뜻이 있다고 하겠습니다.

― 아 래 ―

1. 개토제 일시 : 2009. 6. 12.(금) 14:00
2. 〃 장소 : 공주시 석장리 박물관(전화: 041-840-2493)

※ 연락처 : 유족회장 곽정근, 총무 황길웅

제4회 왕촌희생자 추모예술제 및 개토제(開土祭)

1부 행사(14:00 - 15:00) : 유해 발굴 설명회
 - '09 유해 발굴 설명회(발굴조사단)

2부 행사(15:00 - 16:30) : 제4회 위령제 및 개토제
 1. 개제 선언 및 묵념(사회자: 공주민주단체협의회)
 2. 추모 공연
  - 추모시(전숙자, 대전산내희생자유족회)
  - 천도제 바라춤(공주 구룡사 진명스님 외)
 3. 제례
  - 고축 및 초헌례(진실화해위원회 김동춘 상임위원)
  - 아헌례(공주시 이준원 시장)
  - 종헌례(공주유족회 곽정근 회장)
 4. 인사말 및 추도사
  - 내빈 소개(사회자)
  - 경과 보고 및 인사말(조사단장 충북대 박선주 교수)
  - 진실화해위원회 김동춘 상임위원
  - 공주시장
  - 공주민주단체협의회
  - 공주유족회 곽정근 회장
  - 전국유족회
 5. 폐회 및 음복

3부 행사(16:30 - 16:40) : 시삽(발굴현장)

충남 공주시 상왕동 유해 발굴 개요

□ 발굴명
- 한국전쟁 전후 민간인 집단희생 관련 충남 공주시 상왕동 유해 발굴

□ 사건개요
- 1950. 7. 초, 공주형무소에 수감 중이던 재소자와 국민보도연맹원 500~700여 명이 트럭으로 실려와 군과 경찰에 의해 집단희생된 사건

□ 발굴주체
- 진실·화해를 위한 과거사정리 위원회

□ 발굴 시행기관
- 충북대학교 박물관(책임연구원 박선주 교수)

□ 발굴기간
- '09. 6. 12 – 7. 30(약 2개월 간)

□ 발굴 전체 일정
- 유해 발굴 및 결과 설명회   '09. 07. 30 까지
- 발굴된 유해 감식   '09. 10. 30 까지
- 인문사회조사   '09. 10. 30 까지
- 발굴보고서 작성   '09. 11. 10 까지
- 발굴 유해 안치   '09. 11. 10 이후

※ 발굴된 유해는 '한국전쟁 전후 민간인 집단희생 추모관(충북대학교 내 위치)'에 안치될 예정임

| 유해발굴을 마치고(2009. 7. 22)

1차 유해발굴을 마쳤습니다

지난 6월 12일 시작하였던 공주 왕촌의 유해발굴을 어제(7월21일)로 모두 마쳤습니다. 당초에 예상하였던 구역 내 4곳의 구덩이 중 1곳에서는 발견되지 않았고 여타 3곳에서 300여구의 유해를 발굴하였으며 발굴된 유해는 모두 충북대 추모관으로 이송되었습니다.

한 가지 아쉬운 점은 배수작업 중 예상외의 지점에서 유해를 발견되었는데 이곳에도 적지 않은 유해가 매장되어 있음을 확인하였고 그밖의 1,2군데 의문이 가는 곳을 포함하여 부득이 '차기사업'으로 이관하게 되었습니다. 진실화해위나 발굴단팀도 이로 인한 많은 고민을 하였으나 한정된 예산과 일정으로 도저히 감당할 수 없는 사안이 되어 부득이 여기서 마감하게 된 것입니다.

여기서 '차기사업'이 과연 언제일지 기약할 수 없는 일이지만 우리의 시국과 역사가 영원히 이대로 방치하지는 않으리라 믿습니다.

한편 이번 발굴사업을 계기로 하여서는 많은 언론과 사회의 관심이 높아졌으며 현장을 잘 보존하여 추모공원이나 하나의 유적지로 가꾸어나가고자 하는 현지시민단체와 학계의 움직임이 더욱 바빠질 것으로 여겨집니다.

발굴작업 기간 많은 성원과 격려를 하여주신 전국유족회의 동료여러분께 감사를 드리며 행사종료를 앞두고 다음과 같은 유관기관과 종교계의 격려가 있었기에 이른 소개하며 깊은 감사를 드립니다

7월15일 안병욱 진화위 위원장님 외 각계시민단체 대표 내방 조문
7월 18일 오전 : 원효사 주지스님 외 신도들 다수 내방 천도제 봉행

7월18일 오후 : 영평사 주지스님 외 신도들 다수 내방 천도제 봉행
7월20일 진실화해위원회 김동춘 상임위원 외 위원일동 내방 조문
7월21일 17:00 공주시 신관동성당 주임신부님 외 성도 30여명 내방
1시간여 위령미사(유족회 곽정근 황길용 부부 김중구 동참)

| 긴급회의 소집(2010. 2. 2) |

긴급회의 소집

새해를 맞이하여 귀댁의 안녕을 기원합니다.

그동안 진실화해위원회에 한국전쟁 당시 희생된 가족의 진상 규명을 신청한 후 수년간 기다려 오던 결정문이 오는 2월 9일에 열리는 진실화해위원회 '전원위원회'에서 결정키로 상정이 되어 있습니다.

그러나 지난 11월 30일부로 2대 위원장(안병욱)의 임기가 끝나고 새로 부임한 위원장(이영조)을 비롯하여 15명의 위원 중 대부분이 한나라당 출신으로 교체되었는데 이들의 방침이 종전에 시행되어 오던 희생자 확정 기준을 무시하고 대전·충청지역의 형무소 사건을 대부분 확실한 증거가 없다는 구실로 '조사불능'으로 처리될 듯한 우려가 높아지고 있습니다.

이는 재소자 명부가 없으므로 재판의 기록이나 우편물 등 물적 증거가 없는, 증인의 증언만으로는 인정하지 않겠다는 것인바 그렇다면 그동안 수많은 언론의 보도와 조사관들의 면밀한 조사와 증언 청취 등은 무엇이며 수백 구의 발굴된 유해는 다 누구의 유해란 말입니까?

아무리 정권이 바뀌었다고 해도 오늘날같이 인권이 보장되고 민주화가 이루어진 사회에서 최소한의 인도적 양심도 없는 이와 같은 처사에 우리 유족으로서는 경악과 분노를 금할 길이 없으며, 돌아가신 영령들에 대한 또 한 번의 극형이 되 아니할 수 없습니다.

진실화해위원회는 금년 4월 24일로 시효가 끝나게 되는데 현재 2개월 연장 허가를 받아놓고 있는 상태입니다. 오직 진실규명을 깨끗이 받아놓고 유족 여러분과 그동안 유족회의 활동에 관하여 소회를 말하고자 하였는데 위와 같은 상황을 유해발굴에 관한 안내문(2009. 5. 28.)

접하여 긴급히 이런 서신을 드리게 되었습니다. 우선은 이와 같은 사실을 알려드리며 사안의 중대성에 비추어 함께 상의하고 가능한 대책을 강구하고자 다음과 같이 긴급 모임을 갖고자 하오니 바쁘시겠지만 부디 참석하여 주시면 큰 힘이 되겠습니다.(모임의 목적 중에는 관계당국에 항의방문도 포함되어 있음을 첨언합니다.)

다 음

일시 : 2010년 2월 8일 10:00
장소 : 진실화해위원회 (집합 : 매경신문 빌딩 1층 로비)

2010. 2. 2

한국전쟁 전후 민간인 피학살자 전국유족회
공주유족회장 곽 정 근

제5회 공주지역 민간인 희생자 합동위령제

일시 : 2010년 7월 10일 오후 2시
장소 : 공주문화원 강당
주최 : 한국전쟁 민간인 희생자 공주유족회, 공주민주단체 협의회
　　　공주대학교 참여문화연구소

진행순서

제1부 〈식전행사〉

영화상영 '작은 연못'
천도제　진명스님 구룡사 주지
위령무 박선정 웅진무용아카데미대표

제2부〈고유제 및 위령제〉 14:30 ~

개제선언 및 국민의례
고유문낭독　　황길웅(유족회 총무)
초헌 : 곽정근(유족대표) / 아헌 : 이준원(공주시장)
종헌 : 공주민주단체협의회 대표
경과보고　　심규상(오마이뉴스 기자)
조사보고　　박은성(진실위 조사관)
인사말 : 곽정근(유족대표), 장창수(공주민주단체협의회 공동대표)
추도사 : 안희정(충청남도지사), 이영조(진실화해위원회위원장)
　　　　강희락(경찰청장), 김종현(전국유족회 상임대표)
　　　　오원록(범국민위원회 상임대표)
헌화
폐회

인사말씀

영령들이시어!

지난해까지 슬픔의 현장에서 님들을 모셨는데 올해는 이곳으로 자리를 옮겼습니다. 삼가 옷깃을 여미고 머리 숙여 향을 사르오니 강림하시옵소서.

오늘 이렇게 더운 날씨에도 불구하고 영령들을 위로하기 위해 자리를 함께하여주신 내빈 여러분과 유족회원 여러분께 깊은 감사의 말씀을 올립니다.

돌이켜보면 지금으로부터 60년 전 오늘, 이곳 공주에서는 역사상 유례없는 참사가 있었습니다. 비록 전쟁의 시기라고 하나 적군과의 교전도 아니요 국민의 생명과 재산을 보호하여야 할 국가의 공권력이 형무소에 있던 재소자와 보도연맹원으로 데려온 민간인을 합하여 적어도 수백 명의 인명을 금강 가 후미진 언덕에 끌고 가 아무런 법적 절차도 없이 무참하게 사살하였습니다. 그리고 누구도 알 수 없게 암매장 하였던 것입니다.

혈육을 잃은 가족들은 하늘이 무너진 듯, 끝내 돌아오지 않으니 사망한 것으로 단정하면서도 무엇 때문에 언제 어디서 사망하였는지조차 알 수없는 폐쇄된 체제에서 울분과 통한의 가슴을 안고 50년의 세월을 살아왔습니다.

그러나 역사의 흐름은 비밀을 영원히 감추지 않았습니다. 비록 한시적이었지만 새로이 태동한 민주화체제에서 과거사법이 제정되고, 이 법에 의하여 설립된 '진실 화해를 위한 과거사 정리 위원회'에서는 지난 4년간 어두운 곳을 밝혀내고 잘못된 진실을 바로잡는데 많은 공헌을 하였습니다.

이에 따라 지난해 우리는 왕촌의 살구쟁이에서 317구의 유해를 발굴하였습니다. "손을 뒤로 묶인 채 등을 맞대고 얼굴은 아래로 숙여 무릎을 꿇은 자세로 가까운 거리에서 사살된 것으로 판단됩니다" 라고 하는 발굴단장 박선주 교수의 설명에 우리의 가슴은 또 한 번 메어졌습니다.

이와 같은 증거도 보탬이 되었겠지요, '진실화해위원회'에서는 드디어 3년여의 조사 끝에 지난 6월 일부로 진실규명 결정도 내려졌습니다. 며칠 후가 되면 신청인 유족회원 여러분에게는 국가의 공식 결정문이 전달될 것입니다. 거기에는 국민의 생명과 재산을 보호할 의무가 있는 국가 기관이 불법으로 비무장 민간인을 사살한 것은 명백한 잘못이니 국가는 희생자와 유족에게 진심으로 사과하여야 한다는 내용도 들어 있습니다. 이것이 명예회복의 일환이며 자식으로서 동생으로서 60년 만에 고인의 영전에 바칠 고유문이라 생각합니다.

친애하는 유족 여러분

그러나 우리에겐 앞으로도 할 일이 많이 남아 있습니다.

수백 명의 무고한 생명을 앗아간 그 현장에 영원한 역사와 교훈의 장이되도록 하는 위령비를 세워야겠고, 작년에 발굴 도중 중단되어 아직도 남아있는 유해도 완전히 발굴을 마쳐야 하겠으며 또한 국가로부터 희생된 인명과 그동안 고통을 받은 가족에 대한 응분의 배, 보상도 이루어져야 합니다.

그러나 우리의 환경은 이러한 과업을 수행하기에 대단히 열악한 처지에 놓여 있습니다. 그렇지만 언젠가는 이와 같은 일들이 하나하나 반듯이 실현 될 것으로 믿습니다. 이 정권이 아니면 다음 정권, 이 세대가 아니면 다음세대에서라도 반듯이 이루어지리라 믿습니다. 인간의 생명에 대한 존엄성과 정의는 어떠한 이념과 체제를 넘어 우리가 지향해야 할 가장 소중한 가치이기 때문입니다.

올해도 이 행사를 준비하기에 헌신적인 노력을 다하여 주신 공주시민단체협의회를 비롯하여 학계 종교계 문화계의 여러분에게 머리 숙여 감사를 드리며 오늘 자리를 함께하여주신 여러분께 거듭 깊은 감사를 드립니다.

(곽정근 유족회장)

인사말

공주민주단체협의회(공동대표 김도석 박노상 장창수 정선원)

　2010년 한국전쟁 공주지역 민간인 희생자 위령제에 바쁘신 가운데에도 함께 해주신 유족 여러분, 공주시민 여러분들께 감사의 말씀을 드립니다. 60년전 6·25 라고 하는 전쟁의 광기 속에서 억울한 죽음을 당했던 영령들이 있었습니다. 2009년에 공주지역 민간인 희생지역의 하나인 왕촌 살구쟁이에서 국가기관 진실화해위원회의 조사에 의해 3개 구덩이에서 317구의 유해와 소총의 탄피 등이 발굴되었습니다. 공주에서도 억울한 죽음을 당했던 것이 사실로 확인된 것입니다.
　'청산되지 않는 역사는 되풀이 된다' 라고 합니다. 과거에 대한 진실규명이 필요한 시점입니다. 진실규명을 바탕으로 진정한 화해를 모색해야 할 것입니다.
　공주민주단체협의회에서 공주유족회와 함께 2006년부터 위령제를 지내왔고, 올해 다섯 번째가 되었습니다. 공주민주단체협의회에서 왕촌 위령제에 함께하는 이유는 광기를 넘어서 상식이 통하는 세상, 한 사람의 인권도 짓밟히지 않는 세상, 사상을 이유로 탄압받지 않는 세상을 위해서라고 생각합니다. 공주민주단체협의회에서는 상식이 통하는 진정한 민주사회를 위해 한국전쟁 당시 민간인 희생지 왕촌 살구쟁이, 의당 여찬리 등을 인권교육의 현장, 역사교육의 현장으로 살려 나갈 것입니다. 2010년 왕촌 위령제를 맞이하여, 희생자들이 억울한 죽음을 당한 이후 현재까지 뼈아픈 세월을 살아온 유가족들의 아픔에 다시한번 깊은 위로의 말씀을 올리며, 또한 희생자들의 넋을 기리고 계승하여 여기 함께 해주신 모든 분들과 함께 진정한 민주주의 세상 복지사회 통일의 세상을 하루빨리 만들어가도록 노력하겠습니다. 감사합니다.

추도사

안 희 정(충청남도지사)

먼저, 국민보도연맹 등 희생자 분들의 영전 앞에 삼가 머리 숙여 명복을 빕니다. 아울러 뜻 깊은 위령제를 마련하신 국민보도연맹사건 등 희생자 공주유족회와 관계자 여러분께 감사의 말씀을 드립니다. 자리를 함께하신 유가족 여러분께 깊은 위로의 말씀을 드리면서, 내빈 여러분께도 고마운 인사를 올립니다.

아시는 것처럼, 우리 민족은 지난 100년 동안 일제 강점기와 한국전쟁 그리고 군사독재라는 최악의 상황을 겪었습니다.

하지만, 한 번도 제대로 된 반성과 청산을 하지 못했습니다. 오히려 과거사를 무엇 때문에 끄집어내느냐는 비판도 있었습니다. 그렇다고 잘못된 역사를 바로잡지 못한다면, 억울하게 고통을 당한 분들의 울분과 한은 누가 풀어야한다는 말입니까? 결국 우리 자신이고, 우리 민족이 해결해야 될 일이 아닌가 생각합니다.

저는 아무리 감추고 숨기려 해도 역사의 진실은 끝내 밝혀진다고 믿습니다. 국민보도연맹 및 공주형무소 재소자 희생 사건도 한때는 역사 속에 묻힐 뻔 했지만, 뜻있는 분들이 중심이 되어 유족 등과 함께 끊임없이 노력한 결과 진실을 밝힐 수 있었습니다.

비록 전시상태였다고 하지만, 국가는 국민의 생명과 재산을 보호해야 할 의무가 있는데, 수감된 보도연맹원들이 인민군에 동조할 것을 우려해 적법한 절차 없이 사살한 것은 명백한 불법행위였다고 생각합니다.

'진실 화해를 위한 과거사정리위원회'가 발표한 자료에 따르면, 전체 사건 중

73%인 8천160건이 한국전쟁 중 국군과 미군 등에 의한 민간인 희생인 것으로 나타났습니다. 이를 놓고 볼 때, 아직도 우리가 밝혀내야 할 진실은 더 많이 있다고 하겠습니다.

우리는 과거의 잘못된 역사에 대한 반성작업을 멈춰서는 안 됩니다. 역사를 분명하게 밝히는 것은 혼란이나 분열을 부추기고자 하는 것이 아닙니다. 잘못을 두 번 다시 반복하지 않고, 더 나은 대한민국의 미래를 만들겠다는 의지를 보여주는 것이기 때문입니다.

아무쪼록 오늘 위령제가 유가족들의 슬픔을 다소나마 달래드리고 국민화합을 위한 소중한 밑거름이 되길 기대하면서, 거듭 희생자분들의 극락왕생을 빕니다.

감사합니다.

추도사

강 희 락 (경찰청장)

　반세기 전 한국전쟁이라는 민족적 비극과 이념대립의 혼란 속에서 이곳 공주 지역에서 억울하게 희생되신 영령들의 명복을 빌며, 유족 여러분께도 깊은 위로의 말씀을 드립니다. 늦은 감이 없지 않으나, 국가차원에서 사건의 진상이 재조명되고, 이제 서야 고인들과 유족들의 명예가 회복되는 계기가 마련된 것을 참으로 다행스럽게 생각합니다.

　비록 전시였다고는 하지만 국민의 생명과 재산을 보호해야 할 의무가 있는 공권력에 의해, 고귀한 생명이 희생되었던 불행했던 역사에 대하여 깊은 성찰과 함께 유감의 뜻을 표합니다. 아울러 오랜 세월동안 인내하며 지내오신 유족 여러분의 슬픔을 달래드리고, 고인들의 넋을 기리기 위해 정부의 후속조치가 원활히 이루어지도록 적극 노력해 나갈 것을 다짐합니다. 또한 이곳에서 영면하신 영령들의 소중한 희생이 결코 헛되지 않도록 진정한 용서와 화해를 통한 미래발전을 위해 경찰이 앞장서도록 하겠으며 앞으로 이러한 슬픈 역사가 다시는 되풀이 되지 않도록, 항상 주민을 섬기며 법과 원칙을 준수하는 새로운 경찰의 모습으로 국민께 다가서도록 정성을 다하겠습니다.

　다시 한 번 희생되신 영령들의 명복을 빌며, 유족 여러분께 깊은 위로의 말씀을 드립니다.

　감사합니다.

| 제6회 위령제(2011. 5. 28) |

제6회 공주지역
6·25전쟁 시기 민간인 희생자 합동위령제

일시 : 2011년 5월 28일 오후 2시
장소 : 공주대학교 제2공학관 504호
주최 : 한국전쟁민간인희생자공주유족회
공주민주단체협의회
공주대학교 참여문화연구소

진행순서
1. 기념 강연(14:00~15:30)
*한국전쟁 시기 공주지역의 보도연맹원 및 형무소 좌익수 학살사건
  (지수걸_ 공주대 역사교육과)
*평화감수성을 기르는 전쟁사 수업- 한국전쟁을 중심으로
  (선혜란_ 천안 청수고 역사교사)

2. 기념공연(15:30~16:00)
국민의례
묵념
추도사(충남도지사, 공주시장, 전국유족회, 공주유족회, 공주민주단체협의회)
분향 및 헌화(참석자 전원)
4. 유족회 정기총회(16:30~17:00)
5. 학살현장 방문 및 헌주(17:30~18:00)

인사말씀

휴일을 맞아 한가롭게 지내야 할 이 시간에 여기까지 찾아주신 내빈 여러분께 깊은 감사를 드립니다. 그리고 학업에 열중하고 있는 학생들이 이렇게 많이 자리를 함께하여 주어서 대단히 고맙습니다. 더구나 학생들에겐 축제와 같은 즐거운 행사가 아니고 숙연한 애도와 추모의 자리에서 지난날의 아픈 사연을 이야기하게 된다는 것을 매우 안타깝게 생각합니다.

그러나 불행한 역사도 우리에게 주어진 현실이므로 미래의 이 나라를 이끌어 갈 젊은이들이기에 있는 실상을 정확히 인식하고 앞날의 교훈으로 삼게 되기를 희망합니다.

지금으로부터 61년 전인 1950년 7월 9일. 여기서 강 건너로 마주보이는 왕촌 살구쟁이에서는 아침부터 삼엄하게 교통이 통제된 가운데 온종일 총소리가 이어졌습니다. 그 당시 공주형무소에 수감중인 재소자와 전쟁이 나자 보도연맹원이라는 이유로 며칠 사이에 공주군 내 일원에서 양민들을 연행하여 스리쿼터에 싣고 와서 미리 파 놓은 구덩이에 넣고 소총으로 사살하는 총소리였습니다. 그 날 하루 해 질 무렵까지 희생시킨 인원은 600~700명으로 추산하고 있으며, 같은 시기 공주군내 각 면 단위로 희생된 인원 또한 130여 명에 이릅니다.

지금 생각하면 어떻게 이런 일이 가능했을까 하는 의문이 생기기도 하지만 재작년에 여기서 발굴된 217구의 유해와 634절의 M1 및 칼빈 탄피가 이를 잘 증명해 주고 있습니다.

가족들은 무엇 때문에 언제 어디서 사망하였는지도 모르고 통한의 세월을 보내다가 50년이 지난 2000년대에 들어서야 진실이 밝혀지기 시작한 것입니다.

이승만 자유당 정권에서 이와 같은 만행을 저지르고 그 뒤로 이어진 군사정권 하에서도 가족의 행방을 찾을 수 없는 억압이 계속되다가 역사의 순리라 할까요, 민주정부가 들어서면서 2005년에는 진실화해를 위한 과거사법이 제정되고 또 시행되었습니다. 이에 따라 이곳 공주지역의 피해사건도 2009년 9월 8일과 2010년 6월 22일에 각각 보도연맹과 형무소 희생자 합계 68명의 진실규명 결정이 내려졌으며, 재작년에는 왕촌의 집단 희생지에서 유해를 발굴하기까지 이르게 된 것입니다.

그러나 아직도 약 70~80구로 추천되는 잔여 유해 발굴을 비롯하여 미완의 과제들이 많습니다. 진실화해위원회가 4년 동안의 임무를 마치고 끝났습니다마는 그동안 공주시 일원에서는 희생자의 10%에도 못 미치는 인원이 진실규명 신청을 하였을 뿐입니다. 몰라서 못 하고 아직도 겁이 나서 못 하는 것입니다. 이렇게 많은 미신청인에 대한 진실규명도 이루어져야 하고 전체적인 피해보상과 명예회복, 그리고 위령사업도 해야 합니다.

위령사업의 일환으로 여기 공주의 왕촌에 위령비와 위령공원을 반드시 조성하여야 한다고 생각합니다. 설사 유해를 발굴하였다 해도 600~700명의 젊음이 희생된 역사의 현장을 지워질 수 없으며 어설픈 이념이나 체제를 떠나 한국전쟁이 낳은 비극의 상징으로 위령공원을 조성하여 희생자의 영혼을 위로하는 동시에 언제나 유유히 흐르는 금강과 어우러진 수려한 공간에서 다시는 이 땅에 이런 일이 없어야 되겠다는 교육의 장이 되도록 하여야 하겠습니다.

끝으로 저희 유족들은 지금까지 거행하여 온 위령제 행사 가운데 전통제례만은 각자의 가풍에 따라 기일(忌日)에 맞추어 가족 단위로 올리기로 하고 합동추모제에서는 이를 생략하여 절차를 현실적으로 간소화하는 동시에 오히려 그 사건의 역사적인 관점에 조명을 두고 그 시대에 맞는 냉정한 평가와 사회정의 구현을 촉구하는 계기로 삼을 것을 다짐하는 바입니다. 감사합니다.

충남도지사에게 드리는 탄원서

요지

1950년 한국전쟁이 발발한 직후인 7월 초순경 국군과 경찰이 공주형무소에 수감되어 있던 재소자와 국민보도연맹원 등 700여 명을 공주시 근교(상왕동 29-19번지) 야산으로 끌고 가 집단 학살하였습니다. 희생자는 공주 주민을 비롯 인근 대전·충남 지역민과 여순사건 등 전국에 걸쳐 있습니다.

이들 희생자에 대한 암매장지와 집단학살 사실은 아무도 모른 채 50여 년을 은폐되어 오다 '진실·화해를 위한 과거사정리위원회'에서 이중 훼손되지 않은 317구의 유해를 발굴하여 '추모관'(충북대)에 안치, 그 진상이 밝혀졌습니다.

정부 산하 '진실·화해를 위한 과거사정리위원회'는 지난해 6월 공주 왕촌 살구쟁이에서 1950년 7월 9일경 공주형무소 재소자와 국민보도연맹원 등 최소 400여 명을 공주 CIC분견대, 공주파견헌병대, 공주지역 경찰 등이 집단 학살한 일은 '진실'이며 '국가에 의해 자행된 명백한 불법행위'라고 밝혔습니다.

하지만 지난해 말로 '진실화해위원회'의 업무가 종료되었고, 아직 현장에는 미처 발굴하지 못한 약 100구가량의 유해가 아직도 방치되어 있습니다. 이에 따라 이를 마저 발굴할 수 있도록 선처하여 주실 것을 호소드립니다.

사건경위

1. 한국전쟁이 발발한 직후인 1950년 7월 9일 공주시내에는 삼엄한 교통통제를 편 가운데 대전 방향 약 5km 지점인 금강변 산중턱(상왕동 산29-19, 속칭 왕

촌 살구쟁이)에서 공주지역 군인과 경찰이 합동으로 공주형무소에 수감중인 재소자와 예비검속된 보도연맹원 등 700여 명을 트럭(스리쿼터)에 실어다가 미리 파놓은 구덩이에 넣고 M1 및 칼빈소총으로 집단 학살했습니다. 이 날 희생된 사람은 형무소에 기 수감되어 있던 재소자와 전쟁 발발과 동시에 며칠 사이로 충청남도 각 경찰서에서 보도연맹원이란 이유로 검거되어 온 사람들이었습니다.

그러나 이때 희생된 가족들은 내 혈육이 어디서 어떻게 죽었는지조차 알지 못하고 50년을 살아와야 했습니다. 전쟁의 와중에는 물론 전후에도 독재·군사정권이 이어지면서 그 가족이란 이유로 신분상의 차별과 억압 속에 희생자의 행방은 찾을 엄두를 내지 못하고 살아왔습니다.

2. 50여 년이 지난 2000년대 초에 이르러 민주정권이 들어서면서 정치적 억압이 다소 완화되었고, 2001년 6월 한 언론인(오마이뉴스 심규상 기자)이 종전 인민군종군기자의 보도내용을 근거로 2개월여 간의 탐문 답사 끝에 집단학살 매장지를 비로소 찾아냈으며 이후 2005년 '진실·화해를 위한 과거사정리위원회'(이하 '진실화해위원회')가 발족되면서 이 사건은 세상에 드러나기 시작하였습니다.

3. '진실화해위원회'에서는 각종 증거를 토대로 ①2008년 12월 8일 사건현장에 공주시장과 공동명의로 '유해매장추정지표지판'을 우선 설치하였고 ②2009년 6월 12일부터 7월 20일까지 40일간 충북대학교 박물관장 박선주 교수의 주재 하에 유해 발굴작업을 하여 317구의 유해를 발굴, 현재 충북대학교 내 '추모관'에 안치되어 있으며 ③희생자 가족 68명이 신청한 진실규명 신청에 대하여는 "국가의 공식 사과" 및 "위령사업 지원" 등 5개항의 권고사항이 내려졌습니다.

4. 그러나 상기 3-②항의 유해 발굴 과정에서 작업 도중 이를 중단하고 약 20% 정도(최소 90구 이상 추정)가 현재까지 미발굴 상태로 방치되어 있습니다.

이와 같은 이유는 주무관청이었던 '진실화해위원회'가 한시법임에 따라 2010년 12월 30일부로 업무를 종료, 더 이상 유해발굴 작업을 지속하지 못하고 있기 때문입니다.(이 기간 동안 각 언론기관에서는 총 48회의 보도가 있었으며 MBC TV에서는 2011년 2월 13일 발굴이 중단된 상태만을 추가로 보도한바 있습니다.)

요망사항

1) 이러한 상황이옵기 만부득이 지방의 행정수반이신 도지사님께 남아 있는 유해를 마저 발굴할 수 있도록 선처하여 주실 것을 간곡히 청원합니다.

존경하는 지사님!

죽은 자에게 이념은 없습니다. 한국전쟁에서 전사한 미군과 국군의 유해발굴을 위하여는 전국의 강산을 누비며 최선의 노력을 기울이고 있습니다. 그러나 여기 집단 희생 현장에는 불과 10여 평의 한 곳에 80~90구의 유해가 엉켜 있는데, 그것도 대다수 발굴을 끝내고 극히 일부만을 남겨놓은 상태로 방치되어 있는 것입니다. 하물며 국가의 공권력이 저지른 참극의 현장입니다.

소중한 생명을 앗아간 원한의 그 총탄과 함께 엉켜 있는 그 자체만이라도 풀어주고 비록 집단적으로나마 한 곳에 안치할 수 있도록 처리하여 주시기를 간곡히 청원합니다.

2) 남은 유해를 발굴한 자리에는 작은 추모공원이라도 만들어서 700여 명의 젊음이 희생된 비극의 역사를 증언하고 아직도 구천을 헤매고 있을 영혼을 위로할 수 있도록 하는 바람 간절합니다.

존경하는 지사님!

'왕촌 살구쟁이'에는 공주시민뿐 아니라 대전·충남 전역의 지역민을 비롯하여 여순사건 관련자와 형무소 재소자들의 이동으로 전국 각지에서 온 사람들이 망라되어 있습니다. 또 발굴 조사단의 분서에 의하면 희생자들은 '모루 등을 마주한 채 두 손을 뒤로 묶이거나 목에 깍지를 끼고 무릎을 꿇은 자세로 아주 가까운 거리에서 사살된 것'으로 보고되고 있습니다. 여기에는 50년을 철저히 은폐되어 온 역사적인 현실과 금강변의 수려한 지리적인 특성도 지니고 있습니다.

　이와 같이 공주의 학살현장이 한국전쟁의 비극을 상징하고 있는 만큼 추모공원을 조성, 인권교육 및 역사교육의 현장으로 살려나갈 것을 간곡히 청원합니다.

　일백만 도민의 행정과 이 나라의 앞날을 위하여 진력하시는 지사님의 앞날에 무궁한 발전과 건강이 함께하시기를 기원합니다.

2011년 8월 23일

한국전쟁희생자 전국유족회 공주유족회장 곽정근

제7회
6·25전쟁 시기 공주지역 민간인 희생자 합동위령제

일시 : 2012년 6월 9일 오후 2시

장소 : 공주대학교 산학협력관 강당

주최 : 한국전쟁민간인희생자 공주유족회
　　　공주민주단체협의회
　　　공주대학교 참여문화연구소

행사 진행 순서

1부: 기념행사(14:00-16:00)
  1. 식전 비디오 상영(13:10-13:50분)
  2. 사건 개요 소개 및 유족과의 대화(진행: 지수걸, 대담자: 정혜열(계룡 금대리), 박옥희(의당 율정리) 등 유족
  3. 기념 공연(* 남창우 외 공주대 노래패(타는 목마름으로) 공연

2부: 기념 의례(16:00 - 16:30)
  * 국민의례
  * 묵념
  * 추도사
     충남도지사/공주시장/전국유족회/공주유족회/공주민주단체협의회
  * 분향 및 헌화(참석자 전원)

3부: 유족회 정기총회(16:30 - 17:00)

| 탄원서 |

인사말씀

　더운 날씨에 교통도 생소한 여기까지 찾아와주신 내빈 여러분께 감사의 말씀을 드립니다. 그리고 시험을 앞둔 학생들이 이 행사에 관심을 가지고 이렇게 참석해 주신데 대하여 고마움과 격려를 드립니다.

　오늘로 우리는 일곱 번째의 추모제를 갖게 되었습니다. 이 추모제는 1950년에 있었던 소위 '왕촌 민간인 집단희생사건'을 의미합니다. 이 사건의 배경과 전말에 관하여는 대부분 아시는 일이고 누차의 보고가 있었기 때문에 오늘은 생략하겠습니다. 그리고 오늘 제7회째 추모제를 올리기까지의 과정과 앞으로 우리가 안고가야 할 과제에 관하여 간략히 말씀드리겠습니다.

　제1회 위령제를 지내게 된 것은 만 6년 전인 2006년 8월 6일이었습니다. 그날의 행사는 '공주민주시민사회단체협의회'가 주관하였고 1950년 군인과 경찰에 의해 700여명의 민간인이 희생되고 암매장된 그 현장에서 처음으로 시민이 주축이 되어 지내는 위령제였으며, 유족으로는 단 3명이 참가하였습니다. 유족들은 이 사건의 당사자이면서도 56년 간 내 가족이 언제 어디에서 죽었는지 알 수가 없었고 찾을 길도 없이 통한의 세월을 살아와야 했습니다.

　그날 이후 1년이 지난 2007년 7월1일 유족회가 결성되고 매년 뜻있는 유족들의 참여가 늘어났지만 아직도 수많은 희생자의 가족이 위축된 상태에서 주어진 운명인양 신고도 하지 않고 살아가는 안타까운 실정에 있습니다.

　이런 가운데 5년 동안 소위 전통제례로 위령제를 모셔왔습니다. 그러나 이는 각자의 종교와 가풍에 따라 정확한 기일에 가정별로 지내고 있으므로 작년부터는 유족회라는 단체의 입장에서는 일반적인 추도행사로 형식을 변경하였습니다. 그날을 상기하고 희생자에 대한 추도와 명복을 기원하는 뜻은 헌충일이나 4.19, 5.16 행사도 같은 의미라 믿습니다. 따라서 공주의 역사적 상징인 '우금티'에 이은 또 하나, 이 고장 아픈 상처의 날로 기억하고 명칭도 '공주 왕촌 민간인 희생자 합동추모제'로 하여 영원히 기념하고 억울하게 간 희생자의 영령을 추모코자 합니다.

다음으로 우리에게는 또 하나의 무거운 짐이 있습니다. 왕촌 현장에 남아있는 잔여유해를 조속히 발굴하여 먼저 안치되고 있는 추모관에 함께 봉안하는 일입니다. 모두가 아시는 바와 같이 2009년도에 진실화해위원회에서 317구의 유해를 발굴하고 예산관계로 중단한 상태에서 약 7, 80구의 유해가 아직도 그대로 남아 있는 것으로 발굴단장 박선주 교수는 감정하고 있습니다. 이에 관하여 본인은 2010. 12. 공주시장에게 무려 48쪽에 달하는 사업계획서를 만들어 보조금 신청을 하였으나 냉정히 거절당하였고, 작년도 8월에는 충남도지사에게 간절한 탄원서를 제출한 바 있으나 결론은 지방부처 예산으로는 불가능 한 것으로 중앙부처인 행정안전부에 상신하였다고 하는 9월 5일자 회신을 받았습니다. 국방부에서는 한국전쟁 시 전사한 유해를 찾아 155마일 휴전선을 탐색하고 있으며 심지어 북한땅에 있는 유해도 넘어오고 있는 세상입니다. 그럼에도 불구하고 불과 30평만의 땅에 몇 십구의 유골이 묻혀있는데도 이를 외면하는 것을 보면 아직도 인권이나 진정한 민주화사회는 요원한 것 같습니다.

그러나 새로 열리는 국회에서는 이와 같은 사회적 모순이 시정될 수 있도록 특히 진실화해위원회가 못 다한 일들을 입법을 통하여 해결하고자 전국유족회를 비롯한 시민단체 그리고 뜻있는 의원들에 의하여 활발히 추진되고 있는 것도 사실입니다. 어떻게 하던 1자석으로 잔여유해를 발굴하여 먼저 안치된 유해와 함께 봉안하고, 둘째로는 충북대학교의 추모관자체가 임시안치소이므로 왕촌의 희생현장에 귀환할 시설을 갖추는 일입니다.

풍광이 수려한 이곳에 추모공원을 조성하여 관련된 시설을 갖추게 되면 왕촌은 흉지요 수백 명의 학살터라는 오명을 씻고 국민정서의 함양에 크게 도움이 될 것이며 공주시 역사문화의 발전에도 그만큼 기여하리라 믿습니다.

하늘에 계신 임들이시어!

임들의 억울한 죽음에 대하여 오늘날 그 진상이 하나 식 밝혀지고 국가의 사과도 있었으며 이에 따른 사법부의 판결도 내려지고 있습니다. 앞으로 진정한 명예회복과 모든 잃었던 가치를 다시 찾는데 최선을 다하고자 하오니 우리에에 힘을 주시고 천상에서 부디 영면하시옵소서.

끝으로 오늘 제7회 추도식에 자리를 함께하여 주신 내빈과 유족 여러분에게 다시 한 번 깊은 감사를 드립니다.

(곽정근 유족회장)

제8회
한국전쟁 시기 공주지역 민간인 희생자 합동위령제

일시 : 2013년 6월 28일 오후 2시
장소 : 공주대학교 산학협력관 강당
주최 : 한국전쟁민간인희생자 공주유족회
주관 : 공주민주단체협의회
주관 : 공주대학교 참여문화연구소
식순
제1부 식전행사(13:00~14:00)
 - 민간인학살, 미완의 진실(MBC 시사플러스)
제2부 기념의례(14:~15:00)
 - 국민의례
 - 내빈소개
 - 추모시 : 공주민주단체협의회 김홍정
 - 분향 : 유족회원
 - 인사말 : 공주유족회장 곽정근
 - 추도사 :
   충청남도지사 안희정/ 국회의원 박수현/ 공주시장 이준원
   공주시의회의장 박광태/ 전국유족회상임대표의장 양용해
 - 헌화 : 참석자 전원
 - 폐회
제3부 유족회 정기총회(15:00~17:00)

인사말씀

　더운 날씨에 교통도 생소한 여기까지 찾아와 주신 내빈 여러분께 깊은 감사를 드립니다.
　오늘로 우리는 여덟 번째의 위령제를 열게 되었습니다. 이 위령제는 1950년 한국전쟁 초기 왕촌 살구쟁이에서 최소한 600여 명의 민간인이 집단으로 희생된 원혼에 대한 위령제입니다.
　그들은 과연 무엇 때문에, 누구에 의하여, 언제 어디서 학살되어 암매장되었는지, 부모와 형제를 잃은 가족들은 통한의 가슴을 안고 반세기를 살아와야 했습니다. 집안의 기둥을 잃은 가족은 제각기 흩어지고, 다니던 진학의 길도 막혔으며 어쩌다 출세의 기회가 와도 신분상 좌절의 고배를 마셔야 했던 것이 그 당시의 유소년이며 지금의 노인이 된 유족들입니다.
　역사의 순리는 이념과 갈등의 시대를 넘어 새로운 민주사회가 태동되면서 진실화해를 위한 과거사법이 제정되고 이 법에 따라 어두운 과거사 하나씩 밝혀지고 있습니다. 그리하여 자신의 목숨을 앗아간 총탄과 함께 엉켜 있던 유해도 발굴하고 가해자인 국가가 사과의 뜻으로 유감을 표했으며 사법부에서는 그동안 물심양면으로 고생하였다고 민사소송에서도 속속 승소판결이 나고 있습니다.
　그러나 천금을 준다 해도 무참히 앗아간 목숨을 대신할 수는 없으며 일생을 불행하게 살아온 유족들의 아픔도 보상받을 길은 없습니다.
　하늘에 계신 임들이시어!
　아직도 그 자리에 남아 있는 유해를 마저 발굴하여 모든 유해를 이곳 왕촌의 제자리에 함께 모셔야 하겠습니다. 그리하여 위령비도 세우고 기념관도 지어 후손들이 한가로이 거닐며 임들의 억울한 죽음을 읽어보고 추모할 수 있는 조촐한 추모공원을 조성하는 것이 저희들의 바람입니다.

   부디 편안히 영면하시옵소서.

(곽정근 유족회장)

추도사

양 용 해(한국전쟁전후 민간인희생자 전국유족회 상임대표의장)

한국전쟁기 아무 영문도 모른 채 끌려가 포악한 이승만 정권에 의해 학살당한 공주지역 희생자 영령들이시여!

오늘 우리는 당시 억울하게 희생되신 님들의 넋을 기리기 위해 이 자리에 모였습니다. 가신 님들의 영전에 애도의 뜻을 표하며 삼가 명복을 빕니다.

오천년을 한 민족으로 살아온 한반도를 강대국인 미국과 소련은 일제가 패망하자마자 우리의 의지와는 상관없이 제멋대로 38선을 그어 남과 북으로 분단시켰습니다. 이 분단으로 인해 결국 우리는 형제끼리 피를 흘리는 전쟁을 겪어야 했고 그 전쟁의 와중에 우리 아버님을 비롯하여 수많은 민간인들이 영문도 모른 채 전쟁의 희생양이 되고 말았습니다.

전쟁 등 비상사태가 일어나면 국가는 무엇보다 먼저 책임지고 국민의 생명과 재산을 보호해야 함에도 불구하고 이승만 정권은 우리 아버님을 거꾸로 적이라는 누명을 씌워 아무런 법적 근거나 절차 없이 끌고 가 집단으로 학살하고 시신조차 찾을 수 없도록 하는 만행을 저질렀습니다.

당시 살아남은 가족은 이후 60여 년을 고난과 고통의 세월을 살아왔습니다. '빨갱이 가족'이라는 누명을 쓰고 가족은 뿔뿔이 흩어졌고, 아이들은 고아원에 가야만 했고, 재산은 누가 가져갔는지 알 수도 없는 세월을 살아왔습니다. 거기다 어찌 공부하여 상급학교에 진학하여 사회에 나온들 연좌제라는 족쇄는 취직도 제대로 못하고 해외도 못 나가게 우리의 삶을 송두리째 짓밟았습니다. 차마 말 못할 인고의 세월을 견뎌야 했습니다.

그럼에도 불구하고 이를 악물고 힘들게 돈을 벌어 꼬박꼬박 세금을 내었건만 온갖 악행을 저지른 정부는 아직도 속 시원하게 잘못을 밝히고 사과를 하지 않고 있습니다. 그냥 우리의 업보라 생각하고 입 다물고 있어야 합니까? 너무 억울하지 않습니까? 다 못난 우리의 탓이라고 체념하고 살아야 합니까?

20~30대 꿈 많은 젊은 시절 아무 영문도 모른 채 돌아가신 아버지의 삶과 명예는 누가 책임을 져야 합니까? 그냥 묻힐 수는 없지 않습니까!

존경하는 공주지역 희생자 유족 여러분!

한 번 묻고 싶습니다. 우리 가정을 파탄낸 정부가 진정으로 우리의 손을 맞잡고 따뜻한 위로의 말 한 마디라도 했습니까? 그것조차 제대로 하지 않은 정부가 야속하기 짝이 없습니다. 우리가 죽기 전에 그런 세상이 올까요? 우리 유족들은 큰 것을 바라지 않습니다.

역사는 과거와 현재 그리고 미래를 연결하는 다리라고 합니다. 한국전쟁 전후로 이곳 공주뿐만 아니라 전국 방방곡곡에서 벌어진 백만 명에 이르는 수많은 민간인 학살의 만행에 대해 우리는 똑똑히 기억하고 기록하여 후세에 남겨두어야 합니다.

사랑하는 공주지역 희생자 유족 여러분!

아직도 우리들은 해야 할 일이 많습니다.

힘들더라도 내일처럼 모두가 힘을 합하여 이 어려운 길을 헤쳐 나갑시다. 이것만이 살아남은 우리들이 억울하게 희생당한 원혼들을 위해 하여야 할 최소한의 몫이자 책무라고 생각합니다. 다시 한 번 공주지역 희생자 영령들을 마음 깊이 추모합니다.

영령들이시여, 편히 영면하소서!

| 제9회 위령제(2014. 7. 11) |

제9회
한국전쟁 시기 공주지역 민간인 희생자 합동위령제

일시 : 2014년 7월 11일(금) 오후 1시
장소 : 공주대학교 산학협력관 강당
주최 : 한국전쟁민간인희생자 공주유족회
　　　 공주민주단체협의회, 공주대학교 참여문화연구소

〈행사 진행 순서〉

제1부 식전 행사 / 식사 (12:00 - 13:00)

민간인학살, 미완의 진실 (MBC영상)

제2부 위령제 (13:00 - 14:00)

국민의례 (사회자)

헌화 및 분향

내빈소개 (사회자)

인사말 : 공주유족회장

추도사 : 충남도지사 / 공주시장/ 전국유족회
　　　　 공주유족회/ 공주민주단체협의회

헌화 (참석자 전원)

제3부 사단법인 창립총회 (14:00 - 16:00)

인사말씀

올해도 어김없이 그날은 찾아 왔습니다. 한여름의 무더운 기온이 대지를 태우고, 무심한 강물은 예나 다름없이 흘러가지만 64년 전의 오늘, 이곳 공주에서는 500여명의 젊은이를 집단으로 희생시킨 비극이 있었습니다. 이 나라의 공권력이, 하늘과 땅만이 아는 가운데 왕촌 살구쟁이에서 아무런 법적인 절차도 없이 무엇이 잘못이라는 말 한마디 없이 무참하게 희생시킨 만행이었습니다.

그러나 반세기를 훨씬 넘긴 이 시점에 와서, 해마다 반복해 온 사건의 전말과 통한의 아픔을 더 이상 되 네이지 않겠습니다.

다만 이 사건이 가져다 준 아픈 상처의 진실이 밝혀지고 그에 따른 응분의 국가적 사과와 보상이 이루어 져야 하며, 희생자에 대한 위령시설과 엄정한 역사적 평가가 이루어져야 하겠습니다.

물론 이와 같은 노력은 2000년대에 들어 역사의 순리에 따라 민주화 사회로 발전하면서 꾸준히 추진되어 왔습니다.

그리하여 2006년 8월 6일, 이곳 왕촌의 사건현장에서 공주 시민단체협의회의 주선으로 시작된 위령제가 매년 실시되어 벌써 9번째 경건히 올려지고 있습니다.

또한 그렇게 오래도록 희생당시의 처참한 모습으로 묻혀 있던 유해도 작년까지 모두 발굴하였습니다.

2009년도에 40일간 317구를 발굴하였고, 진실화해위원회의 예산 부족으로 발굴이 중단되었다가 작년 10월달에 충남도의 예산지원으로 80구를 추가 발굴하여 도합 397구의 유해를 충북대학교 추모관에 함께 안치하여 놓고 있습니다.

특별히 발굴을 중단 한 채 4년여 만에 재개하여 왕촌 사건의 유해발굴을 완결 지을 수 있도록 도와주신 안희정 충남도지사님께 이 자리를 빌어 다시 한 번 깊은 감사의 말씀을 드립니다.

또한 국가의 폭력으로 무고한 생명을 희생시킨데 따른 민법상의 판결로 국가의 배, 보상도 미흡하나마 속속 이루어지고 있습니다. 이것은 국가의 잘못을 인정하고 희생자의 명예를 회복시키는 중요한 역사적 사실이 되고 있습니다.

그러나 우리 앞에는 아직도 할 일이 많이 남아 있습니다. 그 1차적인 과업으로 왕촌의 희생터에 위령공원을 조성하고 위령비를 세우는 일입니다.

그리하여 아직도 구천을 헤매고 있을 원혼을 위무하고 우금티와 함께 공주의 또 하나의 유적지로 조성 보전시켜나가야 하겠습니다.

이와 같은 사업을 완수하기 위하여는 특별히 행정부의 편견 없는 지원과 시민 여러분의 적극적인 성원이 있기를 바라마지 않습니다.

이제 발전하는 민주화 사회에서 부질없는 이념이나 노선의 갈등은 벗어나야 합니다. 지난날의 아픈 상처를 교훈삼아 화합과 상생의 정신으로 밝은 사회를 만들어 나갈 것을 다짐합니다.

무더운 날씨에 불편한 교통에도 불구하고 자리를 함께 하여주신 내빈 여러분께 다시 한 번 깊은 감사를 드립니다.

(곽정근 유족회장)

제10회
한국전쟁 시기 공주지역 민간인 희생자 합동위령제

일시 : 2015년 7월 9일(목) 오전 11시
장소 : 공주시 왕촌 살구쟁이 희생지
주최 : 한국전쟁민간인희생자 공주유족회, 공주민주단체협의회
       공주대학교 참여문화연구소

행사 진행 순서
제1부 전통제례 11:00 ~11:10
추모시
초헌
아헌
종헌
제2부 위령제   11:10 ~12:00
국민의례
인사말(유족대표) 곽정근
내빈소개
추도사 : 충남도지사 안희정, 공주시장 오시덕, 국회의원 박수현
        공주시의회 의장 이해선, (사)전국유족회회장 김광년
        공주민주단체협의회 대표 박남식
헌화 (참석자 전원)
※ 점심식사   12:30 ~ 13:30
※ 유족회총회 13:30 ~ 15:00

인사말씀

　오늘은 매년 실내에서 봉행하여오던 위령제를 지금으로부터 65년 전의 오늘, 500여 명의 젊은 목숨이 희생된 바로 그 사건의 현장에서 제10회째의 위령제를 올리게 되었습니다.
　비록 자리가 불편하고 산만하지만 이 나라 국가의 공권력이 '무엇 때문에'라는 말 한마디 없이 무참하게 집단 사살 된 현실을 피부로 느끼고, 아직도 그 원한이 맺혀 여기 왕촌의 허공을 헤매고 있을 영혼을 위무하고 추모하기 위해서입니다.
　하늘에 계신 임들이시어!
　그날도 강물은 지금처럼 흐르고 멀리 금강 아래쪽의 연미산이 보이는 임들의 마지막 생전의 모습이 담긴 사진을 볼 때 더욱 가슴을 메이게 합니다.
　그렇게 임들은 허망하게 세상을 떠났지만 세월의 흐름과 함께 역사의 순리는 세상을 차츰 바뀌게 하였습니다. 2005년도에는 진실화해를 위한 과거사정리법이 제정되고 이 법이 시행됨에 따라 임들에 대한 진상조사가 시작되었고 드디어 명예 회복과 유해 발굴 등 반세기동안 어둠에 가려있던 사실들이 세상에 드러나게 된 것입니다.
　이중에서도 어디에 묻혀있는지조차 모르고 지내던 유해를 찾아낸 것은 이 기간 중의 가장 엄숙하고 소중한 일이었습니다. 그래서 60년 만에 임들은 자신의 생명을 앗아간 총탄을 안고 묻혀있던 음지를 벗어나 비로소 햇빛을 보게 되었으며 후손으로서는 필생의 한을 풀게 되었습니다.
　발굴 작업은 2009년도에 3자리에서 317구, 4년 후인 2013년도에 1자리에서 80구로 모두 397구의 유해가 현재 충북대학교에 마련된 추모관에 정중히 봉안

되어 있습니다.

    그러나 진정한 명예회복과 이 정부의 진실성 있는 과거사 정리는 아직도 요원한 것 같습니다. 아직도 전국에는 미 발굴 유해가 상당 수 방치되어있고 수만 명 미 신고자를 비롯한 진실화해위원회가 못 다한 과거사법은 줄줄이 발의만 된 채 잠자고 있습니다.

    또한 우리가 가장 믿고 의존해야 할 지방자치단체는 또 어떻습니까. 위령제 지내온 지 10년, 400명의 유해가 파헤쳐 실려 나가도 이를 유독 외면하여 온 다스림에 서운함을 느낍니다.

    왕촌도 공주 땅이요 거기에서 희생된 사람도 대한민국 국민이라는 사실을 잊어서는 안 될 것입니다. 다행히 근간에 공주시 의회에서도 '한국전쟁기 민간인희생자 위령사업지원을 위한 조례안'이 준비된다고 하니 반가운 일이며 전 의원님의 협조가 있기를 바랍니다.

    임들이시어!

    이제 남은 일로는 왕촌에 위령비를 세우는 일이 되겠습니다.

    임들의 유해는 이 곳 을 떠났지만 그 혼은 영원히 사라지지 않을 것이며 이 땅에 그와 같은 불행이 다시는 없어야 하겠습니다. 이와 같은 염원을 담아 화해의 상징으로 위령비를 세우고 공주의 서쪽에 위치한 우금티와 함께 벨트를 이루어 평화를 사랑하고 인명과 인권을 존중하는 학생과 시민들이 교훈의 장이 되도록 하여야 하겠습니다. 관계기관의 협조와 시민 여러분의 성원을 간절히 호소합니다. 이와 같은 목적이 이루어지는 날 임들의 희생은 해원상생의 꽃으로 맺어질 것이오니 모든 원한과 설움 내려놓으시고 부디 영면 하옵소서.

(곽정근 유족회장)

| 제11회 위령제(2016. 7. 9) |

제11회
한국전쟁 시기 공주지역 민간인 희생자 합동위령제

일시 : 2016년 7월 9일(토) 오전 11시

장소 : 공주문화원 대강당

주최 : 한국전쟁민간인희생자 공주유족회
   공주민주단체협의회, 공주대학교 참여문화연구소

행사 진행 순서

※ 식전행사

민간인학살, 미완의 진실(상영)

위령무(박선정 웅진무용아카데미 대표)

제1부 추모제

초헌 / 아헌 / 종헌

제2부 추모식

국민의례, 내빈소개

인사말 : 유족대표 곽정근

추도사 : 충남도지사 안희정, 공주시장 오시덕, 공주시의회 의장 윤홍중
   공주민주단체협의회 대표 신경미, (사)전국유족회회장 김광년

헌화 (참석자 전원)

※ 점심식사

※ 유족회총회

인사말씀

오늘도 찌는 듯한 무더운 날씨입니다.

먼저 이 무더위에도 불구하고 오늘 추모제 봉행을 위해 참석하여주신 내·외빈 여러분과 전국 여러 지역에서 참석하여주신 유족회장님께 깊은 감사를 드립니다.

추모제를 시작한지도 벌써 11회를 맞이하였습니다. 그 동안 한결같은 마음으로 함께해주신 우리 유족들과 공주 민주시민단체 여러분들에게 다시 한 번 고맙다는 인사를 드립니다.

66년 전인 1950년 7월 9일 사랑하는 아버지와 형님 그리고 가족들이 국가공권력에 의해 이곳 왕촌 살구쟁이에서 하루에 수백 명의 젊은이가 집단희생 되었습니다. 그리고 같은 시기 의당면 청룡리, 여찬리, 유구면 석남리, 수촌다리, 장기면 송월리, 송계동(욕골) 탄천면 화정리 탄천면 화정리 등에서도 보도연맹이라는 이름으로 예비검속 되어 온 대 소인원이 무참히 희생되었습니다.

그 희생사건으로 2005년 출범한 진실화해위원회를 통해 진실규명을 받고 배상을 받은 유족들도 일부 있으며 두 차례에 걸쳐 400명의 유해도 발굴하였습니다. 하지만 아직도 우리 가슴에는 말 못 할 억울함과 한이 남아 있습니다.

이렇게 발굴한 유해는 충북대학교의 임시안치소에 봉안되어 있지만 정부는 이 학교와의 계약기간을 이유로 또다시 제2의 임시안치소를 물색하는 졸속처리를 계획하고 있습니다.

정부가 뒤늦게나마 진실화해위원회 권고사항인「한국전쟁희생자 위령시설 조성사업」을 추진하는 것은 다행한 일입니다. 하루속히 이를 완성하여 이들 유해 또한 신설되는 위령시설에 영구안장토록 하여 줄 것을 촉구합니다.

그리고 이 지역에서 일어난 비극임에도 불구하고 공주시는 반세기 이상 통한의 세월을 살아온 이 고장 유족들에 대해 유난히 배타적이요 거의 '무관심'과 '무시'로 지금까지 일관하고 있습니다. 진실화해위원회의 권고사항도, 6·25전쟁 희생자에 대한 조례안이 통과되었는데도 아랑곳 하지 않습니다.

400명의 유해가 발굴되어 나가도, 열한 번의 위령제를 지내도 눈길하나 돌리지 않고 이를 도외시하고 외면하는 비정한 자치단체가 대한민국에 여기 하나 있습니다. 아무쪼록 평등한 사회 화합의 행정을 이루어 줄 것을 간곡히 당부 드립니다.

아직도 전국 방방곡곡에는 해원하지 못한 수많은 영령들이 구천을 헤매고 있으며, 마찬가지로 진실규명과 명예회복을 받지 못한 많은 미신고 유족들이 통한의 세월을 보내고 있습니다.

20대 국회에서는 미완에 그친 진실화해위원회법의 개정을 통하여 1백만 미신고자의 진실규명과 명예회복을 함으로서 민주시민으로서의 진실한 평등과 화합의 장을 이루어나가게 되기를 기원합니다.

고맙습니다.

(곽정근 유족회장)

| 유해 이전 안치식 안내(2016. 10. 12) |

유해 이전 안치식을 거행합니다

1. 행정자치부에서는 지난날 진실화해위원회가 활동을 종료하면서 정부에 보낸 권고사항에 따라 민간인 희생자 전국합동위령시설을 조성하고 그 안에 모든 위령시설(추모관, 추모탑, 유해봉안관, 위령고원 등)을 갖추는 계획을 세우고 사업에 착수하였습니다. 이를 위하여 대전시 동구 집단희생지 일원에 3만평의 부지를 확정하고 금년부터 5년간 약 300억 원의 예산을 투입하여 2020년에 준공할 예정으로 있습니다.

2. 한편, 충북대 추모관에 임시 안치되어 있던 유해는 그동안 행자부와 충북대 간의 계약기간(2015. 12. 31)이 만료됨에 따라 학교측의 요청으로 이전 후보지를 물색하던 중 세종시에서 관리운영하는 세종시 '추모의 집'(전동면 전동리 539(봉대리 산30-2))으로 확정하고 지난달 초 이전ㄹ완료하였습니다. 옮길 때는 무진동 차량을 이용하였으며 이곳 시설 역시 항온 항습시설 등 온전한 환경을 갖추었습니다. 우리 공주의 유해는 여기에 2009년도에 317구, 2013년도에 80구 합하여 397구가 함께 잘 봉안되어 있습니다. 다만 추모시설 완공 후 유해의 영구안장 방식에 관하여는 아직 정해진바 없으며 공사기간 중 관련자와 전문가의 의견을 종합하여 결정될 것입니다.

3. 행정자치부에서는 오는 10월 20일 이전한 세종시 '추모의 집'에서 다음과 같은 일정으로 전국유족회와 합동으로 전통방식에 의한 임시안치식 겸 합동위령제의 의전행사를 거행키로 하였습니다. 그러므로 회원 여러분께서는 내 부모

의 묘지이전이라는 심정으로 이 행사에 참여하시기를 바랍니다.

*개식시간 : 10월 20일 13:30

*교 통 편 : 전국 도별(광역시 포함)로 대형버스 1대씩 배정(서울, 대전, 충북, 경북, 경남, 전북, 전남) 계 7대.(충남은 세종시 버스터미널에서 12:30에 셔틀버스 대기)

*참고사항 : 우리 공주회원들은 전국에 분포되어 있으므로 모두가 알아볼 수 있는 한 가지 표현이 어렵습니다. 그러므로 사전에 각자 자신의 위치를 말하고 다음 연락처로 문의하여 적합한 탑승위치를 확인받으시기 바랍니다.

*문의전화 : 010-5421-2008(곽정근), 010-2744-6094(조동문 전국유족회 사무총장)

2016. 10. 12

(사)한국전쟁 민간인희생자 공주유족회 회장 곽 정 근

제12회
한국전쟁 시기 공주지역 민간인 희생자 합동위령제

일시 : 2017년 7월 9일(일) 오전 11시

장소 : 공주문화원 대강당

주최 : 한국전쟁민간인희생자 공주유족회, 공주민주단체협의회
　　　 공주대학교 참여문화연구소

〈행사 진행 순서〉

※ 식전행사

산자와 죽은자(상영)　10:20 ~11:00

진혼무(홍성문화연대) 11:00 ~11:15

제1부 전통제례　11:15 ~11:30

초헌 / 아헌 / 종헌

제2부 추모식

국민의례

내빈소개

감사패증정

인사말 : 유족대표 곽정근

추도사 : 충남도지사 안희정, 공주시장 오시덕, 공주시의회 임시의장 김영미
　　　　 공주민주단체협의회 대표 박종우, (사)전국유족회회장 김광년

헌화 (참석자 전원)

　※ 점심식사　12:40 ~ 14:00

　※ 유족회총회 14:00 ~ 15:30

인사말씀

　이렇게 더운 날씨에 교통도 불편한 여기까지 전국에서 오신 동료 유족회장님과 유족 여러분! 그리고 일요일임에도 쉬지 못하고 참석해 주신 유병덕 부시장님과 의원님을 비롯한 내빈 여러분께 깊은 감사를 드립니다.
　오늘은 저희가 위령제를 지내기 시작한지 12번째 되는 날입니다.
　어느 날 갑자기 사랑하는 부모형제를 잃고서도 언제 어디서 희생되었는지 알길 조차 없이 50여년을 지내다가 드디어 금강 변 야산에서 500여명이 집단 살해된 현장을 찾아내고 공주의 시민과 민주단체 회원들이 주축이 되어 첫 번째 위령제를 지낸 것이 2006년 8월 6일이었습니다.
　그 뒤로 10여년을 지내 오면서 국가공권력이 저지른 만행으로 처참한 모습을 세상에 밝혀내고 아픈 상처를 하나 식 치유하면서 오늘에 이르고 있습니다.
　'진실. 화해를 위한 과거사 정리위원회'에서는 사건의 진실규명과 함께 국가공권력의 잘못을 인정하고 국가의 공식적인 사과와 함께 희생자 및 유족에 대한 위령사업을 적극 지원할 것을 권고하였습니다.
　2009년과 2013년에는 400구에 달하는 유해를 발굴하여 임시 안치소인 추모관에 봉안 중에 있으며 사법부에서도 유족에 대한 배, 보상 결정을 내렸습니다.
　그러나 우리에게는 아직도 중대한 과업이 많이 남아있습니다.
　충북대학에 안치되어있던 397구의 유해는 세종시 추모의집으로 옮긴 채 여전히 임시로 안치된 상태이므로 어떤 형태로든 영구안장을 하여야 하고, 500명 젊은 생명의 집단희생지엔 영혼들의 영원한 안식처이자 역사교훈의 장소로 거듭날 수 있는 위령공원 즉 평화공원이 들어서야 합니다 또한 우리에게는 무엇보다 시급하고 절실한 과제로 과거사관련 특별법이 하루속히 제정되어야 합니다. 지난 날 한시법으로 제정되어 5년 만에 소멸된 진실화해를 위한 과거사정리법은 노무현 대통령의 영단으로

억울한 죽음을 밝혀내고 희생자에 대한 명예 회복과 위로의 뜻을 전했지만 그 대상이 100만 희생자의 1%에도 못미치는 극소수에 미치고 말았습니다.

우리는 다 같은 유족으로서 아직까지 여기에서 소외되고 있는 대다수 미신고 유족을 비롯하여 엄연히 사람이 죽어갔는데 이유도 되지 않는 트집으로 수속 중 탈락시켜 유족으로 하여금 두 차례의 죽음을 겪게 한 억울한 사연들을 모두 다 구제하여야 합니다.

이제 역사의 순리에 따라 같은 뜻을 가진 새 정부가 들어섰고, 집권여당의 진선미, 소병훈 의원 그리고 국민의당 권은희 의원께서 앞장서 적극적인 입법 활동을 전개하고 있으며 대다수 의원들이 이에 협조하고 있으므로 머지않아 입법의 결실을 맺을 수 있도록 지원하고 성원하여야 하겠습니다.

끝으로 오늘 12회 위령제를 맞아 우리의 반려자요 유일한 후원자인 공주시에서 액수의 고하를 떠나 유족회 난생처음으로 위령제에 협조를 하여주신 오시덕 시장님께 감사를 드립니다. 감사합니다.

(곽정근 유족회장)

제13회
한국전쟁 시기 공주지역 민간인 희생자 합동위령제

일시 : 2018년 7월 7일(토) 오전 11시
장소 : 공주문화원 대강당
주최 : 한국전쟁민간인희생자 공주유족회, 공주민주단체협의회
       공주대학교 참여문화연구소

행사 진행 순서

식전행사

그것이 알고 싶다(상영)

진혼무(홍성문화연대)

제1부 전통제례

초헌 / 아헌 / 종헌

제2부 추모식

국민의례

내빈소개

인사말 : 유족대표 곽정근

추도사 : 충남도지사 양승조, 공주시장 김정섭, (사)전국유족회회장 강병현
        공주민주단체협의회 대표 최운주

헌화 (참석자 전원)

 ※ 점심식사   12:40 ~ 14:00
 ※ 유족회총회 14:00 ~ 15:30

여는글

지 수 걸(공주대학교 참여문화연구소 연구위원)

　1950년 7월 9일 왕촌 살구쟁이(가나무쟁이)에서 400여명 이상의 공주지역 보도연맹원과 공주형무소 좌익수들이, 아무런 법적 근거나 절차도 없이, 대한민국 군인과 경찰들에 의해 집단 학살되었습니다. 2009년과 2013년 두 차례의 발굴작업을 통해서 400여구의 시신을 발굴했으나, 살구쟁이 학살터에는 공주 유족회가 세운 작고 초라한 안내판을 제외하면 아무런 기념시설도 없는 형편입니다.
　이웃이 슬프고 아플 때 따뜻한 말 한마디라도 건네는 것, 함께 실컷 울어라도 주는 것이 우리 민족의 아름다운 문화 전통이었습니다. 하지만 그때나 지금이나 양반도시이나 교육도시라는 공주의 인심은 여전히 척박하기만 합니다. 2015년 11월 공주시가 〈6·25전쟁 민간인 희생자 위령사업 지원 등에 관한 조례〉를 제정하기는 했으나 제대로 된 위령사업이나 기념사업은 거의 없다고 해도 과언이 아닙니다.
　흔히 말하듯이, 맹자는 부끄러워하고 분노할 줄 알아야 비로소 정의로워질 수도 있다(羞惡之心 義之端也)고 했습니다. 비록 우리와 관계없는 먼 과거에 벌어진 일이라 할지라도 6·25전쟁 시기의 민간인 학살 사건은 공동체 구성원으로서 수치와 분노를 느끼게 하기에 충분한 사건이었습니다. 하지만 나와는 관계없는 일이라는 듯이 늘상 침묵해 왔을 뿐만 아니라 스스로 사실과 진실을 왜곡하는 행위조차 서슴지 않았습니다.
　수치와 분노를 말하거나 가르치지 않는 사회는 결코 정의로워질 수 없습니다. 우리가 살구쟁이 학살사건을 기억하고 기념해야 하는 것도 이런 이유 때문입니다. 하지만 부끄럽게도 공주사람들은 지금까지 6·25전쟁 희생자들은 물론이고 그 유족들에게도 최소한의 예의를 갖추지 못했습니다. 변변한 위령사업이나 사적지사업은 고사하고, 우리 지역의 학생들에게 사건의 진상을 제대로 가르치지도 못하고 있는 형편입니다.

풍광이 수려한 금강가에 위치한 왕촌 살구쟁이는, 공주는 물론이고 충남지역을 대표하는 전쟁 피해자 '위령공원'이나 '상징조형물'이 입지하기 좋은 장소입니다. 만약 유속과 시민들을 성금을 모아 살구쟁이 학살터를 구입한 뒤 그곳에 추모시설과 기념공원을 세울 수 있다면 공주는 우금티사적지(국가사적 387호)와 더불어 평화와 인권교육에 활용할 수 있는 훌륭한 역사문화 자원을 하나 더 보유할 수 있게 될 것입니다.

살구쟁이 학살터의 소유주인 양재순(梁載淳) 선생은 1919년 4월 1일 영명학교와 제일감리교회가 주도한 만세운동에 참여했다는 이유로 징역 2년에 집행유예 2년을 선고받은 애국지사입니다. 일제시기에는 공제의원 의사로서 그리고 해방공간에는 충남도청 보건후생국장으로서 지역주민들의 건강을 돌보는 활동에 애쓰셨습니다. 양재순 선생의 부친인 양두현(梁斗鉉) 선생과 모친인 지루디아(池屢斗) 여사는 현재의 공주제일감리교회의 부지를 무상으로 기부하기도 했습니다. 조만간 양 의사님 유족들의 선처로, 토지매입이나 기념공원 조성 등과 관련한 좋은 결과가 있을 것이라 믿어집니다.

판문점 선언 이후 문재인 대통령에 대한 지지도가 급상승했습니다. 하지만 대한민국에 대한 애정과 신뢰감도 그만큼 커지고 높아졌는지, 진지하게 되물어 봐야 할 시점입니다. 대한민국이 국민들의 애정과 신뢰를 듬뿍 받는 국가다운 국가로 거듭나려면 다른 무엇보다도 먼저 과거의 잘못을 제대로 성찰하고 비판하는 작업이 이루어져야 합니다. 왜냐하면 과거는 부담스러운 짐 일수도 있으나 잘만 활용하면 공동체 발전의 큰 힘이 될 수도 있기 때문입니다.

벌써 열세 번째 기념행사입니다. 공주유족회 회원들의 연령도 이제는 대부분

80대 이상입니다. 유족들이 살아생전에 부모님을 제대로 모실 수 있도록, 국가와 지역사회가 나서서 하루라도 빨리 제대로 된 기념사업을 시작해야 합니다. 살구쟁이와 우금티를 평화와 인권교육의 훌륭한 교육장소로 거듭날 수 있도록 다 함께 힘을 모아 봅시다.

인사말씀

곽 정 근 (공주유족회장)

무더운 날씨에 이렇게 참석하여주신 내빈 그리고 회원 여러분께 먼저 감사를 드립니다.

1950년 7월 9일 그날도 오늘처럼 강물은 무심히 흘렀고 초여름의 녹음이 짙어만 갔을 것입니다. 그러나 그 날이 우리에게는 하늘이 무너지고 땅이 꺼지는 슬픔의 날이었습니다. 더구나 안타까운 것은 그렇게 혈육이 생사로 갈리는 운명을 안고서도 언제 어디서 죽었는지조차도 모르고 55년이란 세월을 허망하게 살아왔다는 사실입니다. 행여나 돌아올까 대문을 열어놓고 기다렸지만 아버님, 형님은 끝내 돌아오지 않고 10년 20년 반세기가 넘었습니다.

인간사회에 어찌 이런 일이 있을 수가 있을까요 국가의 공권력이 법도 없이 사람을 집단학살하고 죽은 사람을 찾지도 못하게 하는 독재, 군사정권이 이 나라를 지배하여 왔던 것입니다. 그 억압이 얼마나 심하였기에 민주화정부가 들어서고 진실화해를 위한 과거사법이 제정되어 신고할 수 있는 5년 동안의 기회를 주었건만 신고한 사람은 전체 피해자의 1%에도 못 미칩니다. 물론 몰라서 넘어간 사람도 있지만 알고서도 후환이 두려워 기피한 사람이 많습니다.

그러는 사이 오늘 68년이란 세월이 흘러갔습니다. 유년기에 비운을 맞은 오늘의 유족 1세대는 이제 7, 80세의 노인이 되었습니다. 그동안 우리는 왕촌에 암매장되어있던 397구의 유해를 발굴하였으며 4년여에 걸친 민사소송을 이끄는 등 숨가쁜 10여년을 달려왔습니다. 그러므로 이제 한숨을 돌리고 앞으로의 갈 길을 유연하게 바라보아야 하겠습니다. 세상도 많이 변했습니다. 돌이킬 수 없는 과거에 얽매어 있어도 아니 되며 애통과 분노에서도 벗어나야 합니다. 이제는 눈물샘도 마를 때가 되었습니다. 상생과 화해의 광장으로 나가야 하겠습니다.

오늘 13번째의 위령제를 올리며 우리 공주유족회가 해야 할 일로 다음 몇 가지를 결연히 다짐하고자 합니다.

첫째 위령비(탑)건립을 반듯이 성공시켜야 하겠습니다.

그동안 위령비 건립을 위하여 저는 나름대로 정성과 노력을 기울였습니다마는 부지 확보과정에서 뜻하지 않은 어려움을 겪게 되었습니다. 그러나 이 일만은 중단할 수 없습니다. 한사람의 무덤에도 비석이 있거늘 4,500명의 젊은 생명이 한곳에서 희생된 그 자리에 흔적조차 없이 살아간다는 것은 산자의 도리가 아닙니다. 그래야만이 그곳에 있는 영혼도 편안히 잠들 것입니다. 그리하여 왕촌에 위령탑을 세우고 아담한 평화공원을 조성하여 공주시 서쪽의 우금티와 함께 학생들의 순례지가 되고 인권과 평화를 사랑하는 공주시민 학생의 휴식과 역사교육의 현장이 되도록 실현되어야 합니다. 이와 관련하여 관할 지방자치단체 즉 공주시와 시민 여러분의 적극적인 협조를 바라마지 않습니다.

다음으로 발굴 된 유해의 영구안장을 위한 과업입니다.

2009년과 2013년 왕촌에서 2차에 걸쳐 발굴한 397구의 유해를 충북대학교의 '추모관'에 안치 하였다가 학교사정으로 2016년 10월 9일 세종시 전동면에 마련된 '추모의집'으로 이전하여 안치된 상태에 있습니다. 이는 행자부 주관으로 현재 대전시 동구 낭월동에 추진 중인 전국합동위령시설이 완공 되는대로 그곳으로 영구 안장할 예정으로 있습니다. 정부(행자부)에서는 약 3만평의 부지에 295억 원의 예산을 확보하고 2021년도에 완공을 목표로 진행 중이므로 비록 합동위령시설이지만 바로 그곳에 우리 선친의 유해가 안장된다는 점에서 모든 설계와 공정을 주시하고 후손으로서 깊은 관심과 적극적인 참여를 하여 임들의 영원한 안식처이자 후손이 참배할 수 있는 전당이 되도록 마무리를 하여야 하겠습니다.

또한 우리에게 당면 된 과업으로 과거사관련 특별법제정이라는 시급한 과제가 있습니다. 다 같은 유족으로서 지난 날 진실화해를 위한 과거사정리법의 혜택을 받지 못하고 소외되어 있는 미신고자와, 참여를 하였으나 지난정부의 무성의한 처리로 부당하게 기각된 많은 유족들이 초조히 기다리고 있습니다.

  이와 관련된 법률이 만들어져야 하는 현실이며 현 집권여당의 공약사항이기도 한 '진실화해를 위한 과거사정리법 개정안'이 국회에서 발의되어 안행위에 가 있다는 것이 몇 달이 지났는데도 아직 계류된 상태에 있습니다. 이 법안이 하루속히 통과될 수 있노록 보다 적극적인 활동이 전개되어야 하겠습니다. 국회를 향한 건의와 교섭과 투쟁을 전국유족회를 중심으로 총력을 기울이지 않으면 안 될 이유입니다. 감사합니다.

추도사

양 승 조(충청남도지사)

　오늘 우리는 70여 년 전 무고하게 희생된 분들의 넋을 위로하기 위해 이 자리에 모였습니다. 먼저 220만 충남도민과 함께 희생자 분들의 영정 앞에 삼가 머리 숙여 명복을 빕니다. 아울러 오랫동안 진실을 밝히기 위해 애써 오신 공주유족회 곽정근 회장님과 유가족 여러분 그리고 시민 여러분께 진심으로 존경과 감사의 인사를 올립니다.
　1950년, 총소리와 비명소리가 난무했을 왕촌 살구쟁이를 떠올려 봤습니다. 비극의 현장, 그 곳에서 차갑게 굳어갔을 수많은 이들의 모습이 그려졌습니다. 그러나 반세기도 더 지나 겨우 발굴된 유해들이 보여준 처참함은 상상 이상이었습니다. 더욱이 어둠 속에 웅크리고 있던 그 긴 세월 끝에 이제야 겨우 밝혀진 희생자의 억울함과 유족들의 아픈 세월은 도저히 헤아릴 수조차 없었습니다.
　나라의 주인은 국민이고, 국가는 국민의 생명과 재산을 보호하기 위해 존재합니다. 하지만 냉전과 분단 속에서 공권력에 의해 무고한 국민이 수없이 희생되었습니다. 한국전쟁 전후 공주를 비롯해 충남에서 희생된 민간인 수만 해도 3만여 명에 달합니다. 아직도 이름도 없이 어딘가 버려진 유해들이 우리의 손길을 기다리고 있습니다. 억울한 죽음을 잊지 않고 진실을 밝히는 것은 후손으로서의 의무이자 최혜의 평화를 위한 일이기도 합니다.
　지금 한반도는 분단 70년의 질곡을 딛고, 평화 시대의 개막을 앞두고 있습니다. 통일에 대한 염원이 그 어느 때보다 뜨거운 이 때, 70여 년 전 한국전쟁의 상처를 보듬고 치유하는데 더 큰 노력을 기울여 진정한 평화 시대로 나아가길 바랍니다.

　오늘 위령제를 봉행하며 눈조차 편히 감지 못하셨을 영령들과 오랜 세월 억울한 낙인을 안고 침묵할 수밖에 없었던 유족 여러분의 아픔이 다소나마 위로받고 치유되기를 기원합니다.

　다시 한 번 희생되신 영령들을 추모하며, 유가족 여러분과 자리에 함께 하신 모든 분들의 건강과 행복을 기원합니다. 감사합니다.

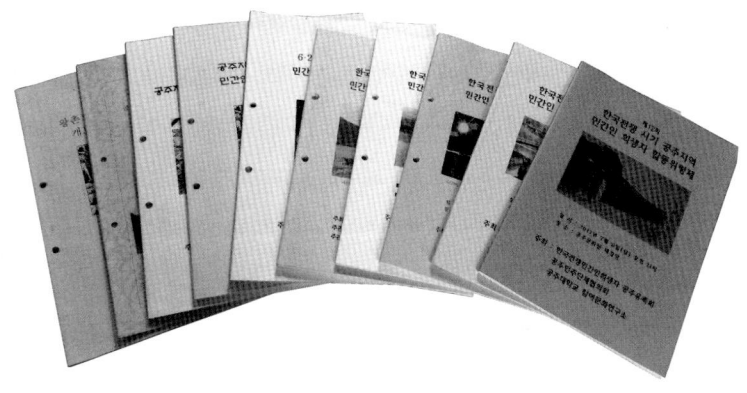

년도별 사업보고서

추도사

김 정 섭 (공주시장)

곽정근 공주유족회장님을 비롯한 희생자 유족 여러분!
그리고 자리를 함께 해주신 내·외 귀빈 여러분!
우리는 분단과 냉전이 불러온 불행한 역사 속에서 희생되신 분들의 넋을 위로하기 위해 이 자리에 함께 모였습니다.
먼저 깊은 애도의 마음으로 억울하게 희생되신 영령들을 추모하며 삼가 머리 숙여 명복을 빕니다.
아울러, 오늘 '열세 번째 합동위령제'를 준비해 주신 곽정근 유족회장님을 비롯한 관계자 여러분들의 노고에 감사드립니다. 6·25 전쟁 중 이념의 차이로 우리 지역에서 민간인학살 희생자가 발생한 것은 가슴속에 지울 수 없는 깊은 상처로 남아 있습니다.
사랑하는 가족을 가슴에 묻고 회한의 세월을 살아오신 유가족 여러분께 심심한 위로의 말씀을 드립니다.
오늘 우리가 되새기는 68년 전의 사건을 교훈삼아 이 땅에서 다시는 이와 같은 참상이 발생하지 않도록 우리 모두 노력해야 합니다.
오늘의 합동위령제를 계기로 갈등과 대결의 불행했던 과거를 넘어 평화와 화해의 희망찬 미래로 나아갑시다.
다시 한 번 희생되신 영령들을 추모하며, 영원한 안식을 빕니다.
감사합니다.

추도사

최 운 주 (공주민협 대표)

머리 숙여 삼가 희생자의 명복을 빕니다.

2006년 시작된 위령제가 어느덧 13회를 맞이하게 되었습니다. 지난 시기 많은 어려움 속에서 공주유족회를 결성하고, 진실 규명을 위해 노력해 오신 곽정근 유족회장님을 비롯한 여러분들에게 감사드립니다.

시민들의 촛불 혁명 이후 민주주의는 한층 더 발전하고, 판문점 선언 등으로 평화롭고 정의로운 사회, 전쟁 없는 통일로 한발씩 나아가고 있습니다.

해방 이후부터 53년 휴전을 전후한 기간 동안에 국가에 의해 자행된 부당한 학살에 의해 희생된 분들이 100만 명 이상이라고 하지만 과거 권위적인 정권에 의해 수십 년간 이야기 할 수 없었고, 이제는 살아남은 이들의 기억 속에서 흐려지고 많은 분들이 세상을 떠나고 계십니다. 과거 노무현 정권 시절에 비로소 '진실·화해를 위한 과거사정리 기본법'이 제정되어 억울한 이들의 한을 풀고 평화와 화해의 새 세상을 만들어갈 단초를 만들었으나 아직 미흡하기만 합니다.

희생자들의 넋을 위로하고 그 유족들의 고통을 치유하는 길은 올바른 진실 규명과 더불어 역사적 잘못이 되풀이 되지 않도록 하는 것입니다. 왕촌살구쟁이 희생지에 평화공원이 조성되어 앞으로 자라나는 아이들이 바른 역사의식을 배울 수 있는 교훈의 장소로 조성되었으면 하는 바람을 가지고 있습니다. 또한 다시는 이 땅에 전쟁이 일어나지 않도록 남북 간 화해와 평화가 정착할 수 있는 사회를 만들기 위해 노력하도록 하겠습니다. 진실을 지키고 기억하는 일에 공주의 시민사회 단체들도 함께 하도록 하겠습니다. 무분별한 농축산물 수입개방을 막고 식량자급과 환경보전, 농민의 권리와 복지실현, 통일시대의 민족자주경제 건설을 위하여 노력하고 있는 공주농민회도 유족들의 고통을 치유하는 진실을 지키고 기억하는 일에 함께 하겠습니다.

다시 한 번 희생되신 영령들을 추모하여 영원한 안식을 빕니다. 아울러 유가족 여러분과 이 자리에 함께 해주신 모든 분들의 건강과 행복을 기원합니다.

감사합니다.

정 관

제1장 총 칙

제1조 (명칭) 본회는 "사단법인 한국전쟁 민간인희생자 공주유족회"(약칭:공주유족회/이하 본회)라 한다.

제2조 (목적) 본회는 한국전쟁시기 공주형무소에 수감 중 왕촌살구쟁이 에서 일어난 민간인희생사건에 대한 진상규명과 명예회복 및 위령사업에 기여함을 목적으로 한다

제3조 (사무소 소재지) 본회의 주사무소는 공주시 내에 둔다.

제4조 (사업) 본회는 제2조의 목적을 달성하기 위하여 다음 각 호의 사업을 수행한다.

1. 공주사건 희생자를 위한 위령비 건립사업
2. 공주사건 희생자의 위령제 봉행사업
3. 임시 안치된 유해의 영구안장을 위한 사업
4. 미신고유족에 대한 진실규명과 명예회복을 위한 사업
5. 공주왕촌사건에 관한 간행물 출판사업
6. 기타 위와 관련된 사업

제2장 회 원

제5조 (회원의 자격과 종류) ①본회의 회원은 제2조의 목적과 설립취지에 동의하며 소정의 가입절차를 마친 자로 한다.

②회원의 자격, 가입회비 등에 관한 세부사항은 총회에서 별도의 규정으로 정한다.

③본회의 회원은 다음과 같이 구분 한다

1. 정회원 : 공주 왕촌에서 희생된 자 및 같은 시기 공주시(군)거주자로 희생된 자의 유족.
2. 명예회원: 본회에 특별한 공로가 있거나 학식 및 경륜이 있어 이사회의 추천을 받은 자.

제6조 (회원의 권리) ① 회원은 본회 임원의 선거권 및 피선거권을 가지며 총회에 참석하여 본회의 활동에 관한 의견을 제안하고 의결에 참여할 권리를 가진다.

② 회원은 본회의 시설 및 자료 등을 제공 받으며 본회 운영에 관한 자료를 열람할 수 있다.

제7조 (회원의 의무) ① 회원은 본회의 정관 및 제규정을 준수하고 총회 및 이사회의 결의사항을 이행할 의무를 갖는다.

② 회원은 회비 및 제 부담금을 납부할 의무가 있으며, 1년 이상 회비를 납부하지 않을 경우 이사회의 의결을 거쳐 회원의 권리가 정지된다.

제8조 (회원의 탈퇴 및 제명) ① 회원은 본인의 의사에 따라 탈퇴의사를 서면으로 표시함으로써 자유롭게 탈퇴할 수 있다.

② 회원은 다음의 각 호의 사항에 해당될 때에는 이사회의 의결을 거쳐 제명할 수 있다.

1. 회원으로서의 회칙 준수의무를 이행하지 아니한 자.
2. 법인의 명예와 품위를 훼손한 자.

③ 탈퇴 및 제명으로 인해 회원의 자격을 상실한 경우에는 납부한 회비 등에 대한 반환을 요구할 수 없다.

제3장 임 원

제9조 (임원의 구성) 본회에 다음의 임원을 둔다.
 1. 회장(이사장) 1인(비상임)
 3. 이사(회장, 상임이사 포함)5인 이상 15인 이내
 4. 감사 2인(비상임)
제10조 (임원의 선임) ① 본회의 임원은 총회에서 선출한다.
 ② 임원이 궐위된 경우에는 궐위된 날로부터 2개월 이내에 보선한다. 다만 보선되는 임원은 이사회에서 선출하고 총회에서 인준을 받는다.
 ③ 임원선출이 있을 때에는 임원선출이 있는 날로부터 3주 이내에 관할법원에 등기를 마친 후 주무관청에 통보하여야 한다.
제11조 (임원의 해임) 임원이 다음 각호의 어느 하나에 해당하는 행위를 한 때에는 이사회의 의결을 거쳐 해임할 수 있다.
 1. 법인의 목적에 위배되는 행위
 2. 임원간의 분쟁, 회계부정 또는 현저한 부당행위
 3. 법인의 업무를 방해하는 행위
 4. 기타 더 이상 업무수행을 하는 것이 부적합하다고 판단되거나 교체의 필요성이 인정되어 재적이사의 3분의 2 이상으로부터 해임요구가 있는 경우.
제12조 (임원의 결격사유) ① 다음 각 호의 어느 하나에 해당하는 자는 임원이 될 수 없다.
 1. 미성년자
 2. 금치산자 또는 한정치산자
 3. 파산자로서 복권이 되지 아니한 자
 4. 법원의 판결 또는 다른 것에 따라 자격이 상실 또는 정지된 자

5. 금고 이상의 실형의 선고를 받고 그 집행이 종료(집행이 종료된 것으로 보는 경우를 포함한다)되거나 집행이 면제된 날부터 3년이 경과되지 아니한 자
6. 금고 이상의 형의 집행유예선고를 받고 그 유예기간 중에 있는 자

② 임원이 제1항 다음 각 호의 어느 하나에 해당하게 된 때에는 임원 자격을 상실한다.

제13조 (임원의 임기) 이사의 임기는 3년, 감사의 임기는 2년으로 하며 연임할 수 있다. 다만 보선된 임원의 임기는 전임자의 잔임 기간으로 한다. 다만 잔임 기간이 1년 미만인 경우는 선임하지 아니할 수 있다.

제14조 (임원의 직무) ① 회장은 법인을 대표하고 법인의 업무를 총괄하며, 총회 및 이사회와 각종 회의의 의장이 된다.

② 상임이사는 회장이 지명하고 이사회의 인준을 받는다.

③ 이사는 이사회에 출석하여 법인의 업무에 관한 사항을 의결하며 이사회 또는 회장으로부터 위임받은 사항을 처리한다.

제15조(감사) ① 감사는 다음의 직무를 정기 또는 수시로 행한다.
1. 법인의 재산상황을 감사하는 일
2. 총회 및 이사회의 운영과 그 업무에 관한 사항을 감사하는 일
3. 제1호 및 제2호의 감사결과 부정 또는 부당한 점이 있음을 발견할 때에는 이사회 또는 총회에 그 시정을 요구

|회원명부(2018. 6. 30 현재)|

회원명단

번호	회원명	희생자	관계	주소
1	곽정근	곽우근	형*	서울시 강남구
2	곽성규		조부*	인천시 남동구
3	권선철	권몽원	부*	경기도 구리시
4	김건환	김동수	부*	서울시 금천구
5	김봉호	김중관	부*	경기 성남시
6	김기호	김상덕	부*	서울시 관악구
7	김기동	김덕환	조부*	부산시 해운대구
8	김만수	김일수	형*	서울시 노원구
9	김세웅	김귀삼	부*	광주시 동구
10	염정희	김동태	외조부*	전남 순천시
11	김영국	김일문	형*	전남 여수시
12	김영배	김관국	부*	대전시 대덕구
13	김운자	김태환	부*	서울시 관악구
14	김원동	김용진	조부*	서울 금천구
15	김중구	김주현	숙부*	부산시 사하구
16	김진환	김동석	부*	충남 공주시
17	김창연	김용빈	부*	전남 여수시
18	김태복	김태근	형*	전남 고흥군
19	명환주	명춘근	백부	충남 천안시
20	문선규	문재연	부*	전남 여수시
21	박두순	박종세	부	서울시 동작구
22	박옥희	박동면	부*	서울시 금천구
23	박용운	박중식	부*	전남 여수시
24	박종철	박병덕	부*	충남 천안시
25	소인섭	소병완	부*	충남 공주시
26	소재성	소구섭	부*	대전시 유성구
27	송재문	송주섭	부*	부산시 해운대구
28	안영환	안병문	부	충남 서산시
29	안승환	안용현	숙부*	전남 여수시
30	우정규	우창규	형*	경남 산청군

(*는 민사소송 진행한 사람임)

번호	회원명	희생자	관계	주 소
31	유영숙	유희종	부*	서울시 은평구
32	윤소희	윤청림	부*	경기도 시흥시
33	윤주원		부*	충남 연기군
34	이경수	이진근	숙부*	울산시 울주군
35	이권오	이옥열	부*	전남 여수시
36	정혜열	이정기	모	서울시 은평구
37	정중현	정몽길	부	전남 순천시
38	이종만	이광세	부*	충북 청주시
39	이준원	이목선	부*	대구시 남구
40	이채우	이영기	부*	충남 천안시
41	이인섭	이창림	부*	서울시 송파구
42	장형용	장경두	숙부*	전남 여수시
43	정기철	정필용	부*	충남 공주시
44	조평길	조정권	부	전남 여수시
45	정승연	정선영	조부*	전남 여수시
46	정만철	정필준	부*	충남 공주시
47	정일근	정일각	형	충남 공주시
48	정병철	정익상	조부*	충남 공주시
49	정희철	정필창	부*	충남 공주시
50	조병기	조성갑	부*	서울 관악구
51	김동화	김종필	부	전남 여수시
52	최재선	최정태	부	전남 여수시
53	황길웅	황동주	부*	경기 용인시
54	황의한		부*	경기 수원시
55	명월임	명춘근	부	안산시 상록구
56	냉분희		부	경기도 파주시
57	조홍성	조형봉	부	전남 여수시
58	오이록	오국용	부	대전시 서구
59	정필성	정기상	부	경남 김해시
60	김세환	김동찬	부	경기도 김포시

공주시 6.25전쟁 민간인 희생자 위령사업 지원 등에 관한 조례

[시행 2015.11.16.] [충청남도공주시조례 제1018호, 2015.11.16., 제정]
충청남도 공주시(시정담당관)

제1조(목적) 이 조례는 진실과 화해를 위한 과거사정리 위원회 등 국가기관의 진상조사 및 사법적 판단을 통해 확인된 6.25전쟁 당시 무고하게희생 되었던 민간인 희생자를 추모하고, 우리시에서 발생했던 민족의 아픔을 치유하여 평화와 인권회복에 기여함을 목적으로 한다.

제2조(정의) 이 조례에서 사용하는 용어의 뜻은 다음과 같다.
 1. "6.25전쟁 민간인 희생자"란(이하 '민간인 희생자'라 한다) 6.25 전쟁 전후의 시기에 불법적으로 이루어진 집단 희생된 민간인으로 국가기관의 진상조사 결과로 무고하게 희생된 것으로 인정되거나 사법부의 판단에 따라 국가배상 및 지방자치단체 책임을 입증받은 사람을 말한다.
 2. "위령사업"이란 진실화해를 위한 과거사정리 위원회에서 권고한 민간인 희생자를 위한 위령기념사업, 유해발굴 안장과 추모사업 등을 말한다.

제3조(시장의 책무) 시장은 진실·화해를 위한 과거사정리 기본법에 의하여 규명된 진실에 따라 희생자, 피해자 및 그 유가족의 피해 및 명예를 회복시키기 위한 적절한 조치를 취하여야 한다.

제4조(지원기준) 시장은 제3조의 책무를 수행하기 위하여 다음 각 호의 어느 하나에 해당하는 내용을 기준으로 지원대상 및 업무를 판단한다.
 1. '진실과 화해를 위한 과거사정리위원회' 및 '국가인권위원회' 등 국가기관이 진상조사를 통해 지방자치단체에 권고한 사항
 2. 사법부의 판단을 통해 지방자치단체의 책임을 입증 받은 민간인 희생자, 피

해자의 그 유족이나 이들과 친족관계에 있는 사람, 진실 규명사건에 관하여 특별한 사실을 알고 있는 사람이 공주시에 제1호에 준하여 요구하는 사항

3. 제1호 및 제2호의 기준에 충족하지만 민간인 희생자의 요구가 없을 경우 시장이 자체적으로 지원을 결정한 사항

제5조(지원사업 등) ① 시장은 진실 규명에 따른 피해 보상과 명예회복 등 화해를 위한 후속 조치를 위해 다음 각 호의 사업을 예산의 범위 안에서 공주시 지방 보조금(이하 "보조금"이라 한다)을 지원 할 수 있다.

1. 민간인 희생자 위령사업
2. 민간인 희생자와 관련된 자료의 발굴 및 수집, 간행물 발간 사업
3. 민간인 희생자 추모와 관련된 각종사업
4. 평화인권을 위한 교육사업 및 바른 역사교육 강화사업
5. 그 밖에 민간인 희생자 및 그 유족들을 위해 시장이 필요하다고 인정하는 사업

② 제1항에 따른 보조금의 신청·교부·정산 등 보조금 관리에 필요한 사항은 「공주시 지방보조금 관리 조례」에 따른다.

제6조(시행규칙) 이 조례의 시행에 필요한 사항은 규칙으로 정한다

부칙(조례 제1018호, 2015.11.16.)

이 조례는 공포한 날부터 시행한다.

| 편집후기 |

곽정근   큰 숙제를 끝냈습니다. 홀가분합니다.
줄이고 줄였는데도 훌쩍 400여 쪽을 넘었네요.
사진 한 장, 기록 한 줄을 백서에는 물론 마음에도 새겼습니다.
제 말년은 민간인 희생자 명예회복을 위해 신명을 바친 때로 기억되고 기록될 것입니다.
유가족 여러분의 건강을 기원합니다.

심규상   희생 사건이 있은 지 69년이 흘렀습니다.
백서를 엮으며 새삼 깨달은 역사의 지혜가 있습니다.
'세상은 저절로 좋아지지 않는다', '깨어 있는 사람들의 저항이 있는 한 언젠가 진실은 밝혀진다' 입니다.

사력을 다하지 못해 미흡한 점만 눈에 띱니다.
　백서의 끝자락에서 전쟁의 비인간성을 넘어 평화의 당위성이 읽히길 바라봅니다.

이순옥　　편집작업을 시작하기에 앞서 왕촌 살구쟁이를 찾았습니다. 그다지 깊지 않은 숲에 위치한 사건의 현장은 처참한 학살이 일어났다고는 믿어지지 않을 만큼, 발아래 흐르는 강물과 산등성이 너머로 비치는 저녁햇살이 평화로워 그 슬픔을 역설적으로 말하고 있었습니다. 억울하게 희생되신 분들 모두 좋은 곳에서 영혼이나마 편안하시기를 빌었습니다. 살구쟁이에 작게라도 위령시설을 조성해서 희생자를 위로하고 더는 이 땅에서 이러한 비극이 일어나지 않는 평화 인권교육의 장소로 자리매김하기를 기원합니다.

공주 왕촌 살구쟁이
민간인 희생사건 발굴 백서

작은 전쟁

인 쇄 일   2019. 06. 12
발 행 일   2019. 06. 15

편　　찬   (사)한국전쟁민간인희생자 공주유족회
편찬위원   곽정근 김영국 박용운 소인섭 소재성 심규상
　　　　　이채우 정선원 정승연 지수걸 황길웅
주　　소   충청남도 공주시 옥룡2길 19-6

기획편집   심규상 이순옥
발 행 처   도서출판 문화의힘
등　　록   제364-117호
주　　소   대전 동구 대전천북로 30-2
전　　화   (042.633.6537)
I S B N   979-11-87429-48-7 93340

저자와 협의로 인지는 생략합니다.
이 책의 사진이나 내용에 대하여 무단 전재 및 복제를 금합니다.

|값 22,000원|